分解式法学范式研究

张洪涛——著

广西大学哲学社会科学文库

法律出版社 LAW PRESS · CHINA
北京

图书在版编目(CIP)数据

分解式法学范式研究 / 张洪涛著. -- 北京 : 法律出版社, 2023
ISBN 978-7-5197-8468-3

Ⅰ. ①分… Ⅱ. ①张… Ⅲ. ①法学—研究 Ⅳ. ①D90

中国国家版本馆 CIP 数据核字(2023)第 206124 号

分解式法学范式研究
FENJIESHI FAXUE FANSHI YANJIU

张洪涛 著

策划编辑 张 颖
责任编辑 张 颖
装帧设计 贾丹丹

出版发行 法律出版社
编辑统筹 法律应用出版分社
责任校对 晁明慧
责任印制 刘晓伟
经 销 新华书店

开本 A5
印张 12.375 字数 357 千
版本 2023 年 11 月第 1 版
印次 2023 年 11 月第 1 次印刷
印刷 北京新生代彩印制版有限公司

地址:北京市丰台区莲花池西里 7 号(100073)
网址:www.lawpress.com.cn
投稿邮箱:info@lawpress.com.cn
举报盗版邮箱:jbwq@lawpress.com.cn

销售电话:010-83938349
客服电话:010-83938350
咨询电话:010-63939796

书号:ISBN 978-7-5197-8468-3
定价:68.00 元
凡购买本社图书,如有印装错误,我社负责退换。电话:010-83938349

安家

——“法安天下”(代序)

一、何为安家——“法安天下”?

在儒家“修身、齐家、治国、平天下”的理想社会秩序构建中,“齐家”属于中观社会组织层面,是沟通微观层面“修身”与宏观层面“治国、平天下”的桥梁,也是链接、整合微观层面“修身”与宏观层面“治国、平天下”的工具,处于承上启下的枢纽地位。因此,“安家”包括微观层面“‘修身’:给人安家”与宏观层面“‘治国’:给国安家”和“‘法安天下’:给制度安法律之家”;其中,“‘法安天下’的关键:给中国(法律)制度安法律(理论)之家”,也是笔者研究的主旨。以下将分而论之。

(一)“修身”:给人安家

安家是指给人安家,包括实体和精神两个层面。

从实体意义上,家庭是生命的摇篮,是我们漫长人生旅途的第一站。从生命开始到独立成人,家是我们获取身体成长所需物质供养、情感培养、人格涵养的地方。即便长大成人,家还是我们漫长人生旅途中的“加油站”。当我们工作劳动累了的时候,可以在家中获得体力的补给；当我们在工作和生活中遇到挫折的时候，可以从家中获得心灵的慰藉和精神上的鼓励，家是重新获取力量的首选社会支持系统；当我们身体出现这样或那样的障碍时，家还是我们首选的身体"维修站"，"你病了，家庭便是医院，家人便是看护"。[1] 家还是人——尤其是中国人——成就一番事业的根基："就农业言，一个农业经营是一个家庭"；现在叫"家庭联产承包责任制"。"就商业言，外面是商店，里面就是家庭"；现在甚至叫"夫妻店"。"就工业言，一个家庭里安了几部机械，便是工厂"；现在小的叫"家庭作坊"，大的叫"家族企业"或"家族集团"。[2] 总之，中国人特别强调安家才能立业，安居才能乐业。家还是中国人生命的终点和栖息地。中国人老了，特别强调落叶归根；即使是命丧黄泉，也要回家；即便是肉体不能回家，至少灵魂也要回家，也要上族谱，归祖归宗；否则，就会无家可归。

从精神意义上，家还是中国人感情和精神的归宿和寄托。如果说西方人信仰的是宗教，中国人信仰的则是家庭。正如学者所言，"鸟兽但知有现在，人类乃更有过去未来观念，故人生不能以现在为止。宗教即为解决此三世问题者，是以有天堂净土，地狱轮回一类说法。中国人则以一家之三世——祖先、本身、儿孙——为三世。过去信仰，寄于祖先父母，现在安慰寄于家室和合，将来希望寄予儿孙后代。此较之宗教的解决为明通切实云云"。[3]

总之，不论是实体意义上还是精神意义上，对人——尤其是中国人——而言，人无家不稳，人无家不安，人无家则业不兴，人无家则业不旺，因此，中国人特别强调成家、安家，成家才能立业，安居才能乐业，家安则人安，家稳则人稳，家兴则业兴，家和万事兴；也因此，中国人特别忌讳"不孝有三，无后为大""断子绝孙""绝种""败家子"之类的话语。

---

[1] 参见梁漱溟：《中国文化要义》，学林出版社1987年版，第12页。
[2] 参见梁漱溟：《中国文化要义》，学林出版社1987年版，第12页。
[3] 梁漱溟：《中国文化要义》，学林出版社1987年版，第94页。

(二)“治国”:给国安家

安家还指给国安家。家不只是人——尤其是中国人——安身立命之处,也是国——尤其是中国——安身立命之所。与给人安家一样,给国安家也包括实体和精神两个层面。

从实体和自然意义上,人类社会都经历过家族社会,但随着社会的发展,国与家在西方社会出现了分离,因此,在现代人——尤其是西方人——看来,国是国,家是家。尽管如此,家仍然是社会的细胞,是构成国的基本组织单位:离开了家,国就不成为其国;离开了国,家也就不成为其家,“有了强的国,才有富的家”[1]。这一点在中国人看来尤甚。因此,“中国老话有‘国之本在家’及‘积家而成国’之说”[2];用现代人的话说就是:“都说国很大,其实一个家……家是最小国,国是千万家……国与家连在一起,创造地球的奇迹。”[3]因此,即使是现代的中国,也非常注重安居工程的建设。

从精神和社会意义上,早期国的起源、组织架构、治理方式、合法性等都带有家族社会的特征,将国安在家上。到了中世纪后,西方将国的家安到了神的身上和宗教的身上,如神学自然法学提出的君权神授学说;再到文艺复兴后,西方将国的家安到人的身上,个人主义上面,如古典自然法学提出的社会契约论。梅因将西方的这个发展过程总结称为“从(家族社会的——引者注)身份到契约的运动”[4]。中国社会直到近代一直处于家族社会,将国的家一直安在家上。古代中国的朝廷分为“内廷”和“外廷”:前者以皇家家庭成员为主,处理家事,又称为“后院”;后者主要由宰相等朝廷重臣构成,处理国事。两者有一个共同的家长——皇帝。因此,国的组织架构模仿家的组织架构而来,在家的父子架构上拟制出君臣架构、官民架构来,甚至“天下一家”。也因此,国的治理规则源于家庭中产

---

〔1〕 成龙、刘媛媛合唱,王平久作词,金培达作曲:《国家》(歌曲)。

〔2〕 梁漱溟:《中国文化要义》,学林出版社 1987 年版,第 11 页。

〔3〕 成龙、刘媛媛合唱,王平久作词,金培达作曲:《国家》(歌曲)。

〔4〕 [英]梅因:《古代法》,沈景一译,商务印书馆 1959 年版,第 97 页。

生出来的规则礼，子对父的孝拟制出臣对君的忠，甚至“四海之内皆兄弟”，国政是家政的自然延伸和扩大化。也因此，有学者认为中国社会是“家族本位”“伦理本位”，怀疑“中国是否为一国家”，甚至认为“中国实为一文化体而非国家”。[1] 总之，从精神层面看，是将国的家——合法性——安在一种家的伦理即儒家身上。当然，在秦始皇时期，由于将国的家安到一种反家族思想的法家身上，与当时中国家族社会的现实不符，因此，未将国的家安在当时中国社会基础上，才导致了秦朝的短命与灭亡；在这个意义上，秦朝可谓“安错了家”。而汉代吸取了秦朝的教训，将国的家——合法性——安在一种家庭伦理思想的儒家身上，即将国的家安在中国社会基础上，与当时中国家族社会的现实相符；在这个意义上，汉代可谓“安对了家”，也就保障了中国社会以后较长时期的长治久安，以合为主。

总之，不论是实体意义上还是精神意义上，尤其是后者，对国——尤其是中国——而言，国无家不治，家安则国安，家稳则国稳，家兴则国兴，家旺则国旺，家治则国治。

（三）“法安天下”：给制度安法律之家

由于法治和法治国成了当今世界潮流，即使是在中国社会运行许多年的“家治”，自近代以来也在不断地向法治转型，如今我国还提出了全面依法治国的战略任务，因此，在现代意义上，“给国安家”主要是指给制度安法律之家，即“法安天下”。

首先，这里的制度主要是指正在或者曾经在现实生活中有效运转的制度，是活的制度、行动中的制度，而不是指从来没有有效运转过的书本上的“死”的制度。如果研究给并未运转的制度安法律之家的问题，就显得既没有意义，也没有科学性。

其次，这里的制度尽管在实践中有效运转着，但没有正式地制度化地进入国家法律制度之中，因此就存在给制度安法律之家的问题；否则，就

---

[1] 参见梁漱溟：《中国文化要义》，学林出版社1987年版，第19、77~80、162页。

不存在安法律制度之家的问题。

再次,这里的法律之家包括实践层面法律制度之家和理论层面法律理论之家。前者是指制度化地进入国家法律制度中,由非正式制度上升为正式国家制度,由民间法上升为国家法,由不成文法上升为成文法。后者是指给法律制度为何是这样做一种法律理论上的解释,而且这种理论解释为一般理论所接受和认可,并被法律实践所检验是科学、正确的,总之,就是具有技术合理性,从而使制度——包括法律制度——有一种法律理论上的归属感,有一种回了法律理论之家的感觉;否则,就名不正,言也不顺,无家可归,四处飘荡。

因此,给制度安法律之家,在理论上可以分为以下几种情形:

第一,给正在现实中运作的制度安法律制度之家和安法律理论之家。在这种情形下,现行的制度既没有制度化地成为正式的国家法律制度,也没有被现行一般的法律理论所接受和认可,因此存在给制度安法律制度之家和安法律理论之家的问题。

第二,给正在现实中运作的制度安法律理论之家。在这种情形下,制度被制度化地成为国家法律制度,但没有对法律制度为何是这样的作出法律理论上的解释,即技术合理性的解释并被一般法律理论所接受和认可,因此,存在给正在现实中运作的制度安法律理论之家的问题。

第三,给正在现实中运作的制度安法律制度之家。在这种情形下,对制度为何是这样的作出法律理论上的解释并被一般法律理论所接受和认可,即具有技术合理性但没有被制度化地成为国家法律制度。

第四,从理论上说,给历史上的制度安法律之家也存在上述三种情形。但由于给历史上的制度安法律制度之家既没有可能,也没有现实意义;因此,从现实意义的角度来看,给历史上的制度安法律之家就只是指安法律理论之家的情形。这是因为:"没有'没有传统的现代化'",[1]现行制度必然包含传统的因素,因此,为了更好地给现行制度安法律之家,

〔1〕 参见金耀基:《从传统到现代》(补篇),法律出版社2010年版,第156页。

尤其是法律理论之家,并对历史和现实的制度作出连贯性的法律理论解释,需要对历史上的制度作出法律理论解释——技术合理性解释,需要研究给历史上的制度安法律理论之家的问题。

在实践中,上述第三种情形存在的可能性较小,因此,在现实生活中只存在第一、二、四种等三种情形。

最后,安法律理论之家在给制度安法律之家中起着举足轻重的作用。如在英国的洛克时期,尽管立法权与行政权和对外权采取了由以资产阶级为代表的新兴势力和以国王为代表的旧势力分享的法律制度安排,但由于缺乏法律理论的解释和正当化,使当时给制度安的法律制度之家并不稳固,安的法律制度之家也不是那么名正言顺,以资产阶级为代表的新兴势力享有的立法权随时有可能被削弱甚至被剥夺。只是在洛克提出了权力分立理论,并给当时的法律制度安排作出了理论上的解释,给当时的法律制度安了法律理论后,才使当时的给制度安的法律制度之家得以稳固,并被传播到欧洲各国,最后被大多数国家所认可和接受。而美国在制定联邦宪法以建立国家时,由于在联邦党人与反联邦党人之间进行了充分的理论探讨,[1]给宪法的制定和国家的建立找到了理论上的依据,安了法律理论之家,因此,使当时给美国建立统一而强有力的中央政府安法律制度之家显得名正言顺,水到渠成。可见,在给制度安法律制度之家和法律理论之家中,安法律理论之家是安法律制度之家的理论前提,安法律制度之家是安法律理论之家的必然结果。

综上,给制度安法律之家,应着重研究给制度安法律(理论)之家的问题,实质上就是探讨法律制度体系化的问题;在必要的情形下,才会进一步涉及给现行制度安法律制度之家的问题。

(四)"法安天下"的关键:给中国(法律)制度安法律(理论)之家

更具体地说,给制度安法律之家侧重探讨给中国制度安法律之家,包括给中国古代和现代制度安法律理论之家与给中国现代制度安法律制度

---

〔1〕 参见[美]汉密尔顿等:《联邦党人文集》,程逢如等译,商务印书馆1980年版。

之家两个方面,但在此侧重关注前者。给中国(法律)制度安法律理论之家,实质上就是将现行零散而缺乏内在联系的中国(法律)制度,用某种法律理论将它们串联起来并加以体系化,追寻它们共同的社会归宿——历史—社会逻辑即长期的技术合理性——与法律理论(法学范式)归宿。这些零散的中国(法律)制度,主要包括以下两个层面:

1. 宏观层面的中国(法律)制度

第一,法律运行。法律运行是指法律运行主体人(包括立法者、司法者、执法者、守法者等)在法律运行过程(包括立法、司法、执法、守法等)中所体现出来的一种法律行为或法律活动(包括立法行为、司法行为、执法行为、守法行为等)。目前,明确的整体的法律运行研究较少,大部分是分解式研究。分解式的法律运行研究,试图通过将"法律运行"分解为立法、执法、司法、守法、法律监督等环节,即"法律运行 = 立法 + 执法 + 司法 + 守法 + 法律监督",然后希望通过研究"立法"、"执法"、"司法"、"守法"与"法律监督"来达到对"法律运行"的研究。这种研究使我们对"立法"、"执法"、"司法"、"守法"与"法律监督"的研究日益走向了精细化、技术化,但这种分解式的研究存在不可避免的弊端:我们研究的问题("立法"、"执法"、"司法"、"守法"与"法律监督")与我们要研究的问题("法律运行")并非同一问题。在这个意义上,分解式法学范式不能有效完成甚至可能遮蔽、扭曲对我国现存"法律运行"法律制度的理论研究;换言之,我国法学界实际上缺乏对我国"法律运行"的研究,也就不可能从法学元理论——法学范式——角度来解决其理论归宿问题,最终也存在安法律——尤其是法律理论——之家的问题。

第二,"礼法合一"。"礼法合一"或者"以礼入法",是中国传统法律制度较突出、较重要、较基本的特征之一,其历史渊源至少可以追溯到西汉时期董仲舒的"引经决狱",且至今仍然有效地运行于中国社会,是中国目前历史较为悠久的传统法律制度之一。"礼法合一"也受到了学界持续的高度关注,但学界多从规范层面进行规范角度的研究和探讨,很少将其嵌入中国大历史和中国社会中探讨其历史—社会逻辑即长期的技术合理性，也很少从法学元理论——法学范式——角度探讨其理论根基，因此既没有解决其社会归宿问题，又没有解决其理论归宿问题，即存在安法律尤其是法律理论——之家的问题。

第三，"政法合一"。"政法合一"也是中国传统法律制度较突出、较重要、较基本的特征之一，其历史渊源至少可以追溯到中国古代行政兼理司法的传统，至今仍然有效地突出地运行于中国社会，尤其是中共十八大以后，正式地将中国共产党的领导上升为中国当代法治的基本原则，也是中国目前历史较为悠久的传统法律制度之一。"政法合一"也受到了学界持续的高度关注，但学界多从历史描述的角度进行研究和探讨，很少将其嵌入中国大历史和中国社会中探讨其历史—社会逻辑即长期的技术合理性，也很少从法学元理论——法学范式——角度探讨其理论根基，因此同样既没有解决其社会归宿问题，又没有解决其理论归宿问题，也存在安法律尤其是法律理论——之家的问题。

2. 中观法律/社会组织层面的中国(法律)制度

第一，民主集中制。民主集中制是我国宪法规定的基本原则之一，也是一种合二(民主与集中)为一的有中国特色的基本法律制度；作为一种社会组织的基本原则，也广泛实施于各种法律组织、国家政权组织、企事业组织、人民团体等各种社会组织。民主集中制也受到了学界持续的高度关注，但学界多从事分解式的规范性、描述性的研究。分解式的研究试图通过将"民主集中制"分解为民主和集中(民主集中制＝民主＋集中)，然后希望通过研究"民主"与"集中"来达到对"民主集中制"的研究。这种研究使我们对民主和集中的研究日益走向了精细化、技术化，但这种分解式的研究同样存在不可避免的弊端：我们研究的问题("民主"与"集中")与我们要研究的问题("民主集中制")并非同一问题。在这个意义上，分解式法学范式不能有效完成甚至可能遮蔽、扭曲对我国现存"民主集中制"法律制度的理论研究；换言之，我国法学界实际上缺乏对我国"民主集中制"的研究，也就不可能从法学元理论——法学范式——角度来解决其理论归宿问题。另外，规范性的研究，大部分是从法律规范的角度来研究、评判“民主集中制”,而描述性的研究,大多是从其历史事实的角度来研究其发展演变过程;因此,也不可能将其嵌入中国大历史和中国社会中探讨其历史—社会逻辑即长期的外在的技术合理性,也不可能将其嵌入自身组织结构中探讨其自身内在的技术合理性,最终也不可能解决其社会归宿问题。总之,“民主集中制”也存在安法律——尤其是法律理论——之家的问题。

第二,“调审合一”(含审判委员会,下同)。“调审合一”也是中国传统法律制度较突出、较基本的特征之一,其历史渊源至少可以追溯到中国古代“官绅合一”的传统,至今仍然有效地突出地运行于中国社会的法院组织中。“调审合一”也受到了学界持续的高度关注,但学界多从分解式的规范角度进行研究。分解式研究试图通过将“调审合一”分解为调解和审判(调审 = 调解 + 审判),然后希望通过研究“调解”与“审判”来达到对“调审”的研究。这种研究使我们对调解和审判的研究日益走向了精细化、技术化,但这种分解式法学范式的研究存在不可避免的弊端:我们研究的问题(“调解”与“审判”)与我们要研究的问题(“调审”)并非同一问题。在这个意义上,分解式法学范式不能有效完成甚至可能遮蔽、扭曲对我国现存传统“调审合一”法律制度的理论研究;换言之,我国法学界实际上缺乏对我国传统“调审合一”制度的研究,也就不可能从法学元理论——法学范式——角度来解决其理论归宿问题。另外,规范角度的研究,大部分是从西方法律规范的角度来研究、评判中国的“调审合一”,以西方法律规范为标准,主张将调解从中国法院中清除出去,因此,不可能将其嵌入中国大历史和中国社会中探讨其历史—社会逻辑即长期的外在的技术合理性,也不可能将其嵌入自身组织结构中探讨其自身内在的技术合理性,最终也不可能解决其社会归宿问题。总之,“调审合一”也存在安法律——尤其是法律理论——之家的问题。

二、为何安家——“法安天下”?

为何会产生给中国(法律)制度安法律(理论)之家问题?大致有以下三个方面的原因:

(一)法学理论方面的原因

第一,中国古代法学不发达,也不追求内部理论的体系化,无意也无力解决中国古代(法律)制度安法律(理论)之家的问题。

法学是关于正义和非正义的科学。在这个意义上,中国古代是不存在现代意义上的法学,只存在律学;即使是历史上关注法律问题的法家,也是如此,缺乏对正义、权利、公平、自由等法学核心问题的研究。“中国的法律学术从汉代开始,转变成为一种依据儒家经典对制定法进行讲习、注释的学问,历史上称之为‘律学’。‘律学’主要是从文字上、逻辑上和技术上对法律条文进行详细解释,关注的中心问题是刑罚的宽严,肉刑的存与废,‘律’‘令’等法条的具体运用,以及礼与刑的关系……中国的律学不是一门独立的科学,律学家也不是完全以法律为研究对象的,他们基本上都是经学家或官僚,所以叫‘引经注律’。律学至多只是经学的一个分支,经学的思想统治了律学。”〔1〕而中国古代的经学与中国古代的法学(律学)一样,也不追求自身理论的体系化。“西方伦理学及社会科学要建立的,是有系统的、分析性的理论知识,以知为目标,而孔子的志趣,却不在树立一套伦理知识,只在重建社会秩序,目标在行,不在知。所以,与其说儒学是有关伦理的知识,毋宁说是伦理本身。”〔2〕敏锐观察到这一点的韦伯也认为:“儒学压根儿只是一大堆政治格言和社会上有教养者的行为守则而已。”〔3〕换言之,儒家只是侧重于制度实践和制度运用的实效,并不追求自身理论的体系化,因此对进一步地给制度安法律之家尤其是理论之家的活动并不感兴趣,也无力解决给中国古代(法律)制度安法律(理论)之家的问题。

第二,中国近现代并未形成真正意义上的具有本土性和民族性的中国法学尤其是中国法学范式,无力解决给中国(法律)制度安法律(理论)

〔1〕 张中秋:《中西法律文化比较研究》,南京大学出版社1999年版,第234~236页。

〔2〕 张德胜:《儒家伦理与秩序情结——中国思想的社会学诠释》,台北,巨流图书公司1989年版,第63页。

〔3〕 Max Weber, *The Religion of China*, The Free Press, 1964, p. 152.

之家的问题,尤其是不能解决具有中国特有的传统化合型(法律)制度的安法律(理论)之家的问题。

随着中国法治建设的不断发展,中国法学界也出现过几次法学范式之争。如受西方法学在哲学根源上存在人文主义与科学主义之分的影响,中国法学一直存在科学性与人文性之争。人文论者,既有从人性、知识谱系、方法论、哲学根源等方面探讨其基本理论问题,也有探讨人文精神在民法、刑法、行政法等部门法中的体现问题,主张中国法学范式变革的人文化。[1] 科学论者,既有探讨其基本理论问题,也有探讨民法学、证据法学、行政法学等部门法学中所体现的科学主义精神问题,主张中国法学范式变革的科学化。[2] 再如,自苏力提出政法法学、诠释法学和社科法学等三种法学范式[3]以及邓正来提出“中国法学向何处去”的范式问

〔1〕 参见杜宴林:《法律的人文主义解释》,人民法院出版社2005年版;占茂华:《自然法观念的变迁》,法律出版社2010年版;侯健、林燕梅:《人文主义法学思潮》,法律出版社2007年版;刘国利:《人文主义法学研究》,法律出版社2016年版;胡玉鸿:《法学方法论导论》,山东人民出版社2002年版;严存生:《法律的人性基础》,中国法制出版社2016年版;舒国滢:《欧洲人文主义法学的方法论与知识谱系》,载《清华法学》2014年第1期;苏彦新:《民法法典化的人文主义法学根源——兼评〈那些法学家们:一种批评史〉》,载《政法论坛》2017年第1期;徐国栋:《民法的人文精神》,法律出版社2009年版;叶必丰:《行政法的人文精神》,北京大学出版社2005年版;陈兴良:《刑法的人性基础》(第4版),中国人民大学出版社2017年版;胡玉鸿:《法学是一门科学吗?》,载《江苏社会科学》2003年第4期;王麟:《法学知识的属性与进步》,载《法律科学》2000年第2期;王伯琦:《法学:科学乎? 艺术乎?》,载王伯琦:《近代法律思潮与中国固有文化》,清华大学出版社2005年版,第132~143页;郑戈:《法学是一门社会科学吗?——试论“法律科学”的属性及其研究方法》,载《北大法律评论》第1卷第1辑,法律出版社1998年版,第1~30页;刘星:《法学“科学主义”的困境——法学知识如何成为法律实践的组成部分》,载《法学研究》2004年第3期。

〔2〕 参见张文显:《迈向科学化现代化的中国法学》,载《法制与社会发展》2018年第6期;毋国平:《法学的科学性与“法”:以纯粹法理论为中心》,载《法律科学(西北政法大学学报)》2014年第1期;张欣:《行政法学科学性证成探微》,载《黑龙江省政法管理干部学院学报》2014年第1期;张中:《论证据法学的科学性及其学科地位》,载《中国法学教育研究》2015年第3期;寇志新:《谈民法学的科学性阶级性及其现实意义》,载《西北政法学院学报》1986年第2期。

〔3〕 参见苏力:《也许正在发生——转型中国的法学》,法律出版社2004年版。

题以来,[1]尤其是近几年受德国法教义学和美国法学人文社会科学化的影响,在法学界兴起了法教义学与社科法学之争。社科法学论者针对自己经验研究有余而基本理论研究不足的状况,提出要对社科法学的发展历程、方法论、实证传统、含义、社会功用等自身基本理论的研究,倡导部门法学研究的社科法学转向,主张中国法学范式变革的社科法学化。[2]而法教义学在进行其含义、谱系、方法论、社会功用等自身基本理论研究的同时,[3]也在向宪法学、刑法学、民法学、行政法学等部门法学领域扩展,主张中国法学范式变革的法教义学化。[4] 又如,针对我国当代法学中存在的人文性与科学性的分歧,还有学者提出了折中主义的混合式法

〔1〕 参见邓正来:《中国法学向何处去——建构"中国法律理想图景"时代的论纲》,商务印书馆2006年版。

〔2〕 参见苏力:《中国法学研究格局的流变》,载《法商研究》2014年第5期;侯猛:《社科法学的传统与挑战》,载《法商研究》2014年第5期;邵六益:《社科法学的知识反思——以研究方法为核心》,载《法商研究》2015年第2期;陈柏峰:《社科法学及其功用》,载《法商研究》2014年第5期;包万超:《面向社会科学的行政法学》,载《中国法学》2010年第6期。

〔3〕 参见雷磊:《法教义学与法治:法教义学的治理意义》,载《法学研究》2018年第5期;贺剑:《法教义学的巅峰——德国法律评注文化及其中国前景考察》,载《中外法学》2017年第2期;许德风:《法教义学的应用》,载《中外法学》2013年第5期;雷磊:《法教义学能为立法贡献什么?》,载《现代法学》2018年第2期;雷磊:《法教义学与法治:法教义学的治理意义》,载《法学研究》2018年第5期;雷磊:《什么是法教义学?——基于19世纪以后德国学说史的简要考察》,载《法制与社会发展》2018年第4期;凌斌:《什么是法教义学:一个法哲学追问》,载《中外法学》2015年第1期;雷磊:《什么是我们所认同的法教义学》,载《光明日报》2014年8月13日,第16版。

〔4〕 参见陈景辉:《部门法的教义化及其限度——法理学在何种意义上有助于部门法学》,载《中国法律评论》2018年第3期;张翔:《宪法教义学初阶》,载《中外法学》2013年第5期;李忠夏:《宪法教义学反思:一个社会系统理论的视角》,载《法学研究》2015年第6期;冯军:《刑法教义学的立场与方法》,载《中外法学》2014年第1期;张明楷:《也论刑法教义学的立场 与冯军教授商榷》,载《中外法学》2014年第2期;刘艳红:《中国法学流派化志趣下刑法学的发展方向:教义学化》,载《政治与法律》2018年第7期;刘艳红:《中国刑法教义学化过程中的五大误区》,载《环球法律评论》2018年第3期;汤文平:《民法教义学与法学方法的系统观》,载《法学》2015年第7期;王本存:《论行政法教义学——兼及行政法学教科书的编写》,载《现代法学》2013年第4期。

学范式变革主张;[1]针对我国当代法学中存在的法教义学与社科法学的分歧,有学者提出了包括“实用主义法学”“实践法学派”“实效主义法学”等在内的折中主义的法学范式变革主张。[2]

上述不论是人文性(人文主义)与科学性(科学主义)之争,还是法教义学与社科法学之争,都没有在哲学上超出西方人文主义与科学主义的范畴,都没有超出西方传统三大法学流派(自然法学、规范法学和社会法学)之争的范畴,都是一种由西方实体主义发展而来的分解式法学范式;即使是为了解决这些分解式法学范式而提出的折中主义的混合式法学范式,也只是这些分解式法学范式的简单的物理性的、技术性的混合,实质上还是一种分解式法学范式。

这些受西方现代化范式支配而形成的分解式法学范式,能否解决给中国(法律)制度安法律(理论)之家的问题呢?

这些受西方社会而形成的分解式法学范式,都具有不同的地方性,都是一种地方性知识,无法解决给中国(法律)制度安法律(理论)之家的问题。如作为分解式法学范式之一的规范分析法学的代表性人物哈特,在《法律的概念》一书的“序言”中,就告诉读者:“本书也可以被视为一个描

[1] 参见魏建国:《大陆法系方法论的科学主义误区与人文主义转向》,载《法学评论》2011年第1期;袁振辉、杨文丽:《西方法理学中的人文主义与科学主义》,载《中共中央党校学报》2005年第2期;杨忠民、程华:《自然法,还是法律实证主义》,载《环球法律评论》2007年第1期。

[2] 参见孙海波:《法教义学与社科法学之争的方法论反省——以法学与司法的互动关系为重点》,载《东方法学》2015年第4期;谢海定:《法学研究进路的分化与合作——基于社科法学与法教义学的考察》,载《法商研究》2014年第5期;熊秉元:《论社科法学与教义法学之争》,载《华东政法大学学报》2014年第6期;尤陈俊:《不在场的在场:社科法学与法教义学之争的背后》,载《光明日报》2014年8月13日,第16版;李晟:《实践视角下的社科法学:以法教义学为对照》,载《法商研究》2014年第5期;郑永流:《实践法律观要义——以转型中的中国为出发点》,载《中国法学》2010年第3期;叶会成:《实践哲学视域下的法哲学研究:一个反思性述评》,载《浙江大学学报(人文社会科学版)》2017年第4期;武建敏:《实践法哲学:理论与方法》,中国检察出版社2015年版。

述性社会学的尝试。"[1]而波斯纳对此也有同感:"把此书作为一个知识渊博的内部人对英国法律制度的一种风格化描述,还是很启发人的,就如同德沃金法理学对人的启发在于它是对联邦最高法院自由派大法官的一种风格化描述一样,也就如同《尼格马克伦理学》中讨论的校正正义对人们的启发在于它是对亚里士多德时代雅典法律制度的一种风格化描述一样。"[2]再如,作为混合式法学范式(实质上也是一种分解式法学范式)实践综合法学的代表性人物哈贝马斯提出的解决规范与事实分立的程序主义法治方案,波斯纳也认为它只是适用于德国,而不适用于美国,即"他的理论(和哈特以及德沃金一样)所谈论的更直接的是他的国家即德国的情况,而不是其他国家的情况。美国人并不需要下面这些教诲:多样性的价值、政治原则找不到'先验的'基础、民主的重要性或合法政治制度的前提条件。这些东西都是我们生活形式的特点,是我们讨论和争论的理所当然的背景"。[3] 因此,波斯纳归纳总结认为:"所有这些法理学理论,我想强调它们的共同特点就是其所谓的普适性。每个理论家都宣布一些他认为适用于任何法律制度的原则,而事实上,最好是把他们每个人都理解为是对某个民族的法律制度的描述,在哈特那里是英国,在德沃金那里是美国,而在哈贝马斯那里是德国。"[4]实际上,波斯纳这个归纳总结,也同样适用于自己为解决规范与事实分立而提出的一种侧重于结果的求助于社会科学的实用主义解决方案。

总之,这些受西方社会影响而形成的分解式法学范式,都具有不同的地方性,都是一种地方性知识;中国法律制度的安家问题无法建立在这种

---

〔1〕[英]哈特:《法律的概念》,张文显等译,中国大百科全书出版社1996年版,"序言"第1页。

〔2〕[美]理查德·A.波斯纳:《道德和法律理论的疑问》,苏力译,中国政法大学出版社2001年版,第114页。

〔3〕[美]理查德·A.波斯纳:《道德和法律理论的疑问》,苏力译,中国政法大学出版社2001年版,第124页。

〔4〕[美]理查德·A.波斯纳:《道德和法律理论的疑问》,苏力译,中国政法大学出版社2001年版,第107页。

具有地方性的法律理论之上,无力解决中国(法律)制度安法律(理论)之家的问题,尤其是不能解决具有中国特有的传统化合型(法律)制度的安法律理论之家的问题。

(二)法律制度方面的原因

首先,由于中国古代法学和法律制度的不发达,中国古代大量的制度没有法制化;即使有些制度法制化了,安了法律制度之家,但由于中国古代法学的不发达甚至缺失,也没有从理论上作出合理化的法律解释——技术合理性解释,没有完成安法律理论之家的任务。

在法律实践上,分解式法学范式通过对法律的不断分解,如首先民事性法律与刑事性法律出现分解和分离,接着是行政法从民事性法律中分离出来形成一个独立的法律部门,后来是经济法、环境法等法律部门出现分离并形成独立的法律部门,使原来混而不分的法律逐渐分解、分化,最终使法律日益精细化、技术化,促进了法律制度的不断发达和繁荣,并形成一个日益分工、日益复杂化的法律体系,使大量的制度实现了法律化,解决了制度安法律制度之家的问题。

比较而言,中国古代由于缺乏这种分解式法学范式的影响,使中国古代法律制度难以走向精细化和技术化,始终处于一种“化合型”法律制度的状态,如中国古代法律存在的民刑不分、诸法合体,无法将存活于中国社会的大量的民间制度(如民间习惯等)法律化、再制度化,以满足其安法律之家的需要;即使是其中的有些制度法制化了,安了法律制度之家,但由于中国古代法学的不发达甚至缺失,也没有从理论上作出技术合理性解释,没有完成安法律理论之家的任务。

其次,近现代中国社会进行法治建设的过程,最终导致了西方制度——尤其是法律制度——及其法律理论的大量“入侵”和引入,[1]最终形成了一种融合了中西各种因素的制度——尤其是法律制度——多元的

---

〔1〕 参见张德美:《探索与抉择——晚清法律移植研究》,清华大学出版社2003年版,第177~422页。

格局。[1] 自近代以来,这些制度——尤其是法律制度——在与中国国情不断磨合、融通的作用下,形成了大量的正在中国社会有效运转的融合了中西各种因素的新制度。

也因此,最后,在近现代中国社会进行法治转型的过程中,从传统到现代的过程,也是传统与现代的融合过程,最终形成了许多具有中国传统文化特色的融合了古今中国社会各种因素的(法律)新制度。

对于这些融合了古今中外各种因素的新制度,既不能从单纯西方的法律理论作出观念合理性的解释,也无法在中国传统文化那里得到观念合理性的解释,因此就需要提出一种既不同于现代西方的法律理论也有异于中国古代的新的法律理论,对这些制度作出法律理论上的技术合理性的解释,即安法律理论之家的问题。

还有些融合了古今中外各种因素的新制度,除安法律理论之家的问题外,还存在安法律制度之家的问题。因此,这些在中国正在有效运转的融合了古今中外各种因素的新制度,由于没有完成安法律制度之家的任务,目前还处于不稳定的状态。即使是那些安了法律制度之家的制度,也不能说稳如泰山,其还存在名不正言不顺的问题,还存在安法律理论之家的问题;否则,有可能像中国古代的制度那样因缺乏法律理论之家而被歧视,进而遭受被抛弃的制度命运。

对于这些混合了古今中外各种因素而形成的新制度尤其是法律制度,由于目前没有完成安家尤其是安法律理论之家的任务,因此导致了用西方的法律理论来解释这些新制度,将在中国社会形成的新制度——尤其是法律制度——的法律理论之家安到了西方的法律理论上,而这些西方的法律理论又"通过'话语'带动'实践'",[2] 影响着正在中国有效运行的制度。因此,目前给中国古代和现有的制度安的西方法律理论之家

---

[1] 参见梁治平:《法辨——中国法的过去、现在与未来》,中国政法大学出版社2002年版,第136~167页。

[2] 参见强世功:《法制与治理——国家转型中的法律》,中国政法大学出版社2003年版,第9页。

使中国制度“住”着不舒服,也不适合,使中国制度尤其是法律制度难以在西方法律理论之家中住下去;而有的西方法律理论之家甚至对中国制度采取排斥、歧视甚至完全否定的态度,使中国有些制度无法律理论之家可归,如正在中国社会有效运转的礼法合一、政法合一、调审合一、民主集中制等“化合型”法律制度就是如此。中国的学术界尤其是法学界急需完成给中国制度安法律理论之家的任务。

(三)国家(法律)制度竞争方面的原因

在某种意义上,国家之间的竞争就是国家(法律)制度的竞争,体现在以下两个层面:一是在微观层面,国家(法律)制度的竞争表现为单个法律制度及其制度技术先进性的竞争与比较。但制度技术与科学技术不同:科学技术的先进性主要决定于自身,受外部社会环境影响几乎为零;而制度技术的先进性,除决定于自身技术外,还受到外部社会环境的较大影响和约束,是一种相对于某个社会的技术合理性。因此,在微观层面,国家(法律)制度的竞争和比较就是某个法律制度技术合理性的竞争和比较。

二是在宏观层面,国家(法律)制度的竞争则是整个法律制度体系及其技术合理性的竞争与比较。由于整个制度体系的技术合理性并不是每个制度的技术合理性的简单相加,可能存在“$1+1<2$”的情形。如立法奉行国家主义,司法奉行人本主义,单个看来都具有技术合理性,但由于两者在法律运行观上存在激烈的冲突和矛盾,因此,由立法与司法组成的整个制度运行体系就可能存在相互冲突和矛盾的问题,其技术合理性就不是两者简单相加的结果。在这个意义上,相对于国家(法律)制度的竞争而言,宏观层面的整个(法律)制度的技术合理性比微观层面的单个法律制度的技术合理性更为重要。

为了提高整个法律制度的技术合理性,事先必须完成制度体系化的工作,关注法律制度体系的技术合理性。法律制度的体系化,就是将表面看来零散的相互之间没有内在联系的(法律)制度,通过某种理论——其核心是法学范式,将它们串联、整合在一起,并形成一个具有内在联系、相互支持、相互配合的制度体系,以实现整体制度绩效的最优化,提高整个法律制度系统的技术合理性,促进整个制度体系的不断现代化,如笔者所从事的"安家"系列研究就是这个方面的尝试。

可见,在最核心的意义上,国家(法律)制度竞争,在技术层面上,应该是整个(法律)制度体系及其技术合理性——相对于中国社会的技术合理性——的竞争;更重要的是,在观念层面上,应该是关于整个(法律)制度技术合理性话语——核心是法学范式——的竞争。

如古代中国的儒家及其制度安排,尽管在中国社会有效运行了几千年,并在古代科学技术(如交通技术、信息技术等)非常落后的条件下,不仅保障了古代巨型国家中国的正常运转,而且保持了古代中国长期处于世界经济、政治等发展的前列,应该说在当时的科学技术条件下,在制度的技术上具有一定程度的先进性;[1]并通过自己的示范效应,获得了周边国家的自愿效仿和借鉴,建立了一片属于自己的治业。但由于儒家只是侧重于制度实践和制度运用的实效,缺乏一种关于国家制度技术合理性的话语理论,对进一步地给制度安法律之家尤其是理论之家的活动并不感兴趣,缺乏进一步地为制度安法律之家尤其是法律理论之家的工作,使其制度缺乏理论化和体系性,也不利于制度向更为广泛的地域范围内传播和效仿,因此在后来与西方制度竞争的过程中败下阵来,不仅败了业而且败了家。

比较而言,西方的国家(法律)制度如国家权力分配的制度,由于不仅重视(法律)制度技术的先进性的发展,更重视(法律)制度技术合理性话语理论的研究和建构,如洛克的《政府论》及其国家权力分立的理论,不仅在制度技术上为当时英国以国王为代表的旧势力和以资产阶级为代表的新势力联合执政提出了两权分立的制度安排,而且从理论上论证其制度技术的合理性,为其安了法律理论之家,并被孟德斯鸠发展完善成为现代

〔1〕 参见苏力:《大国宪制——历史中国的制度构成》,北京大学出版社2018年版;苏力:《纲常、礼仪、称呼与秩序建构——追求对儒家的制度性理解》,载《中国法学》2007年第5期。

权力分立的理论,因此使之得以便于向世界各国传播:先是传播到欧洲各国,后来又被传播到美国并被联邦党人发展成为权力分立与制衡的理论,运用于美国当时的建国实践中,并通过英国和美国的示范效应传遍世界各国,被世界各国治国所效仿或借鉴,既建立了一片法律制度大业,也建立起来了一片法律理论大业。

目前,我国存在的具有中国特色的法律制度(如政法合一、调审合一、审判委员会制度等),存在与中国历史上儒家的一系列制度曾经面临的安家——尤其是安法律理论之家即制度体系化及其现代化——问题。这些不被西方分解式法学范式认可的法律制度,目前尽管存在于中国社会并运行较为通畅,应该说有一定的技术合理性;但由于缺乏一种适合的法学范式将这些零散的法律制度体系化,一直在其理论归宿上处于一种不确定的状态,在与西方已经实现体系化的法律制度竞争或比较时常常处于一种劣势和不利地位。为此,我们必须研究这些本土法律制度体系化及其现代化的问题,必须提供一种能够贯通古今中外的中国大法学范式解决它们的安家——尤其是安法律理论之家——问题。

三、何以安家——“法安天下”?

如何给中国(法律)制度安法律(理论)之家?先要考虑安家的“地基”问题,使其坚实而宏博:在空间上,要将中国(法律)制度的家安于中国社会,追寻其社会逻辑;在时间上,要将中国(法律)制度的家安于中国大历史,追寻其历史逻辑。与此同时,还要考虑安家的高度,尤其是法学理论——其核心是法学范式——高度,使其雄壮而高大,能够自立于世界民族之林,要将中国(法律)制度的家安于中国大法学——尤其是中国大法学范式。以下将分而论之。

(一)安家于中国社会

法律的嵌入性就是指法律与社会的关系,将法律嵌入社会进行考察、思考和研究。因此,将中国(法律)制度的家安于中国社会,实际上就是法律与社会之间的关系问题,实质上就是研究法律的嵌入性问题。在这个意义上,法律的嵌入性理论就是这样的一种给中国制度安法律之家尤其是法律理论之家的法律理论,就是这样的一种给中国制度安法律之大家立法律之大业的地基式的法律理论。如果将中国法律的安家立业建立在法律的嵌入性理论上,就是将其建立在中国社会基础上,就是研究中国法律与中国社会的关系,就是将中国法律嵌入中国社会进行考察、思考和研究,并建立起专门为中国法律安家立业量身定做的地基,进而在此地基上专门为中国制度量身打造自己的法律之家,就是将中国法律的安家立业建立在中国自己的地基上,而不是建立在别人的地基上。因此,就会使中国法律的安家立业的地基显得非常踏实,非常坚实,也非常稳固,在此地基建立起来的法律之家不仅非常稳固、结实,而且非常适合中国制度居住,住起来也非常舒服、舒心;至少不会像现在那样将中国现行制度的家安到别人家中而显得局促、别扭,甚至受到歧视,被别人看不起,最后还有可能被赶出家门,无家可归。

法律的嵌入性除研究中国法律与中国社会的关系,将中国法律嵌入中国社会进行考察、思考和研究外,还研究一般法律与一般社会的关系,包括将别国的法律嵌入别国社会进行考察、思考和研究。因此,如果将中国法律的安家立业建立在法律的嵌入性理论这个地基上,就会使中国法律安家立业的这个地基不仅稳固结实,而且广阔,可以超越时空的局限,具有普适性。因此,中国制度在这样的地基上安得法律之家,不仅适合于中国制度居住,也适合其他各国制度居住,最后还有利于立中国法律之大业。

法律的嵌入性还根据法律嵌入社会的不同程度,将其分为强嵌入性、弱嵌入性和零嵌入性。因此,根据法律的嵌入性,法律可以分为强嵌入性的法律、弱嵌入性的法律和零嵌入性的法律。如果将中国法律的安家立业建立在法律的嵌入性理论上,我们就可以为不同嵌入性程度的法律安不同的法律之家、立不同的法律之业。如对于强嵌入性的法律,可能是不同的社会安不同的法律之家,立不同的法律之业,相对于某一个社会可能是独此一家;对于零嵌入性的法律,可以四海为家,或者各国法律可以安同一个法律之家,立同一个法律之业;而对于弱嵌入性的法律,则处于上述两者之间。因此,它们在安法律之家立法律之业的难度上是不同的:对强嵌入性的法律,由于与具体社会的关系较为密切,牵扯社会的方方面面,因此安家立业的难度较高;对于零嵌入性的法律,由于与具体社会的关系不是很密切,因此安家立业的难度较低,甚至在某种意义——如对后发国家而言——上,不存在安家立业的问题;对于弱嵌入性的法律,由于与具体社会的关系的密切程度居中,安家立业的难度也居中。因此,给制度安法律之家立法律之业的问题,我们将侧重于强嵌入性法律和弱嵌入性法律的安家立业问题的研究;给中国制度安法律之家立法律之业的问题,我们也将侧重于强嵌入性法律和弱嵌入性法律的安家立业问题的研究。尤其是前者,将是笔者在后续的研究中着重探讨的问题和研究方向。

从嵌入社会的维度来看,中国社会也可以分为宏观、中观和微观三个层面,因此,安家于中国社会探讨法律的嵌入性也包括三个层面:

一是宏观层面的法律的社会结构嵌入性。如宪法,在法学意义上,主要探讨国家权力与公民权利之间关系及其规范整合;在社会学意义上,宪法主要反映的是各种政治力量在社会中的构成及其社会整合,嵌入在一定的社会结构中,具有其社会结构嵌入性。二是中观层面的法律的组织结构嵌入性。任何法律的实施都由一定的法律组织来承担,都受到一定社会组织结构的影响,具有其组织结构嵌入性。根据其组织结构规范性的不同,社会组织可以分为正式组织与非正式组织。正式组织的组织结构规范性较强,大部分有其相应的组织规范,组织结构较为固定,因此可以采用组织结构—功能的研究方法;非正式组织的组织结构是随机形成的,没有固定而规范的组织结构,因此只能采用社会关系网络的研究方法。三是微观层面的法律的嵌入性。微观层面的法律的嵌入性,主要是将法律人及其行为嵌入一定的组织结构中进行观察、思考和研究,主要探讨嵌入组织结构中的法律人及其行为,也是中观层面组织结构嵌入性的微观基础。

法律的嵌入性不仅是一种理论,还是一种研究法律的方法——嵌入性分析方法。根据法律的嵌入性程度不同,可以分为强嵌入性分析、弱嵌入性分析和零嵌入性分析;根据法律的嵌入性维度不同,可以分为宏观的社会结构嵌入性分析、中观的组织结构嵌入性分析(又可以细分为规范的组织结构—功能分析和随机的社会网络分析)和微观的法律嵌入性分析。

我们之所以将法律嵌入不同环境条件下进行嵌入性分析,最终目的就是使法律在技术操作层面实现与外部和内部社会环境的互恰,实现其技术合理性,包括法律自身的内部的技术合理性和外部的技术合理性。技术合理性与观念合理性的区别在于:前者是建立在制度技术层面的自下而上的合理性,有利于实现制度观念与制度技术的统一;后者是一种建立在制度观念层面的自上而下的合理性,不利于制度观念向制度技术层面推进,也不利于实现制度观念与制度技术的统一。因此,如果将中国法律的安家立业建立在法律的嵌入性理论上,就是将其建立在技术合理性上,也就有利于为中国法律安得家立得业不仅能够达到观念层面,而且能够进一步推进技术操作层面,实现观念与技术的统一与协调;不仅能够达到"行"的层面,而且能够达到"知"的层面,实现知行合一;最终使为中国法律安得家立得业的地基不仅稳固宽广,而且显得深厚。

(二)安家于中国大历史

大历史是黄仁宇先生受经济学中宏观经济学与微观经济学的划分的启发而提出的。大历史"是从技术的角度看历史,不是从道德的角度检讨历史"[1],着重追寻"历史上的长期技术合理性",而不只是满足于现实的合理性和未来的合理性。因此,时间间距较长,动辄牵涉一个世纪或一个朝代,甚至整个"中国大历史",甚至整个西方大历史,相信历史有它的连续性、前后连贯。大历史在研究历史上的长期合理性上,着重研究"历史何以如是地展开",尽量呈现大历史的真实性、客观性,强调其中的非人身因素,尽量排除从个人的好恶来看待历史,尽量从技术的角度来看待历

〔1〕 参见[美]黄仁宇:《中国大历史》,生活·读书·新知三联书店1997年版,"中文版自序"第4页。

史。大历史不仅时间间距较长,空间间距也较宽,主张“放宽历史的视域”,主张“中外联系”,主张“站在(古今中外的)中间”,根本宗旨是“从中西的比较提示中国历史的特殊问题”,因此,更强调中国本位的“中外联系”,是“中国大历史”。

大历史,不仅是黄仁宇研究的对象,更是他研究历史的方法,也是大历史之所以能成为大历史的技术方法原因,也是其能克服道德化或者意识形态化弊端的研究路径。

首先,这种技术路径是一种自下而上的路径,要求我们从制度的技术操作层面切入,不要有任何先入为主的观念,着重研究技术制度。这种存在于技术操作层面的技术制度,相对于较高观念层面的观念制度而言,必然显得零碎、弥散、琐细甚至零乱,不系统、没有逻辑、更没有体系,是一种无法交流或交流起来不经济的地方性的甚至个人化的制度知识,有的深藏于社会中,有的司空见惯而不易觉察,有的浑然天成而不易辨别,很容易被视而不见,更容易被意识形态化——特别是从西方发达成熟的制度意识形态出发的时候——为封建、落后的制度技术和知识,但它是研究中国法治的经验起点和“原材料”。

其次,“向下也必须有方法的增加和转换”。〔1〕为了避免对这种琐细的技术制度的一种意识形态化的理解甚至误解,还需一种科学而客观的研究视角即大历史的技术角度。〔2〕凡是能够解决好问题并能技术操作化的制度,都可以作为解决问题的选项,对制度持一种开放、包容的态度;即使是作为观念制度的道德或意识形态,也是如此:如果道德化或意识形态化能凭借节约机制等功能解决好问题,也可以作为其中的一个选项,但并是唯一的选项,并不意味着选择了某种意识形态就排斥其他的选项。在这个意义——功能和技术——上,技术角度并不必然排斥道德实用主

〔1〕[美]罗伯特·C.埃里克森:《无需法律的秩序》,苏力译,中国政法大学出版社2003年版,“译者序”。

〔2〕参见[美]黄仁宇:《中国大历史》,生活·读书·新知三联书店1997年版;张洪涛:《中国法治为何需要“大历史”》,载《政法论丛》2013年第1期。

义，而是对道德实用主义的一种推进，一个重要的弥补和修正。这种“站在（古今中外的——引者注）中间”（黄仁宇语）的自下而上的技术角度，需要我们从浅显的社会法律问题即技术制度入手，并对其进行经济学、社会学、人类学、政治学等社会科学角度的向下的研究，重新将法律嵌入到中国社会进行透视的嵌入性分析。

再次，向下的技术操作层面的技术制度的技术角度的切入，只是为了保障研究的问题的真实和审视问题的客观；研究的目的还是向上——只不过是“自下而上”罢了。“更重要的是追求从实践中发现真实的有意义的问题，发现影响人的行为和制度运作的重要且相对稳定的变量，发现这些主要变量之间的具有恒定性的因此具有普遍意义的因果关系，研究在特定环境条件下人的行为方式以及在不同条件下的变异因此可以丰富这些简单因果关系建构起来的模型（理论）”。[1] 质言之，就是为了理解并构建其中的建基于制度技术上的合理性即技术合理性。[2]

最后，还必须承认的是，技术合理性还不是研究的最终目的；其最终目的是在技术合理性研究基础上，总结、提炼、并形成一种能保障使来自中国社会——实质上就是绝大多数中国人——的声音制度化地上浮的自下而上的法律意识形态。这种意识形态实际上已存在于中国社会，如马克思的物质决定意识、经济基础决定上层建筑的历史唯物主义，毛泽东的“从群众中来、到群众中去”的群众路线，邓小平的“实践是检验真理的唯一标准”、“解放思想，实事求是”的中国特色社会主义理论，江泽民的“三个代表”重要思想，胡锦涛的“以人为本”的科学发展观，以及为实现“中国梦”而开展的“党的群众路线教育实践活动”，习近平总书记的“以人民为中心”的思想等，都属于这种意识形态。但要将这种意识形态扩展到法

〔1〕［美］罗伯特·C. 埃里克森：《无需法律的秩序》，苏力译，中国政法大学出版社2003年版，“译者序”第18页。

〔2〕参见张洪涛：《调解的技术合理性》，载《法律科学》2013年第2期。

律领域并具体化、系统化,形成一种中国特有的法律观和制度观,我们的研究还显得较为欠缺。为此,需要一种向下的建基于从技术角度来研究技术制度的技术合理性上的法律观和制度观,需要一种比道德实用主义更为实用主义的法律观和制度观,也就是波斯纳所说的“支持法律向一种更为实用主义的方向发展”,[1]用邓小平的话说就是“白猫、黑猫,抓住老鼠就是好猫”的法律观和制度观,用笔者的话说就是一种技术实用主义的法律观和制度观。[2]

总之,如果说安家于中国社会是追寻相对于中国社会的技术合理性,那么,安家于中国大历史则是追寻相对于中国社会的长期的技术合理性;如果说安家于中国社会是追寻相对于中国社会的社会逻辑,那么,安家于中国大历史则是追寻相对于中国社会的历史逻辑;如果说安家于中国社会是追寻相对于中国社会的横向的技术合理性,那么,安家于中国大历史则是追寻相对于中国社会的纵向的技术合理性。因此,如果我们将中国(法律)制度之家既安于中国社会又安于中国大历史,就可以达到历史逻辑与社会逻辑的统一,就可以将历史逻辑和社会逻辑的统一既建基于技术合理性上,又建基于法律的嵌入性理论上,也建基于法律的嵌入性分析方法上,最终夯实给中国(法律)制度安法律(理论)之家、立法治之业的地基。

(三)安家于中国大法学

安家的“地基”夯实了,还要有高度,尤其是理论高度,要安家于中国大法学——其核心是中国大法学范式。

范式是团体(学科共同体)承诺的集合,是决定一个学科之所以成为一个学科的基质,包括世界观、本体论、方法论和认识论等范式的形而上部分与范例等范式的形而下部分;其中,世界观是范式构成的核心要素,

---

[1] 参见[美]理查德·A.波斯纳:《道德和法律理论的疑问》,苏力译,中国政法大学出版社2001年版,第216页。

[2] 关于这种技术进路的研究和实践,还可以参见张洪涛:《中国法治为何需要“大历史”》,载《政法论丛》2013年第1期。

也是范式变革的唯一标准,当世界观发生变革时,范式构成的其他要素也会发生相应的变革。因此,在最根本、最核心的意义上,安家于中国大法学,就是安家于中国大法学范式,就是安家于中国大法学范式的世界观——如中国传统的关系主义,以及在此关系主义世界观基础上而形成的化合式法学范式。

"大法学",是笔者受黄仁宇"大历史"研究的启发而引入到法学范式研究中来的,因此,与"大历史"一样,"大法学"及其大法学范式强调"站在(古今中外的——引者注)中间"(黄仁宇语)的立场:着重对法律现象——尤其是法学范式——在历史上的长期合理性的解读,而不只是满足于现实的合理性和未来的合理性的言说,着重研究法律现象——尤其是法学范式——背后的前后联系、古今联系;也注重中外联系、中西联系,但更强调中国本位,是中国本位基础上的中外联系、中西联系,是"中国大法学"和中国大法学范式。因此,在解释法律现象——尤其是法学范式——背后的前后/古今联系和中外/中西联系上,着重从技术制度的角度来解释,追求对中国大法学和中国大法学范式的融贯性解释。这种融贯性解释在中国大法学范式上体现在以下两个方面:

1. 中国大法学范式的中西互鉴

实体主义是西方文化的主流,"实体构成了(西方——引者注)哲学史发展的基本链条,它把哲学史上所有以本体论为基础的哲学连贯成一个整体"。[1] 它具有三个基本特征:第一,实体主义是一种实体——尤其是第一实体——至上论哲学。实体主义认为实体是第一性的,其他都是第二性的;其中,第一实体具有至高无上性,追寻第一实体是实体主义研究的最终目标。如实体主义通过不断地追溯而获得的"不可再分的最小、最基本的单位"即本原,在构成上的"同一性本质",在形成上的"最高/终极原因",都可能成为实体主义追溯的第一实体。第二,实体主义是一种基础主义哲学。它主要通过三种路径实现:一是事物起源上的本原路径,

[1] 参见梁枢:《实体思维与辩证思维》,载《学术月刊》1990年第9期。

就是将事物的起源或来源追溯到事物最开始时的状态。如从泰勒斯的“水”到赫拉克利特的“水”、德谟克利特的“原子”、柏拉图的“理念”、亚里士多德的“个别事物”。二是事物构成上的本质/基质路径,如亚里士多德的“是其所是”、黑格尔的“绝对精神”、洛克的“物自体”。三是事物起因上的本因路径,如亚里士多德的“不动的动者”、斯宾诺莎的“自因”。第三,实体主义还是一种分解式哲学,重在分析,其目标在知而不在行。实体主义在追溯第一实体时,通过不断分解的方式来实现。如实体主义将多样性的现象还原于同一性的本质,将整体还原于个体直至不可再分的最小、最基本的单位——本原,将表面的、次要的“初因”逐步还原于深层次的、根本性的“本因”的过程,也是一个不断分解、分析的过程,直到找到本体为止。还有学者从中西提出问题方式的不同来解释这个问题:西方提出的是“为什么”的智识性问题,如古希腊哲人提出的是“宇宙是由什么元素构成的”,霍布斯提出的是“社会秩序为什么是可能的”;中国提出的是“如何”的规范性问题,如孔子认为“不曰‘如之何如之何’者,吾未知如之何也已矣”,〔1〕提出的是“如何建立社会秩序”。“问题的提法,不单规限而且引导答案的答法”:〔2〕前者指向自然,是分析性的而落点在事物的普遍方面,后者指向社会且是综合性的而落点在人事的具体方面;前者以知为目标而追求理论的系统性,后者的目标在行而追求其实践性。〔3〕

因此,在亚里士多德实体主义的长期影响下,西方(法)哲学形成了实体基础主义的分解式(法)哲学范式(简称为分解式法学范式)。分解式法学范式,就是通过对研究对象的不断分解来寻找法律的基础或者本体的法学研究范式。如法理学,首先,将其研究对象法律分解为价值、规范和事实;其次,根据研究需要,将价值、规范和事实进一步地进行细分,如

〔1〕 参见《论语·卫灵公》。

〔2〕 张德胜:《儒家伦理与秩序情结——中国思想的社会学诠释》,台北,巨流图书公司1989年版,第35页。

〔3〕 参见张德胜:《儒家伦理与秩序情结——中国思想的社会学诠释》,台北,巨流图书公司1989年版,第36、62~63页。

哈特将规范分为第一性规则和第二性规则；最后，根据研究需要，还可以进一步地分解下去，直到分解到不能分解，并找到法律本体或者基础为止，如哈特将第二性规则又分解为承认规则、裁判规则和改变规则，并认为承认规则是法律制度的基础或者本体。不论是国外的人文主义与科学主义的法学范式之争，还是国外的自然法学、规范分析法学和社会分析法学的法学范式之争，还是国内的人文性与科学性的法学范式之争，还是目前国内的法教义学与社科法学的法学范式之争，它们的共同之处都是一种分解式法学范式。

根据库恩范式构成理论，作为一种成功而有用的范式，分解式法学范式必然体现在以下三个方面：一是分解式法学教科书范例，如我国法学本科教科书“总论—分论”教学体例，如果说“总论”体现的是实体基础主义，那么“分论”则是分解式的体现；二是分解式立法范例，如我国立法实践“总则—分则”立法体例，如果说“总则”体现的是实体基础主义，那么，“分则”则是分解式的体现；三是分解式法学研究范例，如我国法学研究“总—分—总”结构体例，如果说“总”体现的是实体基础主义，那么，“分”则是分解式的体现。

分解式法学范式，在给法学和法律带来不断的分解、分化、精细化、层次化、技术化和专门化从而促进了法学和法律的不断繁荣和发展的同时，也给法学和法律带来了法学理论上的流派之间的隔阂、规范与事实的分立、法学知识的碎片化和片面的深刻等问题，法律实践上带来供给的知识和法律实践所需求的知识的脱节、“合法性”与“合法律性”之间的紧张、“法学与司法”之间的“各行其是”等问题。[1]

受分解式法学范式的影响，中国法学和法律日益走向了成熟和繁荣，法学研究和法治实践日益走向了精细化、技术化和专门化；但分解式法学

---

〔1〕 参见[德]哈贝马斯：《在事实与规范之间》，童世骏译，生活·读书·新知三联书店2003年版；[比]马克·范·胡克：《法律的沟通之维》，孙国东译，法律出版社2008年版；[美]理查德·波斯纳：《各行其是：法学与司法》，苏力、邱遥堃译，中国政法大学出版社2017年版。

范式难以满足中国特色社会主义法治体系的理论研究和法治实践的需要,尤其体现在中国现存传统“化合型”法律制度(如礼法合一、政法合一、调审合一、民主集中制、审判委员会等)的理论研究上。分解式法学范式,试图通过对中国现存传统“化合型”法律制度进行分解来研究它,譬如,为了研究“调审合一”,将“调审 = 调解 + 审判”,然后希望通过研究“调解”与“审判”来达到对“调审”的研究。但实质上,我们研究的问题(“调解”与“审判”)与我们要研究的问题(“调审”)并非同一问题;在这个意义上,分解式法学范式不能有效完成甚至可能遮蔽、扭曲对我国现存传统“化合型”法律制度的理论研究,难以满足中国特色社会主义法治体系的理论研究和法治实践需要,不适合于解决中国(法律)制度安家的理论问题。

为了克服分解式法学范式的不足,西方开展了近一个世纪的向综合法学转变的学术努力,包括:以博登海默、伯尔曼为代表的西方法学家,基于克服传统分解式法学范式的理论局限性,提出“理论综合法学”混合式法学范式的变革主张;以卡多佐、哈贝马斯、波斯纳为代表的西方法学家,基于克服传统分解式法学范式的实践局限性,提出“实践综合法学”混合式法学范式的变革主张。根据库恩范式变革(世界观革命)理论,综合法学探索的大方向是可取的,但只将分解式法学范式进行了粗浅的物理性的技术性的“量的综合”即“混合”,没有从变革分解式法学范式的世界观——实体主义——入手,实质上还是一种分解式法学范式,无法实现对分解式法学范式的超越,因此,无法解决分解式法学范式因实体主义带来的上述法学理论和法律实践方面的问题。在这个意义上,混合式法学范式与分解式法学范式一样,也不适合解决中国(法律)制度安家的理论问题。

比较而言,关系主义化合式法学范式(简称化合式法学范式),既迥异于实体主义分解式法学范式,也有异于综合法学混合式法学范式,至少可以从理论上解决分解式法学范式面临的规范与事实分立等问题。

与实体主义认为实体是第一性的、第一实体是至高无上的哲学观点不同,“关系主义认为,岂止一切物的‘性质’,凡是被认定为‘实体’的物,实际上都不过是关系规定的‘结节’……实体不是第一性的存在,关系规定态才是第一性的存在”[1]。可见,如果说实体主义认为实体是第一性的,那么,关系主义则认为关系是第一性的,实体则只是嵌入关系中的一个“结节”,离开了关系则实体的意义无法确定。如果说实体主义分解式法学范式研究的对象是实体,包括价值、规范与事实,那么,关系主义化合式法学范式研究的对象则是关系,如法律关系、复合的法律关系即法律关系网络、法律与社会的关系即法律的嵌入性等。而在构成关系如法律关系的实体要素中,既有主体又有客体,既有主观方面又有客观方面,既有法律规范又有法律事实。可见,如果说实体主义分解式法学范式必然会带来规范与事实的分立,关系主义化合式法学范式则至少可以从理论上解决规范与事实分立的问题;如果说实体主义是一种“分”的哲学,关系主义则是一种“合”的哲学;如果说实体主义法学是一种“知”的法哲学,那么,关系主义法学则是一种“行”的法哲学;如果说实体主义法学研究的是“应当是这样的法律”、“实际上是这样的法律”即“书本上的法律”和“行动中的法律”,那么,关系主义法学研究的则是“关系/网络中的法律”;如果说实体主义法学是一种实体基础主义分解式法学范式,那么,关系主义法学则是一种关系基础主义化合式法学范式。

与综合法学混合式法学范式试图在不变革分解式法学范式的世界观——实体主义——基础上来解决其带来的规范与事实分立等问题不同,关系主义化合式法学范式则是从变革造成规范与事实的世界观——实体主义——入手来解决其规范与事实分立等问题;因此,与综合法学混合式法学范式只对分解式法学范式进行了粗浅的物理性的技术性的“量的综合”即“混合”不同,关系主义化合式法学范式是对在世界观层面上的“质的综合”即“化合”;也因此,综合法学混合式法学范式实质上还是

[1] 邓习议:《四肢结构论——关系主义何以可能》,中国社会科学出版社2015年版,第77页。

一种分解式法学范式,无法实现对分解式法学范式的超越,无法解决分解式法学范式因实体主义带来的规范与事实分立等上述法学理论和法律实践方面的问题,关系主义化合式法学范式则至少可以从理论上解决规范与事实分立的问题。

我们在强调关系主义化合式法学范式与实体主义分解式法学范式、综合法学混合式法学范式的差异的同时,还必须承认关系主义化合式法学范式与实体主义分解式法学范式、综合法学混合式法学范式之间的内在联系。由于实体基础主义分解式法学范式是迄今为止最为成功而有用的法学范式,深入而全面渗透到了现代法治和社会生活的方方面面,因此,试图用关系基础主义化合式法学范式取而代之的想法是不现实的。在这个意义上,关系基础主义化合式法学范式对实体基础主义分解式法学范式的超越,只是对其功能不足的弥补,而不是推倒重来,是在"分"的基础上的"合"。在这个意义上,关系主义化合式法学范式与实体主义分解式法学范式、综合法学混合式法学范式,与中西医之间的关系一样,两者并不必然冲突、对立,而是相互借鉴、取长补短,前者是对后者的超越和发展,理论上可以成为中国(法律)制度的栖身之处,解决中国(法律)制度安家——尤其是安法律理论之家——问题。

2. 中国大法学范式的古今融贯

中国大法学范式不仅强调中西联系,而且注重古今联系,强调将关系主义化合式法学范式最早的哲学根源追溯到中国古代的关系主义。由于中国传统文化——尤其是儒家——侧重的是"行"而不是"知",并不追求自身理论的体系性、明确性、完整性和自洽性,因此,并未提出明确的、系统的关系主义理论思想。儒家的关系主义理论思想,都是经过后来学者研究得出的较为一致的看法。如有学者认为,在中国素有"群经之首"的《周易》中就提出了先天之"道"(阴阳关系)的思想:"易之为书也,广大悉备,有天道焉";"是以立天之道,曰阴与阳"。[1] 后来《老子》又发展了这

〔1〕 参见余敦康:《周易现代解读》,华夏出版社2006年版,第366、370~371页。

种先天之“道”的思想：“有物昆成，先天地生。萧呵！谬呵！独立而不改，可以为天地母。吾不知其名，字之曰道……人法地，地法天，天法道，道法自然。”〔1〕孔子则在天人合一思想的基础上，将先天之“道”运用于人类社会，发展了后天之“道”的思想，以图推动人类行为符合“道理”（道之理）。后来的儒家在孔子后天之“道”思想基础上，发展出来了一系列处理各种各样人际社会关系的“仁”“伦”等方面的思想；其中，父子关系、君臣关系、夫妻关系、长幼关系和朋友关系等五伦关系是最基本的。后来的学者将儒家的各种关系归纳为两类：“人与人之间，有种种天然的、或人为的交互关系。如父子，如兄弟，是天然的关系。如夫妻，如朋友，是人造的关系”。〔2〕

再如，现代学者梁漱溟从中西文化比较角度，认为中国传统文化儒家“在社会与个人互相关系上，把重点放在个人者，是个人本位；同在此关系上，把重点放在社会者，是谓社会本位。诚然，中国之伦理只看见此一人与彼一人之相互关系……不把重点固定放在任何一方，而从乎其关系，彼此相交换；其重点实在放在关系上了。伦理本位者，关系本位也”〔3〕。而费孝通侧重关注的是儒家的“伦”，认为西洋社会是一种“团体格局”：“西洋社会组织像捆柴就是想指明：他们常常由若干人组成一个个的团体。团体是有一定界限的，谁是团体里的人，谁是团体外的人，不能模糊，一定得分清楚”。〔4〕而中国社会是由许多“富于伸缩性的网络”组成的“差序格局”：“以‘己’为中心，像石子一般投入水中，和别人所联系成的社会关系，不像团体中的一分子一般大家立在一个平面上的，而是像水的波纹一般，一圈圈推出去，愈推愈远，也愈推愈薄。在这里我们遇到了中国社会结构的基本特性了。”儒家最考究的是人伦，“伦是什么？我的解释就是从自己推出去的和自己发生社会关系的那一群人里所发生的一轮轮波纹的

〔1〕（春秋）老聃：《老子》，梁海明译注，远方出版社2009年版，第43～44页。

〔2〕参见金耀基：《金耀基自选集》，上海教育出版社2002年版，第96页。

〔3〕梁漱溟：《中国文化要义》，学林出版社1987年版，第93页。

〔4〕参见费孝通：《乡土中国　生育制度》，北京大学出版社1998年版，第25页。

差序”。[1] 而金耀基在考察了中国文化思想上的“个人主义”与“集体主义”的思想倾向之后,认为儒家的关系主义是儒家试图打通和超越“个人”与“社会”之间的隔阂,实现其由修身到齐家、到治国、到平天下,由“己”一直通到天下这个大“社会”的“第三条道路”。[2] 还有学者从本体论和方法论的角度,认为:“从结构化的观点整体地看问题,是中国关系主义的一个基本特点”;“因为关系是一个结构,关系结构中的构成单元虽然是实体,这些实体虽然很重要,但这些实体是关系结构的一部分,它们只有在关系结构的整体中才能显现出真正意义,所以,我们必须在关系结构的整体中认识它们,解读它们,了解它们的真正含义。这就是关系主义的整体主义”[3]。

与西方实体主义及其“分”的文化观念对西方社会的政治、经济、法律等各个方面都产生了深远而广泛的影响一样,中国关系主义及其“合”的文化观念也对中国社会的政治、经济、法律等各个方面都产生了深远而广泛的影响,深深地嵌入中国社会“肌体”中,也深深地嵌入中国人的身体和灵魂中。在政治上,大概由于“天候和地理的力量支撑着”,“在公元前221年,也就是基督尚未诞生前的约两百年,即已完成政治上的统一;并且以后以统一为常情,分裂为变态(纵使长期分裂,人心仍趋向统一,即使是流亡的朝廷,仍以统一为职志),这是世界上独一无二的现象”。[4] 在经济上,大概在李悝的时代,“创造了一种计划经济的原始风格”。在法律上,大概也是在李悝的时代,就形成了“间架性的设计,这是立法的基点,不是实际考证的尺度”。[5]

由于中国传统关系主义强调的是关系而不是实体,强调的是整体主

---

〔1〕 费孝通:《乡土中国　生育制度》,北京大学出版社1998年版,第27~28页。

〔2〕 参见金耀基:《金耀基自选集》,上海教育出版社2002年版,第160~162页。

〔3〕 高尚涛:《关系主义与中国学派》,载《世界经济与政治》2010年第8期。

〔4〕 参见[美]黄仁宇:《赫逊河畔谈中国历史》,生活·读书·新知三联书店1992年版,第6页。

〔5〕 参见[美]黄仁宇:《赫逊河畔谈中国历史》,生活·读书·新知三联书店1992年版,第12~13页。

义而不是个人主义，强调的是义务而不是权利，是一种“吃人的文化”（鲁迅语），因此，在近代中西文明发生激烈碰撞而失败时，人们尤其是当时学者就自然而然地将这种失败的根本原因归结于这种传统而“落后”的儒家关系主义文化，以致有许多学者提出“文化救国”主张，要彻底改造、清算这种儒家关系主义“吃人的文化”。但作为一种在中国古代社会长期存在并产生了深远而广泛影响的文化，并不是想清算就能清算的、想抛弃就能抛弃的，它会以另外一种更加隐蔽的并容易被当时人们认同、接受的新形式和新面貌存在于中国社会，那就是从西方并经过俄国传来的西方马克思关系主义思想。在这个意义上，马克思主义——尤其是关系主义的思想——是中国传统关系主义文化在近现代的延续和发展。[1] 这也许是马克思主义之所以能在中国社会生根发芽并发扬光大的最根本原因。

马克思是西方关系主义思想的开创者，“真正实现由实体追问向关系思维的转变，从而搭起由传统实体观向现代关系论过渡桥梁的是卡尔·马克思”[2]。现代关系主义的学者包括皮亚杰、雅各布森、列维-斯特劳斯、布罗代尔、布迪厄、吉登斯、哈贝马斯等等，其思想无不是在马克思关系主义理论的不同程度的影响下发展而来；甚至还包括美国的社会网络理论的思想渊源，也可以追溯至马克思关系主义。在马克思看来，商品、货币、资本等生产力的体现形式都是研究社会关系的“载体”，生产力必须放在一定的社会关系之中来理解和界定。“黑人就是黑人，只有在一定的关系下，他才成为奴隶。纺纱机是纺棉花的机器，只有在一定的关系下，它才成为资本。脱离了这种关系，它也就不是资本了，就像黄金本身并不是货币，砂糖并不是砂糖的价格一样。”[3]“在马克思的理论结构里，生产关系是一个比较基本或原始的概念……马克思的政治经济学的研究对象

---

[1] 关于这个问题的详细探讨，笔者将另行撰文专论。

[2] 黄秋生：《从实体追问到关系思维——马克思思维方式的革命性变革》，载《电子科技大学学报（社科版）》2011年第4期。

[3] 《马克思恩格斯选集》（第1卷），人民出版社1972年版，第362页。

可以说是‘资本主义的生产方式’,也可以说是‘资本主义的生产关系或社会关系’。”[1]

马克思关系主义不仅体现在本体论上,更重要的是体现在其方法论上。马克思之所以能够将两个对立冲突的现象——主观与客观、个体与整体、个人与社会、行动与结构、物质与意识、经济基础与上层建筑等——统一于社会关系中,这直接可以归结于马克思的对立统一规律,进一步又可以归结于马克思研究社会关系的研究方法——辩证法。“辩证法预设了一个整体或统一体。将两个‘关联物’(所谓‘二元’:身/心、主体/客体、观念/物质等)重新摆在一个比较大的整体中,从而超越了一元论和二元论的对立。”[2]辩证法是从研究各种社会关系(如包括微观层面的人与人之间的关系;中观层面的阶级之间的关系;宏观层面的生产力与生产关系之间的关系、上层建筑与经济基础之间的关系等方面)中总结、提炼、抽象出来的有关“联系的科学”的“最一般的规律”。在这个意义上,“马克思主义的核心是‘方法’,尤其是‘辩证法’”,[3]而且还是从辩证法的角度来研究社会关系的辩证方法。这些社会关系具体大致包括三个方面。一是横向的共时性的社会关系:人与社会、自然之间的辩证关系,阶级之间的辩证关系,社会结构(如生产力与生产关系、上层建筑与经济基础、各意识形态之间的辩证关系等方面)之间的辩证关系;二是纵向的历时性地发展变化的辩证关系:对立与统一之间的辩证关系、肯定与否定之间的辩证关系、量变与质变之间的辩证关系、矛盾之间的辩证关系,外因与内因的辩证关系等方面;三是纵—横向的历史与逻辑之间的辩证关系,即逻辑的历史的相统一规律。总之,“马克思无论是对物(表现为商品、货币、资

---

〔1〕 黄瑞祺:《马克思主义与社会科学方法论集》,中国社会科学出版社2013年版,第37页。

〔2〕 黄瑞祺:《马克思主义与社会科学方法论集》,中国社会科学出版社2013年版,第43页。

〔3〕 参见黄瑞祺:《马克思主义与社会科学方法论集》,中国社会科学出版社2013年版,第29页。

本等具体‘物象’形态）的考察，还是对人（表现为人的本质、人的发展）的考察，无论是对分工理论还是社会形态理论的研究，无论是对社会结构还是对社会批判理论的探讨，社会关系始终是这些研究、探讨的总体视域和根本方法”〔1〕。

马克思主义——尤其是关系主义的思想——在现代中国社会产生了深远而广泛的影响，形成了大量的中国化的马克思主义理论成果。如在马克思主义关系辩证法的指导下，毛泽东将中国社会主义建设和社会主义改造中存在的十大矛盾问题，概括为“十大关系”，并作为我们解决这些问题的方法。再如，习近平总书记在治国理政中，先后提出的“四个全面的战略思想”“党纵览全局的思想”“总体国家安全观”“五位一体思想”等方面，无不是中国传统关系主义也是马克思关系主义——尤其是整体主义思想的体现；尤其是在“全面依法治国”战略实施过程中，坚持马克思主义立场、观点和方法，把辩证唯物主义和历史唯物主义——尤其是关系主义辩证方法论运用于法治领域，形成了习近平法治思想科学方法——“坚持发展地而不是静止地、全面地而不是片面地、系统地而不是零散地、普遍地而不是孤立地观察、认识和处理全面依法治国一系列重大关系”：〔2〕正确处理政治和法治的关系、正确处理改革和法治的关系、正确处理发展和安全的关系、正确处理依法治国和以德治国的关系和正确处理依法治国和依规治党的关系。

马克思关系主义思想也对西方社会产生了深远而广泛的影响，并在学术——尤其是社会学领域——上，形成了两大流派：一派是以吉登斯和布迪厄为代表的欧洲关系主义；另一派是以格兰诺维特为代表的美国社会网络理论。

当然，我们在强调中国传统关系主义与现代关系主义的古今融

〔1〕周志山：《社会关系与和谐社会》，中国书籍出版社2015年版，第96~97页。

〔2〕参见《习近平法治思想概论》编写组：《习近平法治思想概论》，高等教育出版社2021年版，第255页。

通——尤其是思想观念之间的融通——之时,也不能否定两者之间的差异——尤其是在技术上的差异——及其相互借鉴和融通。如中国传统关系主义与现代关系主义尽管在观念层面是相通的,但技术层面上存在一定程度的差异:前者不是在充分地“分解”及其精细化、技术化基础上的“化合”,“身”与“心”、技术与观念发展失衡,是一种“心”与观念的“早熟”,只是一种“文化共同体”;后者则是在实体主义分解式范式充分发展之后发展而来的,是在充分的“分解”即精细化、技术化基础上的“化合”,“身”与“心”、技术与观念发展较为平衡,是一种技术与文化的共同体。可见,在技术层面上,现代关系主义是有可取之处的,值得中国传统关系主义借鉴和学习。

再如,马克思关系主义与现代关系主义尽管在观念层面是相通的,但在技术层面上也存在一定程度的差异。首先,在本体论上,与后来成熟的关系主义范式相比,马克思的关系主义本体论也较为简单粗糙;其社会关系受当时社会发展等客观条件的制约,主要是一种简单的、单向度的、单维度的社会关系,而不是现在关系主义社会学范式所主要研究的、复杂的、多向度的、多维度的社会关系,即社会网络。其次,在方法论上,与后来成熟的关系主义范式相比,马克思关系主义方法论也较为简单粗糙,主要是一种双向度的平面关系的辩证法方法,而不是现在关系主义社会学范式所采用的复杂性的多向度关系/多维度关系、立体关系的社会网络分析方法。最后,在认识论上,与后来成熟的关系主义范式相比,马克思的关系主义认识论也较为简单粗糙,主要是一种在辩证法长期作用下而形成的双向的辩证思维/关系思维/实践思维,而不是现在关系主义社会学范式在社会网络分析方法长期作用下而形成的复杂性的网络思维。总之,与“大部分新范式的早期形态都是粗糙的”一样,[1]马克思关系主义范式是一种较为粗糙关系主义范式,而不是一种较为成熟的关系主义范

---

〔1〕 参见[美]托马斯·库恩:《科学革命的结构》(第4版),金吾伦、胡新和译,北京大学出版社2012年版,第130页。

式即网络关系主义范式;但并不影响马克思关系主义范式在整个关系主义范式发展中的革命性作用和地位,并不能否定马克思关系主义范式在由实体主义向关系主义发展中的决定性作用和科学革命过程中的历史地位;尤其是在面对一种自亚里士多德以来一直影响非常深远而持久、全面而深入渗透于科学各个层面各个方面并且科学体制化常规化的世界观——实体主义时,马克思能提出一种带有革命性的世界观——关系主义,并对后来的关系主义范式带来了深远的影响,实属罕见,实在是难能可贵。

当然,我们在强调技术层面的差异之处时,也不能否定中国传统关系主义及其"化合"观念在整个关系主义化合式范式中的意义:相对于技术而言,观念由于深度嵌入社会中,具有强嵌入性、超强的黏性和柔性,其作用更重要、更隐蔽、更深刻、更持久、更难以移植,是范式构成的核心,也是范式变革唯一标准。在这个意义上,关系主义化合式法学范式,是一种中国本位的中国大法学范式:在观念层面上,也是对中国传统关系主义及其"化合"观念的暗合与复兴,是一种古今融通的中国大法学范式;在技术层面,既是现代世界法学范式尤其是实体主义分解式法学范式内在发展逻辑的必然结果,是一种中西互鉴的中国大法学范式。因此,能够解决中国(法律)制度安法律(理论)之家及其理论高度问题。

(四)"安家——'法安天下'"系列研究与本书的研究

基于以上考虑,笔者将开展"安家"系列研究,尝试将现有中国主要(法律)制度体系化,主要包括以下两个方面:

1. 中国法律制度体系化的理论工具:中国大法学范式研究

第一,分解式法学范式研究。这部分研究就是本书的内容,主要是从库恩范式理论的角度,对现有唯一成功而有用的由西方实体主义发展而来的实体基础主义分解式法学范式进行了全面而深入的研究,显示了这种分解式法学范式在法学教科书、法学研究和法律实践方面的积极作用和弊端,尤其是在解决中国传统化合型(法律)制度安家问题上的不足;并提出了关系主义化合式法学范式在克服分解式法学范式弊端上的意义,强调的是中国大法学范式的中西联系与互鉴,尤其是西方分解式法学范式与中国化合式法学范式的中西联系与互鉴。

第二,化合式法学范式研究。如果说分解式法学范式强调的是中国大法学范式的中西联系与互鉴,那么,化合式法学范式侧重关注的是中国大法学范式——化合式法学范式的古今联系与融通。这部分研究大部分已经完成,主要从库恩范式理论的角度,对化合式法学范式进行了理论建构和研究,具体包括:首先,化合式法学范式之法学世界观——关系主义研究,追溯了关系主义在中国传统文化尤其作为中国传统文化流传下来的载体中的历史渊源,研究了关系主义在近现代中国的发展及其体现形式——马克思关系主义;其次,在吸取分解式法学范式研究成果的基础上,从形而上的关系主义角度,对化合式法学范式的本体论和方法论进行了初步的理论建构;最后,在吸取分解式法学范式研究成果的基础上,从形而下的关系主义角度,以民法和刑法的法典编纂实践及其研究成果为实证材料,对化合式法学范式的立法范例进行了实证研究。

2. 中国法律制度体系化的具体展开:中国大法学范式下的制度研究

第一,中国传统化合型法律制度研究。一是宏观层面化合型法律制度研究:《中国传统礼法合一国家治理体系研究》(法律出版社 2022 年版),《中国政法传统的历史——社会逻辑》(初稿基本完成);二是中观法律组织层面化合型法律制度研究:《调审合一法律组织学研究——从分解式法学范式到化合式法学范式》(知识产权出版社 2023 年版),《民主集中制的普适性及其技术展开——法律组织学研究》(尚未正式开始)。

第二,非中国传统的化合型法律制度研究。中国大法学范式研究不仅体现在对中国传统化合型法律制度研究,而且适合于非中国传统化合型法律制度研究上,如《法律运行原论——化合式法学范式研究》(知识产权出版社 2023 年版)。

必须说明的是,尽管现在有"安家"系列研究的明确计划,但它是随着研究的不断推进和深入而逐渐显山露水。大约在 2014 年完成了现在归纳为关系主义法学范式(以前称为组织结构—功能分析和社会网络分析)的调审合一法律组织学研究之后,笔者就开始对打通这种关系主义法学范式与当下主流法学范式(包括自然法学、规范法学和社会法学三大法学流派及其演展而来的法教义学和社科法学等)之间内在联系而进行艰难的探索,直到约2018年才有实质性的起色,并在2020年6月以"从分解式到化合式——网络化时代世界一流中国特色法学范式变革研究"为题目,进行了2020年度国家社科基金后期资助重点项目的申报。也许是研究的内容过于宏大而冲淡了研究主题的聚焦,也许是研究内容的冲击力过于强大而使人们在短时间内难以接受和认可,也许是研究内容太粗糙、生硬而显得较为稚嫩,这次申报并未成功。于是,笔者在吸取2020年申报失败教训的基础上,在2021年国家社科基金项目的申报过程中,只选择其中思考和研究较为成熟的"分解式法学范式"部分内容,以"分解式法学范式对中国特色社会主义法治体系的影响研究"为题目申报了国家社科基金项目年度重点项目,以"分解式法学范式研究——探寻法学的学科共识"为题目申报了国家社科基金后期资助重点项目,最终获批2021年国家社科基金一般年度项目,在此感谢国家社科基金项目的资助!本书研究成果的出版还获得了广西大学哲学社会科学文库的资助,在此一并致谢!

现在回想起来,本书研究前后经历了三次理论飞跃:第一次是从关系主义法学范式到实体主义法学范式进而到法学三大流派及其演展而来的法教义学和社科法学的纵向理论飞跃。在三次理论飞跃中,这次理论飞跃是方向性的、战略性的理论飞跃,因此是最重要的、最关键的一次理论打通和飞跃。实现这次打通和飞跃,一定程度上得益于现代网络技术及其带来的获取信息的便捷性。正当笔者在为打通自己研究的关系主义法学范式与当下主流法学范式之间联系而苦恼时,有一天笔者突发奇想,通过网络技术在网上搜寻到与关系主义对应的是实体主义,并搜索到了大量的有关关系主义与实体主义之间关系的相关研究文献。然后顺藤摸瓜,研究了实体主义与当下主流法学范式之间的内在联系,发现实体主义是西方最早的哲学思想,几乎贯彻西方哲学发展的整个历史,也是近代以来人文主义和科学主义共同的哲学渊源,还是当下主流法学范式共同的哲学基础,在当下主流的法学范式身上都可以看到其实体主义留下的烙印,不由得使笔者兴奋不已,有一种“会当凌绝顶,一览众山小”的感觉,最终实现了这次具有决定性的、战略性的、纵向的理论打通和飞跃。当然,探索的过程与呈现出来的研究过程并不一致,甚至刚好相反:如果说探索的过程是一个由果索因的过程,即从关系主义法学范式到实体主义法学范式进而到法学三大流派及其演展而来的法教义学和社科法学的过程,那么,呈现出来的研究过程则是由因到果的过程,即从法学三大流派及其演展而来的法教义学和社科法学到实体主义分解式法学范式再到关系主义化合式法学范式的研究。

第二次是库恩范式理论带来的横向理论飞跃。如果说从关系主义法学范式到实体主义法学范式进而到法学三大流派及其演展而来的法教义学和社科法学的理论飞跃是一次纵向的理论打通和飞跃,那么,库恩范式理论带来的理论飞跃则是一次横向理论展开和飞跃,解决的是各种法学范式如何展开的问题,包括哪些内容及其之间的内在逻辑联系如何;如果说纵向的理论打通和飞跃解决的是研究的基本骨架问题,那么,横向的理论展开和飞跃则解决的是研究的血肉问题。本书就是在库恩范式构成理论指引下,对实体主义分解式法学范式进行了从形而上的法学范式到形而下的范例的横向展开和研究,从而使之变得内涵丰富、血肉丰满,各内涵之间逻辑清晰。可见,库恩范式理论尤其是范式构成理论的引入,给本书的研究带来了第二次横向的理论飞跃。

第三次是内卷化理论带来的纵向理论飞跃。库恩范式变革理论将科学研究划分为常规科学研究和革命两种情形,并将世界观的革命作为区分范式的常规科学研究与革命即范式变革的标准。比较而言,内卷化理论除了将范式发展区分为内卷化(不可能引起质变的量变或者没有发展的增长,相当于范式理论的常规科学研究)与去内卷化(相当于范式理论的革命)外,还将去内卷化细分为演化(可能引起质变的量变或者渐变)

与革命(质变或者巨变)。因此,库恩范式变革理论只能满足实体主义法学范式到关系主义法学范式的纵向变革的理论研究需要,而无法满足从当下主流法学范式到实体主义法学范式的纵向演化的理论研究需要。比较而言,内卷化理论,尤其是演化理论,不仅能够满足实体主义法学范式到关系主义法学范式的纵向变革的理论研究需要,还能够满足从当下主流法学范式到实体主义法学范式的纵向演化的理论研究需要。因此,内卷化理论的引入,弥补了库恩范式变革理论在研究从当下主流法学范式到实体主义分解式法学范式的纵向演化方面(本书所研究的核心内容)的不足,给本书研究带来了第三次的纵向理论飞跃。这次理论飞跃,是在文章修改完善阶段与《学术论坛》杂志社法学栏目责任编辑周青副研究员沟通过程中实现的,在此深表谢意!

本书研究在笔者整个"安家"研究系列中,具有承上启下的学术意义。所谓"承上",本书研究就是在笔者以前具体法律制度研究尤其是调审合一法律组织学研究基础上的一种理论上升和总结,是一个从具体制度研究到一般理论研究、从法律实践到法律理论的研究过程;所谓"启下",本书研究不仅为后面中国传统关系主义化合式法学范式的理论建构提供了理论基础,而且为以后具体的中国法律制度的研究也提供了理论指导。本书研究在中西法学范式之间的发展转变中,也具有承上启下的学术意义。所谓"承上",本书研究是对目前主要源于西方的主流法学范式(主要包括三大法学流派及其演展而来的法教义学和社科法学等)的归纳与总结;所谓"启下",本书研究是建构中国传统关系主义化合式法学范式的理论起点和具体材料。

张洪涛

初稿于2015年10月南京百家湖寓所

二稿于2021年11月8日西大东校园紫荆湖寓所

三稿于2022年3月28日西大东校园紫荆湖寓所

四稿于2023年9月4日西大东校园紫荆湖寓所

目录

导论　法学范式向何处去
——综合法学混合式法学范式的探索及其反思

从范式的角度看，如果说综合法学是一种"合"的法学范式，那么，传统的三大法学流派则是一种"分"的法学范式。当然，这里还有一个"合"的程度问题：是简单的物理性"混合"还是产生"新物质"的化学性"化合"。"当物体混合后产生热、光、泡沫或其他这类情形时，就被认为是发生了化学结合。另外，如果混合物中的不同粒子能够用肉眼辨别，或以机械方式分开，则只是物理混合物。"〔1〕因此，可将法学范式细分为分解式法学范式〔2〕、混合式法学范式和化合式法学范式。受篇幅和研究主题的限制，本部分着重探讨综合法学混合式法学范式；其他两种法学范式将另

〔1〕［美］托马斯·库恩：《科学革命的结构》（第4版），金吾伦、胡新和译，北京大学出版社2012年版，第110页。

〔2〕分解式法学范式，就是通过对研究对象的不断分解来追寻其本体的一种法学范式（详见后文分析）。传统三大法学流派都采取这种方式：首先，将法律分解为价值、规范和事实；其次，根据研究需要，对价值、规范和事实进行细分；最后，如果还有必要，还可以再分解，直到分解到不能分解、找寻到法律本体为止。

行探讨。

为了解决分解式法学范式存在的规范与事实分立及其带来的理论和实践问题,[1]综合法学混合式法学范式进行了长期的大量的理论和实践探索。学界一般将霍尔1947年出版的《综合法学》作为其正式诞生的标志,但庞德的研究发现:"到19世纪末,人们逐渐意识到,19世纪三种法理学方法的任何一种都不是完全自足的。于是人们开始尝试将这三种方法进行某种形式的统合。"[2]笔者支持庞德的看法,认为应将综合法学的探索追溯到19世纪末,其中综合法学倾向的分解式法学范式也包括在内。另外,本部分所言的"综合法学",不仅包括学界一般所称的"综合法学"即本部分所称的"理论综合法学",还包括"实践综合法学"(详见后文分析)。因此,本部分将综合法学的探索大致划分为四种情形:一是具有综合法学倾向的传统三大法学流派的探索,是在传统分解式法学范式不变的前提下开展的研究,因此属于具有综合法学倾向的分解式法学范式探索;二是以博登海默、伯尔曼等为代表,试图在传统"特殊法理学"基础上建立"一般法理学",以解决法理学学科方面的不足为目的的理论综合法学探索;三是以卡多佐、哈贝马斯、波斯纳等为代表,特别关注在实践中解决因"规范与事实"的分立而导致的法律实践问题的实践综合法学探索;[3]四是中国当代综合法学的探索。

那么,这些自19世纪末开始的综合法学混合式法学范式探索及其效

---

〔1〕 这些问题包括:法学理论上的流派之间的隔阂、规范与事实的分立、法学知识的碎片化和片面的深刻等问题;法律实践上供给的知识和法律实践所需求的知识的脱节、"合法性"与"合法律性"之间的紧张、"法学与司法"之间的"各行其是"等问题。参见[德]哈贝马斯:《在事实与规范之间》,童世骏译,生活·读书·新知三联书店2003年版;[比]马克·范·胡克:《法律的沟通之维》,孙国东译,法律出版社2008年版;[美]理查德·波斯纳:《各行其是:法学与司法》,苏力、邱遥堃译,中国政法大学出版社2017年版。

〔2〕 [美]罗斯科·庞德:《法理学》第1卷,邓正来译,中国政法大学出版社2004年版,第119页。转引自薄振峰:《法律的综合维度——朱利叶斯·斯通法律哲学研究》,清华大学出版社2013年版,第174页。

〔3〕 本部分将综合法学划分为理论综合法学和实践综合法学,只是为了表述的方便和研究的需要;实际上,理论与实践往往很难截然分开。

果如何？是否解决了分解式法学范式带来的规范与事实分立及其理论和实践问题？是否建立起了一种不同于分解式法学范式的新的法学范式——混合式法学范式？如果没有的话，其中的原因是什么？有哪些经验和教训值得总结和吸取？根据这些经验和教训，今后法学范式研究发展与变革的方向是什么？这些就是本部分要着重探讨的问题。

本部分研究的理论视野是库恩的范式构成理论和范式变革理论。针对范式概念自提出以来在使用过程中的泛滥成灾情形，库恩进行了解释和说明，认为一个成功且有用的范式，应该包括两个不可或缺的组成部分或者用法（范式构成理论）。

一种是"综合的用法"。"范式是团体承诺的集合"，即"学科基质"（disciplinary matrix），"用'学科'一词是因为它指称一个专门学科的工作者所共有的财产；用'基质'一词是因为各种各样的有序元素组成，每个元素都需要进一步界定"，这些元素主要包括"符号概括"、"形而上学范式或范式的形而上学部分"、"价值"和"范例"。[1] 当然，库恩的范式主要是根据自然科学的经验和事实提出的科学哲学概念。作为社会科学的研究，显然没有达到自然科学研究的那种"符号概括"程度，因此只能限定在"范式的形而上学部分"，即"一个范式就是一个公认的模型或模式（pattem）"；[2]"范式是一个成熟的科学共同体在某段时间内所接纳的研究方法、问题领域和解题标准的源头活水"；[3] 换言之，就是一个学科团体共享的世界观、本体论、方法论和认识论等"范式的形而上学部分"。

另一种是"局部的用法"。"范式是共有的范例。"[4] 比较而言，如果

---

〔1〕 参见［美］托马斯·库恩：《科学革命的结构》（第4版），金吾伦、胡新和译，北京大学出版社2012年版，第152～160页。

〔2〕 参见［美］托马斯·库恩：《科学革命的结构》（第4版），金吾伦、胡新和译，北京大学出版社2012年版，第19页。

〔3〕 ［美］托马斯·库恩：《科学革命的结构》（第4版），金吾伦、胡新和译，北京大学出版社2012年版，第88页。

〔4〕 ［美］托马斯·库恩：《科学革命的结构》（第4版），金吾伦、胡新和译，北京大学出版社2012年版，第157页。

说范式存在于“学科基质”的形而上学层面，那么，范例存在于“学科基质”的形而下的经验层面，“没有这样的范例，他（学生——引者注）前面所学过的定律和理论就没有什么经验内容”；[1] 如果说范式搭建起来的是“学科基质”的基本框架，那么，“比起学科基质中的其他成分，各组范例之间的不同更能提供给共同体以科学的精细结构”[2]。因此，库恩更强调范例在整个范式构成理论中的地位，“这是我现在认为本书中最有新意而最不为人所理解的那些方面中的核心内容”[3]；“比起专业基质中的其他成分，我们应当更注重范例的讨论”[4]。

在上述范式构成的所有要素中，世界观是其中最核心的要素。当世界观发生变化时，范式构成中的本体论、方法论、认识论和范例等要素都会发生相应的变化。因此，库恩认为，“（范式——引者注）革命是世界观的改变”，犹如“革命之前科学家世界中的鸭子到革命之后就成了兔子”[5]，有质的飞跃和变化；否则，不能称为范式变革，只能称为常规科学研究，而“常规科学决不能改正范式”[6]。这就是库恩的范式变革理论。

总之，世界观既是范式构成的核心要素，又是衡量范式变革的唯一标准。

一、传统分解式法学范式“扩张性混合”方案

在西方传统三大法学流派中，最早有综合法学倾向的分解式法学范

[1] [美]托马斯·库恩：《科学革命的结构》（第4版），金吾伦、胡新和译，北京大学出版社2012年版，第157页。

[2] [美]托马斯·库恩：《科学革命的结构》（第4版），金吾伦、胡新和译，北京大学出版社2012年版，第157页。

[3] [美]托马斯·库恩：《科学革命的结构》（第4版），金吾伦、胡新和译，北京大学出版社2012年版，第157页。

[4] [美]托马斯·库恩：《科学革命的结构》（第4版），金吾伦、胡新和译，北京大学出版社2012年版，第157页。

[5] [美]托马斯·库恩：《科学革命的结构》（第4版），金吾伦、胡新和译，北京大学出版社2012年版，第94页。

[6] [美]托马斯·库恩：《科学革命的结构》（第4版），金吾伦、胡新和译，北京大学出版社2012年版，第103页。

式的探索,可以追溯到庞德。首先,从方法论角度,庞德批评了传统“特殊法理学”的不足,提出了建立“一般法理学”(又称“统合法理学”)的主张:特殊法理学在研究方法上存在分析方法、历史方法、哲学方法和社会学方法等方法,但“任何单一方法都无法有效地服务于法理学……任何一种方法对于法律科学来说都绝对不是全能全涉的”[1],因此,“在进行法理学研究的时候不仅应当将分析、历史、哲学和社会学这四种方法统合起来,而且还认为根据分析或历史或哲学或应予服务的社会目的(或者根据所有上述的方面)对既有法律进行批判的模式实是法理学中一个极其重要的部分”[2]。其次,从本体论——“法律是什么”角度,庞德也批评了传统“特殊法理学”的不足,提出了建立“一般法理学”的两种主张。一是1923年提出的法律社会工程论。历史上主要存在伦理和宗教解释、政治解释、人种学和生物学解释以及经济学解释四种“法律史解释”,“这四种解释有着一个共同的特点,即每一种解释都试图把握某种单一的重要因素,并且把这种单一因素确立成自己的法律之神,作为支撑法律律令的不容置疑的权威和法律发展中的终极动因”。[3] 为此,庞德提出了一种试图将各种法律史解释统合起来以便化解规范与事实的分立难题的法律“社会工程解释”:“社会工程被认为是一个过程,一种活动,而不只是一种知识体系或者一种固定的建筑秩序……法理学被认为是法律科学,但它却肯定不只是一门对法律律令进行条理化和系统化工作的学科……我们应该考虑三件事情……它们是司法、法律秩序和法律。”[4]二是1942年提出的法律社会控制论。“法学家们现在所称的法律秩序——通过有系统地、

〔1〕 邓正来:《社会学法理学中的“社会”神——庞德〈法律史解释〉导读》,载[美]罗斯科·庞德:《法律史解释》,邓正来译,中国法制出版社2002年版,第48页。

〔2〕 邓正来:《社会学法理学中的“社会”神——庞德〈法律史解释〉导读》,载[美]罗斯科·庞德:《法律史解释》,邓正来译,中国法制出版社2002年版,第49页。

〔3〕 邓正来:《社会学法理学中的“社会”神——庞德〈法律史解释〉导读》,载[美]罗斯科·庞德:《法律史解释》,邓正来译,中国法制出版社2002年版,第51~52页。

〔4〕 [美]罗斯科·庞德:《法律史解释》,邓正来译,中国法制出版社2002年版,第225~227页。

有秩序地使用政治组织社会的强力来调整关系和安排行为的制度……一批据以作出司法或行政决定的权威性资料、根据或指示……卡多佐法官中肯地所称的司法过程，而今天我们还必须加上行政过程——为了维护法律秩序依照权威性的指示以决定各种案件和争端的过程……如果这三种意义可以统一起来的话，那就是用社会控制的观念来加以统一……它是依照一批在司法和行政过程中使用的权威性法令来实施的高度专门形式的社会控制。”[1]

在规范分析法学中，最具综合法学倾向的是哈特“最低限度的自然法”理论。与奥斯丁、凯尔森等规范分析法学者坚守法律与道德截然分开的立场不同，哈特在承认法律规则尤其是承认规则是整个法律制度基础的同时，认为“法律在任何时候和任何地方的发展，事实上既受特定社会集团的传统道德、理想的深刻影响，也受到一些个别人所提出的开明的道德批判的影响”[2]。但哈特认为不能由此得出结论：“一个法律制度必须展示出与道德或正义的某些具体的一致性，或必须依靠我们有服从法律制度的道德义务这种广为流传的信念。”[3]为此，哈特重新界定了法律实证主义的含义：“法律反映或符合一定道德要求，尽管事实上往往如此，然而不是一个必然的真理。”[4]可见，在哈特看来，法律和道德是有联系的，但并无必然的联系。另外，哈特还论述了法律中“自然法的最低限度的内容”：人类社会有一个自然目的即生存，以及五个自然事实即人的脆弱性、大体上的平等、有限的利他主义、有限的资源、有限的理解力

---

〔1〕［美］罗斯科·庞德：《通过法律的社会控制》，沈宗灵译，商务印书馆1984年版，第20页。

〔2〕［英］哈特：《法律的概念》，张文显等译，中国大百科全书出版社1996年版，第181页。

〔3〕［英］哈特：《法律的概念》，张文显等译，中国大百科全书出版社1996年版，第181页。

〔4〕［英］哈特：《法律的概念》，张文显等译，中国大百科全书出版社1996年版，第182页。

和意志力。[1] 正是由于这些“自然法的最低限度的内容”的存在,人类必须存在一些维持人类社会基本运转的规则,“它们是如欲持续存在下去的社会组织所不可缺少的。这些规则确实构成了已进步到法律和道德区分为不同社会调整形式之阶段的一切社会的法律和道德的共同因素……这些以有关人类、他们的自然环境和目的的基本事实为基础的、普遍认可的行为原则,可被认为是自然法的最低限度的内容”[2]。总之,哈特新规范分析法学不再固守法律与道德严格分立的立场,有明显的向自然法学靠拢的综合法学倾向。

在自然法学中,最具综合法学倾向的是富勒的“内在自然法或程序自然法”理论。富勒认为,法是“使人类行为服从于规则之治的事业”,因此必须有其“道德性”。[3] 为此,富勒先将道德分为愿望的道德和义务的道德:义务的道德与法律最为类似,愿望的道德与美学最为类似。然后将法律的道德分为法律的外在道德和法律的内在道德。法律的外在道德是指实体自然法,是有关法律的实体目的。法律的内在道德是指法律的解释和执行的方式,即一种特殊的、扩大意义上的程序问题,因此又被称为程序自然法,包括八个原则:法律的一般性;法律的颁布;溯及既往型法律;法律的清晰性;法律中的矛盾;要求不可能之事的法律;法律在时间之流中的连续性;官方行为与公布的规则之间的一致性。同时,富勒特别强调内在道德即程序自然法对法律的意义:正是这些“(内在——引者注)道德使法律成为可能”,[4]“法律的内在道德不是某种添附或强加到法律的力量之上的某种东西,而是那种力量本身的基本条件”。[5] 实际上,富勒强调的这些内在道德即程序自然法都属于规范分

〔1〕 参见[英]哈特:《法律的概念》,张文显等译,中国大百科全书出版社1996年版,第189~195页。

〔2〕 [英]哈特:《法律的概念》,张文显等译,中国大百科全书出版社1996年版,第188~189页。

〔3〕 参见[美]富勒:《法律的道德性》,郑戈译,商务印书馆2005年版,第113页。

〔4〕 参见[美]富勒:《法律的道德性》,郑戈译,商务印书馆2005年版,第40页。

〔5〕 [美]富勒:《法律的道德性》,郑戈译,商务印书馆2005年版,第180页。

析法学的研究范畴。在这个意义上，富勒所研究的“自然法”，实际上包含规范分析法学所研究的实在法的内容，而不是古典自然法学所持的那种严格意义上的“自然法”；换言之，富勒的自然法学说呈现向规范分析法学靠拢的综合法学特征。

综上，传统三大法学流派在坚守各自基本观点和研究范围的同时，有一种相互靠拢的综合法学的倾向，“他们都是以自己所属的学派吞并其他的学派为目的进行‘融合’”，[1] 在保持传统分解式法学范式基本不变的前提下进行融合和扩张，其“仅仅是伟人们留下的遗产的看管人”，[2] 从事的仅仅是试图通过将自己原有的分解式法学范式进行扩张来取代其他分解式法学范式的工作，他们在解决规范与事实分立等问题上提出的是一种没有产生“新物质”——新法学范式的“扩张性混合”方案。

二、西方理论综合法学“物理性混合”方案

与有综合法学倾向的分解式法学范式“以自己所属的学派吞并其他的学派为目的进行‘融合’”不同，理论综合法学对传统三大法学流派则持一种中立的、兼收并蓄的立场，并明确提出建立理论综合法学以化解规范与事实分立的主张：将传统三大流派各自强调的价值、规范和事实进行整合，建立综合的、统一的、普通的、一般的“整合法理学”。这种基于法学理论或法学学科发展的需要而提出的综合法学主张，笔者称为“理论综合法学”。理论综合法学的“综合”主要体现在以下四个方面：

第一，在综合的方式或与传统法学的关系上，理论综合法学都是在传统三大法学流派的基础上提出综合法学的主张。这又包括以下两种情形：

一是在批判传统三大法学流派的片面与偏执的基础上提出理论综合法学的主张。如理论综合法学的首倡者霍尔，将传统三大法学流派称为特殊论法学，并批评了它们将法学中的价值因素、形式因素和事实因素相

---

[1] 薄振峰：《法律的综合维度——朱利叶斯·斯通法律哲学研究》，清华大学出版社 2013 年版，第 150 页。

[2] [美]昂格尔：《现代社会中的法律》，吴玉章等译，中国政法大学出版社 1994 年版，第 1 页。

互分立并极端化的错误。正是在批评传统三大法学流派片面性的基础上,霍尔提出了从特殊论法学走向综合法学的主张。再如,伯尔曼在指出法律实证主义、自然法学和历史法学各自不足的基础上,提出建立超越它们的一体化法理学。伯尔曼认为,自然法学、实证主义法学和历史法学研究者分别侧重于法的道德、规范和历史因素,并展开了长期的对领先地位的追逐:有些人在政治中找到了最终根据,有些人在道德中找到了最终根据,还有些人在历史中找到了最终根据。[1] 为此,“我们需要克服下列现象:将法律归结为一套处理事务的技术性手段;使法律脱离于历史;把一国的法律等同于我们的全部法律、把一国的法律史等同于我们全部的法律史。也需要清除以下谬见:排他的政治的和分析的法学(“法律实证主义”),或孤傲的哲理的和道德的法学(“自然法理论”),唯我独尊的历史的和社会—经济的法学(“历史法学派”“法的社会理论”)”[2]。最后,伯尔曼提出:“我们需要一种能够综合这三个传统学派并超越它们的法学。这样一种综合的法学将强调,法律必须被信奉,否则就不会运作;这不仅涉及理性和意志,而且涉及感情、直觉和信仰,涉及整个社会的信奉。”[3] 伯尔曼甚至还乐观地预言:这是一个“综合的时代”,[4]“在一定意义上,综合意味着一个法律的新纪元,在其间,法律将扩展到其他学科、其他行业和其他社会过程,它将达于社会学、经济学和政治学,及于医学和商业管理,涉足贫穷、种族问题与国际关系,深入文学、艺术及宗教领域。在美国的法学院,随着‘法律与……’的课程如‘法律与医学’、‘法律与经济发展’、‘法律与种族关系’、‘法律与精神病学’,以及(希望)‘法律与宗教’

---

〔1〕 参见[美]哈罗德·J.伯尔曼:《论实证法、自然法及历史法三个法理学派的一体化趋势》,刘慈忠译,载《环球法律评论》1989年第5期。

〔2〕 [美]伯尔曼:《法律与革命》,高鸿钧等译,中国大百科全书出版社1993年版,“序言”第3页。

〔3〕 [美]伯尔曼:《法律与革命》,高鸿钧等译,中国大百科全书出版社1993年版,“序言”第3页。

〔4〕 [美]哈罗德·J.伯尔曼:《法律与宗教》,梁治平译,中国政法大学出版社2003年版,第101页。

的开设,我们也许就要跨入这个新纪元,或者至少是要叩响它的大门"[1]。实际上,后来世界法学发展的历史,尤其是美国法学发展的历史,[2]在一定程度上也验证了伯尔曼的这个预言。

二是在肯定并吸收传统三大法学流派长处的基础上提出综合法学的主张。如斯通认为,尽管存在不同流派之间的纷争,法理学仍是像科学和音乐一样累积的事业,是一种合作的人类事业,是一个需经许多代人开拓的事业,也是一个对人们面对的多样的问题进行解决的持续的和累积的事业。因此,分析法律体系或法律制度的历史的努力并不与研究法律中的正义问题矛盾,不与探索法律规则的逻辑结构矛盾,不与研究法律在社会中发挥的作用矛盾。"法律存在于不同的视界中,从不同的视角和不同的需要出发,人们便会关注法律中的不同部分与方面,才会出现不同的法学派,人们研究的是同一规则的不同方面,他们之间仅仅是研究角度不同,他们所得出的结论也不应是相互冲突的。"[3]斯通试图用一种实用主义的态度来消弭各法学流派之间的分立,将法理学看作一个包括许多房间的大厦,试图在这个大厦中找到每个法学流派适当的位置,并通过伦理、逻辑和社会事实将它们融入一体中进行思考。因此,与霍尔对传统三大法学流派的批判态度不同,"在斯通的所有论述中找不到历史学派对自然法学派的轻视,非分析或非现实法学对分析法学或现实法学的诋毁以及社会学法学对以前学派的吞食"[4]。再如,博登海默在回顾了"法哲学的历史沿革"以后,对历史上存在的多种法学流派作出了这样形象的解释:"法律是一个带有许多大厅、房间、凹角、拐角的大厦,在同一时间里想

---

[1] [美]哈罗德·J.伯尔曼:《法律与宗教》,梁治平译,中国政法大学出版社2003年版,第105~106页。

[2] 参见苏力:《也许正在发生:转型中国的法学》,法律出版社2004年版,第4~9页。

[3] 薄振峰:《法律的综合维度——朱利叶斯·斯通法律哲学研究》,清华大学出版社2013年版,第151页。

[4] 薄振峰:《法律的综合维度——朱利叶斯·斯通法律哲学研究》,清华大学出版社2013年版,第151页。

用一盏探照灯照亮每一间房间、凹角和拐角是极为困难的，尤其是由于技术知识和经验的局限，照明系统不适当或至少不完备时，情形就更是如此了。我们不用像逻辑实证主义者所主张的那样：从科学的观点看，历史上的大多数法律哲学都应当被打上'胡说'的印记，相反，似乎可以更为恰当地说，这些学说最为重要的是它们组成了整个法理学大厦的可贵的建筑之石，尽管这些理论中的每一个理论就只具有部分和有限的真理。"〔1〕为此，博登海默提出了建立理论综合法学的倡议："随着我们知识范围的扩大，我们必须进行这样一种事业，即在利用人们过去所做的一切贡献的基础上，建立一门综合法理学。"〔2〕

第二，在综合的原因上，理论综合法学都不同程度地认识到了传统法学简约论的不足，并将理论综合法学的综合归结于法律自身的复杂性和综合性。

如霍尔"严厉地批判了法理学中的'以单一因素去阐明复杂现象的谬误'，尤其是那种试图将法理学理论中的价值因素、事实因素和形式因素孤立起来的企图……认为，今天所需要的是分析法学、对社会和文化事实的现实主义解释以及自然法学说中有价值的因素的统一"〔3〕。"在霍尔看来，法律乃是'形式、价值和事实的一种特殊结合'。"〔4〕再如，斯通认为："逻辑在法学或司法中是重要的，但它要依赖前提的正确，这是逻辑本身无力解决的……这就要求法官考虑正义的因素和社会事实。正义不是绝对的，它要受到此时此地的条件的影响，落脚到当事人所处的环境……这样，法律中的三大部分就密不可分地交织在一起，组成了一个综

〔1〕［美］E. 博登海默：《法理学——法哲学及其方法》，邓正来、姬敬武译，华夏出版社 1987 年版，第 198 ~ 199 页。

〔2〕［美］E. 博登海默：《法理学——法哲学及其方法》，邓正来、姬敬武译，华夏出版社 1987 年版，第 199 页。

〔3〕［美］E. 博登海默：《法理学——法哲学及其方法》，邓正来、姬敬武译，华夏出版社 1987 年版，第 199 页。

〔4〕中国政法大学法理学研究所编：《法理学：主题与视域》，中国政法大学出版社 2017 年版，第 111 页。

合的整体。"[1]而博登海默在总结各传统法学流派和霍尔等综合法学学者研究的基础上,认为:"虽然在某个特定的历史时期,某种社会力量或正义理想会对法律制度产生特别强烈的影响,但是根据唯一的社会因素(如权力、民族传统、经济、心理或种族)或根据唯一的法律理想(如自由、平等、安全或人类的幸福),都不可能对法律控制作出普遍的分析和解释。法律是一个结构复杂的网络,而法理学的任务就是要把组成这个网络的各个头绪编织在一起。"[2]而伯尔曼认为:"至少不能只把西方历史中的法律完全归结为产生它的社会物质条件或观念和价值体系;还必须把它部分地看作社会、政治、智识、道德和宗教发展中的一个独立因素,是其中的原因之一,而不仅仅是结果之一。"[3]为此,伯尔曼提出了"一种法的社会理论":"今天法的社会理论的首要任务——约在卡尔·马克思150年之后和约在马克斯·韦伯100年之后——是摆脱关于法律及其因果关系的过分简单化的概念……一种法的社会理论依照它对法律的定义和分析应该强调精神和物质、观念和经验之间的互动作用,应该把三个传统的法学派——政治学派(法律实证主义)、道德学派(自然法理论)和历史学派(历史法学派)——综合成一个一体化的法学。"[4]

第三,理论综合法学由于认识到法律是一种复杂性的现象,因此,在法律本体论——法律是价值、规范还是事实上,认为法律并不是如传统法学认为的那样只是三者中的一种,而是三者的综合,并提出了内容不同的综合性法律概念:

如霍尔提出了"作为行动的法律"的法律本体论,认为规则起着解释、

---

[1] 薄振峰:《法律的综合维度——朱利叶斯·斯通法律哲学研究》,清华大学出版社2013年版,第149页。

[2] [美]E.博登海默:《法理学——法哲学及其方法》,邓正来、姬敬武译,华夏出版社1987年版,第200页。

[3] [美]伯尔曼:《法律与革命》,高鸿钧等译,中国大百科全书出版社1993年版,第51页。

[4] [美]伯尔曼:《法律与革命》,高鸿钧等译,中国大百科全书出版社1993年版,第51页。

引导官员规定、评价、发布和适用法律行为的作用;价值通过法的效力观念进入法的概念中;而如何理解法的效力则取决于是把法看作规则的法还是活动的法:规则的法导致了凯尔森的规则效力观,活动的法则引出了一个包含道德态度、原则和理想的效力观。因此,在霍尔看来,虽然法律由法律规则和法律概念组成,但如果不把法官、行政官员和执法官员的日常实际活动纳入法律的概念结构,就不可能理解作为社会制度的法。这样,霍尔就将传统法学强调的规则、价值和事实三个要素综合在"作为行动的法律"这一概念中。再如,斯通认为法律是一个逐步累积的事业,因此提出了一种列举式的描述性的法律概念:"法律的定义的作用不会超过一个大纲或索引,或内容的目录",[1]它包括:法律被视作许多现象的复杂整体;这些现象组成的整体中要包括调整行为的规范;在一个复杂的整体中,法律包括的规范是一个社会规范;法律概念存在很大程度的重合,法律包含的这些现象的整体是一个有秩序的整体,即法律秩序;组成法律的社会规范的秩序,现在被广泛地看作一种强制秩序;支持社会规范秩序的强制是一种制度化的强制;这一制度化的强制应当有一定程度的效力以维持这一秩序。可见,斯通的法律概念中既有规范分析法学的因素,也有自然法学的因素,更有社会学法学的因素。而博登海默认为:"一个法律制度若要恰当地完成其职能,就不仅要力求实现正义,而且还要致力于创造秩序……在一个健全的法律制度中,秩序与正义这两个价值并非时常冲突,相反,它们却紧密相连、融洽一致。"[2]反之,"一个法律制度若不能满足正义的要求,那么长期下去就无力为政治实体提供秩序与和平。而在另一方面,如果没有一个有序的司法行政制度来确保相同情况相同

---

〔1〕 Julius Stone, *Legal System and Lawyers' Reasonings*, Stanford University Press, 1964, p. 183. 转引自薄振峰:《法律的综合维度——朱利叶斯·斯通法律哲学研究》,清华大学出版社2013年版,第167页。

〔2〕 [美]E. 博登海默:《法理学——法哲学及其方法》,邓正来、姬敬武译,华夏出版社1987年版,第302页。

对待,那么也不能实现正义"[1]。正是在正反论证的基础上,博登海默得出了"法律旨在创设一种正义的社会秩序""法律——秩序与正义的综合体"的结论。[2] 而伯尔曼在借鉴富勒的法律概念——"使人类行为服从规则治理的事业"的基础上,提出了一个广义的法律概念:"法律不仅作为一个规则体,还作为一个过程和一种事业,在这种过程和事业中,规则只有在制度、程序、价值和思想方式的具体关系中才具有意义,而且也包括公众的理性和良心,以及他们的习俗和惯例";[3]"法律不仅仅是事实,它也是一种观念或概念,此外,它还是一种价值尺度"[4]。

第四,理论综合法学由于认识到法律是一种复杂性的现象,因此,在技术方法上都主张综合的法学研究方法。

如霍尔"从相似的方法论和认识论的前提出发也已发出强烈的呼吁,要求当今的学者努力创建一个'统一的法理学'"[5]。再如,斯通将西方法哲学分为规范分析法学、自然法学和社会法学,认为它们分别代表了不同的研究方法——逻辑研究方法、正义—伦理方法与社会学方法;而传统三大法学流派曾经将这三种研究方法看作它们各自最根本的甚至唯一的研究方法,形成了一种相互排斥的局面。但是,"20 世纪中叶,严肃的学者们已不再为支持或反对分析逻辑研究方法、正义—伦理方法和社会学方法这三者中任何一种占绝对统治地位而辩论了"[6]。为此,斯通提出

---

[1] [美]E. 博登海默:《法理学——法哲学及其方法》,邓正来、姬敬武译,华夏出版社 1987 年版,第 302 页。

[2] 参见[美]E. 博登海默:《法理学——法哲学及其方法》,邓正来、姬敬武译,华夏出版社 1987 年版,第 302 页。

[3] [美]伯尔曼:《法律与革命》,高鸿钧等译,中国大百科全书出版社 1993 年版,第 13 页。

[4] [美]伯尔曼:《法律与革命》,高鸿钧等译,中国大百科全书出版社 1993 年版,第 665 页。

[5] [美]E. 博登海默:《法理学——法哲学及其方法》,邓正来、姬敬武译,华夏出版社 1987 年版,第 199 页。

[6] 薄振峰:《法律的综合维度——朱利叶斯·斯通法律哲学研究》,清华大学出版社 2013 年版,第 161 页。

了一种将三者综合的综合性研究方法。而博登海默认为法律在制定和实施中要受到各种因素的综合影响，是一种非常复杂的现象，进而提出了一种复杂的整体论的研究方法："20 世纪生育了各种各样的关于法律性质和功能的理论……向人们展示了一幅令人迷惑的、多变的和不协调的画面。但是，如果根据整体论的方法论，把它们解释为关于法的整个真理的局部关照，大部分的困惑即可消散。"[1]而伯尔曼针对法律现象的复杂性，尤其是二元对立现象，提出了一种通过辩证的分析和历史的方法而实现法学研究方法综合的途径。对于西方历史上的二元论时代，伯尔曼认为："这是主观与客观、本质与存在、人与行为、精神与世俗、宗教与法律截然分离的时代。传统西方思想的二元论特征确实渗入到几乎所有的分析活动中。"[2]而对于"综合的时代"，伯尔曼认为："正在开始的不仅是一种关于法律与宗教——正义与恩典——的辩证综合的新观念，而且是一种关于综合本身的新观念，是对传统的关于人类如何对待现实的二元论假定的否弃。"[3]可见，在伯尔曼看来，"综合的时代"正是通过以辩证的方式来达到对历史上二元对立的统一实现的，"无论在哪里，综合——二元论的克服——都是开启新型思维的钥匙；这种新思维乃是我们正在进入的新时代的特色。'非此即彼'让位于'亦此亦彼'。不再是主体反对客体，而是主体与客体交互作用；不再是意识反对存在，而是意识与存在同在；不再是理智反对情感，或者理性反对激情，而是整体的人在思考和感受"[4]。

综上，"（理论——引者注）综合法学的主张者们对三大法律流派的批评在很大程度上是老调重弹，而且他们所提倡的'综合'只是笼统的和

---

〔1〕 唐着光：《博登海默之综合法学：封闭与开放》，载《研究生法学》2012 年第 4 期。

〔2〕 ［美］哈罗德·J. 伯尔曼：《法律与宗教》，梁治平译，中国政法大学出版社 2003 年版，第 102 页。

〔3〕 ［美］哈罗德·J. 伯尔曼：《法律与宗教》，梁治平译，中国政法大学出版社 2003 年版，第 101 页。

〔4〕 ［美］哈罗德·J. 伯尔曼：《法律与宗教》，梁治平译，中国政法大学出版社 2003 年版，第 105 页。

机械的加和"[1],"只不过是表明他们在批判三大法学派的片面基础上又折中了三大法学派的偏重……没有在理论上有创新建树或独到见解"[2]。在这个意义上,理论综合法学在解决分解式法学范式存在的规范与事实分立等问题上,提出的也是一种没有产生"新物质"的、简单的"物理性混合"方案。

三、西方实践综合法学"技术性混合"方案

尽管理论综合法学只是一种"物理性混合",但它提出并研究的传统法理学存在的规范与事实分立等问题是法理学中存在的实实在在的核心问题,且是后世法学研究甚至是所有法学研究必须研究的核心问题。在这个意义上,理论综合法学还是有其理论和实践意义的。本部分将这种尽管没有在理论上明确宣称综合法学学术主张但实际上侧重于从实践角度继续研究理论综合法学问题——规范与事实分立的法学,也归于综合法学之列,并根据它侧重于实践角度的研究特征,称为实践综合法学。笔者之所以将实践综合法学归于综合法学之列,是因为它与理论综合法学存在以下两个共同之处:

第一,在法律本体论上,与理论综合法学一样,实践综合法学仍然将理论综合法学探讨的规范与事实分立或融合的问题作为自己研究的核心问题。根据实践综合法学对法律价值的不同态度,其内部又存在以下两种观点:

一是强综合论,对法律价值持肯定的态度,认为法律处于事实与规范之间,是对自然法学的价值规范、规范分析法学的行为规范(规则)和社会法学的事实因素的综合,主要代表人物有卡多佐、哈耶克、诺内特、塞尔兹尼克和哈贝马斯等。其中,最为典型的是哈贝马斯。将"阐明一个概念其实是陈述一种理论"[3]这句话用到哈贝马斯的《在事实与规范之间》这本书上,最为恰当。从整本书来看,哈贝马斯既是在"陈述一种理论",也是

---

[1] 金欣:《综合法学与中国:一场误会》,载《社会科学论坛》2017年第11期。

[2] 严存生主编:《新编西方法律思想史》,陕西人民教育出版社1996年版,第344页。

[3] 沈宗灵:《现代西方法理学》,北京大学出版社1992年版,第350页。

在“阐明一个概念”;“作为事实性和有效性之间社会媒介的法律”[1]包括内在于法律的事实性和有效性之间与外在于法律的社会的事实性和法律的有效性之间两个方面。首先,哈贝马斯在书中探讨了外在于法律的事实与规范之间的张力问题(第2、7、8章),“提出一种双重视角,它使我们可以同时从两个角度来看待法:从内在视角出发,郑重其事地重构其规范性内容;从外在视角出发,把它描述为社会实在的组成部分”[2]。其次,哈贝马斯还探讨了内在于法律的事实与规范之间的张力问题(第3~6章),“以商谈论为理论工具,探讨了事实性和有效性之间的关系在权利、法治国原则、司法、立法领域内的表现形式和矛盾解决的途径”[3]。最后,“哈贝马斯将前面的社会学理论与法律理论的考察结合起来,分析了被其称为福利国家实质法和资产阶级形式法这两种法的范式……提出了程序主义的法律范式以消解法治国危机,从而实现对资产阶级形式法和社会福利国家这两种社会模式之间对立的超越”[4]。可见,不论是作为理论还是作为概念,哈贝马斯的《在事实与规范之间》与哈特的《法律的概念》一样,都是围绕“法律是什么”的问题而展开,从不同角度、不同层面、不同方面阐述这样的问题:法律中既有事实的成分,也有规范的成分,因此可以说法律既不是规范也不是事实,也可以说法律既是事实也是规范,总之,法律总是“处于事实与规范之间”。

二是弱综合论,对法律价值持基本否定的态度,认为法律处于事实与规则之间,是对规范分析法学的规则因素和社会法学的事实因素的综合。弱综合论的主要代表是波斯纳。首先,波斯纳探讨了法律规则问题。与霍姆斯等法律现实主义者一样,波斯纳的《法理学问题》一书大部分篇幅

---

〔1〕 [德]哈贝马斯:《在事实与规范之间》,童世骏译,生活·读书·新知三联书店2003年版,第1页。

〔2〕 [德]哈贝马斯:《在事实与规范之间》,童世骏译,生活·读书·新知三联书店2003年版,第54页。

〔3〕 郑永流主编:《商谈的再思》,法律出版社2010年版,第13页。

〔4〕 郑永流主编:《商谈的再思》,法律出版社2010年版,第14页。

是在批判形式主义者的概念主义、科学主义、僵化、教条、脱离生活等缺陷,但他写道:"我并不简单地拒绝形式主义;这不仅因为世界上有诸如逻辑、数学和艺术这样价值巨大的形式系统,而且在法律决定制定上(尤其是在常规案件中——引者注),逻辑也可以扮演一个重要角色。"〔1〕"我拒绝的是那种夸大的法律形式主义,它认为法律概念之间的关系才是法律和法律思想的精髓。"〔2〕其次,与对规则的看法不同,波斯纳对自然法及其价值(或道德或正义)问题持基本排斥和批判的态度。之所以说"基本",是因为波斯纳并不反对"自然法"或正义论中的"温和理论":"宽泛地使用'法律'和'合法的'这些词(这种用法的一个极端包括了邪恶的实在法,而在另一极端包括了自然法)不仅无害,而且有用。"〔3〕但他反对"强烈自然法":"强烈'自然法'(现在这个名词是不恰当的)的前提条件就是社会成员有即使是在细小问题上也分享一致的道德原则,从而有可能从这些原则中推演出一部法典,而不论这种一致是因为他们分享共同的宗教信仰还是由于他们在其他方面文化同质或者是受到某种强有力的意识形态的束缚。"〔4〕实际上,"大多数美国人……对许多事情还不够一致,还不足以规定任何一个类似于全面法律权利和责任体系的东西……如果这个社会是道德多质的,那么道德原则所起的作用就是作为论点而不是作为标准,因此,最好是谈论自然法的考虑而不是谈论绝对普遍的自然法"〔5〕。"在解决道德'分歧'时,使用'自然法'这个充满情绪的术语

---

〔1〕 [美]理查德·A.波斯纳:《法理学问题》,苏力译,中国政法大学出版社2002年版,第568页。

〔2〕 [美]理查德·A.波斯纳:《法理学问题》,苏力译,中国政法大学出版社2002年版,第568页。

〔3〕 [美]理查德·A.波斯纳:《法理学问题》,苏力译,中国政法大学出版社2002年版,第291~292页。

〔4〕 [美]理查德·A.波斯纳:《法理学问题》,苏力译,中国政法大学出版社2002年版,第297页。

〔5〕 [美]理查德·A.波斯纳:《法理学问题》,苏力译,中国政法大学出版社2002年版,第297~298页。

所要达到的主要目的是修辞。"[1]最后,波斯纳还探讨了法律事实问题。在批判了法律的形式(规则)主义后,波斯纳认为:"法律本身最好是以行为主义术语来进入……最好还是把法律描述为我们称为法官的这样一些有从业执照的业内人士的活动。"[2]在批判了法律道德主义的"强烈自然法"后,波斯纳认为:"最好是把法律视为是有权从业的职业人士(法官和律师)的一种活动,他们受到含混但强有力的职业规矩的约束,而这种观念最终扎植于社会便利或(大致的)持久的社会舆论中。"[3]可见,在"法律是什么"的问题上,波斯纳持一种综合论的观点:法律既有规则的成分,也有价值的成分,更有事实的成分。但三者的地位和作用有显著的不同:规则正在不断地"式微",但仍有重要作用,尤其是在常规案件中;价值(包括法律道德、法律理论、宪法理论)的地位最低作用最小,只有"修辞的作用",波斯纳力图将其剔除出法律;而事实正在不断地上升、加强甚至有可能成为法律的新根基。就此而言,波斯纳至少持一种狭义的综合论,即"弱综合论",改用哈贝马斯的话说就是"在事实与规则之间"。

第二,在法学方法论上,由于实践综合法学认识到了法律的复杂性,因此,学者们都主张或采用一种与理论综合法学一样的综合的法学研究方法。

如有"美国综合法学的先驱者"[4]之称的卡多佐,根据法律是由多种成分构成的"混合物"特征,站在法官的角度,提出了一种与之相匹配的多元的法学方法:"一个原则的指导力量也许可以沿着逻辑发展的路线起作用,我将称其为类推的规则或哲学的方法;这种力量也可以沿着历史发展的路线起作用,我将称其为进化的方法;它还可以沿着社区习惯的路线起

---

〔1〕［美］理查德·A. 波斯纳:《法理学问题》,苏力译,中国政法大学出版社 2002 年版,第 298 页。

〔2〕［美］理查德·A. 波斯纳:《法理学问题》,苏力译,中国政法大学出版社 2002 年版,第 570 页。

〔3〕［美］理查德·A. 波斯纳:《法理学问题》,苏力译,中国政法大学出版社 2002 年版,第 299 ~ 300 页。

〔4〕薄振峰:《法律的综合维度——朱利叶斯·斯通法律哲学研究》,清华大学出版社 2013 年版,第 184 页。

作用，我将称其为传统的方法；最后，它还可以沿着正义、道德和社会福利、当时的社会风气的路线起作用，我将称其为社会学的方法。”〔1〕同时，卡多佐认为这些方法只是一种技术工具，它们所服务的“法律的终极原因是社会的福利。未达到其目标的规则不可能永久性地证明其存在是合理的”〔2〕。因此，尽管“逻辑、历史和习惯都有它们的地位，当我们可能时，我们会影响法律使之符合它们；但只是在一定的限度之内。法律所服务的目的将支配所有这些方法”〔3〕。为此，卡多佐特别强调了社会学方法在这些方法中的特殊地位，认为：“我们就从历史、哲学和习惯走到了这样一种力量，它在我们时代和我们这一代人中正变成所有力量中最大的力量，即在社会学方法中得以排遣和表现的社会正义的力量。”〔4〕

再如，哈贝马斯为了缓解法律上的这种“事实与规范之间”的张力及其带来的事实性和有效性、合法性和合法律性之间的紧张和冲突，提出了一种开放性的法学研究方法，认为：“事实性和有效性之间的这种来回折腾，使政治理论和法律理论目前处于彼此几乎无话可说的境地。规范主义的思路始终有脱离社会现实的危险，而客观主义的思路则淡忘了所有规范的方面。这两个方面之间的紧张关系，可以被理解为对我们的一种提醒：不要固执于一个学科的眼光，而要持开放的态度，不同的方法论立场（参与者和观察者），不同的理论目标（意义诠释、概念分析和描述、经验说明），不同的角色视域（法官、政治家、立法者、当事人和公民），以及不同的语用研究态度（诠释学的，批评的，分析的，等等），对这些都要持开放的态度。”〔5〕

实践综合法学尽管在本体论和方法论上与理论综合法学存在相同之

〔1〕［美］本杰明·卡多佐：《司法过程的性质》，苏力译，商务印书馆1998年版，第16页。

〔2〕［美］本杰明·卡多佐：《司法过程的性质》，苏力译，商务印书馆1998年版，第39页。

〔3〕［美］本杰明·卡多佐：《司法过程的性质》，苏力译，商务印书馆1998年版，第40页。

〔4〕［美］本杰明·卡多佐：《司法过程的性质》，苏力译，商务印书馆1998年版，第39页。

〔5〕［德］哈贝马斯：《在事实与规范之间》，童世骏译，生活·读书·新知三联书店2003年版，第8~9页。

处,是理论综合法学研究的延续,但这并不意味着实践综合法学就是理论综合法学的简单重复,两者还存在以下三个主要方面的差异:

第一,两者综合的方式或综合借助的理论资源不同:如果说理论综合法学主要借助于法学内部自身理论资源,包括对传统三大法学流派的批评和继承,那么,实践综合法学主要借助于法学外部的人文社会科学理论资源。

如拉兹在建构自己的实践综合法学理论时,借助于实践哲学和语用学等理论资源。实践哲学与传统的理论哲学不同:在研究对象上,它将自己的研究对象拉回到现实领域,限定在生活世界这一有限的范围之内;在思维方式上,它否认理论哲学所采取的还原论思维方法,代之以实践生成论思维方法;在基本立场上,实践哲学持主客观相统一的立场,力图在实践基础上整合理论与实践之间的"缝隙"。正是基于实践哲学的立场,拉兹认为:"我在许多地方的论述已经超出了对规范和规范体系的严格分析。我允许我自己这样做,是为了表达我的一个信念,即实践哲学就许多方面而言是一个统一的哲学场域。对规则的这种研究不应视为一个孤立的探究,而应视为一个更大的事业的一部分。"[1]当然,拉兹属于概念分析法学的学者,承认自己的研究继承了规范分析法学的传统,侧重于法律概念、法律规范和法律体系的研究,如其著作《实践理性与规范》共5个部分,其中4个部分是有关这个方面的研究。为了实现概念分析与实践哲学的统一,拉兹实现了概念分析法学由语义学到语用学的转向。与传统概念分析强调法律规范自身含义的解释不同,语用学解释更强调法律规范外部使用语境的作用,从而使概念分析更加接近于法律实践。同时,拉兹认为:"实践哲学既包括一个实质的或'评价性的'部分,又包含一个涉及概念分析的形式部分。"[2]但拉兹显然倾向于"概念分析",他说:"本

---

〔1〕［英］约瑟夫·拉兹:《实践理性与规范》,朱学平译,中国法制出版社2011年版,"导言"第2~3页。

〔2〕［英］约瑟夫·拉兹:《实践理性与规范》,朱学平译,中国法制出版社2011年版,"导言"第3页。

研究主要是一部概念分析的论著。"[1]最后,拉兹明确强调:"不论关于根本价值的认识论问题的真理是什么,本著都建立在这样的信念之上:发展出一种属于规范理论的所有概念的统一逻辑是可能的,也是必要的,而且这种逻辑的最基本的部分不是道义逻辑,而是行动理由的逻辑。"[2]换言之,他发展出来的逻辑不是一种理论逻辑,而是一种实践逻辑,一种建基于行动基础上的行动逻辑。可见,正是借助于实践哲学和语用学等外部人文社会科学理论资源,拉兹实现了对规范与事实的综合。

而诺内特和塞尔兹尼克在提出自己的解决现代法治的规范与事实——具体体现为"压制型法"与"自治型法"之间的紧张与冲突的"回应型法"方案时,也采取了一种"社会科学策略"和"发展的观点",并借助于社会学中的社会组织理论,论证了"转变中的法律与社会"之间的关系:与"压制型法"、"自治型法"和"回应型法"三种法律类型相对应的是"前科层制"、"科层制"和"后科层制"三种社会组织;换言之,正是由于社会转型尤其是社会组织的转变,法律才相应转变,从而为解决西方法治危机提出了一种"回应型法"的解决方案。

而弱综合论的代表人物波斯纳,在自己实用主义总思想的指导下,在论述自己的综合论时,不仅运用了法学自身的资源(如《法理学问题》),更多是借用法学以外的人文科学和社会科学理论资源——"《法理学问题》、《超越法律》和《道德与法律理论的疑问》是波斯纳法理学著作的'三部曲',与诸多法理学流派,与法哲学、法社会学、政治哲学和道德哲学有关。《正义/司法经济学》有很大一部分与初民社会以及一些非正式社会控制有关,其余部分则与私隐有关。《法律理论前沿》则更是涉及经济学、历史学、心理学、认识论、统计学。《法律与文学》不仅涉及文学,包括经典文学和大众文学,而且涉及阐释学,甚至是知识产权法。《性与理性》从问

[1] [英]约瑟夫·拉兹:《实践理性与规范》,朱学平译,中国法制出版社2011年版,"导言"第3页。

[2] [英]约瑟夫·拉兹:《实践理性与规范》,朱学平译,中国法制出版社2011年版,"导言"第6页。

题上看,与性、家庭、婚姻、同性恋、色情读物有关;而另一方面,作为知识传统,它汲取了社会生物学许多洞识。《衰老与老龄》则分别与老人、老龄化和社会学有关。《反托拉斯法》与经济学有很大关系。《联邦法院》不仅研究了一个具体的司法制度,而且同政治学、特别是司法政治学、制度理论有关。《公共知识分子》与(特别是与法学)知识分子和知识社会学有关。"[1]

第二,两者综合的最终目的不同:如果说理论综合法学综合的最终目的是在理论上形成相对独立的与传统法学流派不同的法学——综合法学,那么,实践综合法学综合的最终目的是解决实践中由规范与事实分立导致的相应法律实践问题,如为法官解决疑难案件提供理论指导,因此,其对理论综合法学探讨的本体论、认识论和方法论等理论的兴趣不浓。

如波斯纳认为从理论上探讨法律本体论问题是一个吃力不讨好的事情,"最大的,尽管不必然是最有油水的、法理学中的本体论问题:法律是什么。大胆地说,这个问题实际是没有意义的"[2]。比较而言,从波斯纳的整个研究来看,其对规范与事实分立导致的法律实践问题——具体而言就是疑难案件问题着墨较多,如在《道德与法律理论的疑问》一书中,波斯纳提出了一种解决这个问题的实用主义的社会科学方案,而《正义/司法经济学》《超越法律》等法律的交叉学科研究著作都是从不同方面和角度探讨规范与事实分立导致的法律实践问题。再如,哈贝马斯的《在事实与规范之间》一书都是围绕法律在事实与规范之间的主题而展开,但很少像理论综合法学那样,单纯从法学学科角度来论述,绝大部分是探讨事实与规范之间的分立给立法和司法带来的合法性与合法律性之间的紧张和冲突,以及在法律实践上如何解决这样的问题。即使是带有规范分析法

〔1〕［美］理查德·A. 波斯纳:《超越法律》,苏力译,中国政法大学出版社 2001 年版,"总译序"第 5～6 页。

〔2〕［美］波斯纳:《法理学问题》,苏力译,中国政法大学出版社 1994 年版,第 279 页。

学色彩的实践综合法学学者拉兹也倾向于实践法哲学,甚至认为:“任何规范理论的成功部分取决于它对于澄清实践理性的哲学(简言之,实践哲学)的其他主要概念所做出的贡献。”〔1〕

第三,两者对“综合”的研究重心不同:如果说理论综合法学为了形成一种与传统三大法学流派相对独立的综合法学流派,侧重于研究“为何综合”的问题,那么,实践综合法学为了解决规范与事实分立带来的法律实践问题,侧重于研究“如何综合”的问题。

如波斯纳在解决疑难案件中怎样实现规范与事实的综合问题上,站在法官的角度,认为哈特、德沃金、哈贝马斯等的道德理论(包括政治哲学、宪法学、理论法学等)都是一种带有不同程度地方性的理论,都不是一种普适性的理论,无助于法官解决规范与事实分立导致的法律实践问题,因此,他提出了一种实用主义的、向下的、社会科学的、职业主义的解决方案。又如,哈贝马斯在论述了事实与规范分立给立法和司法带来的合法性与合法律性的紧张和冲突之后,提出了一种基于商谈论的、理想言谈情境的、沟通主义的、搁置实体问题的、程序主义的解决方案。再如,诺内特、塞尔兹尼克在探讨了自治型法导致的形式理性与实质理性之间的紧张和冲突(实质上是规范与事实之间的紧张和对立)后,提出了一种解决这个问题的回应型法改革方案。

综上,实践综合法学急于解决法律实践问题,只追求将分解式法学范式存在的规范与事实分立等问题解决在实践技术层面,“虽希望独立,但由于对成功缺乏信心,只能将抱负大大压缩,并开始以技术上的熟练性在狭小的领域内进行耕耘”,〔2〕其提出的只是一种“技术性混合”方案。

---

〔1〕 [英]约瑟夫·拉兹:《实践理性与规范》,朱学平译,中国法制出版社2011年版,“导言”第2~3页。

〔2〕 [美]昂格尔:《现代社会中的法律》,吴玉章等译,中国政法大学出版社1994年版,第1页。

四、中国当代综合法学“折中性混合”方案

受西方法学范式的影响，中国当代法学在法学范式上也形成了许多分解式法学范式，并针对分解式法学范式之不足，提出了以下法学范式变革的主张：

第一，科学性与人文性之争及其折中主义的法学范式变革主张。受西方法学在哲学根源上存在人文主义与科学主义之分的影响，中国法学一直存在科学性与人文性之争。人文论者，既有从人性、知识谱系、方法论、哲学根源等方面探讨法学基本理论问题的；也有探讨人文精神在民法、刑法、行政法等部门法中的体现问题，主张中国法学范式变革的人文化的。[1] 科学论者，既有探讨法学基本理论问题的；也有探讨民法学、证据法学、行政法学等部门法学中所体现的科学主义精神问题，主张中国法学范式变革的科学化的。[2] 针对我国当代法学中存在的人

---

〔1〕 参见杜宴林：《法律的人文主义解释》，人民法院出版社2005年版；占茂华：《自然法观念的变迁》，法律出版社2010年版；侯健、林燕梅：《人文主义法学思潮》，法律出版社2007年版；刘国利：《人文主义法学研究》，法律出版社2016年版；胡玉鸿：《法学方法论导论》，山东人民出版社2002年版；严存生：《法律的人性基础》，中国法制出版社2016年版；舒国滢：《欧洲人文主义法学的方法论与知识谱系》，载《清华法学》2014年第1期；苏彦新：《民法法典化的人文主义法学根源——兼评〈那些法学家们：一种批评史〉》，载《政法论坛》2017年第1期；徐国栋：《民法的人文精神》，法律出版社2009年版；叶必丰：《行政法的人文精神》，北京大学出版社2005年版；陈兴良：《刑法的人性基础》（第4版），中国人民大学出版社2017年版；胡玉鸿：《法学是一门科学吗？》，载《江苏社会科学》2003年第4期；王麟：《法学知识的属性与进步》，载《法律科学（西北政法学院学报）》2000年第2期；王伯琦：《法学：科学乎？艺术乎？》，载王伯琦：《近代法律思潮与中国固有文化》，清华大学出版社2005年版，第132~143页；郑戈：《法学是一门社会科学吗？——试论“法律科学”的属性及其研究方法》，载《北大法律评论》第1卷第1辑，法律出版社1998年版；刘星：《法学“科学主义”的困境——法学知识如何成为法律实践的组成部分》，载《法学研究》2004年第3期。

〔2〕 参见张文显：《迈向科学化现代化的中国法学》，载《法制与社会发展》2018年第6期；毋国平：《法学的科学性与“法”：以纯粹法理论为中心》，载《法律科学（西北政法大学学报）》2014年第1期；张欣：《行政法学科学性证成探微》，载《黑龙江省政法管理干部学院学报》2014年第1期；张中：《论证据法学的科学性及其学科地位》，载《中国法学教育研究》2015年第3期；寇志新：《谈民法学的科学性阶级性及其现实意义》，载《西北政法学院学报》1986年第2期。

文性与科学性的分歧，还有学者提出了折中主义的混合式法学范式变革主张。[1]

第二，法教义学与社科法学之争及其折中主义的法学范式变革主张。自苏力提出政法法学、诠释法学和社科法学三种法学范式[2]以及邓正来提出“中国法学向何处去”的范式[3]问题以来，尤其是近几年受德国法教义学和美国法学人文社会科学化的影响，法学界兴起了社科法学与法教义学之争。社科法学论者针对自己经验研究有余而基本理论研究不足的状况，提出要对社科法学的发展历程、方法论、实证传统、含义、社会功用等自身基本理论进行研究，倡导部门法学研究的社科法学转向，主张中国法学范式变革的社科法学化。[4] 而法教义学在进行法学含义、谱系、方法论、社会功用等自身基本理论研究的同时，[5]也在向宪法学、刑法学、民法学、行政法学等部门法学领域扩展，主张中国法学范式变革的法教义

〔1〕 参见魏建国：《大陆法系方法论的科学主义误区与人文主义转向》，载《法学评论》2011年第1期；袁振辉、杨文丽：《西方法理学中的人本主义与科学主义》，载《中共中央党校学报》2005年第2期；杨忠民、程华：《自然法，还是法律实证主义》，载《环球法律评论》2007年第1期。

〔2〕 参见苏力：《也许正在发生：转型中国的法学》，法律出版社2004年版。

〔3〕 参见邓正来：《中国法学向何处去——建构“中国法律理想图景”时代的论纲》，商务印书馆2006年版。

〔4〕 参见苏力：《中国法学研究格局的流变》，载《法商研究》2014年第5期；侯猛：《社科法学的传统与挑战》，载《法商研究》2014年第5期；邵六益：《社科法学的知识反思——以研究方法为核心》，载《法商研究》2015年第2期；陈柏峰：《社科法学及其功用》，载《法商研究》2014年第5期；包万超：《面向社会科学的行政法学》，载《中国法学》2010年第6期。

〔5〕 参见雷磊：《法教义学与法治：法教义学的治理意义》，载《法学研究》2018年第5期；贺剑：《法教义学的巅峰——德国法律评注文化及其中国前景考察》，载《中外法学》2017年第2期；许德风：《法教义学的应用》，载《中外法学》2013年第5期；雷磊：《法教义学能为立法贡献什么？》，载《现代法学》2018年第2期；雷磊：《法教义学与法治：法教义学的治理意义》，载《法学研究》2018年第5期；雷磊：《什么是法教义学？——基于19世纪以后德国学说史的简要考察》，载《法制与社会发展》2018年第4期；凌斌：《什么是法教义学：一个法哲学追问》，载《中外法学》2015年第1期；雷磊：《什么是我们所认同的法教义学》，载《光明日报》2014年8月13日，第16版。

学化。〔1〕针对我国当代法学中存在的法教义学与社科法学的分歧，有学者提出了包括“实用主义法学”、实践法学派、“实效主义法学”等在内的折中主义的法学范式变革主张。〔2〕

也许是由于“综合法的思维方法与中国人的思维模式更接近，有某种中和、中庸的思想意味，容易让中国学者接受”，〔3〕中国当代综合法学慢慢地受到了学界的青睐。与西方综合法学尤其是理论综合法学相比，中国当代综合法学具有以下几个方面的特征：

其一，与西方对理论综合法学的评价不高相反，中国法学界对理论综合法学的评价较高。如沈宗灵先生认为：“自然法学、分析实证主义法学和法律社会学三派分别以法律价值、概念和事实三个因素作为各自研究的对象这种认识是错误的……它们的认识也是片面的。作为一门科学，法学对法律的价值、概念和事实这三个因素都应研究。换句话说，法学既应注意研究法律本身（包括法律规则、原则、结构和形式等），也应研究法

---

〔1〕 参见陈景辉：《部门法学的教义化及其限度——法理学在何种意义上有助于部门法学》，载《中国法律评论》2018 年第 3 期；张翔：《宪法教义学初阶》，载《中外法学》2013 年第 5 期；李忠夏：《宪法教义学反思：一个社会系统理论的视角》，载《法学研究》2015 年第 6 期；冯军：《刑法教义学的立场和方法》，载《中外法学》2014 年第 1 期；张明楷：《也论刑法教义学的立场　与冯军教授商榷》，载《中外法学》2014 年第 2 期；刘艳红：《中国法学流派化志趣下刑法学的发展方向：教义学化》，载《政治与法律》2018 年第 7 期；刘艳红：《中国刑法教义学化过程中的五大误区》，载《环球法律评论》2018 年第 3 期；汤文平：《民法教义学与法学方法的系统观》，载《法学》2015 年第 7 期；王本存：《论行政法教义学——兼及行政法学教科书的编写》，载《现代法学》2013 年第 4 期。

〔2〕 参见孙海波：《法教义学与社科法学之争的方法论反省——以法学与司法的互动关系为重点》，载《东方法学》2015 年第 4 期；谢海定：《法学研究进路的分化与合作——基于社科法学与教义法学的考察》，载《法商研究》2014 年第 5 期；熊秉元：《论社科法学与教义法学之争》，载《华东政法大学学报》2014 年第 6 期；尤陈俊：《不在场的在场：社科法学与法教义学之争的背后》，载《光明日报》2014 年 8 月 13 日，第 16 版；李晟：《实践视角下的社科法学：以法教义学为对照》，载《法商研究》2014 年第 5 期；郑永流：《实践法律观要义——以转型中的中国为出发点》，载《中国法学》2010 年第 3 期；叶会成：《实践哲学视域下的法哲学研究：一个反思性述评》，载《浙江大学学报（人文社会科学版）》2017 年第 4 期；武建敏：《实践法哲学：理论与方法》，中国检察出版社 2015 年版。

〔3〕 金欣：《综合法学与中国：一场误会》，载《社会科学论坛》2017 年第 11 期。

律与其他社会现象，包括经济、政治、思想、道德、文化、历史等等方面的相互关系。从以上意义上讲，我们认为，综合法学关于从片面研究法律现象走向全面研究的主张，至少从方法论上讲，是有积极意义的。"[1] 另外，"自第二次世界大战结束以后，西方法学派别之间相互靠拢……所以，综合法学的创意，就西方法学而论，单纯从理论上讲，是有一定道理的"[2]。再如，有学者在编写西方法律思想史教材时，明确流露出对综合法学的认同："作者本人对综合法学也颇有偏爱，认为在众多西方法律学派中，唯有综合法学比较全面、客观、系统，故本书从头至尾就以它为线索，构筑了全书的基本结构。作者认为无论从西方法学的纵向还是横向方面看，综合法学都为我们提供了颇具周全的思维模式。"[3]

其二，如果说理论综合法学对西方法学和法律实践的影响甚微，那么，理论综合法学对我国法理学的影响则较大。最为典型的体现是博登海默的《法理学——法哲学及其方法》（英文 1974 年第 3 版）一书在中西法学中的不同地位和影响。"这本著作在美国可以说是很没有影响的，但是在中国一直很有影响……在很多方面都类似中国的法理学教科书的格局，这种路径依赖加之天时，因此使得这本书在中国获得了很高的学术声誉。""中文社会科学引文索引所作的统计表明，博登海默的《法理学——法哲学及其方法》在'文化大革命'后翻译的纯法学书籍中的他引数排名第一"；在苏力的"他引最多的学术性译著（1998 ~ 2002）"统计中，此书他引篇数 223 次，排名第二；这本书"至今仍然为法学院学生广泛使用和偏爱的教科书类的法学著作"。[4] 这本书"大致是改革开放之后翻译的第一本法理学著作"，迄今至少进行了四次翻译或修改再版（分别于 1987 年、1992 年、1995 年、1999 年），[5] 版本包括：华夏出版社于 1987 年出版

---

〔1〕 沈宗灵：《现代西方法理学》，北京大学出版社 1992 年版，第 460 页。
〔2〕 沈宗灵：《现代西方法理学》，北京大学出版社 1992 年版，第 461 页。
〔3〕 刘全德主编：《西方法律思想史》，中国政法大学出版社 1996 年版，第 294 页。
〔4〕 苏力：《也许正在发生：转型中国的法学》，法律出版社 2004 年版，第 66、99、109 页。
〔5〕 参见苏力：《也许正在发生：转型中国的法学》，法律出版社 2004 年版，第 66、99 页。

的邓正来、姬敬武翻译的中译本《法理学——法哲学及其方法》;上海人民出版社1992年出版的张智仁的中译本《法理学——法律哲学和方法》和中国政法大学出版社于1999年出版的邓正来的译本《法理学——法律哲学与法律方法》;而且此书英文1940年第1版《法理学》也由潘汉典先生1947年"完整翻译该书,此次出版只对文字做了个别修订"。[1] 再如,我国"台湾地区学者较早接触到综合法学后,就将其重点写入论著"[2]。甚至还有学者将综合法学视为中国传统的法理学理论,认为:"回顾我国的法学理论,先秦以前主要法学派别有儒、法、道三家,至秦汉以后三家合流,故我国之传统法理学理论,可以说是一种综合法学。"[3]"所谓'综合法学',乃是以中国古代儒、道、法三家学说之要义,归之于'天理、人情、国法'三者统一的法的观念。"[4]另外,近现代还有一些学者进行了综合法学研究的尝试,如近代学者吴经熊先生的"法律三度论"(时间度、空间度和事实度),孙国华先生的"法是'理'与'力'的结合"思想,吕世伦先生的"按照美的规律建造法"思想,等等,都是带有综合法学思想的尝试。[5]

其三,与西方综合法学相比,中国综合法学主要不是在中国法学流派"分"的充分发展基础上实现的"综合",或者说不像西方理论综合法学那样,是在批评传统法学片面基础上的"综合",而主要是借助外来因素(如苏联法学思想、马克思法学思想、现代西方法学思想等)的影响而实现的"综合"。

如在理论综合法学上,建立理论综合法学以便化解规范与事实的分

---

[1] 参见潘汉典:《敬畏学术——潘汉典译博登海默1940年版"法理学"访谈录(代译序)》,载[美]博登海默:《博登海默法理学》,潘汉典译,法律出版社2015年版。

[2] 金欣:《综合法学与中国:一场误会》,载《社会科学论坛》2017年第11期。

[3] 金欣:《综合法学与中国:一场误会》,载《社会科学论坛》2017年第11期。

[4] 金欣:《综合法学与中国:一场误会》,载《社会科学论坛》2017年第11期。

[5] 参见吴经熊:《法律哲学研究》,清华大学出版社2005年版,第17页;孙国华、朱景文主编:《法理学》,中国人民大学出版社1999年版,第42页;吕世伦:《按照美的规律建造法——审美的法思维范式初探》,载《北京行政学院学报》2003年第5期。

立问题，一直也是我国马克思主义法理学努力的方向。我国法理学教科书中对法律本体问题大多有这样一个大同小异的表述："法是国家制定或认可并依靠国家强制力保证实施的，反映由特定社会物质生活条件所决定的统治阶级意志，规定权利和义务，以确认、保护和发展对统治阶级有利的社会关系和社会秩序为目的的行为规范体系。"〔1〕其中既有规范分析法学的规则因素，又有自然法学的价值因素，还有社会法学派的事实因素。"在我国目前高校课堂上所讲的法理学，其内容就有如下三个方面，即规则——研究法律自身的规定性、价值——研究法律的合法性、事实——研究法律的社会事实表现和人们规范性的行为选择。"〔2〕在这个意义上，尽管中国马克思主义理论综合法学与西方理论综合法学在历史渊源、整个发展过程和现实表现等方面存在差异，〔3〕但在精神实质和最终目标上是一致的：实现对传统的特殊法理学的有机整合，以建立理论综合法学实现两者（规范与事实）的沟通和融合。

这种受外来因素影响而实现其"综合"的特征，也体现在中国当代实践综合法学上。一方面由于我国社会转型规模之大、转型速率之快，另一方面由于我国法律移植等而造成立法质量并不理想，规范与事实的分立与紧张远比西方社会复杂而艰巨，〔4〕法治实践中化解规范与事实分立问

〔1〕《法理学》编写组：《法理学》，人民出版社、高等教育出版社2010年版，第38页。

〔2〕谢晖：《转型社会的法理面向——纯粹法理学导言》，载《广东社会科学》2003年第2期。

〔3〕如在历史渊源上，前者是对由马克思首先提出、后被帕舒卡尼斯所继承的关于法律和经济的关系，与首先由恩格斯提出、后被维辛斯基所继承的关于法律和政治国家的关系的综合；而后者则是对自然法学、规范分析法学和社会法学派的综合。再如，在整个发展过程和现实表现上，后者具有历史性的特征，即是在前一个法学流派发展相对成熟基础上而发展出来并最终提出整合法理学的任务和目标；而前者则具有共时性特征，即不是在前一个法学流派发展相对成熟基础上而发展出来并最终提出整合法理学的任务和目标，换言之，马克思主义整合法理学并不像西方三大传统法学流派那样是在价值论、规范论和事实论都得到不同程度的充分发展并形成自己相对成熟理论的基础上而提出的。

〔4〕参见郑永流：《实践法律观要义——以转型中的中国为出发点》，载《中国法学》2010年第3期。

题的需要更为突出，因此，中国当代法学对像欧美那样的实践综合法学的需求更为紧迫，以化解规范与事实的分立为主要任务的当代中国的实践综合法学，甚至成为我国当代法理学（包括部门法理学）中唯一的法学思潮。[1] 根据其理论渊源、理论追求和形成的理论风格的不同，实践综合法学大致可以分为两种情形：

一种是受欧洲人文（尤其是实践哲学）传统影响较大的实践法哲学研究。这种研究具有"法哲学的实践哲学转向"特征，主要是从事实践哲学视域下的法哲学研究。有学者将其归纳为四个方面：明确提出"实践法学""实践法哲学""实践法律观"的研究；没有明确提出但实际从事实践哲学视域下的法哲学研究；实践哲学视域下的部门法哲学研究；"中国法治实践学派"。[2] 另外，"强调人文传统的社科法学（这种叫法有自相矛盾之处，值得商榷，本部分将其称为"实践法哲学研究"——引者注）常常借助于历史法学和思辨哲学、政治伦理哲学的阐释学方法，比较关注大写的真理"，[3]因此，这种研究具有论题较为宏大，追求概念、理论的整体性和体系性，以及哲学化的倾向的特征。[4]

另一种是受美国社会科学尤其是经济学、社会学、人类学、心理学传

---

〔1〕 参见苏力：《也许正在发生——中国当代法学发展的一个概览》，载《比较法研究》2001 年第 3 期。后来的研究认为诠释法学会逐渐从法学界消失（参见苏力、孙海波的反驳）。

〔2〕 参见叶会成：《实践哲学视域下的法哲学研究：一个反思性述评》，载《浙江大学学报（人文社会科学版）》2017 年第 4 期。

〔3〕 苏力：《也许正在发生——中国当代法学发展的一个概览》，载《比较法研究》2001 年第 3 期。

〔4〕 参见乔克裕：《"实践法学"导言——中国理论法学的思考》，载《法商研究（中南政法学院学报）》1995 年第 3 期；葛洪义：《法与实践理性》，中国政法大学出版社 2002 年版；郑永流：《实践法律观要义——以转型中的中国为出发点》，载《中国法学》2010 年第 3 期；姚建宗：《中国语境中的法律实践概念》，载《中国社会科学》2014 年第 6 期；武建敏：《实践法哲学：理论与方法》，中国检察出版社 2015 年版；支振锋：《从社会事实到法律规范——作为社会实践的法律》，载《环球法律评论》2009 年第 3 期；陈景辉：《规则、道德衡量与法律推理》，载《中国法学》2008 年第 5 期；范立波：《权威、法律与实践理性》，载郑永流主编：《法哲学与法社会学论丛》，北京大学出版社 2007 年版；等等。

统影响较大的实践法学研究。“强调社会科学传统的社科法学则常常借助于经验科学的实证研究的方法,关注小写的复数的真理”,[1]因此,这类研究尽管在内在精神上也分享实践哲学的思想,但并不像实践法哲学研究那样,追求概念、理论的整体性和体系性,表面上有一种去哲学化的特征;正因如此,笔者将前一类研究称为“实践法哲学研究”,而将后一类研究称为“实践法学研究”。[2] 实践法哲学研究特别强调对中国具体法治实践经验的研究和归纳,“试图通过一些更为具体的问题的分析(尤其是疑难个案的分析——引者注)来把握法律”,[3]来寻找一些化解中国当代规范与事实分立以便实现两者的有效沟通和融合的具体的中国方案。因此,在研究风格上,如果说“实践法哲学研究”具有政论文的风格,那么,“实践法学研究”则具有散文的风貌,具有“形散而神——实践哲学——不散”的风格。[4]

这两类研究也有共同之处:首先,二者有共同的关注对象——中国法治实践,尤其关注法律与中国社会的紧张——实质上就是规范与事实的分立、冲突与紧张;[5]其次,有共同的切入点,注意从具体的中国问题切入,“实践法学研究”就不用说了,即使是“实践法哲学研究”也注重从中国具体问题、从疑难案件切入,如郑永流的《实践法律观要义——以转型

---

[1] 苏力:《也许正在发生——中国当代法学发展的一个概览》,载《比较法研究》2001年第3期。

[2] 此处没有引用苏力的分类:人文传统的社科法学和社会科学传统的社科法学;在“词”上借用了叶会成的说法,但具有不同的“物”——内容。

[3] 苏力:《也许正在发生——中国当代法学发展的一个概览》,载《比较法研究》2001年第3期。

[4] 参见苏力:《纠缠于事实与法律之中》,载《法律科学(西北政法学院学报)》2000年第3期;苏力:《为什么“送法上门”?》,载《社会学研究》1998年第2期;苏力:《判决书的背后》,载《法学研究》2001年第3期;苏力:《中国当代法律中的习惯——从司法个案透视》,载《中国社会科学》2000年第3期;等等。

[5] 参见苏力:《也许正在发生——中国当代法学发展的一个概览》,载《比较法研究》2001年第3期;郑永流:《实践法律观要义——以转型中的中国为出发点》,载《中国法学》2010年第3期。

中的中国为出发点》就具有这个特征;[1] 再次,有共同的研究目标,实现规范与事实的沟通与融合以便解决中国法律实践中存在的规范与事实的分立问题;最后,也是最重要的,是二者有共同的哲学基础——实践哲学(主要包括马克思主义、实用主义、存在主义等哲学),侧重关注和研究理论与实践的关系以及如何实践的问题,都是实践哲学视域中的中国法治实践研究。[2] 正是由于具有上述共同之处,两者又可以统称为"中国实践综合法学"。

综上,中国当代综合法学,不论是理论综合法学还是实践综合法学,在解决传统分解式法学范式存在的规范与事实分立等问题上,提出的都是一种"折中性混合"方案。

五、混合式法学范式之反思:法学范式的变革

(一)为何要进行范式变革:混合式法学范式常规科学研究的不足

在研究性质上,综合法学混合式法学范式从事的都是常规科学的研究。"常规科学的目的既不是去发现新类型的现象……也不是发明新理论……乃在于澄清范式所已经提供的那些现象与理论。"[3]"常规科学是一种旨在精炼、引申并阐明早已存在的范式的事业。"[4]混合式法学范式开展的只是使原有法学范式精细化的研究工作,不同的是"精炼、引申并阐明"的方向不同:"扩张性混合"方案与理论综合法学都是停留在原有哲学层面的横向的"精炼、引申并阐明",使原来粗糙、模糊的法学

---

〔1〕 当然,值得说明的是,"实践法哲学研究"还有部分研究是对西方实践法哲学研究的学术梳理,但关注的还是中国法治实践中规范与事实的区隔与对立的问题。如支振锋:《从社会事实到法律规范——作为社会实践的法律》,载《环球法律评论》2009 年第 3 期。

〔2〕 关于实践哲学的具体内容,参见叶会成:《实践哲学视域下的法哲学研究:一个反思性述评》,载《浙江大学学报(人文社会科学版)》2017 年第 4 期;郑永流:《实践法律观要义——以转型中的中国为出发点》,载《中国法学》2010 年第 3 期。

〔3〕 [美]托马斯·库恩:《科学革命的结构》(第 4 版),金吾伦、胡新和译,北京大学出版社 2012 年版,第 20 页。

〔4〕 [美]托马斯·库恩:《科学革命的结构》(第 4 版),金吾伦、胡新和译,北京大学出版社 2012 年版,第 103 页。

范式变得精细化和清晰化;实践综合法学开展的是由形而上的观念层面向形而下的技术层面的纵向的“精炼、引申并阐明”,使法学范式技术化、操作化。

“(范式——引者注)革命是世界观的改变。”[1]在这个意义上,混合式法学范式都不是法学范式的变革。“扩张性混合”方案试图在保持原有分解式法学范式世界观的前提下,实现其综合的任务,只对用自己主张的一种分解式法学范式来统合另一种分解式法学范式,并扩大自己的理论影响范围感兴趣,并不追求对人文主义和科学主义世界观的超越,开展的不是法学范式变革的研究。理论综合法学混合式法学范式的“物理性混合”和“折中性混合”方案,虽有侧重于理论研究、改变分解式法学范式世界观的理论抱负,但心有余而力不足,只不过对分解式法学范式的科学主义和人文主义进行了简单的“物理性混合”或者“折中性混合”,没有实现对分解式法学范式的人文主义和科学主义的超越,也没有提出一种超越分解式法学范式世界观的新的世界观,无力于分解式法学范式变革。实践综合法学混合式法学范式的“技术性混合”和“折中性混合”方案,为了实现对规范与事实的技术性混合,尽管提出了一种试图在哲学观念上整合科学主义与人文主义于一体的程序主义、实用主义等“技术性混合”或者“折中性混合”方案,实质上并未跳出科学主义与人文主义的哲学范畴;甚至根本无意于法学范式变革,对分解式法学范式背后的哲学根源根本就不感兴趣,反而会表现出一种轻蔑、不屑一顾和厌弃,认为那是个“没有多少油水的工作”,并把自己的法学研究工作定位于“要消除法律的神秘,特别是要把法律从道德理论这个重大的神秘制造者中解脱出来”[2]。

正是由于混合式法学范式从事的是常规科学研究,而不是范式变革

---

〔1〕[美]托马斯·库恩:《科学革命的结构》(第4版),金吾伦、胡新和译,北京大学出版社2012年版,第94页。

〔2〕[美]理查德·A.波斯纳:《道德和法律理论的疑问》,苏力译,中国政法大学出版社2001年版,“序”第1页。

研究,在世界观上没有超出分解式法学范式的人文主义和科学主义范畴,因此,在本体论上,也没有提出并形成一种超越分解式法学范式的“价值论”、“规范论”和“事实论”的新的法律本体论,只不过对分解式法学范式的本体论进行了“物理性混合”或者“技术性混合”或者“折中性混合”;也因此,在方法论上,其没有提出并形成一种超越分解式法学范式的“价值分析方法”、“规范分析方法”和“社会分析方法”的新的方法论,只不过对分解式法学范式的方法论进行了“物理性混合”或者“技术性混合”或者“折中性混合”;在认识论上,由于其没有形成自己的方法论,因此也就不可能在长期使用自己的方法论过程中自觉或不自觉地形成自己的认识论,始终只能停留在分解式法学范式的“价值思维”、“规范思维”和“事实思维”上,只是对它们进行了“物理性混合”或者“技术性混合”或者“折中性混合”;也因此,在形而下的范例上,综合法学混合式法学范式更不可能形成一种有用的独立的新的法学范式,并进入“法学教科书”、“法学研究活动”和“法律实践活动”之中。

总之,正是由于混合式法学范式从事的是常规科学研究,而不是范式变革研究,因此其无法建立起一种超越分解式法学范式的新的法学范式,来解决分解式法学范式带来的规范与事实分立等问题;换言之,要想解决分解式法学范式存在的规范与事实分立等问题,必须进行范式变革,实现对分解式法学范式的超越和变革。

(二)如何进行范式变革:回归法学范式研究的形而上哲学化方向

从研究的层面来看,具有综合法学倾向的传统分解式法学范式主要研究的还是传统的分解式法学范式,包括自然法学、规范法学和社会法学等内容,属于形而上的(法)哲学研究范畴;理论综合法学混合式法学范式研究的也是自然法学、规范法学和社会法学等传统的分解式法学范式内容,也属于形而上的(法)哲学研究范畴。而实践综合法学大多借助于科学尤其是社会科学来论证并提出自己的“技术性混合”方案。“当法律实证主义对某个法律争议无法得出令人满意的结论时,法律是应从哲学还是应从科学获得指导。本书的回答是,‘应从科学获得指导’。”[1]当然受知识结构的限制,实践综合法学研究者借助的科学是不同的:如哈贝马斯借助的是社会学的交往行为理论,诺内特和塞尔兹尼克借助的是社会科学中的(组织)社会学理论,哈耶克借助的是经济学等社会科学理论,拉兹借助的是实践哲学和语用学等科学理论,波斯纳借助的是经济学、社会学等人文社会科学理论……总之,借用波斯纳的话就是法学研究的(社会)科学化,也就是国内学者苏力所称的“社科法学”。因此,法学研究从具有综合法学倾向的分解式法学范式到理论综合法学混合式法学范式,再到实践综合法学混合式法学范式的发展演变过程,实质上就是一个“从形而上的哲学化到形而下的(社会)科学化”(波斯纳语)的过程;具言之,就是一个日益技术化、功利化、世俗化、美国化(波斯纳意义上)的过程,也是一个日益(社会)科学化和去哲学化的过程。

这种综合法学混合式法学范式形而下的“(社会)科学化”的研究路径,不仅不利于综合法学实现法学范式的变革,形成自己独立的新的法学范式,相反会与之渐行渐远。这是因为:法学范式变革是世界观的革命,必须进行世界观的研究与变革,也必须进行形而上的哲学层面的法学范式研究;因此,随着世界法学研究由具有综合法学倾向的分解式法学范式和理论综合法学混合式法学范式的哲学化,发展推进到实践综合法学混合式法学范式的技术化,或者说,随着世界法学研究越来越实用化和世俗化,越来越技术化,越来越去哲学化,世界法学研究离分解式法学范式变革的距离也越来越远,离解决分解式法学范式带来的规范与事实分立等问题的距离也越来越远。正如庞德所言:“当政治、商业或工业广泛而迅速地扩展暂时致使变更法律的必要性成了人们最主要的关

[1] [美]理查德·A. 波斯纳:《道德和法律理论的疑问》,苏力译,中国政法大学出版社2001年版,“序”第2页。

注点时,他们就会求助于哲学。"[1]否则,"如果实际研究社会科学的人不直接引入哲学问题,那么社会科学将丧失自己的方向"[2]。总之,"在公认的危机时期,科学家常常转向哲学分析,以作为解开他们领域中的谜的工具"[3]。

可见,综合法学混合式法学范式之所以在长达一个多世纪的时间范围内,在分解式法学范式的超越与变革上毫无进展,最核心、最关键的原因是在探索和研究的大方向问题上出现了偏差甚至错误,走上了一条与范式变革渐行渐远的形而下的"(社会)科学化"的道路;换言之,要想解决分解式法学范式存在的"规范与事实"分立等问题,实现对分解式法学范式的超越和变革,首先必须保持其形而上的"哲学化"的研究方向。

(三)如何进行范式变革:关注传统分解式法学范式的共性而不是差异性

"扩张性混合"方案试图通过现有传统法学范式的修改、扩展、重新解释等方式,来达到运用原有的某一种传统的分解式法学范式来吞噬其他传统的分解式法学范式,以完成其综合、统一的目的;因此,其总是强调某种分解式法学范式的优点和其他分解式法学范式的不足,不能平等地对待所有分解式法学范式。理论综合法学混合式法学范式"物理性混合"方案,研究目的则是试图实现对所有分解式法学范式的超越,其能够平等地对待各种分解式法学范式,认为它们都存在各自的优势和不足,因此提出了一种可以取长补短、优势互补的多元主义的综合法学方案,以期解决分解式法学范式存在的规范与事实之间的紧张和冲突。尽管两者("扩张性

〔1〕［美］罗斯科·庞德:《法律史解释》,邓正来译,中国法制出版社2002年版,第6页。

〔2〕［英］安东尼·吉登斯:《社会的构成》,李康、李猛译,中国人民大学出版社2016年版,第6页。

〔3〕［美］托马斯·库恩:《科学革命的结构》(第4版),金吾伦、胡新和译,北京大学出版社2012年版,第75页。

混合”方案和“物理性混合”方案)的研究目的和对待分解式法学范式的态度不同,但关注的侧重点是一样的,都是试图通过研究分解式法学范式之间的差异性而不是其共性来实现其目的。如具有综合法学倾向的分解式法学范式通过对分解式法学范式之间的差异性比较和对照,侧重研究的是某种分解式法学范式优势和其他分解式法学范式的不足;而理论综合法学混合式法学范式也是通过对分解式法学范式之间的差异性比较和对照,平等地研究了各种分解式法学范式的优势和不足。而正是在这种对分解式法学范式的差异性比较和对照研究中,我们客观上对各种分解式法学范式有了较为细致而清晰的研究和认识,最终使各种分解式法学范式也走向了精细化。

如果说具有综合法学倾向的分解式法学范式和理论综合法学,侧重于哲学的形而上的观念层面的法学范式的精细化(停留在原有观念层面而使法学范式变得更加清晰)研究;那么,实践综合法学混合式法学范式侧重于(社会)科学的形而下的技术层面的法学范式的技术化(法学范式由观念层面向技术层面推进)研究。实践综合法学尤其是以波斯纳为代表的以实用主义著称的美国司法实践综合法学者可能太急于解决规范与事实分立等带来的疑难问题,大多只进行技术性的向下的研究,只想将分解式法学范式带来的规范与事实分立等法律实践问题解决在技术层面,提出了一种“技术性混合”方案。因此,实践综合法学尤其是以波斯纳为代表的以实用主义著称的美国司法实践综合法学者将流派众多的法哲学窄化为实用主义司法哲学,将法学研究中最具有思想活力的法理学研究狭义化为有关司法技术尤其是法官解决疑难案件的司法技术的研究;在其看来,“学术法律人”的重要角色和法学研究的最终目的就是“为法官以及其他法律实务者——如果他们打算最大化法律的社会效用——的需要生产知识”[1]。总之,实践综合法学混合式法学范式侧重

---

〔1〕[美]理查德·A. 波斯纳:《道德和法律理论的疑问》,苏力译,中国政法大学出版社2001年版,“序”第6页。

于社会科学的技术层面的形而下的技术性研究,就是借助于其他(社会)科学研究成果,来实现法学范式由观念层面向技术层面的推进,为法学范式的实现提供一种可以操作的技术性方案。

可见,对各种法学范式之间差异性的关注,不仅不利于解决分解式法学范式存在的规范与事实分立等问题,还会使现有各种法学范式不论是在理论层面上还是在实践技术层面上都更加碎片化、更加分化,更加难以"混合"或者"整合",也更加难以形成一种综合法学追求的统一的混合式法学范式;换言之,为了解决分解式法学范式存在的规范与事实分立等问题,应该着重关注现有各种分解式法学范式"共性"的研究,尤其是人文主义与科学主义背后共同世界观的研究,并在此基础上,进一步关注现有各种分解式法学范式背后共同的本体论、共同的方法论和共同的认识论。

(四)如何进行范式变革:强化形而下的经验层面的法学范例研究

从库恩范式构成理论来看,完整的法学范式研究应该包括两个不可或缺的部分:形而上的观念层面的范式研究和形而下的经验层面的范例研究。在某种意义上,形而下的经验层面的法学范例研究比形而上的观念层面的法学范式研究更重要,也更有意义。对形而下的法学范例的实证研究,不仅能检验我们对法学范式的形而上部分哲学化研究的成果,而且有益于对法学范式的形而上部分研究的反思、修正和完善;在实际的研究过程中,两者很可能是交错进行的,也是相互促进的,不可偏废。如分解式法学范式作为一个早已形成的成功而有用的法学范式,其法学范例必然广泛存在于法学教科书、法学家的法学研究活动和法律实践活动之中;对此的研究,不仅会检验我们对分解式法学范式的形而上部分研究的成果,而且一定会有益于我们对分解式法学范式的形而上部分研究的反思、修正和完善,丰富我们对分解式法学范式的认识和研究。

从目前研究状况来看,不论是传统分解式法学范式还是综合法学混合式法学范式研究，都缺乏对形而下的经验层面法学范例的研究，从而使形而上的法学范式的研究都缺乏来自社会实践层面的推动和检验，使人们感到形而上的法学范式的研究是一种吃力不讨好的“没有多少油水”的工作，两者一定程度上存在脱节、背离的问题。这或许是综合法学混合式法学范式探索，甚至包括分解式法学范式研究，至今难以取得实质突破的重要原因之一；换言之，为了解决分解式法学范式存在的规范与事实分立等问题，实现分解式法学范式的超越和变革，我们在强调对法学范式的形而上部分尤其是世界观的研究的同时，也不能忽视对法学范式的形而下层面的法学范例的研究。

（五）如何进行范式变革：由混合式迈向化合式

在“合”的程度上，尽管法学范式变革的大方向——由分到合是正确的，但由于其研究的大方向是不断的形而下的“科学化”，研究的重心是技术层面的常规科学精细化的研究和现有各种法学范式之间差异性的研究，因此只停留在“合”的初级阶段——简单的物理性或技术性、折中性“混合”阶段。不论是处于哲学层面的具有综合法学倾向的分解式法学范式的“扩张性混合”方案与理论综合法学混合式法学范式的“物理性混合”和“折中性混合”方案，还是处于技术层面的实践综合法学混合式法学范式的“技术性混合”和“折中性混合”方案，都只是进行了常规科学精细化、技术化的研究工作，都没有进行世界观革命的范式变革研究，关注的是现有各种法学范式之间的差异性；因此，都没有解决分解式法学范式存在的规范与事实分立等问题，都只是进行了某种程度上的“混合”，而没有实现世界观层面的“化合”——生成新的“物质”和“范式”，如“扩张性混合”就是如此。实践综合法学混合式法学范式明显地表现出对形而上学问题（如范式的变革与建构）的轻视、歧视甚至厌恶，其开展的主要是着眼于实践、面向实践的形而下的研究工作，力图将规范与事实的分立等问题解决在技术层面，只是提出了一种“技术性混合”和“折中性混合”方案，也没有完成分解式法学范式的变革，同样也就不可能在世界观层面解决分解式法学范式存在的规范与事实分立等问题。而理论综合法学混合式法学范式,虽有改变分解式法学范式的初衷,但"综合法学的代表人物所追求的'综合'或'一体化'是达到自然法学、分析法学和社会学法学的一体化,这种一体化只是一种'量变'的综合,而没有达到综合的'质变'。对法的价值、形式和事实的阐述,综合法学基本上没有超出自然法学、分析主义法学和社会学法学的范围"[1]。可见,理论综合法学的"综合",最多只完成了"物理性混合"和"折中性混合",没有达到科学革命和范式变革所需的"化学的化合"程度,故只是停留在既有分解式法学范式研究阶段,也不可能在世界观层面解决其规范与事实的分立等问题。

综上,在法学范式变革方向上,要想解决规范与事实分立等问题,实现分解式法学范式的变革,只进行一种简单的物理性的或者形而下的技术层面的"混合"是不够的,还需要一种更高程度的形而上的世界观层面的"化合"。

六、本书研究思路与结构安排

从库恩的范式构成理论角度看,分解式法学范式作为一个成功而有用的法学范式,应该包括两个部分:分解式法学范式的形而上追溯,即范式研究部分;分解式法学范式的形而下求证,即范例研究部分,主要探讨分解式法学范例的体现及其影响。本书分上下两编分别对其进行介绍。在结语部分,本书探讨了分解式法学范式的评价与转型问题(见图1)。

---

〔1〕 薄振峰:《法律的综合维度——朱利叶斯·斯通法律哲学研究》,清华大学出版社2013年版,第203~204页。

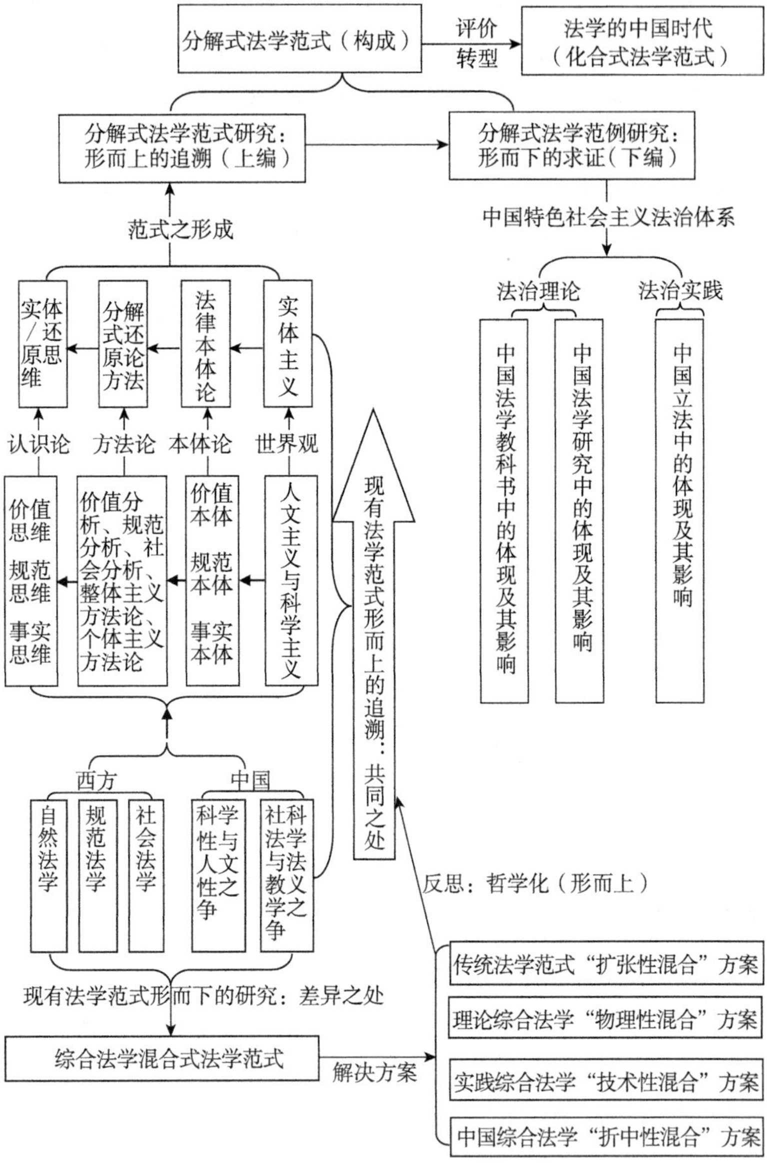
分解式法学范式（构成）
评价
转型
法学的中国时代
（化合式法学范式）
分解式法学范式研究：
形而上的追溯（上编）
分解式法学范例研究：
形而下的求证（下编）
范式之形成
中国特色社会主义法治体系
法治理论
法治实践
实体/还原思维
分解式还原论方法
法律本体论
实体主义
中国法学教科书中的体现及其影响
中国法学研究中的体现及其影响
中国立法中的体现及其影响
认识论
方法论
本体论
世界观
价值思维
规范思维
事实思维
价值分析、规范分析、社会分析、整体主义方法论、个体主义方法论
价值本体
规范本体
事实本体
人文主义与科学主义
现有法学范式形而上的追溯：共同之处
西方
中国
自然法学
规范法学
社会法学
科学性与人文性之争
社科法学与法义学之争
反思：哲学化（形而上）
现有法学范式形而下的研究：差异之处
传统法学范式“扩张性混合”方案
理论综合法学“物理性混合”方案
综合法学混合式法学范式
解决方案
实践综合法学“技术性混合”方案
中国综合法学“折中性混合”方案

图1　研究框架与思路

(一)上编　分解式法学范式研究:形而上的追溯

根据上述综合法学混合式法学范式探索的启示,尤其是其中回归法学范式研究的形而上哲学化方向和关注传统分解式法学范式的共性而不是差异性的启示,同时,根据库恩的范式构成理论和范式变革理论,尤其是世界观既是范式构成的核心又是范式变革的唯一标准的理论,首先,本编通过对价值分析法学范式、规范分析法学范式和社会分析法学范式各自世界观——人文主义和科学主义形而上的追溯,追溯了它们共同的哲学根源——实体主义,探讨了分解式法学范式的世界观问题。其次,有什么样的世界观就有什么样的本体论,因此,在分解式法学范式共同世界观——实体主义的指导下,本编通过对价值分析法学范式、规范分析法学范式和社会分析法学范式各自本体论——价值本体论、规范本体论和事实本体论形而上的追溯,追溯了它们共同的本体论——实体本体论,探讨了分解式法学范式的本体论问题。再次,有什么样的世界观、本体论就有什么样的方法论,因此,在分解式法学范式共同世界观——实体主义的指导下,本编通过对价值分析法学范式、规范分析法学范式和社会分析法学范式各自方法论——价值分析方法、规范分析方法和社会分析方法形而上的追溯,追溯了它们共同的方法论——分解式还原论方法,探讨了分解式法学范式的方法论问题。最后,有什么样的世界观、本体论、方法论就有什么样的认识论,因此,在分解式法学范式共同世界观——实体主义的指导下,本编通过对价值分析法学范式、规范分析法学范式和社会分析法学范式各自认识论——价值思维、规范思维和事实思维形而上的追溯,追溯了它们共同的认识论——实体/还原思维,探讨了分解式法学范式的认识论问题。本编各章节的研究内容具体如下:

第一章介绍分解式法学范式之法学世界观:实体主义。世界观是范式构成的核心内容;有什么样的世界观,就有什么样的本体论、方法论和认识论。因此,本章首先通过历史回溯的方式,向上追溯了人文主义与科学主义背后共同的世界观——实体主义,研究了分解式法学范式形成的世界观——实体主义及其法学"六通"新文科的意义,以便为分解式法学范式本体论、方法论和认识论的研究提供一种理论基础和理论视野。

第二章介绍分解式法学范式之法律本体论。实体主义对分解式法学范式的影响,首先体现在其本体论上。因此,本章从实体主义角度,对现有各种法学范式的本体论进行了总结和提炼,并在此基础上研究并反思了实体基础主义分解式法学范式本体论——实体本体论及其功能问题。

第三章介绍分解式法学范式之法学方法论。研究对象——本体论的不同决定了研究方法的差异。因此,本章从实体主义角度,对现有各种法学范式的方法论进行了总结和提炼,并在此基础上研究并反思了分解式法学范式共同的方法论——分解式还原论方法及其功能问题。

第四章介绍分解式法学范式之法学认识论。认识论是在长期运用研究方法过程中自然而然形成的思维习惯。因此,本章从实体主义角度,对现有各种法学范式的认识论进行了总结和提炼,并在此基础上研究并反思了分解式法学范式共同的认识论——实体/还原思维及其功能问题。

(二)下编　分解式法学范例研究:形而下的求证

根据上述综合法学混合式法学范式探索的启示,尤其是其中的强化形而下的经验层面法学范例研究的启示,同时,根据库恩的范式构成理论,尤其是其中关于学科共有范例必然体现在形而下的学科教科书、学科研究活动和社会实践活动中的理论,如果说本书上编侧重于分解式法学范式形而上的追溯,那么,本编则侧重于分解式法学范式形而下的求证,着重探讨分解式法学范例的体现及其影响问题,具体包括分解式法学教科书范例、分解式法学研究范例之法治理论部分与分解式立法范例之法治实践部分,这三个部分构成了本编的三章。

第五章介绍分解式法学教科书范例研究。范式作为一个学科共有的范例,必然体现在本学科的教科书中;否则,就不能称为一个成功而有用的范式,也不能称为本学科共有的范例。因此,本章从形而下的实证角度,考察了分解式法学范例在法学教科书中的体现及其影响。

第六章介绍分解式法学研究范例研究。分解式法学范式作为一个成功而有用的范式,作为一个学科共有的范例,也必然成为本学科绝大多数研究者从事研究活动时自觉或不自觉遵循的范式和范例。因此,本章从形而下的实证角度,考察分解式法学范例在法学研究活动中的体现及其影响。

第七章介绍分解式立法范例研究。分解式法学范式作为一个成功而有用的范式,作为一个学科共有的范例,也必然能在社会实践中解决本学科面临的主要的基本的实践问题。因此,本章从形而下的实证角度,以我国现行立法为例,考察分解式法学范例在立法实践活动中的体现及其影响。

(三)结语 法学的中国时代?——分解式法学范式的评价与转型

在完成了分解式法学范式形而上的追溯和形而下的求证之后,本书结语部分探讨了分解式法学范式作为一种成功而有效的法学范式,迄今为止之所以广泛存在于法学理论和法律实践中的功能原因,以及这种法学范式自身存在的固有的内在的功能障碍和相对于现代社会尤其是中国传统社会"合"的文化观念及其化合型法律制度存在的外在功能障碍,并在此基础上提出了分解式法学范式向化合式法学范式转型的问题。

在此,必须说明的是,尽管本书在反思混合式法学范式基础上提出了向化合式法学范式变革的主张,但受篇幅和研究主题的限制,本书只是在研究分解式法学范式不足及其负面影响的基础上,提出了向化合式法学范式变革的方向,并没有对化合式法学范式进行正面而具体的展开,这留待后续研究。

上　编

分解式法学范式研究：形而上的追溯

第一章　分解式法学范式之法学世界观：实体主义

“新文科将是（更高层次的外部的——引者注）文理打通、人文与社科打通、中西打通、知行打通、古今打通的‘五通文科’。”[1]但法学离“五通文科”的目标还有相当长的一段路程要走：即使是在法学内部打通问题上，也存在严重的范式隔阂，何谈更高层次的“五通”新文科问题？因此，法学要想成为更高层次的“五通文科”，必须首先实现法学的“内部打通”，本章将其称为“六通”。如目前法学内部存在人文主义法学与科学主义（实证主义）法学的对立与分歧，在更高层次的文理打通、人文社科打通、中西打通、知行打通、古今打通上，到底是与人文主义打通还是与科学主义打通？两者只能择一，与人文主义打通就无法与科学主义打通。可见，内部打通是更高层次打通的基础和前提。从库恩的范式构成和变革理论来看，一个成功而有用的范式，应该包括两个方面：范式的形而上学部分和范式的形而下部分。前者又包括世界观、本体论、方法论

---

〔1〕 徐显明：《新文科建设与卓越法治人才培养》，载《中国高等教育》2021年第1期。

和认识论等“学科基质”内容。其中,世界观是范式构成的核心要素,有什么样的世界观,就有什么样的本体论、方法论、认识论。因此,库恩认为:“(范式)革命是世界观的改变;”[1] 否则,不能称为范式变革,只能称为常规科学研究。可见,世界观既是范式构成的核心要素,又是衡量范式变革的唯一标准。在这个意义上,法学迈向“六通”新文科的最大内部障碍来自法学世界观——人文主义与科学主义的隔阂。本章试图通过追溯人文主义和科学主义背后共同的哲学根源即实体主义,消除法学范式内部隔阂的世界观障碍,实现法学的内部打通,并进而展示其在更高层次上的“五通文科”方面的意义,以便为法学新文科建设提供哲学基础。

一、实体主义是人文主义和科学主义背后的共同哲学渊源

(一)实体主义的形成

实体主义起源于古希腊,是古希腊人在不断追问“存在问题”的过程中产生的。[2] 不过,由于他们都是到“自然”那儿去寻找答案,[3] 去追寻“第一实体”,因此统称为“自然实体论”。同时,“由于古希腊人对其整个世界的认识经历了从神话到理性的过程,即从对包括人类社会在内的周围世界的神话认识,过渡到用合理的逻辑方法去认识和解释周围世界”[4]。因此,“自然”在古希腊时期有三个方面的含义,也相应地形成了三种自然实体论。

第一,神话时期的自然实体论。这个时期,人类受自身认识的局限,无法摆脱对自然的恐惧和崇拜,这种感情通过神话的形式在《荷马史诗》中体现,且带有神学的色彩。“在神话所展示的世界图景中,宇宙(自然)

---

[1] [美]托马斯·库恩:《科学革命的结构》(第4版),金吾伦、胡新和译,北京大学出版社2012年版,第94页。

[2] 参见魏敦友:《存在问题的追问与实体思维和建构——论西方实体主义思维方式的形成理路》,载《青海社会科学》1999年第5期。

[3] 这里的“自然”并不是单纯指自然界,还包括人类社会自然形成的社会秩序(善、正义)和人们对自然的神秘而感到的敬畏之情。

[4] 汪太贤:《从神谕到自然的启示:古希腊自然法的源起与生成》,载《现代法学》2004年第6期。

秩序和社会秩序交织在一起，或者说社会秩序是宇宙（自然）秩序的组成部分，与宇宙秩序和谐一致，两者都是神的意志的产物。”[1]

第二，自然哲学时期的自然实体论。如果说神话时期的自然实体论认为神是万物的根源，那么，自然哲学时期的自然实体论则认为本原是万物的根源。当然，这里的万物，既包括自然界，也包括人类社会。因此，“立足于变化万千、纷繁复杂的现象世界，探求万物统一的‘本原’，发现其内在的和谐秩序和规律，便成为古希腊自然哲学的使命”[2]。如泰勒斯的“水本原说”、阿那克西美尼的“气本原说”、阿那克西曼德的“以太本原论”、毕达哥拉斯的“数本原说”、德谟克利特的“原子论”、赫拉克利特的“火（或逻各斯）本原说”等，都是这种自然哲学的体现。

第三，人文哲学时期的自然实体论。如果说自然哲学侧重关注的是整个宇宙的自然，万物的本原是他们关注的焦点，那么，人文哲学侧重关注的则是整个宇宙的自然中人的自然，即人的本性，人类社会秩序的本原是他们集中探讨的问题。但在对人的自然本性的理解上，他们又存在差别：智者学派将人的自然本能即将动物式的欲求和追求自我利益作为人的自然本性；苏格拉底将最终根源于人的自然禀赋（天赋）的人的道德本性作为人的自然本性；柏拉图将建立在独立存在于可感事物世界之外的理念世界的基础之上的理念作为事物的本质，即自然本性；而希腊化时期的斯多葛学派则将人的理性看作人的自然本性。

古希腊思想的集大成者亚里士多德，在批判吸收上述三种自然实体论的基础上，提出了对后世产生深远而巨大影响的自然实体论思想。首先，亚里士多德认为：“科学建基于初始的前提，我们通过理智直观而达到它们。一旦把握了这些初始的前提和事物根本性质的定义，我们接下去就能够进行演证的推理。”[3]因此，在这个形而下的经验可感的意

---

〔1〕 占茂华：《自然法观念的变迁》，法律出版社2010年版，第8页。

〔2〕 占茂华：《自然法观念的变迁》，法律出版社2010年版，第12页。

〔3〕 ［美］撒穆尔·伊诺克·斯通普夫、［美］詹姆斯·菲泽：《西方哲学史：从苏格拉底到萨特及其后》（修订第8版），匡宏、邓晓芒等译，世界图书出版公司2009年版，第70页。

义上,“实体”可以称为“个别事物”或“这一个”、“基质”、“基底”、“本原”或“个体”、“主体”或“载体”。其次,其从形而上的静止角度来考察实体问题,也就是考察实体的内部构成问题。在这个意义——存在的构成(是什么)上,“实体”就是“本质”、“本然”或“是其所是”。最后,其从形而上的动态角度来考察实体问题,也就是对事物形成原因的考察。在这个意义上,“实体”就是“事物最高/最后的原因”、“不被推动的推动者”或者“神”。

可见,亚里士多德对实体尤其是第一实体的追溯和探索过程,就是一个对实体来源的本原(或基质或基底或个体或载体)、实体内部构成的本质(或本然或是其所是)、实体运动过程中“本因”(或最高原因或终极原因或不被推动的推动者或神)的追根溯源、正本清源的过程,或者可统称为一个对事物本体(包括本原、本质和本因)的探索过程。在这个意义上,实体就是“本体”,〔1〕就是“作为存在的存在”,就是“基本的存在形式”,“实体是什么”的问题就是“存在是什么”的问题。因此,实体论,既是“关于存在(是)的理论”即存在论,也是“关于存在的基本形式的哲学理论”即本体论;〔2〕甚至从后续的发展来看,实体论演化的历史,就是本体论演化的历史。〔3〕 因此,实体论或本体论,也就成了形而上学——第一哲学的主要内容,甚至实体论、本体论、存在论与形而上学、第一哲学可以等同。从西方实体主义发展演化的整个历史来看,亚里士多德实体论是西

---

〔1〕 持这种观点的较多,如曾云:《亚里士多德关于本体不可定义的思想探析》,载《现代哲学》2016 年第 2 期;江畅:《论本体论的性质及其重建》,载《哲学研究》2002 年第 1 期;江畅:《论本体的实质》,载《江海学刊》2008 年第 1 期;黄坚亮:《亚里士多德“实体”的应有之义》,载《濮阳职业技术学院学报》2015 年第 6 期。

〔2〕 参见[挪]G. 希尔贝克、[挪]N. 伊耶:《西方哲学史:从古希腊到二十世纪》,童世俊、郁振华、刘进译,上海译文出版社 2012 年版,第 93 页。

〔3〕 参见谢维营:《关于本体论演化的历史考察》,载《烟台大学学报(哲学社会科学版)》2004 年第 2 期;黄颂杰:《实体、本质与神》,载《哲学研究》2008 年第 8 期;陈绿洲:《论亚里士多德“实体”学说的发展》,载《齐齐哈尔大学学报(哲学社会科学版)》2013 年第 4 期。

方实体主义的奠基性理论,对西方后世实体主义产生了持久而深远的影响。

(二)实体主义的发展:人文主义与科学主义

如果说古代哲学是在自然那里寻找第一实体,那么,中世纪经院哲学则是在神那里寻找第一实体。如中世纪经院哲学,在亚里士多德的"不被推动的推动者"——"神"的实体论上,发展出了基督教神学实体论(或本体论)。这个时期的西方哲学成了基督教的工具,哲学对本原、本因、本质的追求成了对上帝存在的论证,上帝或神成了哲学的唯一实体或本体。

如果古代哲学是在自然那里寻找第一实体,中世纪经院哲学是在神那里寻找第一实体,那么,近代哲学则是在人那里寻找第一实体。在批判中世纪神学实体论,继承和发展亚里士多德个体论和"形式"具有的能动性等思想的基础上,世界的本体由中世纪的神转移到社会中的人身上,带来了人学实体论即人文主义的繁荣昌盛,发展出了各种各样的人学实体论。人文主义有悠久的发展传统,它最早可以追溯到古希腊的人文哲学时期的自然实体论,最后在文艺复兴时期的人道主义和近代古典时期的人文主义的基础上发展演变而来。近代实体主义大致可分为两大类:带有神学色彩的笛卡尔的"心灵实体"、莱布尼茨的单子实体论、黑格尔的主体主义实体论,它们都属于唯心主义实体论;以霍布斯和培根为代表的可知论者的物质实体论,以洛克和休谟为代表不可知论者的实体论,它们都属于唯物主义实体论。

在现代,一方面,人从神的束缚中解放出来,需要寻找新的发展方向;另一方面,自然科学的快速发展给人类社会带来了翻天覆地的变化。科学主义的"自然科学万能"或者科学决定论或者科学本体论的思想,首先出现在自然科学中,然后渗透发展到人文社会科学领域,"作为科学主义化身的实证主义哲学产生了,并迅速成为一种主导性的研究范式,渗透到各门具体科学之中",[1]因此形成了一种可以与人文主义分庭抗礼的哲

---

〔1〕 陈锐:《多面的法律实证主义》,中国政法大学出版社2016年版,第24页。

学范式。作为科学主义在哲学中的化身的实证主义最初形成的标志,是孔德的实证主义,其发展成熟形态又可以分为分析实证主义和社会(经验)实证主义。科学主义尽管从人文主义中独立出来了,并与人文主义形成了分立的格局,但仍然坚持实体主义的基本主张:本体论的自然主义、认识论的基础主义、方法论的还原主义和价值论的扩张主义(实体至上论的反映),因此,它也是实体主义在现代的一种新形式,在追寻事物的本体上,集中关注的是自然界和现实社会,是一种科学本体论。〔1〕

现代实体主义延续了近代已经开启的由神学本体论向人学本体论转变的大趋势,进一步出现了一种世俗化、形而下化的趋势。这种趋势不仅体现在科学主义身上,也体现在人文主义身上。如果说近代人文主义是在自然状态和抽象的人性(包括理性)那里寻找事物的本体,那么,作为现代哲学两大趋势之一的现代人文主义(Humanism,又可译为人本主义、人道主义),则主要把注意力集中在现实社会中的人身上,集中关注的是人的生存状态和价值需求,尤其是人的非理性需求,这也是一种人学本体论。现代人文主义大致包括唯意志主义、新康德主义、新黑格尔主义、生命哲学、弗洛伊德主义、人格主义、哲学人类学、解释学、法学中的自然法学派等流派。〔2〕

当然,我们在强调科学主义与人文主义在实体主义上相同的一面的同时,还必须认识到两者的不同之处:如果说科学主义强调应该从现代自然科学的发展成果中吸取经验,运用自然科学的实证研究方法,注重精确性,强调理性,重视知识论的研究,将事物本体的追寻集中在自然界和现实社会那里,有强调客观性的一面;那么,现代人本主义主张超越理性,不

---

〔1〕 参见魏屹东:《科学主义的实质及其表现形式》,载《自然辩证法通讯》2007 年第 1 期;吴畏:《科学主义与社会科学》,载《科学技术与辩证法》2006 年第 4 期;袁振辉、杨文丽:《西方法理学中的人本主义与科学主义》,载《中共中央党校学报》2005 年第 2 期。

〔2〕 参见杨寿堪:《现代人本主义哲学的几个问题》,载《社会科学辑刊》2001 年第 3 期;龙丹:《现代西方哲学中的人本主义思潮》,载《中外企业家》2013 年第 10 期;袁振辉、杨文丽:《西方法理学中的人本主义与科学主义》,载《中共中央党校学报》2005 年第 2 期。

仅要注重理性，而且更应该注重“非理性”，认为现代自然科学的方法不能涵括人生价值的研究方法，强调哲学必须超越“知识论”，注重对人类生存的状态、价值进行研究，将事物本体的追寻集中在现实社会中的人身上，有强调主观性的一面。

最后，还必须说明的是，西方哲学并不总是处于实体主义独大的局面；在黑格尔之后，西方哲学界掀起了一股反实体主义、反本质主义和反基础主义的思潮。但从总体来看，反实体主义是其支流，实体主义才是其主流，“实体构成了哲学史发展的基本链条，它把哲学史上所有以本体论为基础的哲学连贯成一个整体”[1]。

由上可见，实体主义是人文主义和科学主义的共同哲学渊源，人文主义与科学主义只是实体主义的分支和细化。从库恩的范式变革理论来看，实体主义与人文主义和科学主义之间并不存在世界观的革命，也就没有范式上的变革，在这个意义上，人文主义和科学主义都是一种实体主义范式，分享着共同的世界观——实体主义。

二、实体主义是法学“内部打通”的理论基础

首先，从上述实体主义的形成和发展历史中可以看出，实体主义是人文主义和科学主义背后共同的哲学渊源，而人文主义与科学主义只是实体主义的分支和细化。在这个意义上，如果只是将法学世界观的哲学根源追溯到人文主义和科学主义，就会存在不同的法学世界观——人文主义和科学主义的分歧和对立，以及在此基础上形成的自然法学派、规范法学派和社会法学派之间的分歧和对立，甚至包括后来发展而来的法教义学和社科法学之间的分歧和对立，甚至还包括由此衍生而来的综合法学难以完成其实质意义上的“综合”问题。但如果将法学世界观追溯到人文主义和科学主义的共同哲学渊源——实体主义，我们就可以打通目前法学中存在的以自然法学为代表的人文主义法学与以规范法学和社会法学为代表的科学主义法学之间在法学世界观上存在的隔阂，认为以自然法

〔1〕 梁枢：《实体思维与辩证思维》，载《学术月刊》1990年第9期。

学为代表的人文主义法学范式与以规范法学和社会法学为代表的科学主义法学范式,甚至包括后来在人文主义法学范式和科学主义法学范式基础上发展演变而来的法教义学和社科法学,都是一种实体主义法学范式,它们之间并不存在世界观上的冲突和隔阂。

其次,从范式构成理论来看,世界观是范式构成的核心,有什么样的世界观就有什么样的本体论。因此,如果将只是法学世界观的哲学根源追溯到人文主义和科学主义,就会有不同的本体论:以自然法学为代表的人文主义法学的价值本体论、以规范法学为代表的科学主义(实证主义)的规范本体论和以社会法学为代表的科学主义法学的事实本体论,就会使法学存在法律本体论的隔阂。但如果将法学世界观追溯到人文主义和科学主义背后共同的哲学渊源——实体主义,就可以打通法学在法律本体论上的隔阂,看到人文主义和科学主义不仅存在共同的世界观——实体主义,而且存在共同的本体论——实体本体论。

如实体主义认为:实体是一个既包括主观/主体又包括客观/客体的概念,是"马克思主义以前的哲学上的一个概念,认为实体是万物不变的基础和本原。唯心主义者所说的'精神'、形而上学的唯物主义者所说的'物质'都是这样的实体"[1]。在这个意义上,如果只是将法学世界观追溯到人文主义和科学主义,就会存在自然法学的价值本体、规范法学的规范本体和社会法学的事实本体之间主观与客观、规范与事实之间的不可逾越的隔阂。但如果将法学世界观追溯到人文主义与科学主义背后共同的哲学渊源——实体主义,就可以消除它们之间存在的本体论的隔阂,认为以自然法学为代表的人文主义法学的价值本体论、以规范法学为代表的科学主义法学(实证主义法学)的规范本体论和以社会法学为代表的科学主义法学(实证主义法学)的事实本体论都是一种实体本体论。

再如,实体主义认为实体是第一性的,其他都是第二性的;其中,第一

---

[1] 中国社会科学院语言研究所词典编辑室编:《现代汉语词典》(第6版),商务印书馆2012年版,第1180页。

实体具有至高无上性，追寻第一实体以建立其基础是其始终不变的研究任务。因此，如果只是将法学世界观追溯到人文主义和科学主义，就会使以自然法学为代表的人文主义法学认为第一实体价值具有至高无上性、价值是其基础的本体论，与以规范法学为代表的科学主义（实证主义）法学认为第一实体规范是至高无上的、规范是其基础的本体论，以及与以社会法学为代表的科学主义法学认为第一实体事实具有至高无上性、事实是其基础的本体论之间存在难以逾越的本体论隔阂。但如果将法学世界观追溯到人文主义与科学主义背后共同的哲学渊源——实体主义，就可以消除它们之间存在的这种本体论隔阂，认为以自然法学为代表的人文主义法学的价值本体论、以规范法学为代表的科学主义法学（实证主义法学）的规范本体论和以社会法学为代表的科学主义法学（实证主义法学）的事实本体论尽管存在内容上的差异，但都是一种实体本体论。

再次，从范式构成理论来看，世界观是范式构成的核心，有什么样的世界观就有什么样的方法论。因此，如果只是将法学世界观的哲学根源追溯到人文主义和科学主义，就会存在方法论上的隔阂，产生不同的方法论：以自然法学为代表的人文主义法学的价值分析方法、以规范法学为代表的科学主义（实证主义）法学的规范分析方法和以社会法学为代表的科学主义法学的社会分析方法。但如果将法学世界观追溯到人文主义和科学主义背后共同的哲学渊源——实体主义，人文主义和科学主义就会不仅与实体主义分享共同的世界观，而且分享共同的方法论——实体主义分解式还原论方法，故而可以打通法学在方法论上的隔阂。

在方法论上，实体主义是一种还原论哲学，在追溯第一实体的过程中主要采取不断还原的方式。从还原的路径来看，实体主义在法学上主要有三种路径：一是事物起源上的本原路径，就是将事物的起源或来源追溯到事物最开始时的原始状态，如古典自然法学将法律的起源追溯到“自然状态”及其“自然权利”；二是事物构成上的本质/基质路径，如规范法学中，凯尔森将法律规范体系的基础归结为“基本规范”，哈特将法律规范体系的基础归结为“承认规则”；三是事物起因上的本因路径，如社会法学中,狄骥将法律发展的根本原因归结为“社会连带关系”,霍姆斯将法律发展的根本原因归结为“经验”,埃利希将法律发展的根本原因归结于“社会本身”。从还原的向度来看,实体主义在法学上主要有三种向度:一是以自然法学为代表的人文主义法学的价值分析方法的形而上的还原向度;二是以规范法学为代表的科学主义(实证主义)法学的规范法学方法的形而下的规范还原向度;三是以社会法学为代表的科学主义法学的社会法学方法的形而下的社会还原向度。可见,尽管法学方法在还原路径和还原向度上有三种不同的研究方法,存在方法论上的隔阂,但如果从人文主义和科学主义共同的哲学渊源——实体主义来看,它们都是还原论方法,因而可以打通法学方法论上的隔阂。

在方法论上,实体主义还是一种分解式哲学,在追溯第一实体的过程中主要采取不断分解的方式。因此,不断还原的过程也是一个不断分解的过程,还原论方法也叫分解式还原论方法。“还原论不是不考虑对象的整体性,而是强调为了认识整体必须认识部分,用部分说明整体、用低层次说明高层次,即认为经过分解、还原,把一个个部分、一个个低层次弄清之后,再把它们累加、整合,整体的面貌就清楚了。”〔1〕换言之,由整体向最小单位分析、分解和还原,是一种科学研究的策略和方法,是手段,是方法论意义上的还原;而由最小单位向整体的还原,是科学研究的最终目的,是为了达到认识整体即本体的目的,是本体论意义上的还原。但在现实生活中,还原论主要是一种方法论意义上的分解式还原,即由整体向最小单位的分解式还原。“还原论科学方法的历史轨迹表明,占据还原论方法主导地位的是分析、分解与还原。”〔2〕这种情形在法学研究方法上也表现得尤为突出。不论是形而上还原的价值分析方法,还是形而下还原的规范分析方法和社会分析方法,都只是一种从整体到最小单位的还原论

---

〔1〕 赵光武:《用还原论与整体论相结合的方法探索复杂性》,载《系统辩证学学报》2003年第1期。

〔2〕 刘劲杨:《还原论的两种形相及其思维实质》,载《自然辩证法通讯》2007年第6期。

方法,因此,其不断还原的过程也是一个不断分解的过程;再根据研究问题的需要,对法律价值、法律规范和法律事实各自进一步地细分,直到分解到不能分解或者找到法律本体/基础为止。如哈特先将规范分为第一性规则和第二性规则,再根据研究需要将第二性规则分解为承认规则、裁判规则和改变规则,并认为承认规则是法律制度的基础或者本体。对此,有学者感叹道:“在当代西方文明中有一个高度发展的技巧,那就是解析的方法,即将一个难的问题析为许多可能的、最小的部分。我们对这一技巧如此熟悉,以致我们有时甚至忘记把这些部分还原为整体。”[1]可见,尽管法学方法存在价值分析方法、规范分析方法和社会分析方法三种不同的研究方法,存在方法论上的隔阂,但如果从人文主义和科学主义共同的哲学渊源——实体主义来看,它们都是分解式还原论方法,故而可以打通法学在方法论上的隔阂。

最后,从范式构成理论来看,世界观是范式构成的核心,有什么样的世界观就有什么样的认识论。因此,如果只是将法学世界观的哲学根源追溯到人文主义和科学主义,就会有不同的认识论:自然法学的价值思维、规范法学的规范思维和社会法学的事实思维,会产生认识论上的隔阂。但如果将法学世界观追溯到人文主义和科学主义背后共同的哲学渊源——实体主义,人文主义和科学主义就会不仅与实体主义分享共同的世界观,而且分享共同的认识论——实体/还原思维,故而可以打通法学在认识论上的隔阂。

从思维内容来看,实体主义在认识论上是一种实体思维。“本体论是认识论的前提和基础,它规定和制约着认识论的性质、方向和路线;认识论的方向、路线不同,又是哲学本体论上的不同倾向和标志。在这个意义上,认识论对于本体论有绝对的依赖关系。”[2]因此,受实体主义的实体

---

[1] Robert N. Moles, *Definition and Rule in Legal Theory: A Reassessment of H. L. A. Hart and the Positivist Tradition*, Basil Blackwell, 1987, p. 17. 转引自陈锐:《多面的法律实证主义》,中国政法大学出版社 2016 年版,第 122 页。

[2] 张海源:《认识论与本体论·哲学基本问题》,载《人文杂志》1995 年第 2 期。

基础主义本体论影响，在认识对象和内容上，实体主义形成了一种实体思维。“所谓实体思维，是指把存在预设为实体、把宇宙万物理解为实体的集合，并以此为前提诠释一切的思维；或曰‘以实体的眼光看待一切’的思维。”〔1〕“实体思维重在对‘什么’的分析，厘清或找出与能指对应的所指，而不是‘是’本身，不是生成、‘成为’。”〔2〕可见，实体思维侧重研究的是“什么”，不厌其烦地反复追问和探讨的是“什么是物质”“什么是社会”“什么是政治”“什么是文化”“什么是经济”“什么是道德”等哲学基本问题。

比较而言，这种实体基础主义的实体思维，最为突出地体现在人类对法学的研究之中，最为突出地体现在人类对“什么是法律”问题的不断探索和反复研究上，以至于有学者认为它是法学研究中“经久不绝的问题”。“在与人类社会有关的问题中，没有几个像‘什么是法律’这个问题一样，如此反反复复地被提出来并且由严肃的思想家们用形形色色、奇特的甚至反论的方式予以回答。即使略去古代和中世纪关于法律‘本性’的思考，而仅仅注意近150年的法律理论，我们在任何其他作为独立学科而被系统研究的课题中也看不到这种情况。与‘什么是法律’这个问题不同，没有大量的文献去致力于回答诸如‘什么是化学现象’或‘什么是医疗’等问题。”〔3〕实际上，将哈特的这个发现放在当下来关照，也丝毫不过时；即使是认为这个问题“不必然是最有油水的……实际是没有意义”的波斯纳，也不得不探讨一下这个“经久不绝的问题”。〔4〕在这个意义上，可以说，几乎所有的法学家都探讨过这样的问题，或者将自己的理论建立在对这个问题的研究基础之上，形成了大量的法律本体

---

〔1〕 孙美堂：《从实体思维到实践思维——兼谈对存在的诠释》，载《哲学动态》2003年第9期。

〔2〕 孙美堂：《从实体思维到实践思维——兼谈对存在的诠释》，载《哲学动态》2003年第9期。

〔3〕 [英]哈特：《法律的概念》，张文显等译，中国大百科全书出版社1996年版，第1页。

〔4〕 参见[美]波斯纳：《法理学问题》，苏力译，中国政法大学出版社1994年版，第279页。

论的研究成果:法律的“人性论”“君主论”“神授论”“暴力论”“契约论”“身份论”“正义论”“秩序论”“自由论”“权利论”“规则论”“主权者的命令说”“承认规则论”“基本规范论”“事实论”“逻辑论”“经验论”“法官行为论”“行政官员行为论”“法官个性论”“社会规范论”“效率论”“综合论”“沟通论”“社会工程论”“社会控制论”“实用主义论”“程序主义论”等。尽管如此,人类在这个问题上迄今为止并没有达成共识,“都贡献甚微以至于不能解决这种持久的难题和困惑”,[1]甚至都陷入了一种“窘境”:“若无人问我,我便知道;若要我向询问者解释,我便不知道。”[2]这些有关法律本体论的已经取得和未来将要取得的研究成果,无不是在对“什么是法律”等实体思维反复追问下,在追寻法律的第一实体的过程中取得的。在这个意义上,法哲学甚至整个法学的发展史,在本体论上就是一部追问“什么是法律”的历史,在认识论上就是一部法律实体思维不断展开和发展的历史。

但同时必须承认,各个法学流派对“什么是法律”的回答及其认识方式是不同的:以自然法学为代表的人文主义法学认为法律是价值,采用的是价值思维;以规范法学为代表的科学主义法学认为法律是规范,采用的是规范思维;以社会法学为代表的科学主义法学认为法律是事实,采用的是事实思维。因此,如果只是将法学世界观追溯到人文主义和科学主义,就会看不到法学思维的共性,认为法学思维存在价值思维、规范思维和事实思维三种不同的法学思维,法学也会在认识论上产生隔阂。但如果将法学世界观追溯到人文主义和科学主义背后的共同的哲学渊源——实体主义,就可以打通法学在法学思维上的隔阂,看到法学思维的共性:法学思维尽管存在价值思维、规范思维和事实思维的差异,但它们都是一种实体思维。

从思维的方式来看,实体主义在认识论上是一种分解式还原论思维。

---

〔1〕［英］哈特:《法律的概念》,张文显等译,中国大百科全书出版社1996年版,第14页。
〔2〕［英］哈特:《法律的概念》,张文显等译,中国大百科全书出版社1996年版,第15页。

认识论与方法论也有密切的联系，认识论是方法论长期作用的结果，“法律人思维是法律方法长期作用的结果”[1]。法学研究受分解式还原论方法长期作用的影响，在认识论上也形成了一种分解式还原论思维，都想通过还原的方式来追寻第一实体即本体。不同的是，它们由于还原思维的向度不同，还原思维的路径和内容也不同：以自然法学为代表的人文主义法学是形而上的本原思维路径，主要是向法律最原始的起源不断还原，追寻到的是“自然法”；以规范分析法学为代表的科学主义（实证主义）法学是形而下的规范层面的本质思维路径，主要是向法律构成中最基本规则/规范的不断还原，追寻到的是法律规范/规则，如奥斯丁的“法律命令说”、凯尔森的法律基本规范理论、哈特的承认规则理论等；以社会法学为代表的科学主义法学是形而下的社会层面的本因思维路径，主要是向影响法律的社会原因中最根本原因的不断还原，追寻到的是事实，如狄骥的社会连带理论、涂尔干的社会分工理论、埃利希的“活法论”、现实主义法学的法官行为/官员行为理论等。可见，如果只是将法学世界观追溯到人文主义和科学主义，就会看不到法学思维的共性，认为在法学思维发生上存在形而上的本原思维路径、形而下的本质思维路径和形而下的本因思维路径三种不同的法学思维方式，法学在认识论上也会产生隔阂，无法实现法学认识论的打通。但如果将法学世界观追溯到人文主义和科学主义背后的共同的哲学渊源——实体主义，就可以打通法学在法学思维方式上的隔阂，看到法学思维方式的共性：它们都是一种分解式还原论思维，进而实现法学思维方式的打通。

综上，由于实体主义是人文主义和科学主义的共同哲学渊源；因此，如果从人文主义和科学主义的角度来研究现有各种法学范式，就只能看到现有各种法学范式之间的差异之处，而从实体主义角度研究现有各种法学范式就可以看到现有各种法学范式之间的共同之处。此外，由于从库恩的范式构成理论角度来看，世界观是范式构成的核心要素，有什么样

---

[1] 孙笑侠：《法律人思维的二元论兼与苏力商榷》，载《中外法学》2013 年第 6 期。

的世界观就会有什么样的本体论、方法论、认识论和范例;因此,从人文主义和科学主义的角度来研究现有各种法学范式的本体论,就只能看到现有各种法学范式之间不同的法律本体论(主要包括价值论、规范论和事实论)及其差异性,而从实体主义的角度来研究现有各种法学范式的本体论就可以看到现有各种法学范式本体论背后存在共同的法律本体论——实体论。从人文主义和科学主义角度研究现有各种法学范式方法论,就只能看到现有各种法学范式之间不同的方法论(主要包括价值分析方法、规范分析方法、社会法学方法、整体主义方法论和个体主义方法论)及其差异性;而从实体主义角度研究现有各种法学范式方法论,就可以看到现有各种法学范式方法论背后存在共同的法学方法论——分解式还原论方法。从人文主义和科学主义角度研究现有各种法学范式认识论,就只能看到现有各种法学范式之间不同的认识论(主要包括价值思维、规范思维和事实思维)及其差异性;而从实体主义角度研究现有各种法学范式认识论,就可以看到现有各种法学范式背后存在共同的认识论——实体分解式还原论思维。总之,从人文主义和科学主义角度研究现有各种法学范式,就只能看到不同法学范式(主要包括人文主义法学范式和科学主义法学范式)及其差异性;而从实体主义角度研究现有各种法学范式,就可以看到人文主义法学范式和科学主义法学范式之间的共同之处,两者背后存在一种共同的法学范式——实体基础主义分解式法学范式。

三、实体主义也是法学"五通"文科的理论基础

(一)实体主义是"文理打通"的理论基础

"文理打通"是指文科与理科(自然科学)的打通。实际上,从实体主义发展历史来看,实体主义不仅存在于文科,而且源自自然科学。如在自然科学中,人类正是在怀着对第一实体的不断追寻和对实体基础主义的坚定信念,在实体思维的不断运用过程中,不断加深着人类社会对自然界的认识和理解,并取得了一个又一个的自然科学研究成果:从古希腊的泰勒斯"水"论、赫拉克利特的"火"论等具体实体论,到毕达哥拉斯的"数"

论、留基波和德谟克利特的"原子论"、莱布尼茨的"单子"论等抽象实体论,再到后来建立在实验科学基础上的"分子论""原子论""原子核论""质子论""介子论""粒子论""量子论""基因论"等物质实体论。这些在自然科学研究中取得的研究成果,无不是在"宇宙是由什么构成的""什么是物质"等实体思维的反复追问下,在人类不断追寻第一实体的过程中取得的。在这个意义上,自然科学发展的历史,在本体论上就是不断追问"是什么物质"或者"物质/宇宙是由什么构成的"的历史,在认识论上就是自然实体思维不断展开和发展的历史。

实体主义作为一种分解式还原论方法,也源于自然科学。分解式还原论作为一种近代科学意义上的程式化的研究方法,其鼻祖可追溯到笛卡尔与培根,最后由牛顿综合而成。笛卡尔在四条规则组成的正确的"思想途径"的基础上,将其提炼为四个自上而下的分析演绎的步骤;[1]培根则从经验论的角度提出了由下而上的综合归纳,以建立一道循序升进的阶梯。尽管笛卡尔的自上而下的演绎分析与培根的由下而上的归纳综合迥然不同,但二者在整体与部分的关系上都认为,通过认识部分就可以把握整体。牛顿在这个还原论方法原则的基础上,将二者综合为还原论方法的四个程式化的研究步骤:对象与环境分离→对象分解→层次还原→低层次问题。[2] 自然科学认为:"在事物的相互关系、相互转化过程中,由于部分整合为整体、低层次结合成高层次时,它们在游离状态下呈现出来的许多特性会被屏蔽起来、束缚起来。所以把整体分解为部分之后,就能使其组成部分处于独立状态下的特性显现出来。"[3]比如,H_2有易燃性,O_2有助燃性,H_2与O_2化合为H_2O时,它们原有的这些特性就被屏蔽起

---

[1] 参见刘劲杨:《还原论的两种形相及其思维实质》,载《自然辩证法通讯》2007年第6期。

[2] 参见刘劲杨:《还原论的两种形相及其思维实质》,载《自然辩证法通讯》2007年第6期。

[3] 赵光武:《用还原论与整体论相结合的方法探索复杂性》,载《系统辩证学学报》2003年第1期。

来了;而水被电解后,H_2与O_2又被释放出来了,它们在处于独立状态下的特性又会显现出来。

自然科学自身的不断发展及其成果,也是实体主义不断发展和推动的结果。科学的发展从古代的直观思辨,进入近代经验分析阶段,一直沿着还原论的方向,用分析、分解、还原的方法,不断把整体分解为部分,把高层次还原到低层次,揭示了大自然的许多奥秘,取得了一个又一个的巨大成就。如"分子论""原子论""原子核论""质子论""介子论""粒子论""量子论""基因论"等基础理论的不断推陈出新,数学中的因式分解理论,化学中"元素周期表"的发现,物理学中原子能的利用,生物学中遗传密码的破译,医学和医院分科(内科、外科等)的不断细化和深化,等等。"20世纪50年代以来,生物学的蓬勃发展也充分证明了这一点。人类对生命现象的研究就经历了一个从整体形态水平、器官水平、细胞水平,进而深入到分子水平的分解、还原过程,DNA双螺旋结构的发现意味着对生命现象的研究进入了一个新阶段。与此相适应,一个全新的产业在分子生物学研究的基础上诞生了,它的影响已经展现在医学、人类营养学、农业、动物繁殖等领域。可以预期,21世纪将是生物学和医学蓬勃发展造福人类的世纪。可见,还原论对科学技术的发展、生产实践的推动起到了重大作用,功不可没,以后它仍将继续发挥其应有的作用。"〔1〕总之,"经验科学中的物理学、化学学科的发展与成熟都经历了还原式的学科分化过程。科学的分科越来越多也越来越细,科学研究的深度在一定程度上就取决于还原的深度,粒子物理学、分子生物学等都是这一研究进路的典型代表"〔2〕。

综上,如果站在人文主义和科学主义的共同哲学渊源——实体主义的理论视野和理论高度,就可以看到法学甚至社会科学与自然科学在范

〔1〕赵光武:《用还原论与整体论相结合的方法探索复杂性》,载《系统辩证学学报》2003年第1期。

〔2〕刘劲杨:《还原论的两种形相及其思维实质》,载《自然辩证法通讯》2007年第6期。

式上的相通之处和在历史上的紧密联系：它们不仅有共同的方法论即分解式还原论方法，而且有共同的世界观即实体主义，有共同的本体论即实体本体论，还有共同的认识论即实体/分解式还原论思维。一句话，两者有共同的范式即实体基础主义分解式范式，为法学甚至社会科学与自然科学的交叉融合提供了范式基础。特别是随着现代自然科学和法学甚至社会科学的日益细化、专业化和技术化，在法学甚至社会科学与自然科学在历史上的良性互动关系日益淡化甚至断裂的今天，通过将法学甚至社会科学世界观追溯到实体主义，就可以将法学甚至包括其他社会科学与自然科学的历史联系和范式上的相连相通重新展现出来，并呈现在我们的面前，扩大法学甚至社会科学研究的视野，重新获得来自几乎总是处于科学发展前沿的自然科学研究的滋养，吸取自然科学在解决范式危机、范式变革和范例研究等方面的成功经验，甚至包括借鉴自然科学在范式发展中的失败教训，从而使法学范式甚至社会科学范式能够紧跟自然科学范式发展的脚步而同步发展。

反之，如果只是站在人文主义和科学主义的角度看待法学范式甚至社会科学范式与自然科学范式之间的关系，就只能看到法学范式甚至社会科学范式与自然科学范式在科学主义尤其是作为方法论意义上的科学主义体现的实证主义上的联系，同时只能看到法学范式甚至社会科学范式与自然科学范式在人文主义上的差异甚至对立，从而使法学甚至社会科学与自然科学在整体上存在不可逾越的学科壁垒。随着法学甚至社会科学和自然科学内部的不断细化和专业化，特别是当法学甚至社会科学强调其人文主义范式传统的时候，法学甚至社会科学与自然科学之间的学科壁垒尤其是范式壁垒会越来越强，从而使法学范式甚至社会科学范式越来越失去曾经来自自然科学范式的滋养，最终使法学范式甚至社会科学范式不断走向去自然科学化，不断地走向学科封闭，使法学甚至社会科学倡导的学科交叉、文理交叉在范式意义上难以实行。

(二)实体主义是"人文社科打通"的理论基础

"人文社科打通"是指人文学科与社会科学的打通。实际上,实体基础主义的实体思维,首先成功地广泛运用于自然科学领域,然后扩展到人文社会科学领域。人类在追寻社会的第一实体即本体的过程中,在追寻整个世界的本原、本质和本因的过程中,"为了使探索脱离虚无,最为超越和彻底的办法就是为思维寻找到一个确定的存在作为根基。于是,人们就设想在变动不居的经验世界的背后一定存在某种终极之物,这种终极的东西是构成事物而自身不被构成者,因此只有它才是唯一真实的、值得追求的实体"[1]。从古希腊时期的柏拉图的"理念"、亚里士多德的"形式实体",到中世纪时期的"神/上帝",近代以来的笛卡尔的"二元实体"、斯宾诺莎的"神是唯一的实体",到黑格尔的"绝对精神",甚至包括黑格尔之后费尔巴哈的"感性"、叔本华的"意志"、尼采的"权力意志"、伯格森的"生命"等非理性实体论,再到中国哲学史上的五行说以及五行说之后发展起来的"气一元论",《周易》中的"是故易有太极,是生两仪,两仪生四象,四象生八卦"的理念,春秋时代老子的"道生一、一生二、二生三、三生万物,万物负阴而抱阳,冲气以为和"的思想,实际上都是对第一实体的探索和研究。这些在哲学研究上所取得的成果,无不是在"什么是社会"或者"社会是由什么构成的"等实体思维的反复追问下,在人类不断追寻第一实体的过程中取得的。在这个意义上,哲学发展的历史,在本体论上就是不断追问"是什么社会"或者是"社会是由什么构成的"的历史,在认识论上就是社会实体思维不断展开和发展的历史。

这种在自然科学研究中曾经广泛应用并取得巨大成就的分解式还原论方法和思维,也广泛地被移用到人文学科中。如语言学中,英语将不计其数的各种各样的语言文字及其读音,通过不断分解还原的方法,分解还原为26个字母和48个音母——音标;语法学中将各种各样的句子,通过

---

〔1〕 孙迎联、杜贵阳:《实体主义还原论思维批判——经济与伦理关系研究的切入点》,载《江苏社会科学》2006年第5期。

分解还原的方法,分解还原为句子的成分——主语、谓语、宾语、同位语、定语、状语、补语。

作为实体主义追寻第一实体的研究和思维方式的实体分解式还原论方法,也广泛地体现在社会科学中。如经济学首先分解为宏观经济学和微观经济学;而微观经济学又将各种各样的经济现象通过不断分解和还原的方法,分解还原为个人的理性经济行为和个人对经济利益最大化的追寻。又如,社会学中的整体主义者,如涂尔干,将非常复杂多变的社会及其社会现象的发展力量,通过分解还原的思维方法,分解还原于为社会分工;而个体主义者,如韦伯,将社会的现代化,通过分解还原的方法,分解还原为人的社会行为的理性化,进而将人的社会行为进一步分解还原为四种"理想类型":价值行为、功利行为、传统行为和情感行为;社会纵向构成的社会分层理论、国家与市民社会的划分……这些无不是分解还原思维方法留下的痕迹和体现。再如,法学中,国家权力横向分立的权力分立理论、国家权力纵向分立的联邦制,无不是实体主义分解式还原思维的结果。正是由于分解还原论在社会科学中的广泛运用,有学者认为:"这种还原论态度根深蒂固地渗透到我们的文化之中,以至于经常被看作是科学的方法。其他科学也接受了这种古典物理学的力学观和还原论,把它们看作是对实在的正确描述,并以此来构造自己的理论。每当心理学家、社会学家或经济学家希望自己是科学的,他们总是自然地转向牛顿物理学的基本概念。"[1]

这种实体主义的分解式还原论思维方法,也集中体现在人文社会科学自身的不断发展过程中。随着人文社会科学的不断裂变、发展,新的人文社会科学不断从传统的人文社会科学中分解、分离、独立出来。日益专门化、专业化的过程,实际上就是一个不断分解还原的过程;每门学科的

---

〔1〕[美]弗里乔夫·卡普拉:《转折点——科学、社会和正在兴起的文化》,卫飒英、李四南译,四川科学技术出版社1988年版,第29页。转引自刘劲杨:《还原论的两种形相及其思维实质》,载《自然辩证法通讯》2007年第6期。

独立化程度取决于自己的学科“根基”是否牢固,而学科“根基”的获得则最终取决于其还原的深度。如法学尽管是一个与人类同步发展的古老学科,但至今之所以比经济学显得“幼稚”,或者说,经济学之所以比法学显得成熟,就是因为经济学的分解还原程度高于法学,将学科的“根基”统一分解还原到了“理性经济人的假设”上,而法学的分解还原没有达到这种统一的程度,甚至至今还面临“没有根基的法理学”问题。〔1〕 人文社会科学各学科内部的不断分化、深化的过程,也是一个不断分解还原的过程;其自身的独立化、专门化的成熟程度,也最终取决于其分解还原的深度。如在法学内部,作为一个成熟的独立的二级学科,刑法学、民法学的独立化、专门化的成熟程度之所以高于经济法学和行政法学,就是因为刑法学、民法学的分解还原程度高于经济法学和行政法学,都有自己统一的相对稳固而成熟的“总论”和“总则”;而经济法学和行政法学,至今仍然在为自己统一的相对稳固而成熟的“总论”和“总则”进行不懈的努力。总之,分解还原论思维方法的不断运用推动了人文社会科学不断地推陈出新,不断地走向专门化和专业化,不断地走向成熟。

综上,实体主义不仅广泛存在于人文学科,也大量存在于社会科学中。因此,如果将法学世界观追溯到人文主义和科学主义背后共同的哲学渊源——实体主义,就可以实现“人文社科打通”;反之,如果只是将法学世界观追溯到人文主义和科学主义,就会存在以人文学科为代表的人文主义与以社会科学为代表的科学主义的对立,无法实现“人文社科打通”。

(三)实体主义是“古今打通”的理论基础

“古今打通”首先是指法学的过去与现在的打通。由于实体主义比人文主义和科学主义更早,是人文主义和科学主义背后共同的哲学渊源,因此,如果说人文主义和科学主义只影响法学某个阶段尤其是近代以来,无

〔1〕 参见[美]波斯纳:《法理学问题》,苏力译,中国政法大学出版社 1994 年版,第 529 ~ 588 页。

法实现其“古今打通”，那么，实体主义影响的则是法学从古至今整个历史发展进程中的全局，可以实现其“古今打通”；如果说人文主义和科学主义影响的是某个时期法学局部和部分特征，无法实现其“古今打通”，那么，实体主义影响的则是法学整个发展历史进程的全局、基本盘和全部基本特征，可以实现其“古今打通”；如果说人文主义和科学主义是实体主义分出的两座小山及其小山峰，站在人文主义和科学主义的角度，只能从一个较低的角度来仰视各个时期各种各样的法学范式，有一种“横看成岭侧成峰，远近高低各不同”之感，无法实现其“古今打通”，那么，实体主义则是哲学中的一座巍然耸立的大山及其巅峰，站在实体主义角度，就会从一个较高的角度来俯视历史时期各种各样的法学范式，看清其全局性的共同面貌及其整个基本走向，有一种“会当凌绝顶，一览众山小”之感，可以实现其“古今打通”。

“古今打通”还应该包括法学的过去、现在与未来打通。从库恩的范式变革理论来看，范式变革就是世界观的革命。作为从实体主义发展而来的两种对立的世界观，由于受理论视野和理论高度的限制，人文主义和科学主义提出的法学范式变革方案，不可能跳出人文主义和科学主义的窠臼，也无法从一个比人文主义和科学主义更高的理论高度将现有的各种法学范式提炼为一种共同的法学范式，并从整体上看清法学范式的基本盘和未来发展的共同的大的基本走向，也就不可能从整体上提出一种现有法学范式变革的方向。即使勉强努力提出了，也只能是顾此失彼，满足了人文主义却不能满足科学主义，满足了科学主义但不能满足人文主义。当其只能在人文主义和科学主义这个较低层面做文章时，有以下三种方案可选：一是带有综合法学倾向的传统法学范式的以一种世界观取代另一种世界观的法学范式变革方案；二是理论综合法学的人文主义和科学主义世界观层面的多元的“物理性混合”方案；三是实践综合法学搁置人文主义和科学主义在世界观层面的冲突，提出一种技术层面的多元的“技术性混合”方案。总之，人文主义和科学主义在法学范式变革方向上，受理论视野和理论高度的限制，难以提出一个走向未来的切实可行的范式变革方案以实现其“古今打通”。而实体主义是人文主义和科学主义共同的哲学渊源，其理论视野比人文主义和科学主义要宽，其理论高度比人文主义和科学主义要高；因此，从实体主义角度提出的法学范式变革方向，就可以跳出人文主义与科学主义的窠臼，站在一个比人文主义和科学主义理论视野更宽、理论高度更高的角度——实体主义，看清错综复杂、蜿蜒曲折的各座法学“小山”在整体上的基本走向，将现有纷繁复杂的各种法学范式提炼、总结为一种共同的法学范式即实体基础主义分解式法学范式，从而为最终走出甚至超越这座法学“大山”提供可能，也为从世界观层面提出法学范式变革的方向提供可能的“路线图”，如从实体主义分解式法学范式走向关系主义化合式法学范式的范式变革方案，实现其“古今打通”。

（四）实体主义是“中西打通”的理论基础

“中西打通”是指作为西方文化的实体主义与中国传统文化（尤其是关系主义）的打通。由于实体主义是人文主义和科学主义共同的哲学渊源，人文主义和科学主义是从实体主义发展而来的两种对立的具有互补性的法学甚至社会科学的世界观，人文主义强调主观而忽视客观的缺陷可以用科学主义弥补，科学主义强调客观而忽视主观的不足可以用人文主义克服；因此，如果从人文主义和科学主义角度看待整个西方（法律）文化，就会自然而然地对西方（法律）文化形成一种完美无缺的看法，油然而生一种西方（法律）文化中心论，从而在西方（法律）文化与非西方（法律）文化尤其是中国传统（法律）文化之间形成一种文化冲突论，在西方法律秩序与非西方法律秩序尤其是中国传统法律秩序之间形成一种法律制度冲突论，无法实现“中西打通”。

比较而言，如果从人文主义和科学主义的共同哲学渊源——实体主义角度来看整个西方（法律）文化，就可以从一个更宽的理论视野和更高的理论高度，看到西方（法律）文化的长处和短处：实体主义在本体论上长于物理/真理而短于伦理、长于实体而短于关系、长于知而短于行，在方法论上长于“分”（分解式）而短于“合”（化合式），在认识论上长于实体思维而短于关系思维、长于分解式思维而短于化合式思维、长于简单性思维而短于复杂性思维;无法从世界观层面解决规范与事实分立等根本性法律问题。因此,在西方(法律)文化与非西方(法律)文化尤其是中国传统(法律)文化之间,就可以形成一种文化多元论和文化融合论;在西方法律秩序与非西方法律秩序尤其是中国传统法律秩序之间,就可以形成一种法律制度多元论和融合论,就可以以一种开放的视野看待非西方(法律)文化和制度尤其是中国传统(法律)文化和制度,就可以看到非西方(法律)文化和制度的长处,尤其是中国传统(法律)文化和制度中的关系主义在本体论、方法论、认识论等方面的长处,及其在弥补实体主义方面不足的范式借鉴意义,从而在中西(法律)文化和制度之间形成一种互融共鉴的关系,最终实现"中西打通"。

(五)实体主义是"知行打通"的理论基础

首先,在理论上,"知行打通"是指实体主义法学能解决现有法学面临的关键性的主要的法律实践问题——"规范与事实分立",实现法学理论与法律实践的打通。

由于实体主义是人文主义和科学主义共同的哲学渊源,人文主义和科学主义是从实体主义发展而来的两种对立的法学世界观;因此,在解决现有各种法学范式存在的"规范与事实"二元分立及其冲突问题上,人文主义与科学主义各自侧重于两者差异性的研究,只能强化规范与事实分立等问题在世界观层面的对立,不可能去追溯造成规范与事实分立等问题的哲学(世界观)原因,无法在世界观层面提出一种解决方案,进而也不可能在技术层面解决法律实践中存在的规范与事实分立的问题。因此无法实现法学理论与法律实践的打通,也无法完成"知行打通"的任务,至多只能提出一种物理性的、技术性的综合法学混合式法学范式,无益于在法学理论和法律实践层面解决规范与事实二元分立与冲突的问题,无法实现法学理论与法律实践的打通,也无法解决"知行打通"的问题。而实体主义侧重于两者共性的研究,扩大人文主义与科学主义的共识,这可以将规范与事实的二元分立与冲突等问题的原因,追溯到世界观层面的人文主义与科学主义的对立,而且可以将其进一步追溯到世界观层面的人文主义与科学主义背后共同的哲学渊源——实体主义,从而在世界观层面提出一个有关解决规范与事实分立问题的根本性解决方案,如从实体主义到关系主义的法学范式变革方案,进而在实践技术层面提出一个有关解决规范与事实分立问题的可行性解决方案,以此实现法学理论与法律实践的打通以及“知行打通”。

其次,在实施方案上,“知行打通”还指侧重于“知”的西方实体主义法学范式与侧重于“行”的中国传统关系主义法学范式的打通。

由于实体主义认为实体是第一性,其中第一实体具有至高无上性,并在追溯第一实体以建立实体基础主义的过程中形成了一种分解式还原论和实体思维;因此,西方实体主义提出的是“为什么”的智识性问题,如古希腊哲人提出的是“宇宙是由什么元素构成的”,霍布斯提出的是“社会秩序为什么是可能的”。而中国传统关系主义提出的是“如何”的规范性问题,如孔子认为“不曰‘如之何如之何’者,吾未知如之何也已矣”[1],进而提出“如何建立社会秩序”。“问题的提法,不单规限而且引导答案的答法”[2]:前者指向自然是分析性的,落点在事物的普遍方面;后者指向社会,是综合性的,落点在人事的具体方面。前者以知为目标,追求理论的系统性;后者的目标在行,追求其实践性。[3] 在这个意义上,“知行打通”就是“中西打通”,就是将侧重于“知”的西方实体主义法学与侧重于“行”的中国传统关系主义法学打通。根据上文的讨论,实体主义法学可以实现“中西打通”,因此也就可以完成“知行打通”的任务;只是将法学世界观追溯到人文主义和科学主义,则无法实现法学的“中西打通”,也就不能完成“知行打通”的任务。

---

〔1〕《论语·卫灵公》。

〔2〕张德胜:《儒家伦理与秩序情结——中国思想的社会学诠释》,台北,巨流图书公司1989年版,第35页。

〔3〕参见张德胜:《儒家伦理与秩序情结——中国思想的社会学诠释》,台北,巨流图书公司1989年版,第36、62~63页。

最后，从方法技术角度来看，“知行打通”还指打通侧重于“知”的实体主义分解式法学范式与侧重于“行”的关系主义化合式法学范式。

在方法论上，实体主义只有由整体向最小单位的分析、分解与还原，没有由最小单位向整体的还原；只有方法论意义上的还原，没有本体论意义上的还原；只有“分解式”的研究方法，没有“化合式”的研究方法。而解决法律实践问题如规范与事实的分立，需要一个规范与事实共时性存在的“化合式”的方法，需要有一种能整合规范与事实的化合式法学范式，如关系主义化合式法学范式。而根据上文对“古今打通”的探讨，只有将法学世界观追溯到人文主义和科学主义背后共同的哲学渊源——实体主义，才能认识到整个法学范式——人文主义法学和科学主义法学共同的不足，并进而提出克服其不足的解决方案即关系主义化合式范式。在这个意义上，实体主义能够实现实体主义分解式法学范式与关系主义化合式法学范式的打通，也就能完成“知行打通”的任务；反之，只将法学世界观追溯到人文主义和科学主义，则不能实现实体主义分解式法学范式与关系主义化合式法学范式的打通，也就不能完成“知行打通”的任务。

第二章　分解式法学范式之法律本体论
——内卷化理论的视野

自邓正来发表一系列有关"中国法学向何处去"的论文并出版《中国法学向何处去》(商务印书馆2006年版)一书以来,中国法学范式和中国法学话语体系的建构就成为法学界探讨的热点问题之一;特别是中共中央总书记习近平在2016年5月17日哲学社会科学工作座谈会上的讲话中提出的"加快构建中国特色哲学社会科学"[1]在法学界产生了强烈的反响,再次引发了法学界对中国法学范式和中国法学话语体系研究的广泛探讨。从美国实用主义社会科学范式从一个地方性知识演变成一个全球性的话语知识体系的历程来看,"一个社会科学范式得以确立的最大关键在于本体创新,而不只是问题意识、概念和方法的创新"[2]。正如"西方哲学涉及的面很广,给我们留下的空隙并不多,真正做到具有中国元素的本体

---

〔1〕 习近平:《加快构建中国特色哲学社会科学》,载《习近平谈治国理政》第2卷,外文出版社2017年版,第338~348页。

〔2〕 赵鼎新:《从美国实用主义社会科学到中国特色社会科学——哲学和方法论基础探究》,载《社会学研究》2018年第1期。

创新并不是一件容易的事情"[1]一样，法律本体论也是如此，是法学中"经久不绝的问题……在与人类社会有关的问题中，没有几个像'什么是法律'这个问题一样，如此反反复复地被提出来并且由严肃的思想家们用形形色色的、奇特的甚至反论的方式予以回答。即使略去古代和中世纪关于法律'本性'的思索，而仅仅注意近150年的法律理论，我们在任何其他作为独立学科而被系统研究的课题中也看不到这种情况"[2]。可以毫不夸张地说，世界上几乎所有法学家都或明或暗地探讨过这个问题，也形成了许许多多关于法律本体论的学说：从古希腊时期的法正义论到中世纪的法神性论，到近代的法人性论、法理性论、法秩序论、法自由权利论、法功利论等，再到现代的法社会连带关系论、活法论、社会控制/工程论、法官行为论、法经验论、法社会利益论、法规则论、法命令说、法规范系统论、法进化论、法效率论、法新正义论、法事业论、法行为论、法综合体论，等等。从法学范式可分为分解式、混合式和化合式来看，这些法律本体论也可分为分解式、混合式和化合式。分解式法律本体论就是通过将法律整体分解为价值、规范和事实三个部分而形成的法律本体论，包括自然法学派的价值论、规范法学派的规范论和社会法学派的事实论。由于分解式法律本体论不能反映法律的全部，是一种"片面的深刻"，因此学者们提出了三种混合式法律本体论变革方案：具有综合法学倾向的分解式法学范式的"扩张性混合"、理论综合法学的"物理性混合"和实践综合法学的"技术性混合"；并相应地形成了三种混合式法律本体论：扩张版法律本体论、物理版法律本体论和技术版法律本体论（见图1）。

尽管如此，笔者还是想在习近平总书记关于融通古今中外各种资源时应秉持的"不忘本来、吸收外来、面向未来"[3]原则的指导下，试图在对

---

[1] 赵鼎新：《从美国实用主义社会科学到中国特色社会科学——哲学和方法论基础探究》，载《社会学研究》2018年第1期。

[2] [英]哈特：《法律的概念》，张文显等译，中国大百科全书出版社1996年版，第1页。

[3] 习近平：《加快构建中国特色哲学社会科学》，载《习近平谈治国理政》第2卷，外文出版社2017年版，第339页。

西方各种各样法律本体论研究进行整体性回顾、总结和反思尤其是借鉴混合式法律本体论内卷化的经验教训的基础上，指出未来法律本体论变革的大方向，力图将分解式法律本体论进行化合而形成一种新的中国化合式法律本体论。本章研究的理论工具是内卷化理论（详见后文）。根据内卷化理论，这些混合式法律本体论是不是对分解式法律本体论的内卷化？如果是，其内卷化机制是什么？在吸取内卷化机制的经验教训基础上，应该选取什么样的去内卷化机制？通过这种去内卷化机制如何实现从分解式法律本体论到形式化合式法律本体论的演化？进而如何实现从西方形式化合式法律本体论到中国实质化合式法律本体论的革命？这些是本章要着重探讨的问题。

一、内卷化的概念、机制与概念操作化

德国著名哲学家康德（Immanuel Kant）首次在《批判力的批判》一书中提出了人类社会演化过程中的“内卷化”问题，非常明确地把这种“内卷理论”与“演化理论”（evolutions thorie——人们所说的“进化论”）相对照，认为内卷与进化是两种完全不同的社会演进状态，并把这种理论称为“锁入理论”（die theorieder einschaehtelung）。[1] 之后，内卷化理论受到社会学、人类学、经济学等社会科学的持续关注，迄今为止大致形成了三种代表性的观点。

第一种观点强调将前提条件变量作为衡量内卷化的标准。如美国人类学家亚历山大·戈登威泽（Alexander Goldenweiser）用内卷化这个概念来描述这类文化模式：“当达到了某种最终的形态以后，既没有办法稳定下来，也没有办法使自己转变到新的形态，取而代之的是不断地在内部变得更加复杂……模式排除了对其他单个或者多个要素的应用，但却并不抵触在单个或者多个要素内部进行发挥。这样，一个无法回避的结果就是，渐进的复杂性，即统一性内部的多样性和单调下的鉴赏性。这就是内

〔1〕 参见韦森：《斯密动力与布罗代尔钟罩——研究西方世界近代兴起和晚清帝国相对停滞之历史原因的一个可能的新视角》，载《社会科学战线》2006 年第 1 期。

卷化。一个类似的例子……艺术的基本形态达到极限,结构特征得到了固定,创造的源泉枯竭了。但是,艺术仍然在发展,在所有边缘被固定的情况下,发展表现为内部的精细化。"[1]

而美国人类学家格尔茨(Clifford Geertz)借用亚历山大·戈登威泽的内卷化概念,认为:"爪哇人由于缺乏资本,土地数量有限,加之行政性障碍,无法将农业向外延扩展……水稻种植由于能够稳定地维持边际劳动生产率,即更多劳动力的投入并不导致明显的人均收入的下降,至少是间接地吸收了西方人进入以后所产生的几乎所有多余人口。对于这样一个自我战胜的过程,我称为'农业的内卷化'。"[2]

后来学者对格尔茨的内卷化、农业内卷化的概念进行了概括:"(1)'内卷化'概念是指,一个系统在外部扩张受到约束的条件下内部的精细化发展过程;(2)'农业内卷化'是指在资本、土地资源被限定的条件下,劳动力持续地被吸收到农业中获取收益并使农业内部变得更精细、更复杂的过程;(3)对于我们后面将要进行的讨论来说,特别值得注意的是这一劳动力持续投入的过程,并不意味着劳动的边际生产率递减。"[3]同时,对上述两位人类学家的"内卷化"进行了类比和形象化的解释:"(格尔茨的例子中——引者注)土地和资本相当于(戈登威泽的例子中——引者注)画家的画框、画布和可以使用的绘画要素,如颜色种类,劳动力投入则相当于对颜色种类的运用,如增加色彩调配的复杂程度。当画师只能通过增加颜色调配的复杂程度来改变画面,且增加色彩的复杂程度只能表现为作品的精细化,而不能突破画框和颜色种类的限制时,这就是'内卷化'。显然,'内卷化'与绘画产出或收益的大小的变化无关。同样,'农业内卷化'与边际劳动生产率变化无关。"[4]

第二种观点强调将后果变量作为衡量内卷化的标准。如美籍华人

---

[1] 刘世定、邱泽奇:《"内卷化"概念辨析》,载《社会学研究》2004年第5期。
[2] 刘世定、邱泽奇:《"内卷化"概念辨析》,载《社会学研究》2004年第5期。
[3] 刘世定、邱泽奇:《"内卷化"概念辨析》,载《社会学研究》2004年第5期。
[4] 刘世定、邱泽奇:《"内卷化"概念辨析》,载《社会学研究》2004年第5期。

教授黄宗智借用格尔茨的内卷化概念，将在有限的地上投入大量劳动力进行精细化的精耕细作以获得增长的方式，称为“无发展的增长”或“过密/内卷型增长”[1]或“不带质变的量变”。[2] 但黄宗智的内卷化理论与上述两位人类学家的内卷化理论不同：如果说后者强调的是将内卷化的前提条件变量如土地、资本、画框、画布等作为其衡量标准，那么，黄宗智强调的是将内卷化的后果变量如边际效益递减、劳动生产率递减等作为其衡量标准，并试图用一般微观经济学的理论来定量化地界定内卷化的含义：“我们如在图上以垂直轴线代表产量，水平轴线代表投入的劳力‘内卷’的现象出现于显示产量与劳力之间的关系的曲线开始向右伸平之后，即劳动力边际产量开始递减之后。”[3]后来，黄宗智教授根据其结果变量的不同，将中国农村经济变迁分为：“首先是单纯的密集化，产出或产值以与劳动投入相同的速率扩展；其次，过密化（以前译作‘内卷’），总产出在以单位工作日边际报酬递减为代价的条件下扩展；第三，发展，即产出扩展快于劳动投入，带来单位工作日边际报酬的增加。换言之，劳动生产率在密集化状况下保持不变，在过密化状况下边际递减，在发展状况下扩展。”[4]

黄宗智这种强调内卷化的结果变量并试图将其定量化的做法，受到了许多学者的质疑和批评。[5] 如注意到黄宗智与两位人类学家关于内

---

〔1〕 [美]黄宗智：《长江三角洲小农家庭与乡村发展》，中华书局 2000 年版，第 77 页。

〔2〕 参见[美]黄宗智：《国家与社会的二元合一：中国历史回顾与前瞻》，广西师范大学出版社 2022 年版，第 413 页。

〔3〕 [美]黄宗智：《华北的小农经济与社会变迁》，中华书局 2000 年版，第 6 页。

〔4〕 [美]黄宗智：《长江三角洲小农家庭与乡村发展》，中华书局 2000 年版，第 11 页。

〔5〕 参见[美]黄宗智：《发展还是内卷？十八世纪英国与中国——评彭慕兰〈大分岔：欧洲，中国及现代世界经济的发展〉》，载《历史研究》2002 年第 4 期；[美]彭慕兰：《世界经济史中的近世江南：比较与综合观察——回应黄宗智先生》，史建云译，载《历史研究》2003 年第 4 期；史建云：《真是硬伤吗？——黄宗智和彭慕兰之争中的一个小问题》，载《历史研究》2004 年第 4 期；凌鹏：《围绕“内卷化”的讨论——一次新的范式转型》，载《开放时代》2006 年第 5 期；周大鸣、郭永平：《谱系追溯与方法反思——以“内卷化”为考察对象》，载《世界民族》2014 年第 2 期。

卷化理论差异的我国学者刘世定和邱泽奇，经过严密而细致的分析论证后，得出结论认为："(1)在戈登威泽和格尔茨那里可以清楚地看到'内卷化'的基本含义是指系统在外部扩张条件受到严格限定的条件下，内部不断精细化和复杂化的过程。黄宗智教授以边际收益递减来界定格尔茨的概念，是一种误解，同时在把劳动的边际收益引入内卷化概念后，改变了分析的基本方向。(2)黄宗智教授在用劳动的边际收益递减来界定内卷化概念时，存在着内卷化过程起点(衡量标准——引者注)不清的问题……(4)由于改变了其他投入不变的前提(条件变量——引者注)并引入不同生产过程(并将结果变量引入——引者注)的比较，因此黄宗智教授用平均报酬递减来技术性地替代边际报酬递减的处理方式是站不住脚的。"〔1〕

再如，研究制度变迁的学者张小军和韦森研究了制度内卷及其发生机理问题，强调了衡量制度内卷的结果变量，但与黄宗智的内卷型增长不同：如果说后者强调的是内卷的变化状态(如自我战胜、内卷型增长、精细化、复杂化等)，那么，前者强调的是内卷的固化状态(如自我复制、自我维系等)。同时，他们主张从对制度变迁的三种"路径力量"或者"路神"(张小军语)〔2〕的比较中来把握内卷化的含义："革命(revolution)可以说是一种间断性的、突发式或者说剧烈的社会制度的改变与更替，即从一种社会制度跳跃式地改变为另一种社会制度。而演进(evolution)则是指一种连续的(往往是缓慢的)、增进性的、发散性的或沿革式的社会变迁。内卷(involution)则可以被理解为一个社会体系或一种制度在一定历史时期

---

〔1〕 刘世定、邱泽奇：《"内卷化"概念辨析》，载《社会学研究》2004年第5期。

〔2〕 制度变迁的三种"路径力量"或者"路神"包括：在同一层面上自我维系和自我复制的路径即内卷路径；以道格拉斯·C.诺思为代表的工具理性主义者提出的制度变迁的设计路径即革命路径；以哈耶克为代表的演进理性主义者提出的制度变迁的自生自发路径即演进路径。参见韦森：《社会制序的经济分析导论》，生活·读书·新知三联书店2001年版，第64~65页；张小军：《理解中国乡村经济的内卷化机制》，载香港中文大学《二十一世纪》1998年2月号(总第45期)。

中在同一个层面上内缠、自我维系和自我复制。"[1]

同时,他们还借用诺思的"路径依赖"和"锁入效应"以及马克·格兰诺维特(Mark Granovetter)的嵌入性理论,[2]进一步揭示制度内卷的机制:"一定的社会制序之所以能在一定的历史时期中长久驻存,就在于社会制序本身是根植于或者说内嵌于一定社会时期的文化传统、道德伦理、宗教信仰、民族以及意识形态的大环境之中。而某一特定的社会制序安排又往往和与之相共生的某些利益集团和社会阶层相关……从而产生出诺思所理解的那种'锁入效应'。正是由于这种'锁入效应'以及制序变迁中的'路径依赖',一些制序安排会在一定时期中驻存,在那里自我复制与'内卷'"。[3] 另外,"一些制序被'锁入'或者说'锁定',并不一定就有某种社会利益集团在背后支撑着这一制序……可能是因为人们一旦进入一种社会博弈的纳什均衡,任何人要选择其他策略均要付出代价。甚至当时过境迁而纳什均衡不再的时候,一些打破作为过去的社会博弈均衡的习俗与惯例的人可能仍要付出很大的代价"[4]。

第三种观点,折中主义。如果说以上研究强调其内卷化的差异性,那

---

〔1〕 韦森:《斯密动力与布罗代尔钟罩——研究西方世界近代兴起和晚清帝国相对停滞之历史原因的一个可能的新视角》,载《社会科学战线》2006 年第 1 期。还有学者将 involution(内卷)与被学者用来表示人类社会(文化)变迁的三种模式 revolution(革命)、evolution(演进、进化)和 devolution(衰退)并列来解释其含义,认为:"革命是一种突然间断的变化,具有非同寻常的影响;进化是一种连续增进的过程;衰退是一种堕落恶化;内卷则是事物内部一种细致、固守、停滞的变化过程。"参见王琛:《"内卷化"及其文化心理机制分析》,载《深圳大学学报(人文社会科学版)》2013 年第 5 期。

〔2〕 参见[美]道格拉斯·C. 诺思:《制度、制度变迁与经济绩效》,杭行、韦森译,格致出版社、生活·读书·新知三联书店、上海人民出版社 2008 年版,第 126 ~ 144 页;[美]马克·格兰诺维特:《镶嵌:社会网与经济行动》,罗家德译,社会科学文献出版社 2007 年版,第 1 ~ 37 页;崔宝玉、高钰玲、简鹏:《"四重"嵌入与农民专业合作社"去内卷化"》,载《农业经济问题》2017 年第 8 期。

〔3〕 韦森:《社会制序的经济分析导论》,生活·读书·新知三联书店 2001 年版,第 149 ~ 150 页。

〔4〕 韦森:《社会制序的经济分析导论》,生活·读书·新知三联书店 2001 年版,第 149 页,注释①。

么,目前的研究随着内卷化由原先的特例扩展为现在的通例,尤其是由原先集中于宏观层面的内卷化扩展到中观层面和微观层面的内卷化、由原先作为特例存在于中国社会的内卷化扩展到万物皆可卷、由集中存在于社会经济政治制度等领域的内卷化扩展到几乎所有领域的内卷化,而呈现一般化、综合化的特征。如针对格尔茨等强调外部前提条件与黄宗智等关注内部过程及其结果的差异,有学者试图从理论上进行整合:“既承继和挖掘了格尔茨关于‘内卷化’概念之本源,又整合黄宗智用‘内卷化’概念所考察和揭示的问题”;〔1〕还有学者认为内卷化的生成机理是“外生变量与内生变量的双向合谋”;〔2〕还有学者认为外部约束是内卷化的根本原因,同时也承认内生变量的作用;〔3〕还有学者试图“从‘内部—外部’交互作用机制来审视合作社‘内卷化’形成机理”。〔4〕

另外,针对格尔茨、黄宗智等强调内卷化的变化状态与韦森等强调其固化状态的差异,有学者试图将两者整合,认为“内卷化经历了不断拓展与深化的历程,成为一个复杂的、不断发展的、多维的概念”;〔5〕还有学者“将内卷这一概念视为一种发展模式或阶段的外在表征,在边界条件受到约束的情况下,原有的范式无法化解反常从而转变为新的范式,内部只能在原有规则的组合与叠加中适应反常与危机,从而导致系统陷入自我锁

〔1〕 郭继强:《“内卷化”概念新理解》,载《社会学研究》2007 年第 3 期;周大鸣、郭永平:《谱系追溯与方法反思——以“内卷化”为考察对象》,载《世界民族》2014 年第 2 期。

〔2〕 参见朱文辉:《学术治理的内卷化:内涵表征、生成机理与破解之道》,载《高等教育研究》2020 年第 6 期。

〔3〕 参见何艳玲、蔡禾:《中国城市基层自治组织的“内卷化”及其成因》,载《中山大学学报(社会科学版)》2005 年第 5 期;王珂、李侠:《内卷考:基于技术—经济革命周期演化的破卷思考》,载《长沙理工大学学报(社会科学版)》2021 年第 6 期。

〔4〕 参见崔宝玉、高钰玲、简鹏:《“四重”嵌入与农民专业合作社“去内卷化”》,载《农业经济问题》2017 年第 8 期。

〔5〕 参见卢晓雯:《多维视角下的内卷化:研究现状及概念梳理》,载《华中科技大学学报(社会科学版)》2021 年第 6 期。

定的状态……是繁荣与衰退交替波浪式运动的过渡状态”[1]。实际上，黄宗智等强调内卷化的变化状态与韦森等强调其固化状态处于不同层面：前者是量变，但在质上还是固化状态，而后者是质变。因此，两者在质变上是一致的，并没有本质的区别。

综上所述，不论是宏观层面的内卷化，还是中观层面和微观层面的内卷化，[2]用黄宗智的话——“没有发展的增长”说“都脱离不了‘增长’与‘发展’的关系命题”，[3]或者用黄宗智的另一句话——“不带质变的量变”说就是“量变”与“质变”的关系命题，都应该采取外部前提条件变量与内部结果变量、外生变量与内生变量、质变与量变、发展与增长相结合的方式来加以界定。如果说外部前提条件、外生变量、外部约束是衡量质变和发展的指标，那么，内部结果变量、内生变量则是衡量量变和增长的指标。如果说韦森等强调其固化状态是质变，那么，格尔茨、黄宗智等强调内卷化的变化状态则是量变。如果说革命是一种巨变，包括质的巨变和巨大发展；那么，演进则是一种渐变，包括有质量的量变和有发展的增长，内卷则是一种没有质变的量变和没有发展的增长。

---

〔1〕 王珂、李侠：《内卷考：基于技术—经济革命周期演化的破卷思考》，载《长沙理工大学学报（社会科学版）》2021年第6期。

〔2〕 中观层面的内卷化研究，参见崔宝玉、高钰玲、简鹏：《“四重”嵌入与农民专业合作社“去内卷化”》，载《农业经济问题》2017年第8期；何艳玲、蔡禾：《中国城市基层自治组织的“内卷化”及其成因》，载《中山大学学报（社会科学版）》2005年第5期；杨柯、唐文玉：《路径依赖、目标替代与群团改革内卷化——以A市妇联改革为例》，载《华中师范大学学报（人文社会科学版）》2022年第3期；徐旭初、李艳艳、金建东：《供销社“去内卷化”路径探析——浙江“三位一体”改革之路》，载《西北农林科技大学学报（社会科学版）》2020年第3期。微观层面的内卷化研究，参见牛天：《内卷化与去内卷化：斜杠青年的工作困境及出路》，载《当代青年研究》2022年第5期；甘满堂：《社会学的“内卷化”理论与城市农民工问题》，载《福州大学学报（哲学社会科学版）》2005年第1期；戴欢欢：《我国城市化进程中的农民工困境——基于内卷化机理的阐释》，载《江西农业大学学报（社会科学版）》2009年第3期；孟利艳：《“上不能上，下不能下”——一个街角青年向主流社会回归的“内卷化”之路》，载《青年研究》2009年第3期。

〔3〕 参见卢晓雯：《多维视角下的内卷化：研究现状及概念梳理》，载《华中科技大学学报（社会科学版）》2021年第6期。

可见,内卷化概念的操作化问题,就是“增长”或者“量变”与“发展”或者“质变”的概念操作化问题,其中,“发展”或者“质变”的概念操作化尤为关键;因为如果“发展”或者“质变”的衡量标准清晰,那么,“增长”或者“量变”的判断标准问题就迎刃而解。如何对“发展”或者“质变”进行概念的操作化?或者“发展”或者“质变”的衡量标准是什么?什么是本章研究的法学范式的增长或量变和发展或质变?库恩在范式构成理论和范式变革理论中对此进行了较为明确的界定,认为:世界观是范式构成中最核心的要素,当世界观发生变化时,范式构成中的本体论、方法论、认识论和范例等要素都会发生相应的变化,因此,“(范式——引者注)革命是世界观的改变”,犹如“革命之前科学家世界中的鸭子到革命之后就成了兔子”,[1]其有质的飞跃和变化,可以细分为“演化”和“革命”两种情形;否则,不能称为范式变革,只能称为常规科学研究。常规科学只能导致范式研究的复杂化、精细化和技术化。“它的目的在于稳定地扩展科学知识的广度和精度……不在于事实或理论的新颖性,而当常规科学成功时,也就无新颖性的发现可言。”[2]

总之,从库恩范式理论来看,世界观是衡量范式发展或质变的标准,也是区别发展与内卷化的界限:当世界观变革时,就是范式的发展或质变,其又可以细分为“演化”(渐变或能够引起质变的量变)和“革命”(巨变);而没有世界观变革的,单纯复杂化、精细化和技术化的常规科学研究则是范式研究的内卷化(不能引起质变的量变)。具体到本章的研究,当有法学世界观变革如从形而上的人文主义和科学主义到形而更上的实体主义甚至关系主义(在图2中以垂直纵轴Y轴表示)时,就是法学范式如本章研究的法律实体本体论和法律关系本体论(在图2中以水平横轴X轴表示)的发展或质变:如果将从人文主义和科学主义到实体主义、从分解式法律本体论到法律

---

[1] 参见[美]托马斯·库恩:《科学革命的结构》(第4版),金吾伦、胡新和译,北京大学出版社2012年版,第94页。

[2] [美]托马斯·库恩:《科学革命的结构》(第4版),金吾伦、胡新和译,北京大学出版社2012年版,第44页。

实体本体论称为“演化”,那么,从实体主义到关系主义、从法律实体本体论到法律关系本体论则可以称为“革命”;相反,在同一法学世界观如人文主义和科学主义的形而上层面和形而下层面下进行的没有法学世界观变革的,单纯复杂化、精细化和技术化的常规科学研究(包括同一形而上层面的扩张版法律本体论和物理版法律本体论与形而下层面的技术版法律本体论的研究),则是法学范式研究(包括等位法律本体论和下位法律本体论的研究)的内卷化(见图2)。

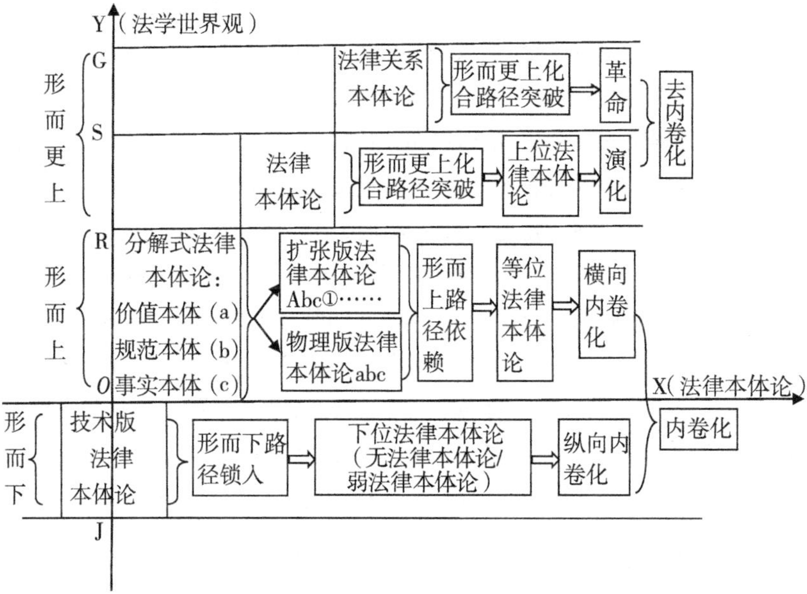

①受篇幅限制,此处只提及Abc一种情形,其他情形可见正文。

图2　法律本体论(去)内卷化及其形成机制

注:1. O:原点;R:人文主义和科学主义;S:实体主义;G:关系主义;J:实用主义/程序主义。

2. Y轴以左表示无法律本体论,Y轴以右表示弱法律本体论。

二、混合式法律本体论的内卷化

为了解决分解式法学范式在法律本体论上带来的规范与事实分立等问题,综合法学混合式法学范式在法律本体论上形成了以下三种混合式法律本体论。这三种混合式法律本体论相对于分解式法律本体论而言，是不是其内卷化？以下将分而论之。

第一，扩张版法律本体论及其横向单一性内卷化。“扩张性混合”方案体现在法律本体论上，不能一视同仁地看待现有各种法律本体论，往往是通过强调一种法律本体论的长处与其他法律本体论的短处，来实现前者对后者的挤压、扩张乃至取代，是在固守分解式法律本体论基本不变前提下的扩张和融合，从事的仅仅是试图通过对自己分解式法律本体论的扩张性解释或再解释来压缩甚至取代其他法律本体论的工作，最后形成一种扩张版的法律本体论，其只是对分解式法律本体论中某一种法律本体论的单一性的“扩大化”，同时使分解式法律本体论中某一种法律本体论的内容变得更为复杂化、精细化和技术化。

如新自然法学的代表人物富勒，通过提出“内在自然法或者程序自然法”的理论，将本来属于规范分析法学研究的内容纳入自己主张的自然法学的研究范围，力图达到后者对前者的挤压、扩张乃至完全的取代，最后形成了一种扩张版的法律本体论（用图 2 的符号可以表示为 Abc）。相对于原有法律价值本体论，富勒的这种扩张版法律本体论只是对原有法律价值本体论的扩大化，是一种单一性的扩大化；同时，相对于原有法律价值本体论，富勒的这种扩张版法律本体论通过将法律的道德分为义务的道德和愿望的道德，将自然法细分为外在自然法和内在自然法、实体自然法和程序自然法，使法律不仅包括原有自然法的法律价值如正义、自由、平等的内容，而且还包括原有法律规范本体论的内容，如程序自然法所包括的法律的普遍性、清晰性、稳定性和一致性等内容，使法律价值由抽象变得具体并具有一定的操作性，最终使整个法律价值本体论变得更为复杂化、精细化和技术化。

又如，新分析法学的代表人物哈特一方面强调法律的规则性，认为法律是第一性规则与第二性规则的结合，另一方面又承认存在“最低限度的自然法”，以达到法律规则本体论对法律价值本体论的挤压、扩张乃至取代，最后形成了一种扩张版的法律规范本体论（用图 2 的符号可以表示为

aBc)。相对于原有法律规则本体论,哈特的这种扩张版法律规则本体论只是对原有法律规范本体论的扩大化,也是一种单一性的扩大化。同时,相对于原有法律规则本体论,哈特的这种扩张版法律规则本体论,通过将法律规则分为第一性规则与第二性规则,然后针对第一性规则存在的"不确定性""静态性""无效性"等缺陷引入第二性规则,并将第二性规则进一步细分为"承认规则""改变规则""审判规则",[1]从而使法律规则由原先较为简单的、粗糙的、抽象的规则模式如"把法律等同于主权者的强制命令这种简单模式"[2]变为现在的这种复杂化、精细化、技术化的规则模式,最终使法律规则本体论变得复杂化、精细化和技术化。

再如,社会法学的代表人物庞德通过提出"法律本体社会控制论"理论,将原有的社会法学的事实因素(如法律秩序、司法和执法活动等)、规范法学的规范因素(如律令和技术等)和自然法学的价值因素(如理想等)囊括在内并统合起来,将本来属于规范分析法学和自然法学研究的内容全部纳入自己主张的社会法学的研究范围,以力图达到后者对前二者的挤压、扩张乃至完全的取代,最后也形成了一种扩张版法律事实本体论(用图2的符号可以表示为abC)。相对于原有法律事实本体论,庞德的这种扩张版法律事实本体论通过对"法律本体社会控制论"的解释,实现对原有法律事实本体论的扩大化解释,使之不仅能包括法律事实论的内容,而且可以包括法律价值论和法律规范论的内容,但从其所持的基本立场和理论——社会法学派的法律事实论来看,也属于一种单一性的扩大化。[3] 同时,相对于原有法律事实本体论(如狄骥的连带关系论、埃利希的"活法论"、霍姆斯的法律经验论等),庞德的这种扩张版法律事实本体

---

[1] 参见[英]哈特:《法律的概念》,张文显等译,中国大百科全书出版社1996年版,第81~100页。

[2] [英]哈特:《法律的概念》,张文显等译,中国大百科全书出版社1996年版,第81页。

[3] 当然,从法律本体论的内容来看,庞德的理论具有"物理版"法律本体论的特点,即综合性扩大化特点;正是由于这个特点,庞德的这种通过"社会控制"实现法律本体论的统一,对后来的理论综合法学也产生了一定的影响。如霍尔的"作为行动的法律"的法律本体论的理论,就是受到庞德的这种法律本体论的影响。

论通过对“法律本体社会控制论”的复杂化、精细化和技术化解释——先将法律分解为法律秩序、权威性资料等以及司法、行政过程等三个部分，然后将权威性资料进一步细分为律令、技术和理性三个部分，最后将律令进一步细分为规则、原则、概念和标准四个部分[1]，实现法律事实本体论的复杂化、精细化和技术化。

综上所述，扩张版法律本体论，不论是扩张版法律规范本体论，还是扩张版法律事实本体论和扩张版法律价值本体论，尽管实现了对原有法律本体论研究的复杂化、精细化和技术化，但“他们都是以自己所属的学派吞并其他的学派为目的进行‘融合’”[2]，是在固守传统分解式法学范式基本不变前提下的融合和扩张，最多只是将其哲学渊源追溯到人文主义和科学主义，都几乎没有试图突破原有法学世界观——人文主义和科学主义的限制和范围的学术努力，默认的还是人文主义和科学主义的法学世界观。在这个意义上，扩张版的法律本体论都是对原有法律本体论的一种横向的自我复制、自我维系和自我扩张，都是一种“没有发展的增长”或者“没有质变的量变”，都是停留在形而上的人文主义和科学主义世界观层面的对原有法律本体论的横向单一性内卷化（见图2）。

第二，物理版法律本体论及其横向综合性内卷化。“物理性混合”方案与“扩张性混合”方案不同，其可以一视同仁地看待现行所有法律本体论，即如图2所示 $a = b = c$，认为它们各有所长，也各有所短，可以取长补短、功能互补，因此对它们都采取一种兼容并蓄的态度，只进行“物理性混合”，从事的是简单的法律本体论加和的工作，即 $a + b + c = abc$（综合本体论），形成的是一种物理版的法律本体论。这种物理版的法律本体论相对于原有法

---

〔1〕 参见[美]罗斯科·庞德：《通过法律的社会控制》，沈宗灵译，楼邦彦校，商务印书馆1984年版，第17～30页；沈宗灵：《现代西方法理学》，北京大学出版社1992年版，第298～301页。

〔2〕 薄振峰：《法律的综合维度——朱利叶斯·斯通法律哲学研究》，清华大学出版社2013年版，第150页。

律本体论而言,也使法律本体论变得更为复杂化、精细化和技术化。

如霍尔在批评自然法学、现实主义法学和分析实证主义法学基础上,提出从特殊论法学走向综合法学的主张,将法理学分为四个部门:法律价值论、法律社会学、形式法律科学和法律本体论;其中,前三个部门分别是自然法学、现实主义法学和分析实证主义法学的代表,它们相互联系和依存,第四个部门则是其核心,涉及以上三个部门。在这种理论综合法学思想的指导下,霍尔提出了"作为行动的法律"的法律本体论,试图将法律的三个要素——价值、概念和事实统一于"作为行动的法律"的概念中,认为:"行动是概念(包括法律规则的概念)、事实(包括官员和其他人的行为)以及实现某种宝贵目标的价值的综合。"〔1〕"作为行动的法律"的法律本体论,还被霍尔赋予了"动力学性质,即具有一种成长和变化的内在能力……让人们在它的内在结构和在时间的变迁中认识它,而不是如凯尔森模式那样仅认识它的形式结构和它在某一时间的形式内容。它是'过去的法',是'未来的法',是'可能的法',是'潜在的法'和'正在出现的当前的法'"〔2〕。另外,霍尔的这种"作为行动的法律"的法律本体论,还使"规则、价值和实际的法以下列方式有机地联系起来了:规则起着解释官员规定、评价、发布和适用法律的行为的作用。价值通过法的效力观念进入法的概念中"〔3〕。可见,霍尔的这种"作为行动的法律"的法律本体论,相对于原有法律本体论,使原来理念化的一元的简单的法律本体论变为多元的复杂的法律本体论。

而斯通在法律本体论上给出了一个列举式的将法律视作许多现象的复杂整体的法律定义,不仅有规范分析法学的规范因素,也有自然法学的价值因素,更有社会学法学的事实因素,从而使原先一元的、简单的、抽象的法律

---

〔1〕 沈宗灵:《现代西方法理学》,北京大学出版社 1992 年版,第 452~457 页。

〔2〕 薄振峰:《法律的综合维度——朱利叶斯·斯通法律哲学研究》,清华大学出版社 2013 年版,第 169 页。

〔3〕 薄振峰:《法律的综合维度——朱利叶斯·斯通法律哲学研究》,清华大学出版社 2013 年版,第 169 页。

本体论变为多元的、复杂的、具体可操作化和技术化的法律本体论。

而博登海默对法律复杂性有更为鲜明和清晰的认识，认为："人类历史的经验告诉我们，不可能根据任何单一的、绝对的因素或原因去解释法律制度。若干社会的、经济的、心理的、历史的和文化的因素以及若干价值判断影响着和决定着立法和司法……由于这是一个巨大的、棘手的任务，所以为了恰当地完成这个任务，在法理学学者之间进行某种劳动分工乃是不可避免的。"[1]为此，博登海默提出了自己的法律本体论：法律是秩序与正义的综合体。其中，正义是自然法学所关注；而秩序则既包含规范法学关注的规则因素，如约翰·奥斯丁及其追随者强调的法律的强制因素，又包括社会法学关注的事实因素，如欧根·埃利希强调的影响法律的社会因素。[2] 可见，博登海默的这种物理版的法律本体论与霍尔、斯通一样，使原有一元的简单的法律本体论变为多元的复杂的法律本体论。

而伯尔曼在研究法律实证主义、自然法理论和历史法学派的基础上，提出了一个赞同并高于富勒"事业论"的法律本体论："法律不仅作为一个规则体，而是作为一个过程和一种事业，在这种过程和事业中，规则只有在制度、程序、价值和思想方式的具体关系中才具有意义。从这种广阔的前景出发，法律渊源不仅包括立法者的意志，也包括公众的理性和良心，以及他们的习俗和惯例。"[3]可见，伯尔曼的法律本体论与霍尔、斯通和博登海默一样。伯尔曼认为"法律不仅仅是事实，它也是一种观念或概念，此外，它还是一种价值尺度"，[4]其观点中既有规范分析法学的规则体说，又有自然法学的法律事业说，还有社会法学和历史法学的事实因

---

〔1〕 [美]E. 博登海默：《法理学——法哲学及其方法》，邓正来、姬敬武译，华夏出版社 1987 年版，第 200 页。

〔2〕 参见[美]E. 博登海默：《法理学——法哲学及其方法》，邓正来、姬敬武译，华夏出版社 1987 年版，第 302 ~ 339 页。

〔3〕 [美]伯尔曼：《法律与革命》，高鸿钧等译，中国大百科全书出版社 1993 年版，第 13 页。

〔4〕 [美]伯尔曼：《法律与革命》，高鸿钧译，中国大百科全书出版社 1993 年版，第 665 页。

素；既是价值、规范和事实的物理性综合，也是一种物理版的法律本体论。比较而言，原有法律本体论如“自然法理论”“历史法学”“社会学法学”，尽管“都有许多差异，但每一种理论本身都仅仅注意到真理的某一个方面。它们中任何一个都不能单独为理解西方的法律理论提供一个基础”[1]。“在任何西方的法律体系中，试图仅仅求诸逻辑或政策或公正来解释或理解一个法律规则（或概念或价值或制度），是绝不够的；必须借助于使它产生的环境和长期影响它的事件的过程予以解释和说明。”[2]“法律不仅包括法律制度、法律命令和法律判决等，而且还包括法律学者（其中有时包括像法律学者那样一些从事讲述和撰写的立法者、法官和其他官员）对法律制度、法律命令和法律判决所作的阐述。法律本身包含一种科学，一种超然法——通过它能够对法律进行分析和评价……法律被设想为一个连贯的整体，一个融为一体的系统，一个‘实体’，这个实体被设想为在时间上是经过了数代和数个世纪的发展。”[3]总之，伯尔曼的这种物理版法律本体论，不仅使原有一元的简单的法律本体论变为多元的复杂的法律本体论，而且使法律本体论既具有共时性的维度，也具有历时性的维度，最终使法律本体论更为复杂化。

综上所述，相对于分解式法律本体论，首先，物理版法律本体论尽管在一定意义上使法律本体论更为复杂化，但只是对原有法律本体论的物理性综合，“（理论——引者注）综合法学的主张者们对三大法律流派的批评在很大程度上是老调重弹，而且他们所提倡的‘综合’只是笼统的和机械的加和”，[4]在法律本体论上，其开展的只是 $a+b+c=abc$ 的物理性工作，如油 + 水 = 油水，而不是 $a+b+c=s$ 的化学性工作，如 $H_2+O_2=H_2O$，实质上

---

〔1〕［美］伯尔曼：《法律与革命》，高鸿钧等译，中国大百科全书出版社 1993 年版，第 14 页。

〔2〕［美］伯尔曼：《法律与革命》，高鸿钧等译，中国大百科全书出版社 1993 年版，第 19 页。

〔3〕［美］伯尔曼：《法律与革命》，高鸿钧等译，中国大百科全书出版社 1993 年版，第 10 页。

〔4〕金欣：《综合法学与中国：一场误会》，载《社会科学论坛》2017 年第 11 期。

还是停留在原有法律本体论上，没有形成新的法律本体论(见图2)。其次，物理版法律本体论与原有分解式法律本体论一样，都只是将其哲学渊源追溯到人文主义和科学主义，都几乎没有进行试图突破原有法学世界观——人文主义和科学主义的限制和范围的学术努力，还是在默认人文主义和科学主义的法学世界观的前提下开展法律本体论研究；在这个意义上，物理版法律本体论也是对原有分解式法律本体论的一种横向的自我复制和自我维系，都是一种“没有发展的增长”或者“没有质变的量变”，都是停留在形而上的人文主义和科学主义世界观层面的对原有法律本体论的横向内卷化(见图2)。最后，物理版法律本体论横向内卷化与扩张版法律本体论横向内卷化不同：如果说扩张版法律本体论横向内卷化只是一种单一性的横向内卷化，只是对原有分解式法律本体论中某一种法律本体论如法律价值本体论或者法律规范本体论或者法律事实本体论的横向内卷化，那么，物理版法律本体论横向内卷化则是一种综合性的横向内卷化，是对所有分解式法律本体论(包括法律价值本体论、法律规范本体论和法律事实本体论)的横向内卷化(见图2)。

第三，技术版法律本体论及其自上而下的纵向内卷化。“技术性混合”方案中尽管弱法律本体论(不包括无法律本体论)也探讨法律本体论问题，但更加关注的是形而上层面的法律本体论问题如规范与事实或者价值本体论、规范本体论和事实本体论之间的紧张与冲突在形而下的技术制度层面的体现：如立法实践和司法实践中合法律性与合法性、逻辑与经验、法律的自治性与法律的合法性、法律的实证性与合法性、事实强制性与合法的有效性、客观法律秩序与主观权利、形式正义与实质正义等之间的紧张与冲突，更加关注从立法者和司法者的角度来制度化地解决这些在形而下的技术制度层面存在的法律本体论问题，最后只是形成了一种技术版法律本体论。

如实践综合法学代表人物波斯纳，尽管也探讨了现有法律本体论问题，但与将“物理性混合”和“扩张性混合”置于形而上层面来探讨法律本体论不同，其是将此置于形而下的实践技术制度层面来探讨：从法官司法实践的角度来看,在研究法律的三个构成要素——价值、规范和事实时,价值因素包括法学家(如哈特、德沃金、哈贝马斯等)研究的法学理论、宪法理论、道德理论等都是地方性理论,不具有普适性,其在法官的司法实践中只具有修辞作用,司法实践中规范因素的作用在不断下降,而事实因素的作用在不断上升。在这个意义上,法律只是规范(狭义的规则)与事实的综合即弱综合。同时,波斯纳始终认为,从形而上的层面来进行法律本体论的研究是一个"没有多少油水的工作",也是一个吃力不讨好的工作;因此,他更加关注怎样从技术制度的法律实践层面解决它们之间的分立和融合,并站在法官角度为其解决疑难案件提出一种以结果为导向的实用主义的社会科学进路的解决方案,最后只是形成了一种技术版法律本体论。

再如,实践综合法学代表人物哈贝马斯尽管在法律本体论上旗帜鲜明地承认法律"在规范与事实之间",但更加关注法律本体论问题即规范与事实之间的紧张与冲突在技术制度层面包括立法实践和司法实践中的各种体现:合法律性与合法性、有效性与合理性、事实性和有效性等之间的紧张与冲突;更加关注法律本体论问题——规范与事实之间的紧张与冲突在形而下的技术制度的法律实践层面的解决,而不是像"扩张性混合""物理性混合"那样侧重于法律本体论在形而上层面的研究,并为此提出了一种过程导向的程序主义解决方案,最后也只是形成了一种技术版法律本体论。

又如,实践综合法学的代表人物卡多佐站在法官的角度,着重关注形而上层面的法律本体论问题(实际上就是规范与事实之间的冲突与紧张问题)在形而下的技术制度层面尤其是在司法层面体现为逻辑、历史、习惯、效用,甚至还与司法过程中法官下意识因素(包括"喜爱和厌恶、偏好和偏见、本能、情感、习惯和信念"[1]等)之间的冲突及其处理,并通过对司法过程的分析得出结论认为:"逻辑、历史、习惯、效用以及为人们接受的正确行为的标准是一些独自或共同影响法律进步的力量。在某个具体

---

〔1〕［美］本杰明·卡多佐:《司法过程的性质》,苏力译,商务印书馆1998年版,第105页。

案件中,哪种力量将起支配作用,这在很大程度上取决于将因此得以推进或损害的诸多社会利益的相对重要性或相对价值……当历史或习惯是影响现成规则的推动力或主要推动力时,要与历史或习惯保持一致,而当逻辑或哲学是推动力时,就要与逻辑或哲学保持一致……当一致性变成压迫的一致性时,一致性就不再是好东西了。这时,对称性或确定性所服务的社会利益就一定要通过衡平和公道或其他社会福利的因素所服务的社会利益来保持平衡。"[1]另外,卡多佐还特别注重将形而上层面的法律本体论问题——实际上就是规范与事实的冲突与紧张问题——转化为形而下的技术制度层面的各种具体处理方法的配合与交叉运用问题,包括哲学的方法、历史进化的方法、传统方法和社会学的方法。

综上所述,技术版法律本体论,不论是结果导向的技术版法律本体论还是过程(包括司法过程)导向的技术版法律本体论,都着重关注现行形而上层面法律本体论之间的分立在形而下的技术制度层面的各种各样的体现,以及其给法律实践方面带来的各种问题及其解决,丰富了我们对法律本体论在技术制度层面的认识和研究,与扩张版法律本体论和物理版法律本体论一样,也实现了我们对法律本体论的认识和研究的复杂化和精细化。不同的是:相对于原有分解式法律本体论,如果说扩张版法律本体论和物理版法律本体论实现的是形而上层面的横向精细化,那么,技术版法律本体论实现的则是形而下层面的纵向精细化。但它们都没有突破人文主义和科学主义的范围和限制,如果说扩张版法律本体论是在坚守原有人文主义和科学主义法学世界观前提下开展的研究,物理版法律本体论则只是对原有人文主义和科学主义法学世界观的物理性的简单加和,那么,技术版法律本体论根本无意或者无力于对现行人文主义和科学主义法学世界观的突破和超越。在这个意义上,不论是处于形而上层面的扩张版法律本体论和物理版法律本体论,还是处于形而下层面的技术

---

[1] [美]本杰明·卡多佐:《司法过程的性质》,苏力译,商务印书馆1998年版,第69~70页。

版法律本体论,都没有实现对原有法律本体论的超越,都没有实现对原有人文主义和科学主义法学世界观的变革和超越,都是在人文主义和科学主义法学世界观下的一种自我复制和自我维系,都是一种法律本体论内卷化;不同的只是内卷化的方向不同:相对于原有法律本体论,如果说扩张版法律本体论和物理版法律本体论横向内卷化,那么,技术版法律本体论则是一种自上而下的纵向内卷化(见图2)。

三、法律本体论形而更上化合路径的演化

由上可见,扩张性混合方案在法律本体论上只是一种扩张版的法律本体论,只是原有分解式法律本体论的"扩大化",因此,相对于处于形而上层面的原有分解式法律本体论,它们处于相同的形而上层面,形成的是一种相同的"形而上路径依赖";通过这种路径获得的法律本体论,与原有分解式法律本体论相比是一种等位法律本体论,因此,其也不可能通过这种等位法律本体论突破分解式法律本体论的限制,只能是一种"形而上路径依赖"导致的法律本体论的横向内卷(见图2)。

而物理性混合方案在法律本体论上只是分解式法律本体论的物理性加和,如霍尔的"作为行动的法律"认为法律本体论是价值+规范+事实,斯通的列举式法律本体论是价值+规范+事实,博登海默的秩序和正义综合体法律本体论也是价值+规范+事实,伯尔曼的法律本体论还是价值+规范+事实,因此,相对于处于形而上层面的分解式法律本体论,它们也处于相同的形而上层面,形成的也是一种相同的"形而上路径依赖";通过这种路径获得的法律本体论,与原有分解式法律本体论相比也是一种等位法律本体论,因此,其也不可能通过这种等位法律本体论突破分解式法律本体论的限制,只是分解式法律本体论的物理性混合,也只能是一种"形而上路径依赖"导致的法律本体论的横向内卷(见图2)。

而技术性混合方案在法律本体论上常常将价值、规范和事实之间的分立和冲突问题解决在技术制度层面,如在解决法律本体论存在的价值、规范和事实的分立和冲突问题上,哈贝马斯提出的侧重于过程的程序主义

的技术性混合方案、卡多佐提出的侧重于司法过程的性质及其方法论解决问题的实用主义的技术性混合方案、波斯纳提出的侧重于结果的实用主义的技术性混合方案。“从总体上来说,实用主义不讲主义,只讲具体问题具体分析。它重经验事实、归纳(以及归纳的方法)和即时效果,轻理论、演绎和长远后果……对于实用主义者来说,理论和概念的价值则取决于它们是否能产生即时的应用效果。可以说,实用主义是一个弱化本体承诺(ontological commitment)和强化科学认识论(scientific epistemology)的哲学体系。”〔1〕如波斯纳认为形而上的法律本体论问题研究“不必然是最有油水的问题……大胆地说,这个问题实际是没有意义的”〔2〕,尤其是对解决法官面临的疑难法律案件没有多少实际意义,是一条“歧途”,〔3〕因此,波斯纳的法律实用主义是一种弱化本体承诺的法哲学体系。而卡多佐则强调从法学方法的角度和司法技术的层面来解决司法过程中存在的价值、规范与事实之间的分立与冲突问题,其法律实用主义则是一个强化科学认识论尤其是方法论的哲学体系。而哈贝马斯的程序主义技术混合方案,强调的是形而上层面的规范与事实之间的分立与冲突在形而下的法律实践层面各种各样的体现及其程序主义的技术制度性的解决方案,因此也是一种弱化本体承诺的法哲学体系。“随着社会科学研究领域的不断增多和研究方法的分化和发展,每个不同的领域都出现了自己的问题意识,并且学者们对经验现象之间的细小差别和能精确描述这些差别的方法越来越感兴趣,实用主义社会科学于是就从弱本体承诺转向了无本体承诺。”〔4〕这在卡多佐的《司法过程的性质》一书中表现得尤为突出,该书全篇都是技术层面的对法学方法论运用的探究,而几乎没有形而上的

---

〔1〕 赵鼎新:《从美国实用主义社会科学到中国特色社会科学——哲学和方法论基础探究》,载《社会学研究》2018年第1期。

〔2〕 [美]波斯纳:《法理学问题》,苏力译,中国政法大学出版社1994年版,第279页。

〔3〕 参见[美]理查德·A. 波斯纳:《道德和法律理论的疑问》,苏力译,中国政法大学出版社2001年版,第1~212页。

〔4〕 赵鼎新:《从美国实用主义社会科学到中国特色社会科学——哲学和方法论基础探究》,载《社会学研究》2018年第1期。

法律本体论的探讨,是一种较为明显的“无本体承诺”的法哲学体系。总之,不论是波斯纳和哈贝马斯的弱法律本体论承诺还是卡多佐的无本体论承诺,相对于处于形而上层面的原有分解式法律本体论,它们处于形而下的技术层面,是一种“形而下路径锁入”;通过这种路径获得的是一种下位法律本体论,既无意也无力通过这种下位法律本体论突破原有法律本体论的限制,最多只能通过这种下位法律本体论实现与原有分解式法律本体论之间的技术性混合,是一种“形而下路径锁入”导致的自上而下的法律本体论的纵向内卷(见图2)。

综上所述,从内卷化的机制来看,不论扩张版法律本体论和物理版法律本体论“形而上路径依赖”,还是技术版法律本体论“形而下路径锁入”,都会导致法律本体论内卷化,都难以实现法律本体论的去内卷化,因此,要想突破其“形而上路径依赖”和“形而下路径锁入”,实现法律本体论去内卷化,必须选取一种既不同于形而上路径又有别于形而下路径的“形而更上路径突破”(见图2)。

什么是形而更上路径?这是相对于分解式法律本体论背后的共同法学世界观——人文主义和科学主义而言的,如果说分解式法律本体论背后的共同法学世界观人文主义和科学主义处于形而上的层面,那么,扩张版法律本体论和物理版法律本体论背后的法学世界观人文主义和科学主义处于形而上的层面,同属于形而上的路径;如果技术版法律本体论背后法学世界观实用主义和程序主义属于形而下的层面,属于形而下的路径,那么,作为人文主义和科学主义背后共同的上位法学世界观实体主义则处于形而更上的层面,属于形而更上的路径(见图2)。同时,如果说从上位的实体主义到下位的人文主义和科学主义是一个自上而下的分解过程,那么,从下位的人文主义和科学主义到上位的实体主义则是一个自下而上的化合过程;因此,形而更上的路径也是一种形而更上的化合路径。[1]

那么,通过"形而更上的化合路径",可以追寻到一种什么样的法律本体论?这种法律本体论能否实现对分解式法律本体论的去内卷化?如能,是"演化"还是"革命"?

第一,从法律本体论的内容来看,相对于分解式法律本体论,如果说形而上路径追寻到的是一种扩张版法律本体论和物理版法律本体论,实质上也是法律价值本体论、法律规范本体论和法律事实本体论,形而下路径追寻到的是一种技术版法律本体论或者弱法律本体论甚至无法律本体论,那么,形而更上化合路径则可以追寻到一种法律实体本体论(见图2)。

首先,实体主义所指的实体是一个既包括主观/主体又包括客观/客体的概念,是"马克思主义以前的哲学上的一个概念,认为实体是万物不变的基础和本原。唯心主义者所说的'精神'、形而上学的唯物主义者所说的'物质'都是这样的实体"[2]。其中,分解式法律本体包含的法律价值本体、法律规范本体和法律事实本体也都是这样的实体,因此,分解式法律本体论包含的法律价值本体论、法律规范本体论和法律事实本体论也都是一种法律实体本体论。其次,实体主义也是一种实体——尤其是第一实体——至上论哲学。实体主义认为实体是第一性的,其他都是第二性的;其中,第一实体具有至高无上性,追寻第一实体是实体主义研究的最终目标。如在人文主义法学看来,法律价值(如自由、平等、权利、秩序、正义等)是第一实体,是至高无上的,也是人文主义法学研究的最终目标;在科学主义的规范实证主义法学看来,法律规范(如凯尔森的基本规范、哈特的承认规范等)是第一实体,是至高无上的,也是其追寻的终极目标;在科学主义的事实实证主义法学看来,法律事实(如狄骥的社会连带

[1] 关于这个问题的详细研究,详见张洪涛:《如何实现世界观层面法学新文科的"六通"?》(未刊稿)。

[2] 中国社会科学院语言研究所词典编辑室编:《现代汉语词典》(第6版),商务印书馆2012年版,第1180页。

关系、霍姆斯的法律经验、埃利希的"活法"、行为主义法学的法官行为或者官员行为等)是第一实体,是至高无上的,也是其追寻的终极目标。最后,实体主义还是一种基础主义哲学。实体主义追寻第一实体的终极目标是为了建立基础,是一种实体基础主义哲学。如在人文主义法学看来,法律的基础是法律价值;在规范实证主义法学看来,法律的基础是法律规范;在事实实证主义法学看来,法律的基础是法律事实。以下将分而论之。

自然法学包括古代自然法学、中世纪神学自然法学、近代古典自然法学和现代新自然法学,其都是到自然中去寻找第一实体即本体以建立其基础,因此是一种自然实体本体论。当然,这里的"自然"并不单纯指自然界,还包括人的自然本性(包括性善论和性恶论)及其在此基础上人类社会自然形成的社会秩序(善、正义),以及人们对自然的神秘而感到的敬畏之情,因此,自然法学自古至今在法律本体论上形成了神实体论、自然实体论和人实体论。其中,人实体本体论在文艺复兴时期人文主义的影响下发展最为突出,将法律对人的价值关怀和满足视为法律最重要的目标和标准,法律价值实体也成为自然法学追寻、研究的第一实体,最后也成为当今三大法律本体论之一。如人性恶的人实体论代表霍布斯认为人有两个自然本性:趋利避害和自我保存,其在这种利己主义人性论基础上,建构了自己的自然法理论、国家及其法律起源的理论即社会契约论以及国家实在法理论,并将法律对人的价值——包括正义、秩序、安全、自由等——的关怀和满足视为法律最重要的目标和标准,建立在人实体基础上的法律价值实体成为其追寻的第一实体即本体。再如,人性善的人实体论代表洛克,虽赞同霍布斯人性论中自然本性趋乐避苦的一面,但更强调人性中社会性即理性的一面,认为人类有足够的理智或理性思维的能力,并在此基础上建构了自己的自然法理论、国家及其法律起源的理论即社会契约论以及国家实在法理论,也将法律对人的价值——包括自由、平等、权利等——的关怀和满足视为法律最重要的目标和标准,建立在人实体基础上的法律价值实体也成为其追寻的第一实体即本体。

如果说自然法学是一种价值实体本体论,那么,实证主义法学尤其分析实证主义法学在实在法范围内,通过逻辑分析方法即规范分析方法追寻法的第一实体即本体,必然是一种法律规范实体本体论。如早期实证主义法学的代表奥斯丁,通过对实在法的“外在观点”的观察和研究,在千差万别的具体的实在法中抽象出三个共同的因素:主权者、命令和制裁。奥斯丁从而得出了法是主权者、命令(义务)和制裁的统一体的结论,即“法 = 主权者 + 命令 + 制裁”。奥斯丁的这种法本体论,也就是人们所称的“法律命令说”。再如,分析实证主义法学的代表凯尔森,通过对实在法的“外在观点”的观察和逻辑分析,将千差万别的具体的实在法抽象为四类法律规范:个别规范、一般规范、宪法规范和基础规范,并认为个别规范的效力基础源于一般规范、一般规范的效力基础源于宪法规范,而宪法规范的效力基础源于基础规范,最终建立了一个一元化的以基础规范为基础、为“基质”的动态的、纯粹的规范等级体系。[1] 可见,基础规范,既是其所有实在法律规范效力的基础,也是凯尔森追寻的第一实体即法的本体。

如果说自然法学是一种价值实体本体论,规范法学是一种规范实体本体论,那么,社会实证主义法学将法律嵌入社会中,通过社会分析方法而追寻到的影响法的最根本的社会原因即法的本体,必然是一种事实实体本体论。根据是将法的本体追溯到微观的人的社会行为,还是追溯到宏观的社会环境,社会法学的社会事实实体本体论可以分为以下两类。

一类是微观的社会事实实体本体论。如韦伯是将其法律理论放在他的整个社会学理论“大厦”中来建构的,而建构整个社会学理论“大厦”的根基是其有关社会行为的理论,因此,整个社会理性化的微观根基是人的社会行为的理性化。同样,整个法律理性化的微观根基也是人的社会行

---

[1] 参见[奥]凯尔森:《法与国家的一般理论》,沈宗灵译,中国大百科全书出版社1996年版,第124~182页。

为的理性化,法律不断地理性化的继受过程,也是法律的继替过程:“初民法律时是法律先知,然后靠法律名望家,最后到现代形式的、理性的法律由法律专家来执行。”〔1〕总之,在韦伯看来,“法律是一种社会行为”〔2〕;换言之,人的社会行为是影响法律的根本原因,是韦伯追寻到的法的第一实体即法的本体。再如,现实主义法学的代表人物霍姆斯主张应该从“坏人的角度”来看待法律,“对一个坏人来说它(法律——引者注)意味着什么呢? 主要和首要的是一个预测,即如果他做了某些事情,他就将得到监禁或者强制性付款的不利后果”〔3〕。因此,霍姆斯得出了自己的法律预测论:“我们所说的法律只意味着对法院实际将会做什么的预测,而不是那些毫无根据的东西。”〔4〕可见,在霍姆斯看来,法律就是对法院行为的预测;换言之,法院行为是影响法律的根本因素,也是其追寻的法的第一实体即法的本体。又如,现实主义法学的规则怀疑论者卢埃林认为:“那些负责做这种事的人,无论是法官、警长、书记官、监管人员还是律师,都是官员。这些官员关于纠纷做的事,在我看来,就是法律本身。”〔5〕可见,在卢埃林看来,“法律是官员关于纠纷的行为”〔6〕;换言之,官员行为是影响法律根本的原因,也是其追寻到的法的第一实体即法的本体。而现实主义法学的事实怀疑论者弗兰克认为:“法律并不是‘书本上的法律’,而是‘行动中的法律’;不是固定的规则,而是官员,特别是法官的行为;不是一个规则体系,而是一批‘事实’。”〔7〕其中,“法官的个性是司法的中枢

---

〔1〕 林端:《儒家伦理与法律文化:社会学观点的探索》,中国政法大学出版社 2002 年版,第 51 页。

〔2〕 林端:《儒家伦理与法律文化:社会学观点的探索》,中国政法大学出版社 2002 年版,第 54 页。

〔3〕 [美]小奥利弗·温德尔·霍姆斯:《霍姆斯读本》,刘思达译,生活·读书·新知三联书店 2009 年版,第 17 页。

〔4〕 [美]小奥利弗·温德尔·霍姆斯:《霍姆斯读本》,刘思达译,生活·读书·新知三联书店 2009 年版,第 16~17 页。

〔5〕 沈宗灵:《现代西方法理学》,北京大学出版社 1992 年版,第 314 页。

〔6〕 沈宗灵:《现代西方法理学》,北京大学出版社 1992 年版,第 313 页。

〔7〕 沈宗灵:《现代西方法理学》,北京大学出版社 1992 年版,第 333 页。

因素……法律就可能是要依碰巧审理某一具体案件的法官的个性而定”[1]。可见，在弗兰克看来，法律是对法官行为的预测，换言之，法官行为尤其是法官的个性是影响法律的根本原因，也是其追寻到的法的第一实体即法的本体。

另一类是宏观的社会事实实体本体论。如涂尔干通过考察比较落后社会与先进社会后发现：与机械性社会连带关系的社会相适应的是惩罚性法律，而与有机性社会连带关系的社会相适应的是恢复性法律；同时，机械性社会连带关系的社会也是一个社会分工不发达的社会，而有机性社会连带关系的社会则是一个社会分工发达的社会。因此，在涂尔干看来，影响法律的根本因素是社会分工；换言之，社会分工是涂尔干追寻到的法的第一实体即法的本体。再如，自由法学的代表人物埃利希认为，国家制定法仅仅只是法律中很少的一部分，“在当代以及任何其他的时代，法的发展的重心既不在于立法，也不在于法学或司法判决，而在于社会本身”[2]。因此，埃利希主张法官、法学家等应该到社会生活中去自由地发现法律——尤其是其中实际发生作用的“人类团体的内部秩序”或“活的法”。这是因为：“人类团体的内部秩序不仅仅是原初的法的形式，而且直到当代仍然是法的基本形式。法条不仅很晚才出现，而且至今绝大部分依然来源于团体的内部秩序。因此，要说明法的起源、发展和本质，就必须首先探究团体的秩序。所有迄今为止想弄清法的本质的尝试均告失败，原因就在于其不是以团体中的秩序而是以法条作为（研究的）出发点。”[3]换言之，“活的法的科学定义，不限于对法院适用的，供判决之用的规范。活的法律知识还具有一种独立的价值，它构成人类社会秩序的

---

〔1〕 沈宗灵：《现代西方法理学》，北京大学出版社1992年版，第340页。

〔2〕 [奥]欧根·埃利希：《法社会学原理》，舒国滢译，中国大百科全书出版社2009年版，“作者序”第1页。

〔3〕 [奥]欧根·埃利希：《法社会学原理》，舒国滢译，中国大百科全书出版社2009年版，第40～41页。

基础"[1]。可见,在埃利希看来,"人类团体的内部秩序"或"活的法"才是决定法律的根本因素,也是其追寻到的法的第一实体即法的本体。而社会连带主义法学的代表人物狄骥,受涂尔干的连带关系理论的影响,也将社会连带关系分为求同的机械的连带关系和分工的求异的有机的连带关系,并认为社会连带关系是一切人类社会的基本事实,尽管它本身不是人们的行为规则或社会规范,但却是所有这些规则或规范的基础。这种建立在社会连带关系基础上的规则,狄骥也称为"客观法",而与客观法相对应的是实在法,包括国家制定法、判例法、习惯法等,它们都是客观法的表现形式,仅仅是对客观法的陈述。总之,社会连带关系是影响法的根本的原因,也是狄骥追寻到的法的第一实体即法的本体。

第二,从法律本体论的位阶来看,相对于分解式法律本体论,如果说形而上路径追寻到的扩张版法律本体论和物理版法律本体论是一种等位法律本体论,形而下路径追寻到的技术版法律本体论或者弱法律本体论甚至无法律本体论是一种下位法律本体论,两者难以使我们看到整个分解式法律本体论的共同点,只能使我们看到各个分解式法律本体论的差异性,使我们陷入纷繁复杂的各式各样的分解式法律本体论中而不能自拔,有一种"横看成岭侧成峰,远近高低各不同"的感觉,并对分解式法律本体论形成一种"盲人摸象式"的认识,那么,形而更上化合路径则可以追寻到的法律实体本体论则是一种上位法律本体论,其可以看到各个分解式法律本体论的共同点,使我们得以看清整个分解式法律本体论的全局和大趋势,有一种"会当凌绝顶,一览众山小"的感觉,并通过这种上位的法律本体论实现混合式法律本体论想实现而没有实现的对其下位的分解式法律本体论的整合和跨越的愿望(见图2)。

第三,从法律本体论的功能来看,相对于分解式法律本体论,如果说形而上路径追寻到的是扩张版法律本体论和物理版法律本体论,形而下

[1] [美]庞德:《法律、道德与正义》,张文伯译,台北,台北监狱印刷厂1959年印,第154页。转引自严存生:《西方法律思想史》,中国法制出版社2012年版,第280页。

路径追寻到的是技术版法律本体论或者弱法律本体论甚至无法律本体论，其表面看来都是混合式法律本体论，实质上都是分解式法律本体论，那么，形而更上化合路径追寻到的法律实体本体论则是一种化合式的法律本体论，即法律价值本体论 + 法律规范本体论 + 法律事实本体论 = 法律实体本体论，进而通过这种化合式的法律本体论完成混合式法律本体论想完成而没有完成的对分解式法律本体论的“质的化合”而不是“量的混合”的任务（见图2）。

第四，从法律本体论的最终结果来看，相对于分解式法律本体论，如果说形而上路径追寻到的扩张版法律本体论和物理版法律本体论是一种等位法律本体论，形而下路径追寻到的技术版法律本体论或者弱法律本体论甚至无法律本体论是一种下位法律本体论，它们表面看来是混合式法律本体论，实质上也是分解式法律本体论，是法律本体论的内卷化，无法实现对分解式法律本体论的去内卷化，那么，形而更上化合路径追寻到的法律实体本体论则是一种上位的化合式的法律本体论，进而通过这种上位的化合式的法律本体论实现法律本体论由分解式法律本体论到法律实体本体论的“演化”，最终有可能达到混合式法律本体论想达到而没有达到的法律本体论去内卷化的目标（见图2）。这是因为实体主义与人文主义和科学主义一样，也是一种通过不断分解的方式来追溯第一实体以建立实体基础主义的分解式哲学范式，因此，在实质内容上法律实体本体论与分解式法律本体论一样，也是一种分解式的法律本体论；在这个意义上，从分解式法律本体论到法律实体本体论并不是一种法学世界观意义上的法律本体论的“革命”，而只是一种可能会引起质变的量变或者带来发展的增长即法律本体论的“演化”。

四、法律本体论形而更上化合路径的革命

由上可见，从法律本体论去内卷化的整个进程来看，由下位的分解式法律本体论到上位的化合式的法律实体本体论的演化，只是整个法律本体论去内卷化进程的关键环节，并不是整个法律本体论去内卷化进程的终结；只是完成了由分解式到形式意义上的化合式的转变，并未完成实质

意义上的化合式的转变。换言之，要想完成整个法律本体论去内卷化进程，最终实现分解式法律本体论从形式到内容的去内卷化，还必须进一步通过形而更上的化合路径，在形而更上的法学世界观上实现由西方侧重于“分”和“知”的实体主义到具有中国传统的侧重于“合”和“行”的关系主义的革命，在法律本体论上进而实现由西方分解式法律实体本体论到中国化合式法律关系本体论的革命（见图2）。

“关系主义认为，岂止一切物的‘性质’，凡是被认定为‘实体’的物，实际上都不过是关系规定的‘结节’……实体不是第一性的存在，关系规定才是第一性的存在。”[1]可见，在实体主义看来，实体是第一性的，而在关系主义看来，关系是第一性的，实体只是嵌入关系中的一个“结节”，离开了关系，实体的意义则无法确定。如法律关系，是以法律规范为基础、以法律权利与法律义务为内容形成的社会关系。从静态的角度来看，构成法律关系的要素包括：法律关系主体，是指在法律关系中享有权利和履行义务的人，包括自然人、组织和国家；法律关系客体，是指主体的意志和行为所指向、影响、作用的客观对象，主要有物、人身、人格、智力成果、行为和信息。从动态的角度来看，影响法律关系形成、变更与消灭必须具备两个条件：法律规范和法律事实。法律规范是法律关系形成、变更与消灭的法律依据，没有一定的法律规范，就不会有相应的法律关系。但法律规范只设计出了法律主体权利和义务关系的一般模式，它不是现实的法律关系本身。法律关系形成、变更与消灭还必须具备直接的前提条件，这就是法律事实。它是联系法律规范与法律关系的中介。[2] 可见，在构成法律关系的实体要素中，从静态角度来看，既有主体，又有客体，两者缺一不可；从动态角度来看，既有法律规范，又有法律事实，两者缺一不可。总之，法律关系具备可以将规范与事实、主体与客体熔于一炉的功能，法律

---

〔1〕 邓习议：《四肢结构论——关系主义何以可能》，中国社会科学出版社2015年版，第77页。

〔2〕 参见张文显主编：《法理学》，高等教育出版社、北京大学出版社1999年版，第111～119页。

关系本体论是一种化合式的法律本体论,既是对西方法律实体本体论的超越和去内卷化,又是对分解式法律本体论和混合式法律本体论的超越和去内卷化,更是对中国传统关系主义的一种回归。受篇幅和研究主题的限制,笔者将另行撰文专门探讨这个问题。

第三章　分解式法学范式之法学方法论

——内卷化理论的视野

根据本章研究的需要，笔者将我国现有法学/法律方法论[1]研究理念化地分为两个层面：形而上层面的法学方法论研究和形而下层面的法学方法论研究。前者主要是关于法学方法论的哲学预设（或者理论基础）研究，后者主要包括法律实践中的法学方法论研究（包括法律解释、法律论证、法律推理等）[2]和部门法学中的法学方法论研究。相对于传统的法学方法论（主要包括价值分析方法论、规范分析方法论、社会分析方法论、个体主义方法论和整体主义方法论等），形而上层面的法学方法论研究是否超越了传统法学方法论的哲学预设即人文主义和科学主义？现有形而下层面的法学方法论研究给传统法学方法论带来什么影响，有何推进？内卷化机制如何？

---

〔1〕 学界对法学方法论与法律方法论的区别与联系的讨论较多；本章的研究带有全局性，跨越理论和实践两个领域，因此对两者不做严格的区分。

〔2〕 这部分研究内容在法律方法论年度研究报告中一般称为法律方法论的理论体系或者基本问题，但相对于本章的形而上层面的哲学预设而言，属于法律方法论的形而下层面的研究内容，因此，本章将此归结于法律实践的技术层面研究。

在吸收其内卷化经验教训的基础上,应该选取什么样的去内卷化机制?通过这种去内卷化机制如何实现从传统法学方法论到实体主义法学方法论的演化,进而如何实现从西方实体主义法学方法论到中国式关系主义法学方法论的革命?这些就是本章要探讨的问题(见图3)。

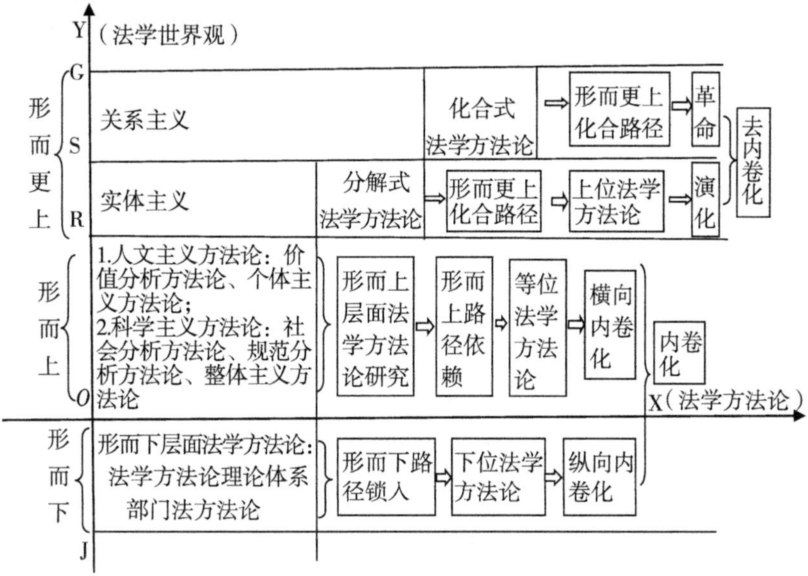

图3 法学方法论的(去)内卷化及其形成机制

注:O:原点;R:人文主义和科学主义;S:实体主义;G:关系主义;J:程序主义/实用主义。

本章研究的理论工具是内卷化理论与库恩的范式理论。内卷化理论是由康德提出并由戈登威泽、格尔茨、黄宗智等学者发展而来的理论,广泛存在于社会的各个领域,但它们"都脱离不了'增长'与'发展'的关系命题",[1]用黄宗智的话说就是"没有发展的增长"[2]或者"不带

〔1〕参见卢晓雯:《多维视角下的内卷化:研究现状及概念梳理》,载《华中科技大学学报(社会科学版)》2021年第6期。

〔2〕[美]黄宗智:《长江三角洲小农家庭与乡村发展》,中华书局2000年版,第77页。

质变的量变"[1]。那么,什么是范式的"发展/质变"和"增长/量变"呢?可以借用库恩的范式理论加以界定。从库恩的范式理论来看,世界观变革是衡量范式发展或者质变的标准,也是区别范式发展与内卷化的界限:当有世界观变革时,就是范式的发展或者质变,又可以细分为"演化"(渐变或者能够引起质变的量变)和"革命"(巨变或者质变或者世界观的变革);而没有世界观变革的单纯复杂化、精细化和技术化的常规科学研究则是范式研究的内卷化(不可能引起质变的量变)。内卷化的形成机制主要有"路径依赖""锁入效应""目标替代""过度竞争""嵌入性理论"。具体到本章的研究,当有法学世界观变革——如从形而上层面的人文主义和科学主义到形而更上层面的实体主义甚至关系主义(在图3中以垂直纵轴Y轴表示)——时,就是法学范式——如本章研究的法学方法论(在图3中以水平横轴X轴表示)——的发展或者质变:如果将从人文主义和科学主义到实体主义称为"演化",那么,从实体主义到关系主义则可以称为"革命";相反,在同一法学世界观层面——如形而上层面的人文主义和科学主义——下进行的没有法学世界观变革的单纯复杂化、精细化和技术化的常规科学研究(包括形而上层面和形而下层面的法学方法论研究),则是法学范式研究(包括等位法学方法论和下位法学方法论的研究)的内卷化(见图3)。

一、我国形而上层面法学方法论研究的横向内卷化

我国现有形而上层面法学方法论的哲学预设研究,有的学者认为包括实证主义、规范主义、实用主义、马克思主义和哲学诠释学(指由海德格尔开创、伽达默尔光大的本体诠释学)五种;[2]还有学者从历史流变上来看,认为其包括整体主义、个体主义、科学主义和人文主义(包括以诠释学

---

[1] 参见[美]黄宗智:《国家与社会的二元合一:中国历史回顾与前瞻》,广西师范大学出版社2022年版,第413页。

[2] 参见刘水林:《法学方法论的哲学基础》,载《西南民族大学学报(人文社科版)》2004年第4期。

为主干的人文主义)；[1]但总体来看，"发展趋势却是科学精神和人文精神的相互结合和渗透"[2]。因此，为了保持与法哲学的一致性，我国现有法学方法论的哲学预设研究可以理念化地分为以下三种。

第一，法学方法论的人文(人本)主义哲学预设。其著作方面的代表性成果是胡玉鸿教授的《法学方法论导论》(山东人民出版社2002年版)，该书在探讨了"法学的人文科学属性"(第一章)、"法学方法论的基本问题即哲学立场或者哲学预设及其西方三大法学流派方法论的反思"(第二章)、"个人主义方法论的法学研究历史回顾和整体论误区的反思"(第三章)的基础上，提出"人是法学研究的逻辑起点"(第四章)，对"法学研究中的人的模式和法律人抽象"(第五章)进行了初步的理论构造，其还在第二本著作《法学流派的人学之维》(胡玉鸿、许小亮、陈颐著，北京大学出版社2013年版)中对历史上各种法学流派的"法律人模式"进行了具体详细的研究。这一研究期刊论文方面的代表性研究成果则是我国台湾地区学者杨奕华先生的《人本法学方法论初探》(《北方法学》2017年第1期)，该文在西方"由神本到人本"、"四个先设的假定"、中西"人性观评述"的基础上，提出法学方法论的人本主义哲学预设。在此必须说明的是，法律诠释学(阐释学)在哲学预设上也属于人文主义法学范畴，"为重拾法学中的价值性和主体性，以诠释学(又称阐释学、释义学)为主干的人文主义在近代的兴起，它给法学带来了以理解和解释为主导的人文主义方法论"[3]。法律诠释学方面的研究成果较多，在此不一一列举。

第二，法学方法论的科学主义哲学预设。科学主义在法学领域体现为规范实证主义(规范法学)和事实实证主义(社会法学)，在我国目前的法学研究中体现为法教义学(或者教义法学)和社科法学，尤其体现为

[1] 参见李可：《法学方法论原理》，法律出版社2011年版，第243页。

[2] 李可：《法学方法论原理》，法律出版社2011年版，第243页。

[3] 李可：《法学方法论原理》，法律出版社2011年版，第243页。

“规范法学(法教义学)”的研究。[1] 其代表性的著作有李可教授的《法学方法论原理》(法律出版社2011年版),该书在探讨了衡量逻辑起点的“最小性”“自明性”“本质性”“包容性”“现实性”等标准,并据此逐一述评我国目前各种法学方法论的逻辑起点理论的基础上,提出了法学方法论的逻辑起点是“规则”,其哲学预设是规范实证主义。而喻中教授在《法学方法论视野中的规范分析方法及其哲学基础》(《新疆社会科学》2004年第3期)一文中,通过对规范分析法学主要代表性人物——具体包括“英国的经验主义哲学”之代表奥斯丁、“新康德主义”之代表凯尔森和“牛津学派”之代表哈特——的法学思想的梳理和研究,得出结论:“虽然就哲学观点而论,在经验主义哲学、新康德主义以及牛津学派之间存在着较大的差异,但异中有同,这几种哲学形态依然存在着一些共性……如果要把这些共同的倾向概括成一个词,那就是实证主义,特别是实证主义中的逻辑实证主义。”

不过,我国目前法学方法论的科学主义——尤其是法教义学——哲学预设,最为突出地体现在我国法律方法论的年度研究报告(以下简称年度研究报告)中。[2] 如在2005年年度研究报告中,有学者主张:“在刑法理论上应当加强法教义学的研究……包括刑法解释方法论、犯罪构成方法论、案件事实认定方法论以及刑法论证方法论等”;也有学者涉及“‘围绕’什么样的‘规范’这一超‘法教义学’的终极问题”。在2006年年度研

〔1〕 参见张心向:《刑法教义学与刑法社会学的冲突与融合》,载《政治与法律》2022年第8期。

〔2〕 年度研究报告是本章研究的主要材料,具体包括:2002年至2010年的年度研究报告,收集于陈金钊、焦宝乾等:《中国法律方法论研究报告》,北京大学出版社2012年版。2011年至2016年的年度研究报告,收集于孙光宁等:《中国法律方法论研究报告(2011—2016)》,知识产权出版社2017年版;孙光宁、吕玉赞:《规范法学与社科法学交融的法律方法研究——2017年中国法律方法论研究报告》,载《山东大学学报(哲学社会科学版)》2018年第6期;孙光宁、吕玉赞:《法治话语体系构建中的法律方法研究——2018年中国法律方法论研究报告》,载《山东大学学报(哲学社会科学版)》2020年第2期;孙光宁、侯晓燕:《法典化时代的法律方法研究——中国法律方法论研究报告(2019—2021)》,载《山东大学学报(哲学社会科学版)》2022年第6期。

究报告中,有学者认为:“法教义学的立场对法律发现方法是一种声援”;有学者论及“‘芦部宪法学’之法教义学的学问品格”,认为法教义学本身也构成了法学的知识品格。

如果说2005年、2006年年度研究报告中法教义学立场并不那么明显,那么,在2008年的及其以后的年度研究报告中,“法教义学的立场越来越明显”,如“有人主张用‘法学方法论’之称谓,认为法学方法论中的‘法学’指的是法教义学,是对法学方法的反思和理论化”;“有人探讨了法律方法所具有的规范性、教义学属性和实践性等特征”,并明确提出:“法律思维的学理根基:法教义学研究”,“法学是一种规范学科,而规范之学在西方往往是在法教义学视域下进行研究”,“法理学和一些部门法学者越来越关注法教义学的研究”。2009年年度研究报告认为:“规范法学与法律思维关系非常密切……规范法学的研究必然会涉及法教义学。有人立足于规范法学,亦即法教义学的角度探讨学术与实务之间的司法考试相关问题。”2010年年度研究报告指出在探讨法律的专业化、知识化促使人们反思法学的学科属性时,“有学者提出以法教义学确定法学的基质和问学方式。法学实际上是法教义学……这恐怕是当今我国法律方法论研究所处的一种特殊境遇:既需要秉持法教义学,构建法学自身的知识体系,也需要充分顾及学科交叉对法律方法论体系的完善”。在2012年年度研究报告中,教义学是其基本研究主题之一。有学者认为,“法律教义学以对一国法秩序的总体性确信为研究前提,以现行实在法为主要研究对象;它试图提供两种产品:教义学体系与教义学方法”;还有学者认为,“法律教义学能够为疑难案件的裁决提供理论上可行、规范上可欲、实证上充分的说明。教义学理论以法律论证场域为基础,而法律论证场域又有其特殊的教义学结构,这一结构能够确保疑难案件裁判的法律属性”。在2013年年度研究报告关于法律人的思维争论中,法教义学成为其基本理论依据之一。如有学者认为,“不能以英美法系的特有方法遮蔽和否定成文法系法教义学方法中原本已然存在的‘超越法律’的功能,更不应否定法教义学上法律人特有的思维方法”;还有学者认为,“在法律人的思维中,教义学的属性是非常重要的,其功能是:在争议事实有多个可供选择的法律规则时,为裁判者提供可言说、可交流、可检验的规则选择与法律论证机制。尊重体系与逻辑是法教义学的基本特征,而形式推理是法教义学的基本方法"。在2013年年度研究报告中,法教义学也成了被普遍关注的热点问题。如有学者认为,"宪法是'政治法',但其高度政治性并不妨碍宪法学的'教义化'。并且,宪法学的教义化并不会取消政治,而是会为政治系统保留功能空间,中国宪法学应该确立此种法教义学的基本进路";有学者认为,"行政法教义学是行政法学最为重要的组成部分,是带有强烈实践目的的规范法学,应建立真正在规范、意义和实践之间循环往复的规范教义体系";还有学者认为,"刑法知识转型促进了刑法自主话语体系的重建与刑法教义学的建构,构筑了刑法解释理论共同体的对话平台","在中国目前的刑法教义学研究中,既要以刑事政策作为刑法教义学的引导,更要注意通过刑法教义学对刑事政策的边界加以控制"。

如果说上述法学方法论的法教义学预设研究处于较为分散状态和较低的部门法学层次,那么,从2014年开始的年度研究报告,随着法教义学的研究——尤其是与社科法学的争论——上升到较高的法理学层次,其哲学预设(或者理论基础)研究较为集中地体现在法教义学研究及其与社科法学的争论上。如在2014年年度研究报告中,哲学预设表述为,"理论基础的探索与提升:法教义学与社科法学之争";在2015年年度研究报告中,哲学预设表述为,"理论基础:法教义学与社科法学之争的延续与扩展";在2016年年度研究报告中,哲学预设表述为,"法律方法论的理论基础:从探索历史到关注现实",这里的历史主要是指"以法教义学为代表的历史渊源",尤其是德国法学研究中有关法教义学的研究成果;2017年年度研究报告的主题是"规范法学与社科法学交融的法律方法研究",其理论基础受此影响也形成了"开放"与"封闭"两种截然不同而又彼此纠缠的研究立场;在2018年年度研究报告中,哲学预设表述为,"法律方法基础理论:法教义学的深度探索与体系变革";2019~2021年年度研究报告中，哲学预设表述为，“法律方法的基础理论研究：法教义学与法律思维对裁判理论的有效支撑”。总之，在理论基础或者哲学预设上，尽管法教义学与社科法学都不同程度地对法律方法论产生了影响，但“从总体学术发展脉络和传承来看，法律方法论总体上属于法教义学的分支，或者说，法教义学是法律方法论的理论基础”〔1〕。

第三，法学方法论的综合论（多元主义）哲学预设。这里的综合论是指人文主义和科学主义的综合，因此是一种形而上层面的理论综合论。〔2〕其代表性著作有李其瑞的《法学研究与方法论》（山东人民出版社2005年版），该书在研究了法学研究的三大传统研究方法——价值方法、实证分析方法和社会学方法——之后，在最后的“结语”部分得出了“法学研究方法的多元归趋”的研究结论，提出了寻求超越自然法学与实证法学的第三条道路，法学家未来的任务就在于实现法学研究方法的综合与多元化。代表性期刊论文有刘水林的《法学方法论的哲学基础》（《西南民族大学学报（人文社科版）》2004年第4期）和《法学方法论研究》（《法学研究》2001年第3期），前者在研究了法学方法论理论基础上的实证主义、规范主义和实用主义之后，也得出一个类似的综合性结论：“纵观西方哲学，从方法论角度看西方哲学是沿创造的综合之路发展的”；后者在研究了实证分析和规范分析、整体主义方法论和个体主义方法论之后，也得出了一个综合性的研究结论：“方法论是一个二元多层次的结构体系”。

法学方法论的综合论（多元主义）哲学预设——尤其是法学方法论的法教义学和社科法学的融合——更为鲜明地体现在年度研究报告中。如

---

〔1〕 孙光宁等：《中国法律方法论研究报告（2011—2016）》，知识产权出版社2017年版，第64页。

〔2〕 综合论（多元主义）哲学预设都会涉及马克思主义、实用主义等问题。笔者认为它们与人文主义和科学主义是两个不同层面的哲学预设，笔者将另行撰文加以探讨。如有学者认为，“实用主义不是世界观，而是一反省的方法，以使观念清楚为目的”（[美]梯利：《西方哲学史》，葛力译，商务印书馆1995年版，第225页）；还有学者认为，“从总体上来说，实用主义不讲主义，只讲具体问题具体分析”（赵鼎新：《从美国实用主义社会科学到中国特色社会科学——哲学和方法论基础探究》，载《社会学研究》2018年第1期）。

2014 年年度研究报告中，就有部分学者在总结比较了法教义学和社科法学的争论后，提出了一些综合性的观点：从社会条件来看，“社会稳定时期，教义法学占主导地位，社会变革时期，社科法学称雄”；“社科法学，可以说是教义法学的基础；而教义法学，可以说是社科法学的简写或速记”；“对今天的中国法学研究而言，真正有助益的不是两个正在成长的学派之间那种意气化的、截然对立式的立场宣誓，而是在立足于中国法律实践和充分了解对方的基础上的彼此欣赏和互鉴”。这种法理学层面的法教义学和社科法学相互融合的观点，必然也对法律方法论的研究带来相应的影响，“前述比较综合性的观点提醒法律方法论研究，不能仅仅局限于严格适用法律规范，还应当超越技术层面关注司法在社会中的实际运行。司法裁判并非如学术研究那样可以强执一端，而是一个综合性的决策过程，需要吸收多方面的视角和观点，才能够形成最为全面、稳妥和细致的答案，单独依靠法教义学或者社科法学都难以到达这一目标。法律方法论以司法为最主要的分析对象和场域，其实践意义和表现也应当全面吸收来自社科法学的经验性结论”。法学方法论的法教义学和社科法学的融合最为鲜明地体现在 2017 年年度研究报告中；职是之故，2017 年年度研究报告的主题为“规范法学与社科法学交融的法律方法研究”。由于“2017 年，规范法学和社科法学从彼此竞争转向了初步合作，形成了一定程度的交融状态”，因此，使“国内法律方法基础理论研究形成了‘开放’与‘封闭’两种截然不同而又彼此纠缠的研究立场”，“法律的开放性和闭合性一直是法律方法研究的核心主题”。再如，在后果取向的裁判中如何处理法教义学与社科法学的关系，是当下法律方法论研究的一个难点，“有学者专门考察了社会效果对司法审判的影响，认为‘社会效果’是最高人民法院在 20 世纪 80 年代初司法职能转型时期提出的概念，其含义随公共政策的变化而变化。但是，这种司法政策必须接受法教义学的体系约束，社会效果的追求在方法论上必须坚持法律教义与政策资源在司法裁判中的‘体’‘用’格局，确保在法教义体系内进行政策权衡和结果判断”。

综上所述，我国法律方法论形而上层面哲学预设的研究并未突破原先的人文主义和科学主义法学世界观，与原先的法学方法论（包括价值分析方法、规范分析方法和社会分析方法）所持的人文主义和科学主义法学世界观相比，两者研究路径处于形而上的同一层面，形成的是一种等位法学方法论，因此，其法律方法论不具有整合、打通甚至超越原先法学方法论的功能，也是一种"形而上路径依赖"而导致的横向内卷化（见图3）。

二、我国形而下层面法学方法论研究的纵向内卷化

"理论研究走向'形而下'不仅是法律方法论，而且是整个法学的研究走向。"[1]相比形而上层面的研究，法学方法论形而下层面的研究一直是我国法律方法论研究的重要内容，这集中体现在年度研究报告（2002～2021年）的内容结构上，详见表1。

表1　年度研究报告（2002～2021年）内容结构及其占比

年度	形而上层面内容及其页码范围	形而下层面内容及其页码范围	两者比例
2002～2004	法律方法论与法学方法论（第15～21页）	法律解释之研究；法律论证之研究；利益衡量与价值衡量之研究；漏洞补充之研究；法律推理之研究（第22～36页）	7:15
2005	法律方法论的基本理论（第41～45页）	法律论证理论研究的新进展；非形式逻辑与法律推理观念的更新；法律解释研究及其本体论转向；部门法学中法律方法论意识的觉醒与研究进展；人工智能与法律方法之研究（第45～57页）	5:13
2006	法律方法论的基本理论（第66～72页）	具体法律方法的研究；部门法学对法律方法的研究；法律史方面对法律方法的研究（第72～90页）	7:19
2007	法律方法应用的立场及其基础；研究法律方法的方法（第100～108页）	具体法律方法的研究；中国法律史视角下的法律方法论研究；部门法学的法律方法研究（第108～120页）	9:13

[1] 陈金钊、焦宝乾等：《中国法律方法论研究报告》，北京大学出版社2012年版，第163页。

续表

年度	形而上层面内容及其页码范围	形而下层面内容及其页码范围	两者比例
2008	无	历史与现实相融合的经验(判例)研究;在法律思维中寻求智慧的方法;恢复解释的本来面目、在和谐旗帜下衡量法意;支撑法律方法"脊梁"的是逻辑;部门法方法论(第126~158页)	0:33
2009	无	法律思维及法律渊源;法律解释及利益衡量;法律推理与法律论证;语言、修辞、历史与法律方法论的研究;部门法方法论研究(第166~201页)	0:36
2010	法学走向法律方法论的时代(第206~209页)	"能动司法"的是是非非;法律渊源与法律适用;传统法律方法研究;法律修辞方法与法律语言;司法实务中的法律方法研究;法教义学与法律方法论教育;中外法律方法论历史传统的回顾性研究;部门法方法论研究(第209~244页)	4:36
2011	无	中国特色社会主义法律体系的形成与能动司法;法律修辞与法律语言;法律方法在司法实践中的适用;案例指导制度;对传统法律方法的研究;法律方法教育与教学(第2~22页)	0:21
2012	法律方法总论(第25~27页)	案例指导制度;法律论证与法律修辞;法律解释;法律推理;其他法律方法;部门法方法论(第27~42页)	3:16
2013	法律方法总论(第44~48页)	法律解释;法律论证;法律推理;其他法律方法;部门法方法论(第48~62页)	5:15
2014	理论基础的探索与提升:法教义学与社科法学之争(第64~67页)	法律方法论体系的充实与完善;法律方法对法治实践的推动与促进(第67~79页)	4:13
2015	理论基础:教义法学与社科法学之争的延续与扩展(第82~86页)	法律方法论基本问题研究的推进;从宏观法治理念到微观法律制度的展开;法律方法论在部门法学中的丰富与深入(第86~103页)	5:18

续表

年度	形而上层面内容及其页码范围	形而下层面内容及其页码范围	两者比例
2016	法律方法论的理论基础：从探索历史到关注现实（第105～110页）	法律方法论的理论体系：多个分支学科的共生发展；部门法方法论：法律方法论分析视域的扩展与延伸（第110～123页）	6:14
2017	基础理论研究：开放与封闭的纠缠（第154～156页）	理论体系：具体法律方法的持续发展与彼此隔阂；实践运用：部门法学融进了更加细腻的法律方法理论（第156～165页）	3:10
2018	法律方法基础理论：法教义学的深度探索与体系变革（第172～174页）	法律方法理论体系：转向整体的中国法治实践话语；部门法法律方法：关切中国法治实践的微观话语（第174～184页）	3:11
2019～2021	法律方法的基础理论研究：法教义学与法律思维对裁判理论的有效支撑（第173～175页）	法律方法理论体系：法典化影响下的新趋势与新动向；部门法法律方法：对《民法典》的高度关注及其扩散效应（第175～183页）	3:9

首先，从表1横向的每篇年度研究报告自身的内容结构来看，法律方法论形而下的研究内容远远多于形而上的研究内容，其中，2008年、2009年、2011年年度研究报告只有形而下层面的研究报告内容，而没有形而上层面研究报告内容；即使是偏向于形而上的哲学理论层面的法律方法论研究[1]和缺乏作为形而下层面的部门法方法论研究的2002～2005年的年度研究报告，也是如此。

其次，从表1纵向来看，形而上层面年度研究报告内容与形而下层面年度研究报告内容之间的比例在总体上呈上升趋势。除只有形而下层面的研究报告内容而没有形而上层面研究报告内容的三年（2008年、2009年、2011年）外，前几年（2002～2007年）形而上层面研究报告内容与形而下层面研究报告内容之间的比例一般在1/3之上，而后面两者之间的比

---

〔1〕参见陈金钊、焦宝乾等：《中国法律方法论研究报告》，北京大学出版社2012年版，第121、163页。

例一般在 1/3 之下(除 2016 年外),有时达 1/5(2012 年)。

最后,表 1 纵向的形而上层面的研究报告内容大致呈不断变化的趋势。除只有形而下层面的研究报告内容而没有形而上层面研究报告内容的三年(2008 年、2009 年、2011 年)外,前几年(2002～2007 年)形而上层面的年度研究报告的内容在第 5～9 页,而后几年的形而上层面的年度研究报告的内容在第 3～6 页。

总之,表 1 无论是从横向看还是纵向看,形而下层面的法律方法论研究都是我国法律方法论研究的主要内容。这种形而下层面的法律方法论研究,必然给我国法律方法论带来从侧重于理论到侧重于实践、从侧重于理念到侧重于技术、从粗糙到精细、从简单到复杂、从零散化到体系化的转变。

如 2005 年年度研究报告认为部门法学中法律方法论意识刚刚"觉醒",因此,本报告"简单评价与研究展望"部分认为,"虽然近年来我国法学界不少学者越来越意识到法律方法论研究的重要性,而且对法律方法的研究也有较大的进展,但这跟实践的需求还有很大的差距。尤其是,既有的法律方法论研究往往难以从实践操作层面上予以把握,无法接通跟司法实务界的沟通,这跟法律方法论作为实用法学的理论定位难以协调……总而言之,当下的研究很大程度上主要停留于对国外理论的引介"。2006 年年度研究报告的"总结与展望"部分认为,"从 2006 年研究来看,中国法学界的法律方法论意识进一步觉醒……当然,既有的研究依然存在诸多不足之处。如理论之腿长,应用之腿短;更多的是从理论上引介国外法学家的著述,缺乏创新,更欠缺法律方法实际应用层面的研究"。2007 年年度研究报告的"结语"部分认为,"法律方法论是一种关于法学的'形而下'研究,但经过几年的努力,我们感觉到关于法律方法论体系的建构实际上仍然是沿着传统的法理学或法哲学的思路走的,只是研究的问题似乎聚焦到了司法过程……我国司法正处于强化法律方法的转折时期";因此,其主要问题有"关于法律方法已经理论化了,但远没有系统化,研究者大都是在凭借纯朴的感觉在进行各自所认同的'法律方法'研究”。2008年年度研究报告总结写道，“2008年法律方法论的研究者更加重视法律方法论回应实践能力的提高”，但“我国法律方法论研究刚刚起步，所要面临的问题很复杂，因此可谓任重道远”。2009年年度研究报告的“结语”部分认为，“我国对于法律方法论这些年进行了认真的研究，但还是存在着很多问题，不注意读者及‘市场需求’……没有问题意识以及不注意经验与技术的结合研究，这些弊端已经显现出来。法律方法论不是纯粹的理论，我们应该结合中国的问题意识展开研究”。

如果说2010年以前我国法律方法论的研究处于起步阶段，“理论研究多于实践应用研究……具有明显的‘形而上’倾向，热衷于从理论上解说法律方法的理论问题，分析法律方法的概念、属性等本体论问题，即便对法律解释、法律推理、法律论证、利益衡量等法律方法的研究，也是理论阐释多于实践应用，面向实践的法律方法研究还比较少”，那么，2010年之后我国法律方法论研究大致进入实践多于理论的“繁荣”阶段，“不仅各种传统的法律方法，如法律解释、法律推理等备受重视，而且贴近中国法律运作实际与时代要求的实证研究逐渐增多，这显示出我国法律方法论研究开始繁荣……开始构建与论证适合中国法治需要的法律方法体系和法律方法论体系，同时以更加精致的理论回应司法实践。法治似乎要走过粗放而进入细腻阶段，法律方法在法治建设中要发挥更大的作用”，“法学走向法律方法论的时代”。

如2010年年度研究报告的“结语”部分认为，“从2010年的法律方法论研究显示出，法律方法研究领域逐步扩展，贴近中国法律运作实际与时代要求的实证研究逐渐增多，这显示出我国法律方法论的趋向：我们逐步在从翻译介绍性研究转向立足本土，建构中国化的法律方法论知识体系”。2011年年度研究报告的“结语”部分认为，“传统的法律方法研究（如法律解释、法律推理、法律论证），在中国特色社会主义法律体系形成的背景下，开始越来越让位于贴近我国法律运行实践的法律方法论研究，如法律方法的司法适用、能动司法理念的讨论、案例指导制度的具体落实等问题，受到学界及实务界的更多关注研究。另外一个发展趋势是，随着研究的深入,法律方法的教学开始受到重视。这本身即是对法律方法论研究的扩展与延伸"。在2012年年度研究报告中,法律方法论的技术化(或者实践面向)、精细化与体系化更加突出明显,该报告认为,"目前法律方法论研究更加趋于技术化和精密化……众多的法律方法不仅使法官等实务法律人难以识别,用法律发现、法律推理、法律解释、法律论证、漏洞补充、价值衡量等方法中的任何一种方法作为逻辑起点都可以串起一个法律方法论系列"。因此,2012年的年度研究报告不仅将整个研究报告主题归结为"法律方法论实践特征的提升",而且在"结语"部分认为,"中国的法律方法论研究已经逐渐摆脱了简单引介国外现成理论的初级阶段,开始进入强调发挥方法论实践意义和效果的新阶段"。甚至有学者认为,"对司法实践中的技术进行分析和探讨,也成为法律方法论研究的一个重要方向。在当下,中国法律体系的初步形成迎来了一个'司法技术重构的时代'"。2013年年度研究报告的"结语"部分认为,"……(3)法律方法论的研究继续重视实践应用问题,尤其是对正式法律制度的影响和引入。(4)个案中法律方法的运用继续成为法律方法论研究的增长点,推动法律方法论的研究继续增加本土化色彩"。2014年年度研究报告认为,"经过二三十年的发展,中国法律方法论研究日趋全面和成熟,与司法实践的结合也逐渐凸显,方法论意识和能力已经成为培养和衡量法律人才的重要指标",因此报告的"结语"部分将其概括为,"在法治进程中凸显实践指向";"从2014年度中已经取得的成果来看,学者们的研究已经有意识地提升了法律方法论实践作业的自觉性,不再满足于抽象理论的分析,而是将更多的精力放在向法治现实的贴近、转化、指导和批判之中,这也将成为今后几年中法律方法论研究的总体发展方向"。2015年年度研究报告认为,"在基础理论方面……作为法教义学的基本分支之一,法律方法论在研究成果方面也凸显了大量部门法学的贡献……在自身理论体系方面,法律解释中也以刑法解释为突出代表……法律论证理论(包括法律修辞)和法律推理等也强调了微观视角和可操作性特征。本年度,法律方法论研究也从宏观的法治理念向具体法律制度展开,其中案例指导制度仍然是比较有代表性的”，因此该报告的“结语”部分将其概括为，“与法治进程同步发展的法律方法论”，呈现技术化（或者实践面向）和精细化的特征。2016 年年度研究报告最为突出的特征是强调了法律方法论学科的独立、成熟和体系化，如果说 2007 年年度研究报告的主题是“法律方法论学科意识的觉醒”，那么，2016 年年度研究报告的主题是“法律方法论学科的拓展”，“法律方法论的学科体系呈现出‘总—分’的特点，前者主要包括理论基础和理论体系，后者则体现为部门法方法论”，因此，该报告的“结语”部分认为，“法律方法论已经初步具备了成为独立学科的一些基础条件，包括扎实严谨的理论基础，丰富全面的理论体系，以及在部门法中的普遍扩散和影响”。2017 年年度研究报告突出强调了法律方法论研究的精细化特征，“结语”部分将其总结为，“法律解释、法律推理、法律论证和法律修辞等方面的研究，表现出了持续发展的态势，形成了明显的中国问题意识，更加注重研究的精细化……法律方法论与部门法学、法教义学进行了相较于以往更有效的合作，部门法学融进了更加细腻的法律方法理论”。2018 年年度研究报告进一步强调了法律方法论研究的精细化和技术化（或者实践面向）特征，报告的“结语”部分将其总结为，“法律方法研究开始主动分享法教义学的操作范式，因而变得越来越精细化和理性化。同时，通过中国法治实践的反复尝试，推动了法律方法论本土化的全新探索，最终凝结出具有中国本土特色的、科学的法治话语元素”。

综上所述，从我国法律方法论形而下层面的技术化、精细化、复杂化的研究来看，其法律方法论研究是在原先法学方法论的人文主义和科学主义法学世界观下进行的技术化、精细化、复杂化研究，与原先的法学方法论（包括价值分析方法、规范分析方法和社会分析方法）所持的人文主义和科学主义世界观相比，其研究路径处于形而下的实践技术层面，形成的是一种下位法律方法论，因此，现有法律方法论更不具有整合、打通甚至超越原先法律方法论的功能，是一种“形而下路径锁入”导致的纵向内卷化（见图 3）。

三、法学方法论形而更上化合路径的演化

由上可见,我国目前法学方法论研究,不论是形而上路径的哲学预设研究还是形而下路径的技术化、精细化和复杂化的研究,都会导致法学方法论研究的内卷化,因此,为了实现其去内卷化,必须选取一种既不同于形而上路径也有异于形而下路径的形而更上的研究路径(见图3)。具体而言,就是在原有法学方法论的世界观——科学主义和人文主义——上,通过形而更上的研究路径去追寻人文主义和科学主义背后共同的上位世界观即实体主义;并在其共同的上位世界观指导下,通过形而更上的路径,去追寻现有法学方法论(包括价值分析方法、规范分析方法、社会分析方法、个体主义方法论和整体主义方法论)背后共同的上位法学方法论。同时,如果说从实体主义到人文主义和科学主义(实体主义 = 人文主义 + 科学主义)是一个分解的过程,那么,从人文主义和科学主义到实体主义(人文主义 + 科学主义 = 实体主义)则是一个化合的过程。同理,从价值分析方法、规范分析方法、社会分析方法、个体主义方法论和整体主义方法论到共同的上位法学方法论(价值分析方法 + 规范分析方法 + 社会分析方法 + 个体主义方法论 + 整体主义方法论 = 共同的上位法学方法论)也是一个化合过程,因此,形而更上的路径也是一个形而更上的化合路径。

那么,通过这种形而更上的化合路径追寻的价值分析方法、规范分析法学、社会分析方法、个体主义方法论和整体主义方法论背后共同的上位法学方法论是一种什么样的法学方法论呢?

在方法论上,实体主义是一种还原论哲学,在追溯第一实体的过程中,主要通过不断的还原方式而获得,"它相信任何事物都可以还原为某个实体,实体就是超越时空、永恒在场的存在,它蕴含着事物的全部奥秘,实体的本质就是事物的本质,认识的全部任务就在于把认识对象化约为实体并从实体的本质或规律出发来解释它们……所以,其在认识途径上就必然要采取一种回溯的方式,从错综复杂的差异性、多样性、丰富性中,找到可通约性,舍掉差异性、多样性、丰富性,以存在者去为存在者找根

据,从一个存在者推导另一个存在者,最终追溯到某一个原初的存在者,从而找出作为终极基础的同一性。因此,这种思维也被称为实体主义的还原论思维"〔1〕。在理论上,还原方式包括由整体到部分的分解式还原与由部分到整体的化合式还原,但是,"还原论科学方法的历史轨迹表明,占据还原论方法主导地位的是分析、分解与还原"〔2〕。对于此种情形,有学者评论道:"过分强调笛卡尔的割裂成碎片的方法成为我们一般思维和专业学科的特征,并且导致了科学中广泛的还原论态度——一种相信复杂现象的所有方面都可以通过将其还原为各个组成部分来理解的信念。"〔3〕对此,列宁也有过精彩的评述:"如果不把不间断的东西割断,不使活生生的东西简单化、粗糙化,不加以割碎,不使之僵化,那么我们就不能想象、表达、测量、描述运动。思维对运动的描述,总是粗糙化、僵化。不仅思维如此,而且感觉也是这样;不仅对运动是这样,而且对任何概念也都是这样。"〔4〕在本质上,还原论与人类的割裂本性有关。"还原是一种思维由整体到部分,由连续到离散的操作,这种'分解性'在很大程度上与人类主体思维的割裂本性紧密相关。"〔5〕因此,在这个意义上,还原的过程也是由整体到部分的分解过程。"还原论以构成论为其基础,相信高一层次的东西是由下一层次的东西构成。存在的东西是由要素构成的,要素的东西又是由更细微的东西构成的……以此类推,直至最原初的东西——'本原'。"〔6〕还原论的最终目的除探索现象背后的本质、事物构成

---

〔1〕 孙迎联、杜贵阳:《实体主义还原论思维批判——经济与伦理关系研究的切入点》,载《江苏社会科学》2006 年第 5 期。

〔2〕 刘劲杨:《还原论的两种形相及其思维实质》,载《自然辩证法通讯》2007 年第 6 期。

〔3〕 [美]弗里乔夫·卡普拉:《转折点——科学、社会和正在兴起的文化》,卫飒英、李四南译,四川科学技术出版社 1988 年版,第 41 页。转引自刘劲杨:《还原论的两种形相及其思维实质》,载《自然辩证法通讯》2007 年第 6 期。

〔4〕 《列宁全集》第 38 卷,人民出版社 1959 年版,第 285 页。

〔5〕 刘劲杨:《还原论的两种形相及其思维实质》,载《自然辩证法通讯》2007 年第 6 期。

〔6〕 刘国平:《存在:西方哲学构成观体系解析》,科学出版社 2015 年版,第 34 页。

的本原外,还探寻事物背后的最高原因或终极原因,但必须从寻找具体事物的表面的次要的原因开始;相信在任何事物的形成原因中,从“初因”到“本因”必然存在一个因果链条:A→B→C→D……以此类推,直至终极/最高原因——本因。“这种还原论态度根深蒂固地渗透到我们的文化之中,以至于经常被看作是科学的方法。其他科学也接受了这种古典物理学的力学观和还原论,把它们看作是对实在的正确描述,并以此来构造自己的理论。每当心理学家、社会学家或经济学家希望自己是科学的,他们总是自然地转向牛顿物理学的基本概念。”[1]

为何要进行分解式还原呢?这是因为:“在事物的相互联系、相互转化过程中,由于部分整合为整体、低层次结合成高层次时,它们在游离状态下呈现出来的许多特性会被屏蔽起来、束缚起来。所以把整体分解为部分之后,就能使其组成部分处于独立状态下的特性显现出来。”[2]如,在法学中,通过将本体论意义和实践意义上的由价值、规则和事实构成的整体的混沌形态——法律,在认识论和方法论上分析、分解和还原为价值、规则和事实三个基本因素或组成部分,即法律 = 价值 + 规范 + 事实(法律的分解方程式),使其组成部分处于独立状态下的特性显现出来,以便人们能够更清楚地认识和理解法律的价值性、规范性和事实性等特征。再如,在韦伯看来,“实在本身具有无限多方面的联系,这种无限多的联系对于任何无前提的认识者来说都是一个混沌的世界,人们如果试图要获得对于它的清楚认识,那么就必须找到一个着眼点,并且确定所要清楚地认识的范围。理想类型的建立也就确立了文化科学某一种研究的视野”[3]。在这种思想的指导下,为了获得关于人的社会行为尤其是其中

〔1〕［美］弗里乔夫·卡普拉:《转折点——科学、社会和正在兴起的文化》,卫飒英、李四南译,四川科学技术出版社1988年版,第29页。转引自刘劲杨:《还原论的两种形相及其思维实质》,载《自然辩证法通讯》2007年第6期。

〔2〕赵光武:《用还原论与整体论相结合的方法探索复杂性》,载《系统辩证学学报》2003年第1期。

〔3〕［德］马克斯·韦伯:《社会科学方法论》,韩水法、莫茜译,商务印书馆2013年版,“译序”第22~23页。

理性因素的清晰认识，韦伯对在本体论意义上由多种因素混合而成、呈现一种混沌状态的人的社会行为，在认识论和方法论的层面，从理性的角度，将其理想地类型化分解为理性行为与非理性行为，然后进一步细分为价值理性和功利理性、情感行为和传统行为，以便使人们更加清晰地认识到人类社会行为中理性的一面（价值因素和功利因素）与非理性的一面（情感因素和传统因素）及其在不同社会中的变化规律。

分解式还原论方法广泛运用于自然科学、社会科学研究和实践中。"在近代经验分析阶段，科学发展沿着还原论的方向，用分析、分解、还原的方法，不断把整体分解为部分，把高层次还原到低层次，揭示了大自然的许多奥秘，取得了巨大成就，如原子能的利用，遗传密码的破译等。20世纪50年代以来，生物学的蓬勃发展充分证明了这一点……可见，还原论对科学技术的发展、生产实践的推动起到了重大作用，功不可没，以后它仍将继续发挥其应有的作用。"〔1〕如在法学研究和实践中，正是沿着分解还原论的方向，用分析、分解、还原的方法，不断把整体的法律分解还原成为各种各样的法律部门，把高层次的法律不断分解还原为低层次的法律，揭示了法律的许多知识、原理和技术，形成了许多门类齐全、体系完整、技术操作性很强的法律；可以说，现代法律之所以取得今天的成就，正是分解式还原论方法广泛运用的结果。还原论方法对科学（包括法学）自身的发展，也起到了巨大的推动作用。"经验科学中的物理学、化学学科的发展与成熟都经历了还原式的学科分化过程。科学的分科越来越多也越来越细，科学研究的深度在一定程度上就取决于还原的深度，粒子物理学、分子生物学等都是这一研究进路的典型代表。"〔2〕现代法学之所以形成今天各个领域、各个层次的部门法学，现代法学分科越来越多也越来越细，就是分解式还原论方法广泛运用于法学研究中的结果。

---

〔1〕 赵光武：《用还原论与整体论相结合的方法探索复杂性》，载《系统辩证学学报》2003年第1期。

〔2〕 刘劲杨：《还原论的两种形相及其思维实质》，载《自然辩证法通讯》2007年第6期。

但从整体到部分的分解式还原,并不能无限地分解还原下去,应止于获得事物的第一实体或本体(本质或本原或本因)。不同的法学世界观有不同的分解式还原论观点,分解还原的方向和最后获得的结果(本体或第一实体)是不同的。从法学世界观的角度来看,分解式还原论方法大致可以分为以下两种。

第一,科学主义的分解式还原论方法。在法学中,科学主义的分解还原论方法主要有以下三种。

一是整体主义方法论。受自然科学及其科学主义的影响,整体主义方法论认为:“数个要素一经结合,都会因结合而产生新的现象,但我们必须想到,这些新的现象不是存在于各个要素之中,而是存在于随要素的结合而形成的新的整体之中。”〔1〕整体主义将这种在自然科学中存在的规律移用到社会科学中,就是:“社会并不是个人相加的简单总和,而是由个人的结合而形成的体系,而这个体系则是一种具有自身属性的独特的实在。”〔2〕因此,整体主义认为,社会科学研究的对象是社会事实而不是个人。“我们必须考察的是社会的性质,而不是个人的性质。”〔3〕“一种社会事实的决定性原因,应该到先于它存在的社会事实之中去寻找,而不应到个人意识的状态之中去寻找。”〔4〕既然社会科学的研究对象是社会事实而不是个人,因此,在整体向最小单位的还原过程中,整体主义认为,只能还原到“社会事实”那儿,只能还原到构成整体的部分,而不能还原到构成整体的个体个人那儿;换言之,这里的“最小单位”只能是“社会事实”或“构成整体的不可再分的部分”,〔5〕而不能是个人。如孟德斯鸠认为:“社

---

〔1〕［法］E. 迪尔凯姆:《社会学方法的准则》,狄玉明译,商务印书馆1995年版,第11页。

〔2〕［法］E. 迪尔凯姆:《社会学方法的准则》,狄玉明译,商务印书馆1995年版,第119页。

〔3〕［法］E. 迪尔凯姆:《社会学方法的准则》,狄玉明译,商务印书馆1995年版,第13页。

〔4〕［法］E. 迪尔凯姆:《社会学方法的准则》,狄玉明译,商务印书馆1995年版,第125页。

〔5〕严格来说,这里的“整体”应该是构成真正整体的“组成部分”,而不是真正的“整体”,因此,这里的整体主义方法论就是部分主义方法论;但本章还是遵从惯例称之为“整体主义方法论”。

会结构的一个因素的改变,便引起整个结构的改变";[1]"我们观察局部,不过是为了作整体的判断"[2]。正是在这种由整体向部分还原的方法论指导下,孟德斯鸠通过考察构成"法的精神"的局部,包括"法律应该同已建立或将要建立的政体的性质和原则有关系……法律应该和国家的自然状态有关系;和寒、热、温的气候有关系;和土地的质量、形势与面积有关系;和农、猎、牧各种人民的生活方式有关系。法律应该和政治所能容忍的自由程度有关系;和居民的宗教、性癖、财富、人口、贸易、风俗、习惯相适应。最后,法律和法律之间也有关系,法律和它们的渊源,和立法者的目的,以及和作为法律建立的基础的事物的秩序也有关系"[3]。最终以达到对法,即"从最广泛的意义来说,法是由事物的性质产生出来的必然关系"[4],以及"存在于法律和各种事物所可能有的种种关系之中"的"法的精神"[5]的考察和研究。可见,孟德斯鸠就是通过将整体的"法的精神"分析、分解和还原到构成整体的部分的还原研究方法,来"论法的精神"。整体主义方法论有强烈的科学主义、实证主义的倾向,追求社会科学研究的客观性和科学性,主张要像研究自然科学那样研究社会科学,"把社会事实作为物来考察",[6]"必须始终如一地摆脱一切预断"。[7]

二是规范分析方法论。受科学主义——尤其是其中的规范实证主义——的影响,规范分析方法为了追求法学研究的纯粹性、客观性和科学性,首先将法律从道德中分离出来,将法律价值从法律整体中剥离、分解出来,使法律变为单纯的国家实在法,变为纯粹的客观的"规范事实";然

---

〔1〕［法］孟德斯鸠:《论法的精神》(上册),张雁深译,商务印书馆1961年版,"孟德斯鸠和他的著作"第19页。

〔2〕［法］孟德斯鸠:《论法的精神》(上册),张雁深译,商务印书馆1961年版,"著者原序"第38页。

〔3〕［法］孟德斯鸠:《论法的精神》(上册),张雁深译,商务印书馆1961年版,第6~7页。

〔4〕［法］孟德斯鸠:《论法的精神》(上册),张雁深译,商务印书馆1961年版,第1页。

〔5〕［法］孟德斯鸠:《论法的精神》(上册),张雁深译,商务印书馆1961年版,第7页。

〔6〕［法］E.迪尔凯姆:《社会学方法的准则》,狄玉明译,商务印书馆1995年版,第35页。

〔7〕［法］E.迪尔凯姆:《社会学方法的准则》,狄玉明译,商务印书馆1995年版,第51页。

后对国家实在法进行法律规范分析、分解和还原。根据凯尔森的划分，法律的规范分析、分解和还原又可以划分为以下两种。

第一种是静态的法律规范分析、分解和还原。静态的法律规范分析、分解和还原主要是一种概念分析。如“奥斯丁为了解释‘法律’这一概念，将之分析为政治上的优势者、劣势者、命令、威胁、制裁、义务、意志等更为简单的概念，他试图借助这些简单概念精确地界定‘什么是法律’。”[1]再如，“在凯尔森的法律概念中，同样充斥着命令、制裁、威胁、义务等构成法律的细小元素”。[2] 当然，也有学者由于没有区分本体论上的整体性与认识论和方法论上的可分解性，认为，“传统的概念式思维是一种‘分离式思维’，足以瓦解并败坏生活现象的整体性”，[3]因此将这种概念分析方法排除在“理想类型”之外。实际上，从认识论和方法论的角度来看，这种概念分析方法与“理想类型”没有实质性的区别，它们都是采用分析、分解和还原的方法，其最终目的都是达到对本体的整体性认识；或者说，这种认识论和方法论上的可分解性，不仅没有损害我们对本体的整体性认识，相反，有益于我们对本体的整体性认识，它是我们达到对本体的整体性认识的必然路径。正是在这个意义上，我们将这种概念分析方法也划分在分析、分解和还原的方法之内，以说明这种分析、分解和还原方法在法学研究中的广泛存在；或者说，它至少是实体主义分析、分解和还原方法的一种泛化形式。

第二种是动态的法律规范分析、分解和还原。动态的法律规范分析、分解和还原就是对法律规范之间关系的研究，就是通过对各种各样制定法的不断分析、分解和还原，最终追寻到第一实体，即亚里士多德所说的

[1] 陈锐：《多面的法律实证主义》，中国政法大学出版社2016年版，第201页。

[2] 陈锐：《多面的法律实证主义》，中国政法大学出版社2016年版，第201页。

[3] 吴从周：《论法学上之“类型”思维》，载杨日然教授纪念论文集编辑委员会编辑：《法理学论丛——纪念杨日然教授》，台北，月旦出版社股份有限公司1997年版，第307页。转引自胡玉鸿：《法学方法论导论》，山东人民出版社2002年版，第119页。

"不表述任何别的东西,而是别的东西表述它的"[1]。在法律规范世界中,第一实体在所有法律规范中处于基础性规范的地位,它及其效力不需要依赖任何法律规范,但所有法律规范及其效力都可以通过基础性规范得以说明和解释。如凯尔森通过对各种各样的国家制定法的一种"外在观点"的观察,以及不断分析、分解和还原的方法,形成了一个由个别规范→一般规范→宪法规范→基础规范的动态的法律规范体系。可见,基础规范既是所有法律规范效力的基础,也是凯尔森追寻的第一实体。而哈特通过对各种各样的国家制定法的一种"内在观点"的理解,以及不断分析、分解和还原的方法,形成了一个由第一性规则→第二性规则(审判规则→改变规则→承认规则)的动态的法律规范体系。可见,在哈特看来,承认规则既是整个法律制度的基础,也是其要追寻的法律的第一实体。

三是社会分析方法论。受科学主义——尤其是其中的事实实证主义——的影响,如果说规范分析方法是一种向规范世界/逻辑领域分析、分解和还原的方法,侧重关注的是"规范事实",那么,社会分析方法则是一种向现实社会世界/经验领域分析、分解和还原的方法,侧重关注的是"社会事实"。当然,由于关注的侧重点的不同,每个学者的"社会事实"或"构成整体的部分"的具体内容是不同的,如涂尔干的"社会事实"是"社会分工",狄骥的"社会事实"是"社会连带关系"即"客观法",埃利希的"社会事实"是"活法",霍姆斯的"社会事实"不是"逻辑"而是"经验",梅因的"社会事实"是社会变迁即"从身份到契约的运动",苏力的"社会事实"是"社会转型"。

法律的社会分析、分解和还原,使我们清楚地看到了法律规则在人类社会生活中实际发生作用的状况,法律规则与社会生活的千丝万缕的互动关系,法律理想和法律规则在人类社会生活中的实现方式和实现程度,总之,"社会分析方法着重分析的是法律的实然性问题,尤其是集中于法

---

[1] 谢贤聪、白杰:《试论亚里士多德形式与质料的思想》,载《洛阳师范学院学报》2009年第1期。

律的动态过程中的实然性问题,即考虑和检测法的实际运行、法的实际效力、实际作用和实际效果"[1]。因此,社会分析方法不仅让我们认识到了法律的事实性特征和法律在社会场景中丰富多彩的实际面貌,而且为以后法律理想的设定和调整,法律规则的制定、修改和完善提供了事实性的依据,从而推动了法律理想和法律规则的完善和发展,同时也为司法更加科学化、合理化、顺畅提供了实证性的依据,还为社会大众更好地守法提供了科学化的依据。在理论上,社会分析方法使法学研究建立在坚实的社会现实基础上,增加了法学研究的客观性、科学性及其必然带来的理论解构力。"事实上,法律行为不过是社会行为的法律界定,法律关系也只是社会关系的时空移置,如果在法学研究中,不确立法律与社会间的实际关联并形成相应的解释性框架,那么,我们所进行的研究就必然会因为失去了社会因素的考量而丧失相应的解构力。"[2]

第二,人文主义的分解还原论方法。人文主义是将整体分解还原到个体个人那里,也就是从"人的本性"——理性或感性——中寻找法律的第一实体即本体(本原、本质和本因),强调法律对人自身的需要的关怀,强调法律的价值大小主要体现为对人的需求的满足程度。人文主义的分解还原论方法在法学中主要有以下两种。

一是法律的价值分析方法论。价值属于关系范畴,从认识论上来说,是指客体能够满足主体需要的效益关系,属于表示客体的属性和功能与主体需要间的一种效用、效益或效应关系的哲学范畴;法律价值就是客体法律满足人的有用性问题。比如,人有建立稳定的有明确预期的社会秩序的安全需要,而法律本身具有一般性、明确性等特征,具有满足人对建立社会秩序以获得安全需要的功能,具有法律价值。因此,对法律的价值分析就是从人——尤其人性——那儿去追寻法律存在的根据,在这个意义上,法律的价值分析方法也是一种人文主义的法学分析方法。法律的

[1] 胡玉鸿:《法学方法论导论》,山东人民出版社2002年版,第170页。
[2] 胡玉鸿:《法学方法论导论》,山东人民出版社2002年版,第170页。

价值分析方法一般为自然法学所采用,如近代古典自然法学,尽管在人性等具体内容(如性善论和性恶论)上存在差异甚至是完全相反的状况,但它们都将国家(法律)的产生根源追溯到个人那儿,都形成了大同小异的推理分析思路:个人及其人性→自然状态→自然法→自然权利→社会契约→国家(法律);换言之,形成了一种由整体国家(法律)向最小单位个人的还原思路:国家(法律)→社会契约→自然权利→自然法→自然状态→个人及其人性。

二是个体主义方法论。受人文主义的影响,个体主义方法论强调社会科学的人文性,"试图把文化科学(社会科学的别称)从形而上学和自然主义的独断思维中解救出来",[1]因此,"文化科学的对象是有意义的文化事件或实在";[2]换言之,就是人的社会行为。"我们不仅可以从外在方面观察和把握人的行动,而且可以从内在方面理解他们的行动。"[3]当然,"文化科学与自然科学的对立都只有形式的和方法论上的意义,而无存在论上的意义"[4]。因此,如果说强调科学性的社会科学采取的是整体主义研究方法,那么,强调人文性的社会科学则采用的是个体主义研究方法。"个体主义方法论是一种立足于个人的视角研究学科问题的方法体系,它以个体为分析问题的基点,通过对个人行为、动机、目的、偏好等方面的分析,来展现社会发展的基本脉络。"[5]换言之,在整体向最小单位的还原过程中,个体主义方法论是将整体分析、分解和还原到个体,而不是社会事实或构成整体的部分,因此,这里的最小单位就是构成整体的

---

〔1〕 [德]马克斯·韦伯:《社会科学方法论》,韩水法、莫茜译,商务印书馆2013年版,"译序"第3页。

〔2〕 [德]马克斯·韦伯:《社会科学方法论》,韩水法、莫茜译,商务印书馆2013年版,"译序"第8页。

〔3〕 [德]马克斯·韦伯:《社会科学方法论》,韩水法、莫茜译,商务印书馆2013年版,"译序"第13页。

〔4〕 [德]马克斯·韦伯:《社会科学方法论》,韩水法、莫茜译,商务印书馆2013年版,"译序"第5页。

〔5〕 胡玉鸿:《法学方法论导论》,山东人民出版社2002年版,第190页。

微观基础——个人。

如上述近代古典自然法学将国家(法律)的根源分解还原到个人那儿的分解式还原思路,“在方法论上,他们大多都是个体主义方法论的提倡者与实践者”〔1〕。

再如,社会学法学中的韦伯、哈耶克等学者,也是将法律问题的研究分析、分解和还原到个人那儿。作为社会理性化内容之一的法律理性化,是韦伯法律社会学研究的核心问题;但韦伯将法律的理性化发展最终还原到法律承担者行为的理性化发展上。韦伯认为,法律承担者经历一个由非理性到理性的继受过程:法律先知—法律名望家—法律专家;因此法律的发展也经历了一个由非理性法律到理性法律的继受过程。如在社会经济、政治、文化等社会环境几乎相同的欧洲,产生了在法律概念、思维方式、推理方式等方面截然不同的两种法系,其中最根本的原因是它们迥然不同的法律教育形成了不同的法律工作者,也导致了它们法律理性化程度的不同。〔2〕 即使在同一国家法律的继受过程中,也存在这种法律人的继受过程:如韦伯在研究德国继受罗马法的历史时,发现了这种法律承担者取代交替的过程,即 1400 ~ 1550 年业余的法律人被法律专家取而代之;伴随而来的,是一个新的理性的法庭程序与行政程序以及一套新的法律。总之,法律承担者换血的过程成了法律继受过程中核心的社会学现象。〔3〕 而哈耶克研究的法律的核心问题是法律二元论。与韦伯一样,哈耶克也是将法律二元论最终还原到个人那儿,认为:“我们惟有通过理解那些指向其他人并受其预期行为所指导的个人行为,方能达致对社会现象的理解。”〔4〕在哈耶克看来,人的理性是有限的,因此在人的理性所及

---

〔1〕 胡玉鸿:《法学方法论导论》,山东人民出版社 2002 年版,第 100 页。

〔2〕 参见[德]马克斯·韦伯:《经济与社会》(下卷),林荣远译,商务印书馆 1997 年版,第 116 ~ 138 页。

〔3〕 参见林端:《儒家伦理与法律文化:社会学观点的探索》,中国政法大学出版社 2002 年版,第 53 ~ 54 页。

〔4〕 [英]哈耶克:《个人主义与经济秩序》,邓正来译,生活·读书·新知三联书店 2003 年版,第 12 页。

的范围内,形成了人造的秩序和人为设计的外部规则——立法;而在人的理性不及的范围内,形成了由人之行动而非人之设计的自生自发的内部规则——法律。

即使是规范分析法学,也存在这种倾向。与持外在观点的奥斯丁和凯尔森不同,哈特强调法律科学的人文性,认为法律是一种关于人的社会科学,因此,他与韦伯一样,主张一种内在观点的研究方法,即诠释学的"理解"。正是在这种研究方法指引下,哈特将法律规则的基础最终还原到"承认规则":"官员将法律系统的承认规则看成是法律有效的最终依据";〔1〕"社会大众(尤其是法律官员)的接受是法律存在并具有权威的先决条件"〔2〕。

综上所述,从形而上层面的人文主义和科学主义来看,价值分析方法、规范分析方法、社会分析方法、个体主义方法论和整体主义方法论,都是不同的法学研究方法,但是,从形而更上层面的实体主义来看,它们都是一种实体主义的由整体向最小单位的分解式还原论方法;换言之,分解式还原论方法是它们共同的上位法学方法论,从而可以实现法学方法论从价值分析方法论、规范分析方法论、社会分析方法论、个体主义方法论和整体主义方法论到分解式还原论方法的转变。

四、法学方法论形而更上化合路径的革命

上述通过形而更上化合路径实现的法学方法论从价值分析方法论、规范分析方法论、社会分析方法论、个体主义方法论和整体主义方法论到分解式还原论方法的转变,并不是整个法学方法论去内卷化进程的终结,不能夸大这种转变在整个法学方法论去内卷化进程中的意义;实际上,它只是为可能引起的法学方法论的质变而进行的量变,即法学方法论的"演化",原因如下。

---

〔1〕 参见 H. L. A. Hart, *The Concept of Law*, Clarendon Press, 1994, p. 83-84。转引自陈锐:《多面的法律实证主义》,中国政法大学出版社 2016 年版,第 27 页。

〔2〕 陈锐:《多面的法律实证主义》,中国政法大学出版社 2016 年版,第 29 页。

第一,实体主义也是一种分解式哲学范式,重在分析,其目标在知而不在行,在追溯第一实体时,通过不断分解的方式来实现。因此,在实质内容上,价值分析方法论、规范分析方法论、社会分析方法论、个体主义方法论、整体主义方法论和分解式还原论方法都是一种分解式方法论,从价值分析方法论、规范分析方法论、社会分析方法论、个体主义方法论和整体主义方法论到分解式还原论方法的转变,只是在形式意义上实现了法学方法论的"化合"和转变,只是为进一步实现法学方法论在实质内容——法学世界观——上的"质变"提供了"量变",并不是法学方法论在法学世界观意义上的"革命"。

第二,这种实体主义还原论方法自身还存在结构性缺陷。"还原论不是不考虑对象的整体性,而是强调为了认识整体必须认识部分,用部分说明整体、用低层次说明高层次,即认为经过分解、还原,把一个个部分、一个个低层次弄清之后,再把它们累加、整合,整体的面貌就清楚了。"[1]换言之,由整体向最小单位的分析、分解和还原,是科学研究的策略和方法,是手段;而由最小单位向整体的还原,是科学研究的最终目的,是认识整体的目的。因此,从实体主义还原论的本意来看,一个完整的还原过程,应该是既有由整体向最小单位的还原过程,又有由最小单位到整体的还原过程;既有分解式的还原过程,也有化合式的还原过程;而且前一种还原只是手段,后一种还原才是最终要达到的目的即对整体的认识。但从上述法学研究方法来看,不论是价值分析方法论、规范分析方法论和社会分析方法论,还是个体主义方法论和整体主义方法论,与还原论方法在自然科学中一样,都只是一种从整体到最小单位的还原论方法,缺乏由最小单位向整体的还原论方法;质言之,只有分解式的法学还原论研究方法,没有化合式的法学还原论研究方法。"在当代西方文明中有一个高度发展的技巧,那就是解析的方法,即将一个难的问题析为许多可能的、最小

---

〔1〕 赵光武:《用还原论与整体论相结合的方法探索复杂性》,载《系统辩证学学报》2003 年第 1 期。

的部分。我们对这一技巧如此熟悉,以致我们有时甚至忘记把这些部分还原为整体。"〔1〕

第三,这种自身存在结构性缺陷——只有由整体向最小单位分解式还原而没有由最小单位向整体化合式还原——的分解式还原论方法,会给法学理论研究带来如下方面的不足。

首先,分解式还原论方法在本体论上,会形成规范与事实、主观与客观二元分立的格局。不论是价值分析还是规范分析和社会分析,也不论是整体主义方法论的分析还是个体主义方法论的分析,都是认识和研究本体的手段,其最终目的是追寻第一实体。由于研究本体的方法不同,它们获得的对本体的认识不同,追寻到的第一实体也不同。如价值分析方法认识的是法律的价值方面,获得的是有关法律价值方面的知识,追寻的第一实体是法律价值,因此,在它的眼中,法律价值具有至高无上性;而规范分析方法认识的是法律的规范方面,获得的是有关法律规范方面的知识,追寻的第一实体是法律规范,因此,在它的眼中,法律规范具有至高无上性;而社会分析方法认识的是法律的事实方面,获得的是有关法律事实方面的知识,追寻的第一实体是法律的事实,因此,在它的眼中,法律事实具有至高无上性;而整体主义的分析方法认识的是法律的客观方面,获得的是有关法律客观方面的知识,追寻的第一实体是法律客观性即事实,因此,在它的眼中,法律客观性即事实具有至高无上性;而个体主义的分析方法认识的是法律的主观方面,获得的是有关法律主观方面的知识,追寻的第一实体是法律主观性,因此,在它的眼中,法律主观性具有至高无上性。总之,从整体来看,正是由于人们在法学方法论上的差异,正是由于只有"分解式"的研究方法而没有"化合式"的研究方法,使人们在本体论上形成了规范与事实、主观与客观的二元分立状况。

---

〔1〕 参见 Robert N. Moles, *Definition and Rule in Legal Theory: A Reassessment of H. L. A. Hart and the Positivist Tradition*, Basil Blackwell, 1987, p. 17。转引自陈锐:《多面的法律实证主义》,中国政法大学出版社 2016 年版,第 122 页。

其次,分解式还原论方法还会造成整个法学知识的碎片化。只有由整体向最小单位还原的分解式的研究方法(法律＝价值＋规范＋事实),而没有由最小单位向整体还原的化合式的研究方法(价值＋规范＋事实＝法律)不仅造成上述法律本体论上的规范与事实的分立,也进一步造成了价值论、规范论和事实论的内部的分立。如最突出的是在事实论内部,学者们对社会的不断细分和分解式的研究,形成了各种各样理论的法律社会学知识,从而使整个法律社会学知识呈现一种碎片化的状态。再如,在价值论内部,学者们通过不断的分解式的研究,形成了各种各样的价值论,从而使整个自然法学知识呈现一种碎片化的状态,以致法律价值之间的冲突和协调成了法学必须面临的课题。又如,在规范论内部,学者们通过不断的分解式的研究,形成了各种各样的规范论,从而使整个规范分析法学知识呈现一种碎片化的状态。这种法学知识碎片化的现象在我国更甚,不仅体现在法学研究上,如"规范法学研究者把本来属于一个整体的法学研究予以肢解,使宪法、刑法、民事、行政法和诉讼法的研究相互隔离,出现了'老死不相对话'的局面"〔1〕,而且体现在法学教育上,出现了一种较为普遍存在的"隔离"现象。〔2〕 总之,由于只有由整体向最小单位还原的分解式的研究方法,而没有由最小单位向整体还原的化合式的研究方法,整个法学知识呈现一种碎片化的状态。

再次,分解式还原论方法在认识论上,会形成微观与宏观、主观与客观、个体与社会、行动与结构等的二元分立。由于只有由整体向最小单位还原的分解式的研究方法,而没有由最小单位向整体还原的化合式的研究方法,因此,在这种由整体向最小单位还原的分解式的研究方法的长期运用和作用下,形成了许多二元分立的认识进路:如个体主义与整体主义的二元分立认识进路,微观分析与宏观分析的二元分立认识进路,主观主义与客观主义的二元分立认识进路,个体分析与社会分析的二元分立的

〔1〕 陈瑞华:《论法学研究方法》,法律出版社2017年版,第268～269页。

〔2〕 参见刘红:《我国法学教育中的"隔离"现象透视》,载周佑勇主编:《东南法学》第4辑,东南大学出版社2012年版。

认识进路,行动分析与结构分析的二元分立的认识进路。这些从不同认识角度和维度形成的不同认识进路,促进了人类对法律的不同角度和不同维度的认识和研究,丰富并加深了人类对法律现象的各个侧面的深入了解和把握,但“这种二元对立对于建构一种总体性的社会现实图景是一种障碍”[1]。

最后,分解式还原论方法还会使综合法学只能停留在观念层面,无法向方法技术层面推进,最后造成了综合法学的失败。由于在目前整个法学研究方法中,只有由整体向最小单位还原的分解式的研究方法(法律 = 价值 + 规范 + 事实),而没有由最小单位向整体还原的化合式的研究方法(价值 + 规范 + 事实 = 法律),因此,所有具有“综合”之意的法学因缺乏与之相应的法学研究方法而无法向方法技术层面推进,只能停留在观念层面。这也许是综合法学——尤其是理论综合法学——之所以在理论创新上乏善可陈,无法形成一个独立的法学流派,在实践上对法律实践的影响力非常有限的方法技术原因。

第四,这种自身存在结构性缺陷——只有由整体向最小单位分解式还原而没有由最小单位向整体化合式还原——的分解式还原论方法,还会给法律实践带来如下几方面的不足。

首先,这一方法无法完全满足法律人在处理、研究法律实践问题时对整体性法学知识的需要,使法学提供的规范和事实、主体与客体分立的碎片化的分解式的法学知识,与法律人处理法律实践所需要的规范性知识和事实性知识、主体性知识与客体性知识兼备的化合式的法学知识之间脱节。在理论层面和认识论、方法论层面,尽管可以将整体的法律理念化地分解为价值、规范和事实三个基本要素,但在本体论和实践意义上,构成法律的价值、规范和事实是混而不可分的,也是法律人必须一并面对的问题。因此,在实践操作层面,法律人不仅需要一种由整体向最小单位还原的分解式的法学知识,而且需要一种由最小单位向整体还原的化合式

[1] [美]戴维·斯沃茨:《文化与权力:布尔迪厄的社会学》,陶东风译,上海译文出版社2006年版,第64页。

的整体性的法学知识。而后一种法学知识,则是目前呈现规范与事实、主体与客体分立的碎片化的法学知识难以提供的,因此使法学提供的规范和事实、主体与客体分立的碎片化的分解式的法学知识,与法律人处理法律实践所需要的规范性知识和事实性知识、主体性知识与客体性知识兼备的化合式的法学知识之间脱节,无法完全满足法律人在处理、研究法律实践问题时对整体性法学知识的需要。

其次,这一方法无法完全满足法律人在处理、研究法律实践问题时对方法技术的需要,使法学提供给法律人的分解式法学还原论方法与法律人在法律实践中所需要的化合式法学还原论方法之间脱节。尽管在理论层面和认识论、方法论层面,可以将整体的法律理念化地分解为价值、规范和事实三个基本要素,但在本体论和实践意义上,构成法律的价值、规范和事实是混而不可分的,也是法律人必须一并面对的法律实践问题。因此,在实践操作的方法技术上,法律人需要的研究处理法律问题的方法,不仅包括由法律整体向最小单位还原的分解式法学研究方法,而且包括由最小单位向整体还原的化合式法学研究方法。而后一种方法技术,则是目前存在结构性缺陷的法学研究方法所不具有的,从而使法学提供给法律人的分解式法学还原论方法,与法律人在法律实践中所需要的化合式法学还原论方法之间脱节,无法完全满足法律人在处理、研究法律实践问题时对方法技术的需要。

最后,这一方法无法完全满足研究者在研究我国传统“化合型”法律制度时对法学研究方法的需要。受我国传统关系主义及其“合”的文化观念影响,我国目前存在许多“化合型”法律制度,如宏观层面的“礼法合一”,中观层面的“调审合一”,以及微观层面的“调解员与审判员合一”等。目前,法学界在研究这些“化合型”法律制度时,受这种存在结构性缺陷的法学研究方法的局限,大多只进行由整体向最小单位还原的分解式的研究;但这种研究并不是对我国“化合型”法律制度的研究,而只是分解式法学研究范式眼中的法律问题研究。实际上,要想达到对这种“化合型”法律制度的彻底而有效的研究,不仅需要由整体向最小单位还原的分解式的研究方法,而且需要由最小单位向整体还原的化合式的研究方法。

而后一种研究方法，则是目前存在结构性缺陷的还原论法学研究方法无法提供的，从而使法学提供给研究者的分解式法学还原论方法，与研究者在研究我国传统“化合型”法律制度时对化合式法学还原论方法的需要之间脱节，无法完全满足研究者在研究我国传统“化合型”法律制度时对法学研究方法的需要。

总之，为了完成法学方法论的整个去内卷化进程，为了克服分解式法学还原论方法存在的结构性缺陷，为了解决由此种存在结构性缺陷的法学还原论方法在理论和实践上带来的上述诸种弊端和不足，必须进行法学方法论的“革命”，必须进行法学方法论世界观由实体主义向关系主义的变革，必须引入一种与这种哲学预设相适应的能够弥补分解式还原论方法结构性缺陷的由最小单位向整体的化合式还原方法——关系主义化合式法学还原方法，包括规范的关系主义法学研究方法（如法律组织结构—功能分析）和随机的关系主义法学研究方法（如法律的社会关系网络分析）。〔1〕

〔1〕 前者参见张洪涛：《司法之所以为司法的组织结构依据——论中国法院改革的核心问题之所在》，载《现代法学》2010年第1期；张洪涛：《调解的技术合理性——一种中观的组织结构—功能论的解读》，载《法律科学（西北政法大学学报）》2013年第2期；张洪涛：《审判委员会法律组织学解读——兼与苏力教授商榷》，载《法学评论》2014年第5期；张洪涛：《中国法院压力之消解——一种法律组织学解读》，载《法学家》2014年第1期；张洪涛：《习惯在行政中的制度命运——一种组织结构—功能分析的视角》，载《东南大学学报（哲学社会科学版）》2010年第4期。后者参见张洪涛：《法律洞的司法跨越——关系密切群体法律治理的社会网络分析》，载《社会学研究》2011年第6期；张洪涛：《民法典学者建议稿信息结构及其参与者的社会网络》，载《环球法律评论》2014年第3期。

第四章　分解式法学范式之法学认识论

作为一种成功而有用的范式，实体主义法学世界观还体现在法学认识论上，本章首先，从实体主义角度，分别探讨自然法学、规范分析法学和社会法学各自的法律思维向度、对象和路径方法；其次，从实体主义角度，总结传统三大法学流派法律思维的共同特征——简单性构成论实体分解式还原思维；再次，探讨简单性构成论实体分解式还原思维的主要功能；复次，探讨简单性构成论实体分解式还原思维的主要功能障碍；最后，探讨简单性构成论实体分解式还原思维功能障碍的克服。

一、自然法学形而上的价值还原思维

实体主义还原思维中追寻第一实体及其至高无上性的核心特征，在法学中则体现为对各种具体规则背后相应的各种"高级法"的追寻。如自然法学将具体规则背后相应的"高级法"追寻到"自然法"，故名为"自然法学"。从自然法学发展的历史来看，其形成了各种各样的自然法：古代自然法包括赫拉克利特的"逻各斯"自然法、苏格拉底的天赋自然法、柏拉图的理念自然法、亚里士多德的目的论自然法、古代自然法集大成者西塞罗的自然法；中世纪神学自然法包括《圣经》中的自然法、教父学中尤其是奥古斯丁的自然法、教会法学家的自然法和集大成者阿奎那的自然法；近代古典自然法包括格劳秀斯的自然法、斯宾诺莎的自然法、霍布斯的自然法、洛克的自然法、孟德斯鸠的自然法和卢梭的自然法；现代新自然法包括新托马斯主义（神学）的自然法（主要代表人物是马里旦）和世俗的（非神学的）自然法（主要代表人物有富勒、罗尔斯和德沃金）。但这些不同时期形态各异的自然法与具体规则相比，都具有一些共同的特征：自然性、非人为性、原始性、本原性、不证自明性、同一性、本质性、抽象性、非成文性、不变性、永恒性、确定性等。与自然法相对应，西方也出现了各种具体规则：古代自然法时期称为"约定""习俗""人为法""成文法"等，中世纪神学自然法时期称为"人法"或"世俗法"，近现代则称为"实在法"或"制定法"。这些具体规则大致有一些共同特征：非本原性、多样性、易变性、表面性、具体性、成文性、人为性等。从还原向度看，上述各种各样具体规则在向自然法追根溯源的还原过程中形成了各种各样的自然法理论。

从还原向度看，古代自然法就是在自然中去追寻万物的本原和本体。当然，由于这个时期的自然与人和神是浑然一体的，或者说人和神也是自然的一个不可分割的组成部分。因此，这个时期的自然就是指事物的本性。"一个事物的自然（nature）就是使它所表现出来的那样行为的东西。而这样使一个事物像它所表现出的那样行为的东西显然是事物的本性或本质……'自然'是人之所以为人，物之所以为物的那个东西。"[1]但在其内部也存在一些差别。自然哲学时期的自然法就是指物质世界的自然规则，"主要是物理的自然法，即宇宙的法则"；[2]这也就是赫拉克利特所指的奠定万物的基础的永恒的"逻各斯"，它是一切事物必须共同遵循的规则，也是人类法律之源；同时也是法律最原始的意义——"在西方语言中，

---

〔1〕 占茂华：《自然法观念的变迁》，法律出版社2010年版，第13～14页。

〔2〕 占茂华：《自然法观念的变迁》，法律出版社2010年版，第66页。

‘规律’与‘法’始终是同一个词‘Law’”〔1〕。赫拉克利特的“逻各斯”自然法就是其典型代表。后来,随着人的自我意识的觉醒,这时(人文哲学时期)的自然法“则是道德自然法,即伦理自然法”〔2〕,这时的自然主要是指人的自然本性即理性。“此时自然法中的自然概念已不是严格意义上的自然物质世界,而是某种和谐的秩序,是人的理性。顺乎自然而生活,就是按照理性生活。”〔3〕“但在对人的自然本性的理解上他们又存在差别:智者学派将人的自然本能,即将动物式的欲求和追求自我利益作为人的自然本性;苏格拉底将‘德性’理解为人的自然本性;而柏拉图和亚里士多德则将善与正义作为人的自然本性。”〔4〕由于历史环境的差异,希腊化时期斯多葛学派与自然哲学时期和人文哲学时期在自然法内容上尽管存在差异,但在具体规则向自然法还原的向度上是一致的,认为应到人的自然本性那儿去追寻,不过在他们看来,人的自然本性就是理性。而古代自然法的集大成者西塞罗也认为,要认识法的本质,“需要到人的本性中去寻找”〔5〕。总之,古代自然法在具体规则向自然法还原的向度上,就是“从自然中寻找法的根源”,“法源于自然”。〔6〕

如果说古代自然法在还原向度上是到自然那儿去追寻各种具体规则的本体——第一实体即自然法,那么,中世纪自然法在还原的向度上则是到神那儿去追寻各种具体规则的本体——第一实体即神学自然法。因此,在中世纪神学自然法理论中,除将各种具体规则即人法还原到自然法外,还要将人法和自然法还原到神的法——永恒法或神法——那儿。如“在奥古斯丁那里,柏拉图曾设想驻留于某一神圣场所的实体性的理念,

〔1〕 占茂华:《自然法观念的变迁》,法律出版社2010年版,第66页。

〔2〕 占茂华:《自然法观念的变迁》,法律出版社2010年版,第66页。

〔3〕 蔡守秋、杜万平:《论环境法对古代自然法学尊重自然精神的复兴——以“自然”含义的演变为视角》,载《当代法学》2005年第2期。

〔4〕 占茂华:《自然法观念的变迁》,法律出版社2010年版,第66页。

〔5〕 [古罗马]西塞罗:《论法律》,王焕生译,上海人民出版社2006年版,第31页。

〔6〕 参见[古罗马]西塞罗:《论共和国　论法律》,王焕生译,中国政法大学出版社1997年版,第197页。

变成了上帝之所想。斯多葛学派所说的非人格化世俗的理性,变成了人格化的、全知、全能的上帝。亚里士多德的纯属自然神论的努斯(Nous)变成了创世者上帝,他超越于这个世界,但又通过其无限权能继续支持着它,通过其恩典指导着它,并按照他的永恒律法治理着它"[1]。因此,奥古斯丁除将人法还原到自然法外,还将进一步追根溯源到神的法即永恒法那儿。"在奥古斯丁看来,这永恒的律法就等于最高的理性和永恒的真理,等于上帝本人的理性,上帝内在的生命与其外在的活动都是按照他的律法进行并受其支配的。上帝的理性就是秩序,他的律法统治着这个本体性(ontological order),即存在的秩序、本质和价值的秩序……而自然的道德律及其组成部分——自然法——恰恰就是针对人的神圣律法,因为后者也是神圣律法的组成部分。"[2]同样,阿奎那除将各种具体规则即人法还原到自然法外,也将人法和自然法还原到神的法——永恒法或神法——那儿,认为,"永恒法代表上帝的理性、智慧和意志,是支配宇宙万物的法,当然也是一切法的渊源;自然法是上帝统治理性动物即人类,指引人类达到至善的理性命令"[3],"理性动物之参与永恒法,就叫作自然法","我们赖以辨别善恶的自然理性之光,即自然法,不外乎是神的荣光在我们身上的痕迹"。[4] 同样,现代新托马斯主义(神学)的自然法学的代表人物马里旦,除将各种具体规则即人法还原到自然法外,也将人法和自然法还原到神的法——永恒法——那儿,认为:"永恒法即神法,是神圣理性的秩序和神的意志的体现,也是上帝统治整个宇宙的法律,是一切法律中的最高的法律;自然法是人类对上帝永恒法的一种参与,是永恒法通

---

〔1〕[德]海因里希·罗门:《自然法的观念史和哲学》,姚中秋译,生活·读书·新知三联书店2007年版,第34页。

〔2〕[德]海因里希·罗门:《自然法的观念史和哲学》,姚中秋译,生活·读书·新知三联书店2007年版,第34~35页。

〔3〕蔡守秋、杜万平:《论环境法对古代自然法学尊重自然精神的复兴——以"自然"含义的演变为视角》,载《当代法学》2005年第2期。

〔4〕《阿奎那政治著作选》,马清槐译,商务印书馆1963年版,第107页。

过人的理性而表现出来的无形规范,也是人定法的指导原则。”[1]总之,神学自然法学家“已不再像古代的先哲那样,尽量在自然中寻找万物的本原,他们竭力要告诉人们的不外乎是存在一个只能信仰而不能捉摸的上帝,它构成了世界的本质、本原”[2]。

如果说古代自然法和中世纪神学自然法在还原向度上分别是到自然和神那儿去追寻各种具体规则的本体——第一实体即自然法,强调人对自然和上帝的遵从——自然义务,那么,近代古典自然法则是到人那儿去追寻各种具体规则的本体——第一实体即自然法;换言之,就是“用人的眼光”,从“人”而不是从“神”出发,也就是在“人的本性”——理性或感性——中寻找自然法的本原,强调对人自身的关怀——自然权利。当然,在近代古典自然法内部也存在人性论的差异,如格劳秀斯强调人性的社会性即社交性和理性——辨别是非的能力;霍布斯强调人性的动物性和自利性——趋利避害和自我保存,是一种性恶论;洛克则持一种性善论,虽赞同霍布斯人性论中趋乐避苦的一面,但更强调人性中理性的一面,认为人类有足够的理智或理性思维的能力。因此,洛克的自然状态不同于霍布斯的“一切人反对一切人”的战争状态,而是一种人人平等的和平状态;孟德斯鸠认为人性中既有自然本性的一面——和平、寻找食物和相互之间的自然爱慕,也有社会性的一面——希望过社会生活;卢梭也持一种性善论的观点,强调人性中的自然情感——“自爱”和“怜悯”。

从还原思维向度来看,现代新自然法分为两种情形:一种是到神那儿去追寻,另一种是到人那儿去追寻。前者如新托马斯主义自然法学的代表人物马里旦,受阿奎那神学自然法的影响,认为:“自然法是人类对上帝永恒法的一种参与,是永恒法通过人的理性而表现出来的无形规范,也是人定法的指导原则;实在法是在自然法的基础上由国家制定的,并受制于

---

〔1〕 占茂华:《自然法观念的变迁》,法律出版社2010年版,第205页。
〔2〕 占茂华:《自然法观念的变迁》,法律出版社2010年版,第78页。

自然法。”[1]“自然法是处理必然的同‘行善避恶’这一原则相联系的权利和义务的准则,它是上帝默许的、不成文的、永恒不变的法律,是实在法甚至万民法(国际法)的精髓,是历久不衰、永世生效的部分;实在法是指在特定社会集团中有效的一套法律(习惯法或制定法),它低于自然法;实在法依赖自然法而存在,是自然法的延伸和扩展,一切法的内容最终都源于自然法。”[2]后者如现代世俗自然法学,虽然试图淡化甚至消除传统自然法中先验性的形而上的色彩,但仍然强调自然法(或正义)是实在法的道德基础和价值基础。最为典型的如罗尔斯,在论述其已经实现了世俗化的“正义论”时,其仍将理论建立在一种与古典自然法学的“自然状态”相类似的假设状态——“原初状态”(original position)以及在此基础上订立的“基本契约”——之上。

综上,自然法学,不论是古代自然法和中世纪神学自然法,还是近代古代自然法和现代新自然法,尽管在追寻具体规则背后的“高级法”过程中,在向自然法的还原向度上存在各种各样的差异:自然与神和人的差异,神圣与世俗的差异,人性善与人性恶的差异,理性与感性的差异,自然本性与社会性的差异;但在还原思维总向度上保持着一致性,即一种向超验/先验世界回溯的向上的形而上学的还原思维向度。即使是在近代古典自然法中,有人(如孟德斯鸠和卢梭、康德和黑格尔)在本体论上试图淡化甚至消除自然法的先验性,但在认识论或还原思维的向度上仍然采用超验/先验论,仍然具有向上的形而上学论的色彩。即使是在本体论上完全实现了世俗化的现代新自然法学,但在认识论或还原思维的向度上仍然采用超验/先验论,仍然具有向上的形而上学论的色彩。总之,一句话,“自然法理论可以在西方形而上学的视野中进行思考,或者说自然法理论

---

[1] 占茂华:《自然法观念的变迁》,法律出版社2010年版,第205页。

[2] 参见 Jacques Maritain, *The Rights of Man and Nature Law*, New York Charles Scribner's Sons, 1943, p. 70。转引自占茂华:《自然法观念的变迁》,法律出版社2010年版,第210页。

本身就是形而上学的"[1]。

也许正是由于自然法学的这种向上的形而上学的还原思维向度的一致性，才保证了自然法学自古至今在本体论上的一致性，不论是神学自然法还是世俗自然法，始终以探讨法律与正义、法律与道德等法律的基本价值问题作为自己研究的主线和主轴；也许正是由于自然法学的这种总体上的向上的形而上学的还原思维向度，才使自然法中的“自然”由原初客观自然界向后来主观超验世界移动，导致出现“失其本性的自然法”“自然法之‘自然’观念消失”的结果；[2]也许正是由于自然法学的这种总体上的向上的形而上学的还原思维向度，才使自然法中的“自然”的含义由当初的“是什么”被现在的“应当是什么”所取代。[3] 正如密尔所言：“没有哪个词像‘Law’这个词那样经常地与‘自然’连在一起使用；Law 这个词有两种不同的含义，其中的一种含义所表示的是‘是什么’，另一种含义所表示的是‘应当是什么’，我们常常谈到万有引力定律、运动三定律、化合物的定比定律、有机体的生命律等。所有这些所表示的是‘是什么’。我们也常常谈到刑法、民法、名誉法、诚实法、公平法等，所有这些涉及的是‘应当是什么’，或某个关于‘应当是什么’的推测、感觉或命令。"[4]总之，一句话，自然法学这种总体上的向上的形而上学的还原思维向度使其在法律本体论——“法是什么”——上得出“法即价值”的结论；换言之，价值是自然法学追寻的第一实体，具有至高无上的地位。

二、规范分析法学形而下的规范还原思维

在还原思维向度上，如果说自然法学在总体上是向上的形而上的还

---

〔1〕 王克金：《自然法思想的起源和它的形而上学本性》，载《法制与社会发展》2008 年第 3 期。

〔2〕 参见柯岚：《失其本性的“自然法”——读海因里希·罗门〈自然法的观念史和哲学〉》，载《社会科学论坛》2010 年第 4 期；王辉：《自然法之“自然”观念的消失》，载《江西社会科学》2012 年第 11 期。

〔3〕 参见蔡守秋、杜万平：《论环境法对古代自然法学尊重自然精神的复兴——以“自然”含义的演变为视角》，载《当代法学》2005 年第 2 期。

〔4〕 参见胡玉鸿：《法学方法论导论》，山东人民出版社 2002 年版，第 148 页。

原向度,是向超验/先验世界的还原,那么,规范分析法学则是向下的还原向度,而且是向规范世界还原。

如规范分析法学的开创者奥斯丁认为,只有严格意义上的法律,亦即由主权者明确颁布的实在法,才是作为科学的法学研究的对象。“法律科学(或者简称法学),关注的是那些实在法,或者是那些能够在严格意义上如此称之的法律,而不管它们的好坏。”〔1〕“实在法是可以被径直地或在严格意义上如此称谓之意义上的法;或者说法律是由政治上的优位者针对政治上的劣势者所创制的。”〔2〕相反,那些不具有严格意义的模糊的非实在性的“准法律”则不属于法律科学研究的范围,如“一个基于上帝之法而作出的反对意见、异议或者辩护理由,从世界被创造以来,直到现在,从来没有为法院所听取过”;〔3〕以及“道德规范这个称号……其指称是模糊的”。〔4〕 总之,在奥斯丁看来,法只限于实在法范围,“人们所说的准确意义上的法或规则都是一类命令”,〔5〕“如果一项命令具有普遍约束力,而且对之服从的主体也是普遍的,则这一命令就是法律”。〔6〕

再如,纯粹法学的代表人物凯尔森认为:“一门科学必须就其对象实际上是什么加以叙(应为‘描’——引者注)述,而不是从某些特定的价值判断的观点来规定它应该如何或不应该如何。”〔7〕因此,凯尔森与奥斯丁

---

〔1〕 [英]约翰·奥斯丁:《法学讲演录》,支振锋译,中国社会科学出版社2008年版,第251页。

〔2〕 [英]约翰·奥斯丁:《法学讲演录》,支振锋译,中国社会科学出版社2008年版,第3页。

〔3〕 [英]约翰·奥斯丁:《法学讲演录》,支振锋译,中国社会科学出版社2008年版,第251页。

〔4〕 [英]约翰·奥斯丁:《法学讲演录》,支振锋译,中国社会科学出版社2008年版,第383页。

〔5〕 [英]约翰·奥斯丁:《法理学的范围》,刘星译,中国法制出版社2002年版,第17页。

〔6〕 [英]约翰·奥斯丁:《法理学的范围》,刘星译,中国法制出版社2002年版,第25页。

〔7〕 [奥]凯尔森:《法与国家的一般理论》,沈宗灵译,中国大百科全书出版社1996年版,“作者序”第2页。

一样,认为纯粹法学研究的范围只限于实在法,“旨在从结构上去分析实在法,而不是从心理上或经济上去解释它的条件,或从道德上或政治上对它的目的进行评价”[1],“法律科学所提出的每一论断必须建立在一个实在法律秩序或对几个法律秩序内容加以比较的基础上。只有将法学局限于对实在法的结构分析上,才能将法律科学与正义哲学以及法律社会学区分开来”[2]。

而新规范分析法学的代表人物哈特,虽然没有像奥斯丁和凯尔森那样明确阐明自己的还原向度和分析法学研究范围问题,但从他的相关论述中也可以推知其立场。首先,他尽管对奥斯丁的法律命令说提出了批判和修正,但通过转引格雷20世纪初对奥斯丁的评论表达了自己的赞同:“就其基本概念而言,20世纪法理学所作出的最重大的成就就是承认了这样一个事实,也即国家法……并非一种理想之物,而是某种切实的存在……它并非是什么应该是什么,而是实际是什么。在普通法法理学中明确地确定这一点,是奥斯丁所打的漂亮仗。”[3]其次,哈特认为奥斯丁法律命令说“失败的根本原因在于:该理论有建构起来的那些因素,即命令、服从、习惯和威胁的观念,没有包括、也不可能由它们的结合产生出规则的观念,而缺少这一观念,我们就没有指望去阐明哪怕是最基本形式的法律”[4]。因此,哈特认为法学研究要有“一个新的开端”,就需要引进一种“规则的观念”:“法即第一性规则和第二性规则的结

[1] [奥]凯尔森:《法与国家的一般理论》,沈宗灵译,中国大百科全书出版社1996年版,“作者序”第2页。

[2] [奥]凯尔森:《法与国家的一般理论》,沈宗灵译,中国大百科全书出版社1996年版,“作者序”第3~4页。

[3] 参见支振锋:《哈特:法学元命题的追问》,黑龙江大学出版社2013年版,第92页。

[4] [英]哈特:《法律的概念》,张文显等译,中国大百科全书出版社1996年版,第82页。

合”;“‘法理学科学的关键’,就在于这两类规则的结合”。[1] 再次,哈特强调对法律规则研究的一种内在观点,以便“从内在观点看到规则的内在方面”。[2] 最后,哈特即使谈到规则的外在方面——法律与道德问题或“最低限度的自然法”,但也并未将法律有效性的基础建立在道德上,而是建立在规则的内在方面——承认规则。“一个法律是否为法律、是否有效的唯一基础,也是唯一标准,就在于它是否能够得到承认规则的承认。”[3]

可见,规范分析法学在还原思维的向度上,都是在向形而下的规范世界还原;但在还原的具体内容——具体规则背后的高级法——上,它们之间还是存在差异。

如奥斯丁从外在观点的角度观察各种具体的实在法,将它们最终还原为“主权者的命令”,认为:“每一个实在法,或者说每一个被简单而严格地称为实在法的法律,是被一个主权者个体或者一个由多人所组成的主权者实体,针对某个或某些对该实在法处于臣服状态的人制定的。”[4]“任何一种实在法,或者任何一项可在严格意义上以法律称之的法,都是由一个主权者实体所创设的,这种法适用于一个独立政治社会的某个成员或某些成员。在这个社会中,该主权者或主权者机构具有至高无上的权威地位。”[5]可见,奥斯丁是将各种具体规则背后的高级法最终还原到“主权者的命令”;换言之,“主权者的命令”是奥斯丁在规范世界追寻的第一实体,具有至高无上的地位。

---

〔1〕 [英]哈特:《法律的概念》,张文显等译,中国大百科全书出版社1996年版,第82~83页。

〔2〕 参见[英]哈特:《法律的概念》,张文显等译,中国大百科全书出版社1996年版,第91页。

〔3〕 支振锋:《驯化法律——哈特的法律规则理论》,清华大学出版社2009年版,第242页。

〔4〕 [英]约翰·奥斯丁:《法学讲演录》,支振锋译,中国社会科学出版社2008年版,第3页。

〔5〕 [英]约翰·奥斯丁:《法学讲演录》,支振锋译,中国社会科学出版社2008年版,第245~246页。

凯尔森也是从外在观点的角度观察各种具体的实在法,通过不断上溯的方式——一种法律规范有效的根据只能是来自另一个较高效力的法律规范,将各种具体规则背后的“高级法”最终还原到“基础规范”——“不能从一个更高规范中得来自己效力的规范”[1]。“这一基础规范,就如同一个共同的源泉那样,构成了组成一个秩序的不同规范之间的纽带。”[2]因此,借助于基础规范,凯尔森构建了一个效力由高到低的规范系统:“基础规范之下,乃作为实在法最高位阶之‘宪法’……仅次于宪法者,乃依立法程序创制之一般规范……裁判本系个别规范,乃一般抽象法律规范个别化与具体化。”[3]可见,凯尔森是将各种具体规则背后的高级法最终还原到“基础规范”;换言之,基础规范是凯尔森在规范世界追寻的第一实体,具有至高无上的地位。

而哈特认为,“多数人是依靠从内在观点出发而看待规则生活的”,[4]因此强调从内在观点的角度对各种具体规则进行诠释学——具体就是语义学——的理解,将法律规则分为第一性规则和第二性规则。“第一性规则涉及个人必为或不得为的行为,而第二性规则涉及第一性规则,它们具体规定了第一性规则得以决定性地确定、引入、取消、改变以及违反这些规则事实的最终决定方式。”[5]因此,针对第一性规则的不确定性、静态性和无效性等缺陷,哈特相应地引进了三种第二性规则——承认规则、改变规则和审判规则——以弥补其不足。在所有这些规则中,哈特

〔1〕［奥］凯尔森:《法与国家的一般理论》,沈宗灵译,中国大百科全书出版社 1996 年版,第 126 页。

〔2〕［奥］凯尔森:《法与国家的一般理论》,沈宗灵译,中国大百科全书出版社 1996 年版,第 126 页。

〔3〕［奥］凯尔森:《纯粹法理论》,张书友译,中国法制出版社 2008 年版,第 90 页。

〔4〕［英］哈特:《法律的概念》,张文显等译,中国大百科全书出版社 1996 年版,第 93 页。

〔5〕［英］哈特:《法律的概念》,张文显等译,中国大百科全书出版社 1996 年版,第 95 页。

与凯尔森提出的基本规范相类似，认为承认规则是“法律制度的基础”，[1]具有“最终性”和“最高性”：“承认规则提供了用以评价这一制度的其他规则的效力的标准，在（我们试图阐明的）一个重要意义上说，承认规则是一个最终的规则：像通常一样，在标准是依照相对从属和优先的地位排列顺序的地方，其中之一将是最高的。”[2]可见，哈特是将各种具体规则背后的高级法最终还原到“承认规则”；换言之，承认规则是哈特在规范世界追寻的第一实体，具有至高无上的地位。

三、社会法学形而下的事实还原思维

向上的超验/先验世界的还原思维，使自然法学内部尽管出现了一种世俗化趋势，但侧重关注的仍是主观世界，尤其是在近代古典自然法学时期，出现了一种以对人的终极关怀、满足人的价值需求为主的人文主义或人本主义，使自然法学侧重研究形而上的法律价值、法律的道德性等问题。而向下的还原思维向度，使规范分析法学和社会法学都存在“拒斥形而上学”的倾向，都主张法律与道德的分离，都主张科学主义，都主张将法律的根基建立在一种客观事实基础上，都追求客观性，都侧重于研究法律的客观事实（包括法律规范事实和社会事实）问题，但两者仍存在以下三个主要方面的差异。

第一，相对于自然法学，规范分析法学与社会法学虽然都是向下的还原思维向度，但存在程度上的不同：如果说规范分析法学是向下的还原向度，是向规范世界还原，那么，社会法学则是更加地向下的还原向度，是向现实世界还原。

正如庞德所言：“社会学法学家目前所要解决的主要问题是，在创立、解释和适用法律方面，更加注意与法律有关的社会事实。”[3]为此，庞德

---

〔1〕 参见[英]哈特：《法律的概念》，张文显等译，中国大百科全书出版社1996年版，第101页。

〔2〕 [英]哈特：《法律的概念》，张文显等译，中国大百科全书出版社1996年版，第106页。

〔3〕 沈宗灵：《现代西方法理学》，北京大学出版社1992年版，第282页。

认为社会法学的研究范围包括以下八个方面："第一，研究法律制度和法律学说的实际社会效果。第二，为准备立法进行社会学的研究。第三，研究使法律实效生效的手段。第四，法律研究的方法应该是，既对司法、行政和立法以及法学的活动进行心理学的研究，又对理想的哲理进行研究。第五，对法制史应进行社会学的研究。第六，承认对法律规则分别情况加以适用的重要性，即力求对各个案件都能正当、合理地予以解决。第七，普通法法系国家中司法部的作用。第八，所有以上各点都是达到一个目的的手段，即力求使法律秩序的目的更有效地实现。"〔1〕可见，社会法学不是思维逻辑起点取向的，而是思维逻辑终点取向的，强调的是法律的社会作用和效果，"不是去看最先的事物、原则、'范畴'和假定是必需的东西；而只是去看最后的事物、收获、效果和事实"〔2〕。因此，社会法学在追寻第一实体的过程中，必须强调向形而下的现实世界还原。

但它们在向现实世界的还原过程中，各自强调的具体还原内容还是存在一定的差异。如欧洲社会法学的创始人之一埃利希明确提出："在当代以及任何其他的时代，法的发展的重心既不在于立法，也不在于法学或司法判决，而在于社会本身。"〔3〕因此，他认为："它（活法或人类社会的内在秩序——引者注）是人类社会法律秩序的基础。"〔4〕与埃利希相类似，社会连带主义法学的创始人狄骥也主张到现实世界去追寻法律的根基，认为法律的效力基础和合法性基础是他所称的存在于现实社会中的"社会连带关系"或"客观法"。"社会连带关系既然是一切人类社会的基本事实，因而，尽管它本身不是人们行为规则或社会规范，但却是所有这些

〔1〕 沈宗灵：《现代西方法理学》，北京大学出版社1992年版，第282～284页。

〔2〕 [美]威廉·詹姆士：《实用主义》，陈羽伦、孙瑞禾译，商务印书馆1979年版，第31页。转引自沈宗灵：《现代西方法理学》，北京大学出版社1992年版，第286页。

〔3〕 [奥]欧根·埃利希：《法社会学原理》，舒国滢译，中国大百科全书出版社2009年版，"作者序"。

〔4〕 [奥]欧根·埃利希：《法社会学原理》，舒国滢译，中国大百科全书出版社2009年版，第554页。

规则或规范的基础。"[1]现实主义法学的先驱人物霍姆斯也主张将法律的第一实体还原到现实社会中,并通过对"普通法"发展历史的实证考察,认为:"法律的生命不是逻辑,而是经验……法律蕴含着一个国家数个世纪发展的故事,我们不能像对待仅仅包含定理和推理的数学教科书一样对待它。要理解法律是什么,我们必须了解它以前是什么,以及它未来会成为什么样子。我们必须交替地参考历史和现有的立法理论。"[2]"法律与社会规范"研究的奠基者埃里克森也同样主张将法律的第一实体还原到现实社会中,认为社会规范才是法律的根基,"所有其他法律都可以说是在这些规范基础上的演化和变种,而我们的各种关于成文法的说法都仅仅是对这些规范的系统表述,是一种生活中的规范'再现',而不是这些规范或法律本身"[3]。涂尔干将法律发展变化的根本原因归结于社会分工:在一个社会分工不发达的人类早期低等社会形态里,法律主要是一种"压制性法",如刑法;而在一个社会分工发达的人类现代的高等社会形态里,法律主要是一种"恢复性法"或"契约法",如民法。[4]

综上所述,尽管社会法学在具体还原内容——各种具体规则背后的高级法——上存在各种各样的差异,但在总体的向下的形而下的向现实世界的还原思维向度上是一致的,使其在法律本体论问题——"法是什么"——上保持其一致性,并总结归纳得出"法即社会事实"的结论;换言之,社会事实是社会法学追寻的第一实体,具有至高无上的地位。

第二,相对于自然法学,规范分析法学与社会法学虽然都"拒斥形而上学",都主张法律与道德分离,但在"拒斥形而上学"与主张法律和道德分离的程度上,两者存在差异。

---

[1] 沈宗灵:《现代西方法理学》,北京大学出版社 1992 年版,第 254 页。

[2] [美]小奥利弗·温德尔·霍姆斯:《普通法》,冉昊、姚中秋译,中国政法大学出版社 2006 年版,第 1 页。

[3] [美]罗伯特·C. 埃里克森:《无需法律的秩序:邻人如何解决纠纷》,苏力译,中国政法大学出版社 2003 年版,"译者序"第 8 页。

[4] 参见[法]埃米尔·涂尔干:《社会分工论》,渠东译,生活·读书·新知三联书店 2000 年版。

与社会学法学相比，规范分析法学在“拒斥形而上学”和主张法律与道德分离的程度上并不彻底。如凯尔森在谈到处于纯粹法学理论体系核心的“基础规范”的效力来源时，认为：“（基础规范——引者注）之所以有效力是因为它是被预定为有效力的；而它之所以是被预定为有效力的，是因为如果没有这一预定，个人的行为就无法被解释为一个法律行为，尤其是创造规范的行为。”〔1〕可见，凯尔森的纯粹法学并不是完完全全建立在“规范事实”上，而是与自然法学一样，建立在一种假设基础上；不同的是，自然法学是建立在假设的“社会状态”上，而凯尔森的理论是建立在假设的“基础规范”上。因此，有学者认为，凯尔森的纯粹法学并不“纯粹”，并没有完全摆脱“事实”与“价值”严格区分的理论预设，其中还有“最低限度的形而上学”因素。〔2〕 也许是后来的规范分析法学的代表人物哈特意识到了这个问题，因此，在《法律的概念》一书中，他虽然认为“第一性规则和第二性规则的结合居于法律制度的核心，但它不是全部”，〔3〕但是也承认法律与道德是一种无“必然的联系”的关系，也承认存在一种“最低限度内容的自然法”。

可见，还原思维向度的差异导致法学思维存在三个不同的层面：如果说自然法学是一种典型的形而上还原思维，社会法学是一种典型的形而下还原思维，那么，规范分析法学则处于两者之间，既有形而上的因素，也有形而下的因素。

第三，相对于自然法学，规范分析法学和社会法学虽然都主张“科学主义”，都追求客观性，但在“科学主义”和客观性的程度上，两者还是存在以下几个方面的差异。

首先，在客观性的内容上，规范分析法学的“事实”与社会法学的“事

---

〔1〕［奥］凯尔森：《法与国家的一般理论》，沈宗灵译，中国大百科全书出版社1996年版，第132页。

〔2〕参见胡玉鸿：《法学方法论导论》，山东人民出版社2002年版，第167页。

〔3〕［英］哈特：《法律的概念》，张文显等译，中国大百科全书出版社1996年版，第100页。

实”不同。“法律科学所针对的现实并不是构成自然科学对象的自然的现实。”[1]“法律的特定现实并不体现在受法律秩序支配的个人的实际行为中，这种行为可能或不可能符合这一秩序，它正是我们所讲的那个现实。”[2]“至于实际存在的个人行为，是由自然法则根据因果关系原则来决定的。这是自然现实。而当社会学研究这个由因果法则决定的现实时，社会学就是自然科学的一个部门。”[3]“自然科学（包括社会法学——引者注）据以描述其对象的原则是因果性；法律规则据以描述其对象的原则是规范性。”[4]可见，规范分析法学的“事实”是“规范事实”，而社会学法学的“事实”是“社会事实”；在这个意义上，后者比前者更具客观性和科学性。

其次，在获得客观性的方式上，规范分析法学是“从逻辑分析方法认识法学之客观性”，而社会法学则是“从经验事实方面认识法学之客观性”。[5] 前者是“将有权威之‘法律命题’定于一尊，尽量使法律见解不与之抵触，并依逻辑分析的方法，提高其体系性”[6]。“此种逻辑自足的观念……虽足以提高法学的客观性，但未免忽视了法学的实践性，实不足取。换言之，这种客观性，为一种‘形式性’，非吾人所欲追求的‘客观性’，此宜注意者也。”[7]后者“无非就社会现象或法律现象观察某种经验命题所得，通过归纳的方法，归纳成一般性之命题，称为‘假设’。嗣在透过演绎的方法，由此一般性的命题导出各种命题，并与经验事实一一验

---

[1] [奥]凯尔森：《法与国家的一般理论》，沈宗灵译，中国大百科全书出版社 1996 年版，“作者序”第 2 页。

[2] [奥]凯尔森：《法与国家的一般理论》，沈宗灵译，中国大百科全书出版社 1996 年版，“作者序”第 2 页。

[3] [奥]凯尔森：《法与国家的一般理论》，沈宗灵译，中国大百科全书出版社 1996 年版，“作者序”第 2 页。

[4] 胡玉鸿：《法学方法论导论》，山东人民出版社 2002 年版，第 164 页。

[5] 参见杨仁寿：《法学方法论》，中国政法大学出版社 1999 年版，第 34、40 页。

[6] 杨仁寿：《法学方法论》，中国政法大学出版社 1999 年版，第 36 页。

[7] 杨仁寿：《法学方法论》，中国政法大学出版社 1999 年版，第 38 页。

证,苟若符合者,即属正确之命题;苟不符合者则予修正,经过不断的观察、验证、修正,以认识经验命题恰如其实之方法,即属经验事实的验证方法"[1]。可见,从获取客观性的方式来看,前者是逻辑的方法,而后者是经验的方法,后者比前者更具客观性。

再次,从还原思维的起点和终点来看,自然法学和规范分析法学是逻辑起点思维,向上——逻辑起点——寻求预设的根据,有预断的因素,而社会法学则是逻辑终点或后果思维,没有事先预设的标准,只是向下——社会现实——求证,没有预断的因素。正如有学者所言:"价值分析方法和实证分析方法二者都是根据某种预先构建的标准(道德或逻辑)来评价法律规则的正确性或有效性的,而社会分析方法则是'实证性的',它关注于法律规则在人类社会生活中实际发生作用的方式。"[2]在这个意义上,社会法学比规范分析法学更具有客观性和科学性。

最后,从规范分析法学发展的历史进程来看,规范分析法学既具有科学性和客观性的一面,也具有人文性和主观性的一面。早期的规范分析法学家(如奥斯丁、凯尔森)为了与自然法学划清界限,与社会学法学家一样,高举"科学主义"的旗帜,采取一种"外在观点"的观察方法,强调其客观性、科学性和社会科学的一面;后来的规范分析法学家(如哈特)由于认识到法学毕竟与社会科学、自然科学不同,终究还是一种关于人的科学,因此也认识到其还有人文科学和人文性的一面,主张采取一种"内在观点"的理解方法,即诠释学的研究方法,强调法学除了具有客观性的一面外,还有主观性的一面。在这个意义——人文性和主观性——上,规范分析法学有一种向自然法学靠拢的趋势。实际上,后来的历史事实(如纽伦堡审判)也证明,规范分析法学要完全排除其自然法学的价值思考和人文关怀,也是不现实的。

总之,还原思维向度的差异导致法律思维在追求客观性程度上,也存

---

〔1〕 杨仁寿:《法学方法论》,中国政法大学出版社1999年版,第40页。

〔2〕 胡玉鸿:《法学方法论导论》,山东人民出版社2002年版,第170页。

在三种不同的情形：如果说自然法学是一种典型的向上思维向度，侧重研究法律的价值等主观方面，客观性最弱甚至为零，社会法学是一种典型的向下思维向度，侧重研究法律的事实等客观方面，客观性最强；那么，规范分析法学则处于两者之间，既有主观的一面，也有客观的一面，换言之，是一种主观—客观方面的研究，客观性居中。

四、实体分解式还原法律思维

由上可见，尽管存在自然法学的形而上价值还原思维、规范分析法学的形而下规范还原思维和社会法学的形而下事实还原思维的差异，但从哲学根源来看，它们都是实体分解式还原法律思维。这种法律思维具有以下几个方面的共同特征。

第一，从思维的对象和内容来看，实体分解式还原法律思维是一种实体思维。“实体思维重在对‘什么’的分析，厘清或找出与所指对应的所指。”[1]因此，法律的概念、定义等问题，是法学研究中反复出现、探讨的“经久不绝的问题”（哈特语），从古代法律即正义，到近代的法律即自由、权利等，再到现代的法律即法官行为、官员行为等，不论是自然法学对法律即价值的探讨，还是规范分析法学论证得出的法律即规则的结论，抑或社会法学研究得出的法律即事实的结论，无不是各个时代的各个法学流派研究的核心问题；对法律概念的语义分析，也是法学研究中基本的研究方法；对法律条文的“语义解释”，是法律实践中最基本、最常用的法律解释方法；这种对法律概念、定义、含义的不断追寻而形成的范畴思维/概念思维，也是法学人和法律人自觉或不自觉的常用的基本的思维模式。总之，“无论是法律思维、法治思维，还是法理思维，其实都是在叙说法律是什么。只不过法律思维主要是针对个案确定法律是什么，突出了法律规范的作用；法治思维则主要是面对社会矛盾的化解确定法治之法；由法理学研究所衍生的法理思维，只不过是为法律思维和法治思维准备了确定

---

〔1〕 孙美堂：《从实体思维到实践思维——兼谈对存在的诠释》，载《哲学动态》2003年第9期。

什么是法律的思维规则"[1]。其法律思维不仅是一种实体思维，而且还是一种实体——尤其是第一实体——至上主义思维，因此也是一种一元化思维，具有终极思维、本质思维的特征，具有"追求终极实在的绝对论特点"。[2] 如在自然法学看来，法律价值就是其追寻的第一实体，具有至高无上性，所有法律要以它为基础，都必须服务或服从于它；在规范分析法学看来，法律规则（如基本规则、承认规则、元规则等）就是其追寻的第一实体，具有至高无上性，所有法律要以它为基础，都必须服务或服从于它；在社会法学看来，法律事实就是其追寻的第一实体，具有至高无上性，所有法律要以它为依据，都必须服务或服从于它。这也许是它们谁也说服不了谁，最后只得提出一种折中方案的深层原因。

"一切唯一性的追求都是采用线性的方法，表现于在直线中推断端点、起点，用线段规定、衡量存在。"[3] 因此，实体思维还具有线性思维的特征："从原因推断单一的结果，或者从结果寻找单一的原因。"[4] 即使是表面看来对立的二元现象，也可以通过线性思维的方式达到统一并实现一元化，即对立统一论。"以线段测量事物是取两端：起点和终点；这种线性两端点的'古老的两极对立'认识方法也就成了我们认识事物的基本方法……线性的方法在哲学中典型的表达是矛盾分析的方法。矛盾的两面的观点、两极的观点、对立的观点，无非是从一个平面的（正反）两面、一个线段的两端分析事物的方法。事物只能在'对立'中达到统一。"[5]

第二，从思维路径方法来看，实体分解式还原法律思维是一种分解式还原思维。它们都是通过还原的方式来追寻第一实体即本体。"因为它相信任何事物都可以还原为某个实体，实体就是超越时空、永恒在场的存

---

[1] 陈金钊：《法理思维及其与逻辑的关联》，载《法制与社会发展》2019 年第 3 期。

[2] 参见贺来：《"本体论"究竟是什么——评〈本体论研究〉》，载《长白学刊》2001 年第 5 期。

[3] 刘国平：《存在：西方哲学构成观体系解析》，科学出版社 2015 年版，第 105 页。

[4] 刘国平：《存在：西方哲学构成观体系解析》，科学出版社 2015 年版，第 105 页。

[5] 刘国平：《存在：西方哲学构成观体系解析》，科学出版社 2015 年版，第 105～106 页。

在,它蕴含着事物的全部奥秘,实体的本质就是事物的本质,认识的全部任务就在于把认识对象约化为实体并从实体的本质或规律出发来解释它们。真理就是借助于抽象而思辨的概念、逻辑、范畴对实体本质的开显、再现。所以,其在认识途径上就必然要采取一种回溯的方式,从错综复杂的差异性、多样性、丰富性中,找到可通约性,舍掉差异性、多样性、丰富性,以存在者去为存在者找根据,从一个存在者推导另一个存在者,最终追溯到某一个原初的存在者,从而找出作为终极基础的同一性。"〔1〕不同的是,由于还原思维的向度不同,它们还原思维的路径和内容也不同:自然法学是形而上的本原思维路径,主要是向法律最原始的起源不断还原,追寻到的是"自然法";规范分析法学是形而下的规范层面的本质思维路径,主要是向法律构成中最基本规则/规范的不断还原,追寻到的是法律规范/规则,如奥斯丁的"法律命令说"、凯尔森的法律基本规范理论、哈特的承认规则理论等;社会法学是形而下的社会层面的本因思维路径,主要是向影响法律的社会原因中最根本原因的不断还原,追寻到的是事实,如狄骥的社会连带理论、涂尔干的社会分工理论、埃利希的"活法论"、现实主义法学的法官行为/官员行为理论等。

一个完整的还原思维过程,应该是既有由整体到最小单位的分解式还原思维,又有由最小单位到整体的化合式还原思维;而且前一种还原思维是手段,后一种还原思维则是最终要达到的目的——对整体的认识。但从上述法律还原思维来看,不论是自然法学的形而上价值还原思维,还是规范分析法学的形而下规范还原思维和社会法学的形而下社会还原思维,它们尽管存在还原思维向度、路径和内容的不同,但都是一种由整体到最小单位的分解式还原思维。在某种意义上,法律就是在不断分解还原思维过程中得到不断发展的:法律首先被分解还原为价值、规范和事实,然后在价值、规范和事实各自的内部继续进行进一步的分解,将其还

〔1〕 孙迎联、杜贵阳:《实体主义还原论思维批判——经济与伦理关系研究的切入点》,载《江苏社会科学》2006年第5期。

原为更小的构成单位,最后直到分解还原到不能再分解还原的最小单位为止。

另外,从整体向最小单位分解还原的过程中,为了最终获得事物的本原、本质和本因,必须将非本原、非本质、非根本性原因化约掉,是一种去粗取精、化繁为简的过程,因此,分解式还原思维过程还是一个化约思维的过程:"首先把对象从环境中分离出来,使对象孤立,与环境相隔离;然后把对象分解为部分,由高层次的复杂问题还原为较低层次问题直到还原为可以解决的简单问题;最后,用自下而上各层次问题的逐步解决替代对高层次复杂问题的解答。"〔1〕否则,就难以追寻到第一实体,与实体思维所具有的一元化思维、终极思维和线性思维等特征相冲突。法学研究中广泛运用的理念化的类型化思维、韦伯理想类型思维等都是这种化约思维的典型代表。"类型(模型、模式)普遍具有以下特征:是对生活世界的高度概括和提炼,它对具体的、丰富多彩的生活提出疑问并试图去揭示日常生活进行过程中自动化的外衣,其建构都是简化的,只有这样它才能将研究对象全部网罗进去。"〔2〕

第三,从整体——思维内容与思维方法相结合——来看,实体分解式还原法律思维还是一种构成论思维。一方面,从思维的对象来看,实体思维要保持思维的一元化、绝对化、终极性;另一方面,从思维的方法路径来看,为了追寻到第一实体,又要对一元化的实体进行多元的不断的分解式还原。因此,为了实现二者的统一,实体分解式还原法律思维过程往往会围绕某个实体而展开,并形成一种构成论思维过程。〔3〕这种构成论思维在法学研究和法律实践中随处可见。如法学理论研究中,对"法律是什么"的探讨,法理学教材中对"法的要素""法律关系""法律行为""权利

〔1〕 刘劲杨:《还原论的两种形相及其思维实质》,载《自然辩证法通讯》2007 年第 6 期。

〔2〕 周光权:《类型思考与中国法学研究》,载《中国社会科学评价》2015 年第 4 期。

〔3〕 有学者称为"要件思维"。参见孙光宁:《法律思维模式及其选择》,载《长白学刊》2008 年第 2 期。

和义务”“法律责任”“法的运行”“法的价值”“法与社会”等理论的展开，刑法学教材中对犯罪论和刑罚论的展开，民法学教材中对民法总论及其分论的展开，行政学教材中对行政法总论及其分论的展开等，既是一个实体分解式还原法律思维展开的过程，又是一个构成论思维展开的过程。再如，在立法实践中，刑法、民法等部门法从总论到分论再到分论之分论的不断展开过程，既是一个实体分解式还原法律思维展开的过程，又是一个构成论思维展开的过程。同时，这种构成论思维展开的过程，还是一个构成论思维嵌套的过程，即一个小的构成论嵌套在一个大的构成论中，而一个大的构成论嵌套在一个更大的构成论中。在这个意义上，法学研究中的整篇文章、整部著作或教材，立法实践中整部法律条文甚至整个法律体系，既是一个实体分解式还原法律思维展开的过程，又是一个构成论思维展开的过程。[1]

第四，相对于法律实践的复杂性，实体分解式还原法律思维是一种使复杂性法律实践问题简单化的简单性思维。简单性思维是人类认识社会的重要工具和方式，它深信：“世界是由一些简单的构件所组成的，世界万物的丰富性和多样性有共同的原始根据，这种原始东西的分解、组合及其以某种方式演化便构成了整个世界。”[2]因此，简单性思维具有以下特征：线性思维认为组成要素之间只有简单的线性关系，对于世界上的万事万物，人们都可以将其化约为线性问题进行认识与处理；还原论思维认为世界是一个由诸多精密的零部件构成的“机器”，为了搞清楚这个“机器”，人们就需要对其进行拆分，也就是将整体切割成很多的部分，然后再进行拼合，以此推论整体和部分之间的同质关系，任何复杂的事物都可以还原为这样的步骤去认知；化约思维认为世界是简单的，可以把纷繁复杂的事物分解为简单的事物，其简化的方法之一就是“构成论”；静止性思

〔1〕实体分解式还原在法学研究、法学教材和立法实践中的体现及其研究，笔者已另行撰文专论，在此从略。

〔2〕王文奎等：《简单性、复杂性、复杂科学和世界观——一个哲学史的视角》，载《系统科学学报》2010年第3期。

维、线性思维、还原论思维都追求确定性，即追求一种永恒不变、一劳永逸的普适性的真理，而忽视了事物发展过程的不确定性和随机性，遮蔽了事物内在的个性、特殊性等。[1] 在这个意义上，实体分解式还原法律思维还是一种使复杂的社会和法律实践问题简单化的简单性思维。

五、实体分解式还原法律思维的主要功能

正像简单性构成论实体分解式还原法律思维极大地推动了自然科学和社会科学的发展和繁荣一样，简单性构成论实体分解式还原法律思维也极大地推动了法律和法学的发展和繁荣，其功能主要体现在以下几个方面。

（一）实体思维的主要功能

1. 对法律及其制度的主要功能

首先，在社会层面，实体思维可以使法律获得安全和秩序的功能进而满足人类对安全和秩序的需要。法律之所以能存在、发展并将伴随人类社会始终，正是因为法律能够满足人类社会对安全、秩序的最基本需要；而实体思维具有的一元化思维、终极思维、绝对思维、本质思维和线性思维特征，正好可以使法律具备满足人类对安全和秩序的最基本需要。这也许是实体主义及其实体思维自古至今并将伴随人类社会发展始终的深层原因。

其次，在国家层面，实体思维满足了现代国家及其法律建设的需要。实体思维是随着实体主义发展而形成的一种非常古老的思维方式，曾经极大地推动了自然科学和社会科学的发展，而国家是近现代才出现的社会现象，两者本没有联系。但随着作为暴力体现形式法律的垄断的形成，国家急切地需要加强对法律权威和法律一体化（体系化）的建设，而实体

[1] 参见杨中楷、刘永振：《从简单性到复杂性》，载《系统辩证学学报》2002年第4期；章莉：《从简单性到复杂性：声乐教学思维的转向》，载《艺术百家》2014年第4期；王文奎等：《简单性、复杂性、复杂科学和世界观——一个哲学史的视角》，载《系统科学学报》2010年第3期；鲁品越：《从构成论到生成论——系统思想的历史转变》，载《中国人民大学学报》2015年第5期。

思维所具有的一元化思维、终极思维、绝对思维、本质思维和线性思维特征，正好可以满足现代国家对法律权威建设和法律一体化（体系化）建设的需要。“权威观都在法律秩序的背后安置了一个唯一的、终极的和不容置疑的权威，并且把它作为每一项法律律令的渊源——它所宣称的意志因此也就具有了约束力。”[1]可见，实体思维在现代获得了国家强大力量的外部支持。这也许是相对于其他学科目前大多数已经实现了实体思维的超越，而法学至今尚未实现实体思维变革的根本原因。

最后，在法律层面，实体思维可以满足法律对确定性和稳定性的需要。在某种意义上，法律的确定性和稳定性是法律的生命，法律之所以为法律，正是因为法律具有确定性和稳定性；而实体思维所具有的一元化思维、终极思维、绝对思维、本质思维和线性思维特征，正好可以满足法律对确定性和稳定性的需要。这是其一。其二，实体思维还可以满足法律体系化和一体化的需要。法律为了获得确定性，必须消除内部之间的相互冲突、矛盾和不一致，并实现整个法律体系的一体化；而实体思维所具有的一元化思维、终极思维、绝对思维、本质思维和线性思维特征，正好可以满足法律对一体化和体系化的需要。其三，实体思维可以满足解释和解决法律局限性的需要。人的局限性必然使法律存在一定程度的局限性，不可能覆盖所有的社会领域和社会行为，无法预测到人类社会的各种各样的社会活动；而实体思维所具有的一元化思维、终极思维、绝对思维、本质思维和线性思维特征，可以为法律的这种局限性提供合理化的解释，并为法律摆脱这种局限性提供认识论基础。

2. 对法学的主要功能

首先，实体思维使法学研究主题一以贯之，自始至终都以“法律是什么”的问题作为自己研究的主题。从思维的对象和内容来看，实体思维侧重分析“是什么”；就法学而言，主要探讨“法律是什么”的问题。从古希

---

〔1〕［美］罗斯科·庞德：《法律史解释》，邓正来译，中国法制出版社2002年版，第5页。

腊时期的古代自然法，到现代的新自然法学、新规范分析法学、社会法学和综合法学，研究者们如富勒、哈特、伯尔曼、哈贝马斯、波斯纳等，无不是以“法律是什么”的研究主题作为自己研究的核心问题。正如哈特通过考察西方法学研究历史发现，“法律是什么”的问题是西方法学“经久不绝的问题”。[1] 它们各派之间的不同只是思维的向度、路径不同，因此在“法律是什么”的问题上，得出了不同结论：自然法学，不论是古希腊时期的自然法还是中世纪神学自然法，也不论是近代古典自然法还是现代新自然法，由于形而上的本原路径，都得出了法律即价值的结论；规范分析法学，不论是奥斯丁的旧规范分析法学，还是凯尔森的纯粹法学和哈特的新规范分析法学，由于形而下的规范的本质路径，都得出了法律即规则的结论；社会法学，不论是欧洲的法律社会学学派代表人如狄骥、涂尔干、韦伯、埃利希等，还是美国的“法律与社会”学派代表人如卢埃林、弗兰克、霍姆斯、埃里克森等，由于形而下的社会的本因路径，都得出了法律即事实的结论；综合法学，不论是以学科建设为目的的理论综合法学代表人如庞德、霍尔、斯通、博登海默、伯尔曼等，还是以法律实践为目的的实践综合法学代表人如卡多佐、诺内特和塞尔兹尼克、哈耶克、哈贝马斯、波斯纳等，由于采取的是一种综合的向度和路径，都得出了法律综合论的研究结论，如庞德法律社会工程论和社会控制论的结论，博登海默的“法律——秩序与正义的综合体”的结论，哈贝马斯的法律“在事实与规范之间”的结论，哈耶克的法律二元论的结论，[2] 等等。总之，法学始终以“法律是什么”作为自己的研究主题，实体思维功不可没；正是法学中实体思维侧重于是什么的研究，才保证了法学研究主题的这种一以贯之。

其次，实体思维主要规限了法学研究的主要内容和范围。由于实体

---

〔1〕 参见［英］哈特：《法律的概念》，张文显等译，中国大百科全书出版社1996年版，第1页。

〔2〕 参见［美］E.博登海默：《法理学——法哲学及其方法》，邓正来、姬敬武译，华夏出版社1987年版，第302页。

思维决定了法学研究的主题始终是“法律是什么”的问题，也就同时规定了法学研究的主要内容和范围应该围绕“法律是什么”的主题而展开，或者说应该是与“法律是什么”问题相关的问题，或者说是由“法律是什么”问题衍生出来的问题，如人文主义与科学主义的分立、规范实证主义与社会实证主义的分立、教义法学与社科法学的分立、规范与事实的分立、逻辑与经验之间的分立、合法性与合法律性之间的紧张与冲突、实质（理性）与形式（理性）的紧张与协调、法律价值之间的冲突与协调问题、秩序与正义的冲突与协调问题、公平与效率的冲突与兼顾问题、疑难案件中形式正义与实质正义的冲突与协调的问题等。这些由实体思维规限的法学研究的主要内容和问题，都是各个时代各个法学流派反复争论、研究、探讨的主要问题。

最后，实体思维在历史性上保证了法学研究具有很强的传承性和连续性。法学研究的传承性和延续性，一是体现在上述研究主题及其相关研究内容和范围上，可以说，这是自然科学和其他人文社会科学难以比拟的。正如哈特研究所发现的：“在与人类社会有关的问题中，没有几个像‘什么是法律’这个问题一样，如此反反复复地被提出来并且由严肃的思想家们用形形色色、奇特的甚至反论的方式予以回答。即使略去古代和中世纪关于法律‘本性’的思索，而仅仅注意近150年的法律理论，我们在任何其他作为独立学科而被系统研究的课题中也看不到这种情况。”〔1〕二是由于法学研究在法学研究主题及其相关研究内容和范围上的传承性和连续性，也就决定了在其研究主题及其相关内容上形成的法学思想也具有传承性和连续性。如自然法学思想自古希腊时期产生以来，一直延续、发展至现代，中间只在第二次世界大战期间有过短暂的消沉。这种现象在其他社会科学和自然科学中也是难以找到的。再如，自近代法学的三大流派（自然法学、规范分析法学和社会法学）产生以来，在法学思想中

---

〔1〕［英］哈特：《法律的概念》，张文显等译，中国大百科全书出版社1996年版，第1页。

占据主流地位的一直就是这三大法学流派。即使是现代法学出现的教义法学与社科法学之争,也不过是这三大法学流派派生的产物。又如,从哲学根源来看,法学一直是人文主义和科学主义的天下。现在看来,自古至今主要还是实体主义的天下,一直没有发生实质性的变化。三是体现在其有一套通用于各个时代法学研究和法律实践中的较为规范的成熟的系统的法学基本范畴体系上。[1] 这也是在其他人文社会科学和自然科学中难以找到的现象。

与其他人文社会科学和自然科学相比,法学研究之所以具有这么强的传承性和延续性,在认识论上,主要是因为:实体思维对法学研究的影响与其他人文社会科学和自然科学相比,更为广泛而深入。即使在其他人文社会科学和自然科学纷纷都不同程度实现了对实体思维超越的今天,[2]法学仍然受到了实体思维广泛而深入的影响,甚至到今天还不为所知,很多法学家丝毫没有意识到实体主义及其实体思维对法学的全方位的深入的影响。而实体思维之所以能够对法学研究产生如此深入而广泛的影响,如前所述,一方面是因为实体思维满足了法学研究法律问题的内在需求,另一方面是因为实体思维对法学研究的影响受到了现代国家强大的外部力量的支持。

---

〔1〕 参见张文显:《法学基本范畴研究》,中国政法大学出版社 1993 年版,第 1 页以下。

〔2〕 参见[法]布尔迪厄、[美]华康德:《反思社会学导引》,李猛、李康译,商务印书馆 2015 年版;[美]戴维·斯沃茨:《文化与权力:布尔迪厄的社会学》,陶东风译,上海译文出版社 2006 年版;[美]鲁德拉·希尔、[美]彼得·卡赞斯坦:《超越范式:世界政治研究中的分析折中主义》,秦亚青等译,上海人民出版社 2013 年版;[美]马汀·奇达夫、蔡文彬:《社会网络与组织》,王凤彬等译,中国人民大学出版社 2007 年版;周业勤:《从实体到关系:个体主义和整体主义的困境与超越》,载《上海大学学报(社会科学版)》2004 年第 4 期;肖倩:《超越整体主义和个体主义:试论布迪厄的关系主义方法论》,载《晋阳学刊》2005 年第 5 期;沈湘平:《马克思对方法论个人主义与整体主义的超越》,载《浙江社会科学》2008 年第 1 期;郇建立:《个体主义 + 整体主义 = 结构化理论?——西方社会学研究的方法论述评》,载《北京科技大学学报(社会科学版)》2001 年第 1 期。

（二）分解式还原思维的主要功能

1. 对法律及其制度的主要功能

首先，分解式还原思维满足了法律变动性的需求。“法律必须稳定，但又不能静止不变。”[1]当社会生活发生变动时，法律必须对新出现的社会生活领域和新的社会活动作出反应，同时还不能与原有法律体系产生冲突和背离，这时，法律思维所具有的分解式还原思维可以满足法律的这种变动性的需求。如法律通过在已有法律基础上分解出新的法律部门，扩大法律对新的社会生活领域和新的社会活动的覆盖面，以满足法律变动性的需要。

其次，分解式还原思维还推动了法律的精细化、技术化和专门化。在一国法律体系中，宪法是所有部门法的依据，是母法，部门法是子法，这是法律的第一层次分解。如果有需要，可以在各个部门法内部进行进一步的再分解，如民法可以分解为物权法、债权法（或者合同法）、婚姻家庭法、知识产权法、侵权责任法等，这是法律的第二层次分解。如果还有需要，还可以在部门法分论内部进行进一步的再分解，如物权法可以分解为所有权法、用益物权法、担保物权法等，这是法律的第三层次分解。如果还有需要，还可以进行第四、五层次的分解，直到不能分解为止。可见，法律不断从整体到部分的分解还原的过程，也是法律不断精细化、技术化和专门化的过程。正是在不断分解还原思维的推动下，新的法律才能不断出现，现有法律才能不断走向精细化、技术化和专门化。

最后，分解式还原思维还推动了法律制度的不断精细化、技术化和专门化。如在宏观的国家法律制度上，国家权力由原先的集所有国家权力于一身分解为洛克的权力分立再到孟德斯鸠的权力分立的过程，就是一个国家权力不断分化、精细化、技术化和专门化的过程，也是一个分解式还原思维的过程。在中观的国家权力载体国家机关上，国家权力的不断

---

[1] [美]罗斯科·庞德：《法律史解释》，邓正来译，中国法制出版社2002年版，第2页。

分解并走向不断的精细化、技术化和专门化，也必然带来作为国家权力载体的国家机关的不断分解并走向不断的精细化、技术化和专门化，国家机关由原先的集所有国家权力为一身到洛克的立法机关与行政机关分立再到孟德斯鸠的立法机关、行政机关和司法机关分立。这种国家机关的不断分解并走向不断的精细化、技术化和专门化的过程，也是一个分解式还原思维的过程。在微观的国家权力载体法律人上，国家机关的不断分解并走向不断的精细化、技术化和专门化，也必然带来作为国家权力微观载体的法律人的不断分解并走向不断的精细化、技术化和专门化，法律人由原来的集立法、行政执法和司法职能于一身分解为洛克所说的专业的立法者和行政执法者再分解为孟德斯鸠所说的专业的立法者、行政执法者和司法者。这种法律人不断分解并走向不断精细化、技术化和专门化的过程，也是一个分解式还原思维的过程。

2. 对法学的主要功能

首先，从法学研究的广度来看，分解式还原思维拓宽了法学研究的领域，促进了法学学科的不断分立。如果说实体思维主要保证了法学研究主题的一以贯之、法学研究主要内容的相对稳定性和法学研究的传承性，那么，分解式还原思维则主要保证了法学研究的相对变动性和一定程度的创新性。随着社会的不断拓展，必然产生一些新的法律实践需要；而法律实践的需要必然会推动认识的发展，并通过分解式还原思维的方式产生一些新的法律部门和法学学科。在某种意义上，法学学科不断发展的过程，就是一个分解式还原思维的过程。在人类早期，整个法学学科是混而不分的，随着法学学科尤其是各部门法学的不断发展，各部门法学——如刑法与民法——纷纷从法理学中分解独立出来，后来随着法学的继续发展，各部门法学中又进一步分解出一些新的学科，如经济法从民法中分解独立出来。可见，分解式还原思维不仅促进了法学学科的不断分立，也拓展了法学研究的新领域。

其次，从法学研究的深度来看，分解式还原思维促进了法学研究的不断分化、精细化、技术化和专门化。法学的第一层次分解是在法理学与部门法学之间进行；法学的第二层次分解是在部门法学内部之间进行，如民法学分解为物权法学、债权法学、婚姻家庭法学、知识产权法学等；如果还有需要，部门法学分论内部还可以继续分解，如物权法学可以继续分解为所有权法学、用益物权法学、担保物权法学等。上述法学不断分解的过程，是法学由抽象理论到具体部门法学的过程，也是一个使法学研究不断深入并不断精细化、技术化和专门化的过程。

最后，分解式还原思维还体现在法学各学科内部，并使之不断精细化、技术化和专门化。如在法理学内部，首先可以将法理学分解为人文主义法学和科学主义/实证主义法学；如果有需要，可以将法学进一步分解为以自然法学为代表的人文主义法学、以规范分析法学为代表的规范实证主义法学和以社会法学为代表的社会实证主义法学；如果还有需要，还可以在各个法学流派内部继续进行分解，如自然法学可以分为古代自然法学、中世纪神学自然法学、近代古典自然法学和现代新自然法学；如果再有需要，还可以继续分解，直到不能分解为止。上述法理学分解的过程，既是一个不断分化的过程，又是一个由抽象到具体、由粗糙到精细、由理论到技术、由一般到专门的精细化、技术化和专门化的过程。

（三）构成论思维的主要功能

西方科学之所以能够取得今天的成功，如产生像牛顿力学、分子论、原子论、爱因斯坦相对论等改变世界的自然科学，以及产生现代意义上的经济学、政治学、社会学、法学等社会科学，是因为它具有把纷繁复杂的事物分解为简单事物的方法论和世界观。其中，构成论思维就是这种方法论和世界观。构成论认为：“只要把握了世界上事物的各个部分及其外在相互作用，就理解了整个客观世界。”〔1〕构成论思维“源于实体观”〔2〕或实体主义，“当犯罪由实体表达时，是一种实体犯罪论，也叫现成论、构成

---

〔1〕鲁品越：《从构成论到生成论——系统思想的历史转变》，载《中国人民大学学报》2015年第5期。

〔2〕文海林：《犯罪生成原理》，载《国家检察官学院学报》2008年第1期。

论"[1]。因此,构成论思维也是一种实体至上主义,"注重构成世界的基本的'材料',努力寻找事物是由什么基本材料构成的,如寻找无机物质由哪些'粒子'和'场式物质'所构成、生命物质由什么样的细胞和分子所构成,几何结构由'点、线、面、体'构成等,然后寻找这些组成部分的外在关系(排列组合关系)与外在相互作用"[2]。

构成论首先应用于自然科学并取得了巨大成功,然后移用于社会科学领域。其中,刑法学中的犯罪构成理论是其典型代表。"物质化的犯罪相对简单,当人类对犯罪现象的认识十分深入时,用描述犯罪的事实方法,就基本可以准确表达什么是犯罪、是什么样的犯罪,进而可以用实体方法将事实分解为一定数量的'原子',再以一定形式将'原子'按一定目的组合起来,'原子'组合就是犯罪整体,可以还原犯罪发生的主要情节和危害程度,这时,犯罪是构成的。"[3]目前,法学界对构成论的认识和研究主要局限于刑法学,尤其是犯罪构成理论上,但是,"如果仅停留在对犯罪构成整体模型的认识上是远远不够的,其方法论的意义并不能充分展现"[4]。实际上,构成论不仅是一种犯罪构成的理论模型,更是一种认识和研究法律问题的思维方式和研究方法,并广泛地运用于法学理论研究和法律实践活动中。

首先,在法学研究中,小而言之,我们在界定某个法律概念——如法律关系——时,先将它分解为主体与客体,主体又可以再分解为自然人、组织和国家,客体又可以再分解为物、人身、人格、智力成果、行为和信息。这个分解的过程,实际上就是一个构成论思维的过程,与"传统理论对犯罪构成作了化整为零的分解——将一个完整的构成模型拆开,分割为犯罪客体、犯罪客观方面、犯罪主体和犯罪主观方面四大要件"有异曲同工

[1] 文海林:《犯罪生成原理》,载《国家检察官学院学报》2008年第1期。
[2] 鲁品越:《从构成论到生成论——补充思想的历史转变》,载《中国人民大学学报》2015年第5期。
[3] 文海林:《犯罪生成原理》,载《国家检察官学院学报》2008年第1期。
[4] 冯亚东、胡东飞:《犯罪构成模型论》,载《法学研究》2004年第1期。

之妙。[1] 总而言之,我们在写作一篇学术论文时,常常采取的“总—分”或者“分—总”或者“总—分—总”或者“总—分(总—分)—总”等写作思路,实际上也是一种构成论思维过程。甚至,大而言之,在写作一部学术著作时,我们也常常会采取这种构成论思维,将一个要研究的主题化整为零地分解为几个小的问题进行展开,采取一种与上述写作学术论文类似的写作思路。

其次,在法律实践——如《民法典》制定——中,常常采用“总则—分则”的立法体例,首先将各个分则共同遵循的法律原则等基本问题作为“总则”,然后将《民法典》化整为零分解为“人格权编”“物权编”“合同编”“婚姻家庭编”“知识产权编”“侵权责任编”等“分则”;如果再有需要,“物权编”也可以采用“总则—分则”的立法体例,并对“分则”进行再分解,分解为“所有权”、“用益物权”、“担保物权”和“占有”;如果还有需要,还可以进行这样类似的分解,直到不能分解为止。这个不断分解的过程,就是一个构成论思维不断展开的过程。

构成论思维之所以能广泛应用于法学研究和法律实践中,是因为:就法律概念而言,构成论思维可以使一个抽象的法律概念变得具体,使一个粗糙模糊的法律概念变得精细清晰,而具体、精细、清晰的法律概念是一切法学研究和法律实践活动的基础;就法学学术论文而言,构成论思维可以使之既有研究的主题和中心又有细致的展开和论证,既收得拢又放得开,既有骨干又有血肉,既有逻辑层次感又有厚实感,增加论文的说服力和感染力;就法学学术著作而言,构成论思维可以使之中心鲜明突出,围绕中心而展开的论证厚实充分而有条理,整部著作的各部分内容之间的逻辑关系密切,逻辑结构清晰,增加论著的厚重感和说理性。

最后,就立法实践而言,构成论思维具有如下功能:

一是对某条法律规范进行构成论思维研究,可以将法律规范模式化、格式化和标准化。如对法律规范进行构成论思维研究,研究其逻辑结构,

---

[1] 参见冯亚东、胡东飞:《犯罪构成模型论》,载《法学研究》2004年第1期。

然后按照该法律规范逻辑结构的研究成果,来制定、衡量各种各样的法律规范,就可以使之模式化、格式化和标准化。再如,对刑法规范进行构成论思维研究,研究其犯罪构成理论,然后按照该犯罪构成理论的研究成果,来指导、规范刑法规范的制定,就可以使之模式化、格式化和标准化。

二是对法律规范的构成论思维研究,还可以使法律条文变得清晰,易于操作实施。如在对法律责任进行构成论思维研究时,将法律责任的构成要件分解为责任主体、违法行为或违约行为、损害结果和主观过错四个方面,就可以从这四个方面来衡量各种各样的违法行为或违约行为,符合之就承担法律责任,反之则不承担法律责任。可见,法律责任的构成论思维,既使法律责任的判定变得清晰,又使法律责任的衡量变得易于操作。刑法作为一种处罚最严厉的法律,对法律的清晰性和操作化要求更高。这也许是刑法中犯罪构成处于显要地位的根本原因。刑法通过对犯罪行为的构成论思维,"便将一种十分复杂的模型整体分解成一些相对简单且易掌握的模型部分,以分别进行案件具体事实和情节是否符合的考查;其中任何一个要件的不符合都意味着整体模型符合性的缺损,都可得出案件不构成犯罪的结论。这种操作方法可称为'块块分割,逐块分析,综合评价'。几十年来我国的刑事司法过程基本上是按此思路进行并形成定式,它简单易行具有高度的可操作性"[1]。

三是对法律条文的构成论思维研究,还可以尽量减少甚至消除法律条文之间的矛盾、冲突和不一致。构成论思维可以在横向和纵向两个方向展开,如我国的犯罪构成体系采取的是一种平面直观的视角方式,属于构成论思维的横向展开;而大陆法系犯罪构成的二层次、三层次或五层次理论,采取的则是一种立体多层的纵向视角;当然,还可以采取横向与纵向相结合的展开方式,如二阶层的四要件犯罪构成理论或者三阶层的四要件犯罪构成理论。[2] 因此,这种构成论思维展开的过程,不只是对某

---

〔1〕 冯亚东、胡东飞:《犯罪构成模型论》,载《法学研究》2004 年第 1 期。

〔2〕 冯亚东、胡东飞:《犯罪构成模型论》,载《法学研究》2004 年第 1 期。

个法律条文进行构成论思维研究的过程,还是一个构成论思维嵌套的过程,即一个小的构成论嵌套在一个大的构成论中,而一个大的构成论嵌套在一个更大的构成论中,这样就可以使法律条文之间的逻辑层次非常分明,尽量减少甚至消除法律条文之间的矛盾、冲突和不一致。

四是对某部法律的构成论思维研究,有助于该部法律的体系化和一体化。对如上文所举的民法典的构成论思维研究,就是将所有民法典条文通过采用"总则—分则"的结构体例进行不断的分解和展开:在大的"总则—分则"结构体例中嵌套一个小的"总则—分则"结构体例,然后在一个小的"总则—分则"结构体例中嵌套一个更小的"总则—分则"结构体例,直到不能分解为止。这种通过将小的"总则—分则"结构体例嵌套到一个大的"总则—分则"结构体例的方式,有助于整部法律的体系化和一体化,最后使某部法律形成一个有机的立法体系。

五是对一国所有法律条文的构成论思维研究,有助于使之形成一个有机的法律体系。对一国所有法律条文的构成论思维研究,就是将该国所有法律条文分为宪法(母法)+部门法(子法),并通过"母法—子法"的结构体例进行不断的分解和展开:在大的"母法—子法"结构体例中嵌套一个小的"母法—子法"结构体例,然后在一个小的"母法—子法"结构体例中嵌套一个更小的"母法—子法"结构体例,直到不能分解为止。这种通过将小的"母法—子法"结构体例嵌套到一个大的"母法—子法"结构体例的方式,有助于该国所有法律条文的体系化和一体化,最后使所有法律条文形成一个有机的法律体系。

(四)简单性思维的主要功能

所谓简单性思维,就是将复杂化的整体化约为简单性的部分、将高层次的难度较高的问题化约为低层次的较容易的问题的思维过程。西方之所以产生并发展了现代意义上的现代法学,得益于法学中简单性思维的广泛运用。法学中的简单性思维主要有以下几种表现形式:

第一,线性思维。所谓线性思维,就是"从原因推断单一的结果,或者从结果寻找单一的原因”[1]。“线性思维认为现实世界在本质上是线性的,对于世界上的万事万物人们都可以将其化约为线性问题进行认识与处理。自德谟克利特和亚里士多德以来,西方的哲人们就深信在丰富多样的世界中一定藏着一种‘简单力’,这种深信使得人们以相对稳定的简单秩序的角度来认识大千世界,从而产生了线性思维。”[2]如在法学研究中,奥斯丁将法律背后的终极原因归结于主权者的命令,凯尔森将法律背后的终极原因归结于“基础规范”,哈特将法律背后的终极原因归结于“承认规则”,狄骥将法律背后的终极原因归结于“社会连带关系”,霍姆斯将法律背后的终极原因归结于“经验”,涂尔干将法律背后的终极原因归结于“社会分工”等,这些都是法学研究中线性思维的体现。

第二,静止性思维。所谓静止性思维,就是为了研究的需要,将处于动态的千变万化的法律现象静态化为某种静止性的法律现象。如上述构成论思维就是一种非常典型的静止性思维。在现实社会中,犯罪行为是千变万化的,每种犯罪行为是不同的,但静止性的构成论思维可以将其静态化,认为每种犯罪行为由主体、主观方面、客体和客观方面四个要素构成,因此,只要搞清楚了静止性的犯罪构成理论,就可以识别千变万化的各种各样的犯罪行为。可见,“当犯罪由实体表达时,是一种实体犯罪论,也叫现成论、构成论,表现为中性化、原子化、静止化三大特征”[3]。

第三,化约思维。所谓化约思维,就是“从错综复杂的差异性、多样性、丰富性中,找到可通约性,舍掉差异性、多样性、丰富性,以存在者去为存在者找根据,从一个存在者推导另一个存在者,最终追溯到某一个原初的存在者,从而找出作为终极基础的同一性”[4]。如英美法中的区别技

---

〔1〕 刘国平:《存在:西方哲学构成观体系解析》,科学出版社2015年版,第105页。

〔2〕 章莉:《从简单性到复杂性:声乐教学思维的转向》,载《艺术百家》2014年第4期。

〔3〕 文海林:《犯罪生成原理》,载《国家检察官学院学报》2008年第1期。

〔4〕 孙迎联、杜贵阳:《实体主义还原论思维批判——经济与伦理关系研究的切入点》,载《江苏社会科学》2006年第5期。

术,就是化约思维的典型体现。众所周知,英美判例法要求遵循先例,因此,法官在审判实践中要做到“同案同判”,但这里的“同案”只能是“类案”,即“关键事实”或者“重要事实”类似,而不是所有事实相同或类似,否则后案就会成为前案的翻版。因此,这里使用区别技术来建构“先例”与手头案例之间的固定的确定关系时,必须将其“非关键事实”或“非重要事实”化约掉,使用化约思维。[1]

第四,一元论的终极思维。在法律的起源上,法律可能有多个源头,如古代自然法的“自然论”、神学自然法的“神性论”和古典自然法的“人性论”,但在一元论的终极思维中,法律的源头要么是“自然”,要么是“神”,要么是“人”。这种一元论的终极思维也存在于规范分析法学和社会法学之中,如奥斯丁将法律背后的终极原因归结于主权者的命令,凯尔森将法律背后的终极原因归结于“基础规范”,哈特将法律背后的终极原因归结于“承认规则”,狄骥将法律背后的终极原因归结于“社会连带关系”,霍姆斯将法律背后的终极原因归结于“经验”,涂尔干将法律背后的终极原因归结于“社会分工”等,这些既是法学研究中线性思维的体现,又是一元论的终极思维的体现。

第五,脱嵌化/零嵌入性思维与强嵌入性思维。法律本来与社会有紧密的联系,但为了研究的需要,不得不将法律从社会中抽离出来,置于一种理想的封闭的系统中进行脱嵌化/零嵌入性的思考和研究,这就是一种脱嵌化/零嵌入性思维。如规范分析法学就是如此,它将法律从社会中抽离出来,置于一种规范系统中进行思考和研究。相反,不考虑法律的规范性特征,只将法律置于社会环境中进行思考和研究,就是一种强嵌入性思维,如社会法学就是如此。可见,脱嵌化/零嵌入性思维和强嵌入性思维,在法律与社会环境之间的关系上,尽管是两种截然相反的

---

[1] 参见张骐:《论类似案件的判断》,载《中外法学》2014 年第 2 期;张骐:《再论类似案件的判断与指导性案例的使用——以当代中国法官对指导性案例的使用经验为契口》,载《法制与社会发展》2015 年第 5 期。

思维，但在认识论上，它们都是将法律置于一种理想化的简单化的环境中进行思考和研究，因此，都是一种将复杂的法律与社会的关系简单化的简单性思维。

简单性思维之所以较为普遍地存在于法学中，是因为它对于法律和法学而言，具有以下几个主要方面的功能：

首先，尽快结束法律的不确定状态，满足法律确定性的需要。通过线性思维，可以化约掉对多因多果的追寻，将法律现象归结于单一原因作用的结果，或者认为某种法律现象只会产生单一的结果，从而在某种法律现象与原因或结果之间建立一种稳定的确定性的固定关系，结束它们之间因多种原因或多种结果而导致的不确定的关系，形成“简约法律的力量”（理查德·A. 爱泼斯坦语）。通过静止性思维，可以化约掉人类对千变万化的法律运行状况的搜寻，尽快结束法律因处于不断的变化中而带来的不确定状态，如犯罪行为各种各样、千变万化，但静止性犯罪构成论思维可以将所有犯罪行为静态地归结为四个构成要件，然后通过它来掌控所有的犯罪行为，结束人类在面对千变万化的犯罪行为时所处的不确定状态。通过化约思维，可以化约人类对法律的特殊性、多样性、非本原因素、非本质因素、非本因因素的搜寻，从而在法律现象与某种社会现象之间，建构起一种本原性或者本质性关系或者本因性牢固确定的简单性关系，尽快结束法律因特殊性、多样性、非本原因素、非本质因素、非本因因素而带来的不确定性状态，满足法律确定性的需要。

其次，尽快结束法律的滞后状态，满足法律时效性的需要。法律判决与其他处理社会问题的方式（如科学研究）之最大不同就是，必须在一定期限内作出判决。即使在有些法律问题或者事实问题并未完全搞清楚的情形下，也必须在法律规定的时间内作出判决。而简单性思维，包括线性思维、静止性思维、化约思维、一元论的终极思维、脱嵌化/零嵌入性思维与强嵌入性思维，就有助于法官摆脱这种困境，终结对无限的法律信息和事实信息的追寻，提高司法的效率，尽快结束法律的滞后状态，保证法官在法律规定的时间内作出判决，以实现法律的时效性要求。如英美判例法的区别技术和我国正在建立的“同案同判”制度,就是通过简单性思维,着重考察先例与手头待决案件之间存在的类似的“重要事实”或“关键事实”,建构先例与待决案件之间确定的、稳定的、牢固的关系——“同案”,将“非关键事实”“非重要事实”等化约掉,“而那些‘不重要的事实’(immaterial facts)可被弃之不顾,这么做有助于极大地提高司法效率”,〔1〕尽快结束法律的滞后状态,保证法官在法律规定的时间内作出判决,以实现法律的时效性要求。

再次,尽快结束因人的理性的有限性而带来的“法律的限度”,满足法律权威性的需要。由于人的理性的有限性,人类在立法或司法时不能无限制地搜寻相关的事实信息和法律信息,因此,人类不仅存在“事实性知识的永恒局限”,而且存在一定程度的规范性知识的局限,存在一些“未阐明的规则”;〔2〕最后使法律也存在一定的限度,尤其是随着社会复杂性的不断提高,法律的这种限度将更显突出。〔3〕 为此,人类需要通过简单性思维,包括线性思维、静止性思维、化约思维、一元论的终极思维、脱嵌化/零嵌入性思维与强嵌入性思维等形式,来克服“法律的限度”,满足国家法律权威性建立的需要。从理论上说,“法律所应付的是人类关系的最为复杂的方面,人们不可能创造出能预料到一切可能的纠纷并预先加以解决的、包罗万象的、永恒不移的规则,因而,法律在很大程度上曾经是,现在是,而且将来永远是含混的和有变化的”〔4〕。

最后,尽量减少法律的专业性和复杂性,满足法律操作化、便利化、大众化的需要。一方面,法律是一种非常专业化、精细化的国家治理手段;另一方面,法律的生命在于获得社会大众的认可和遵循,应该具有操作

〔1〕 孙光宁:《区别技术在参照指导性案例之司法实践中的应用及其改进——以指导性案例第24号为分析对象》,载《法学家》2019年第4期。

〔2〕 参见[英]弗里德利希·冯·哈耶克:《法律、立法与自由》第1卷,邓正来等译,中国大百科全书出版社2000年版,第8、121页。

〔3〕 参见[美]尼尔·K.考默萨:《法律的限度——法治、权利的供给与需求》,申卫星等译,商务印书馆2007年版,第183~184页。

〔4〕 沈宗灵:《现代西方法理学》,北京大学出版社1992年版,第330页。

化、便利化和大众化的特征。为了平衡法律的这两种相互对立、冲突的特征，必须借助于简单性思维。如将日益复杂化的多元的法律关系，通过线性思维，简单化为一元的确定的、稳定的、牢固的法律关系；将复杂化的处于相对的动态的法律关系，通过静止性的终极思维和构成论思维，简单化为一种静止性的确定的、稳定的、牢固的法律关系，最终使法律易于被社会大众所认同和接受。再如，通过将多如牛毛的法律规则简单化为几个法律原则、法律原理、法律规律、法律公理，使法律变得简约，并获得一种“简约法律的力量”，使法律易于操作化、便捷化和大众化。

六、实体分解式还原法律思维的功能障碍

正像简单性构成论实体分解式还原法律思维在自然科学和社会科学研究中所暴露出的一定程度的弊端一样，简单性构成论实体分解式还原法律思维在法律和法学的研究和发展中也存在一定程度的弊端，主要体现在以下两个方面。

（一）内在的功能障碍

所谓简单性构成论实体分解式还原法律思维的内在功能障碍，就是其本身所固有的功能障碍，主要体现在以下几个方面。

第一，实体思维的内在功能障碍。实体思维在保证法学研究主题的相对集中和传承性外，其内在功能障碍就是使法学理论创新的动力不足。法学理论的发展整齐划一，始终只是局限于三大法学流派的范围之内，而且主要是局限于对“什么是法律”问题的研究上。法学的这种由实体思维带来的内在功能障碍，在与其他社会科学如社会学的比较中就更显突出。从发展的历史来看，法学是一门非常古老的学科，可以说随着人类社会的产生而产生，而社会学只是近代以后才发展形成的一门独立的社会科学。但是从理论流派发展的格局来看，社会学可以说流派精彩纷呈，不断推陈出新，而且各流派之间的跳跃性或者创新性较大；而法学自始至终只是局限于三大法学流派之中进行技术性的精细化的研究，理论创新较为缺乏。另外，从目前发展的成就和阶段来看，社会学已经突破了实体思维的束缚，解决了主观与客观二元分立的问题，正在向关系思维和关系主义化合

式社会学范式(如社会网络理论)迈进;而法学至今为止仍然没有解决主观(规范)与客观(事实)二元分立的发展困境,仍然没有突破实体思维的束缚,处于实体主义分解式法学范式的发展阶段。可见,实体思维在带来法律确定性和法学研究的传承性等优点的同时,也带来了法学发展的相对落后和"幼稚论"。

第二,分解式还原思维的内在功能障碍。首先,分解式还原思维带来了规范与事实、形式与实质、主观与客观、逻辑与经验等二元分立格局。认识论作为一种认识本体的手段,其最终目的是达到对本体的清晰认识。因此,由于认识的向度不同,只有由整体到部分的分解式还原思维,获得的对本体的认识也不同,只能获得对整体法律的分解式本体论。自然法学是一种形而上的还原思维向度,因此获得的对法律的认识是:法律即价值。规范分析法学是一种形而下的还原思维向度,因此获得的对法律的认识是:法律即规范。社会法学是一种形而下的还原思维向度,因此获得的对法律的认识是:法律即事实。一句话,正是由于还原思维向度的不同,分解式还原思维导致传统三大法学流派在本体论的认识上只存在三种分解式的认识。用凯尔森的话说就是:"纯粹法学和正义理论的区别是:前者研究的是'实际上是这样的法律',后者研究的是'应当是这样的法律';纯粹法学和社会学(或社会学法学、法律社会学)的区别在于,前者研究的是'应当如何行为'的法律现实,后者研究的是'实际上如何行为'的社会现实。这两对公式中都涉及同一对词:'现实'和'应当',但两对公式的含义却不同。纯粹法学研究的是'实际上是这样的法律',也即规定'应当如何行为'的规范。"[1]可见,纯粹法学在本体论上,与前述的形而上学性和客观性一样,也具有两面性:既有"现实"的一面,也有"应当"的一面;换言之,既有"事实"的一面,也有"规范"的一面。

因此,在"规则"是属于"事实"还是属于"规范"的问题上,形成了以下两种不同的解释:其一,从理论层面即法理学形成与发展的历史进程来

---

〔1〕 沈宗灵:《现代西方法理学》,北京大学出版社1992年版,第157页。

看，规范分析法学尤其是早期的纯粹法学为了与自然法学划清界限，以显示其科学性和客观性的一面，将规则或行为规范作为“规范事实”划归“事实”之中。因此，这里的“规范”是一种狭义的含义，即“价值”或“价值规范”；而这里的“事实”则是一种广义的含义，即包括“社会事实”和“规范事实（规则）”。其二，从操作技术的实践层面来看，理论上理念化为价值与规则的法律的两个层面，实际上在技术操作层面是合二为一地并存于法律规范中；其区别在于：规范分析法学所主张的规则是显现于外的行为规范，自然法学所主张的价值则只不过是隐含于内的价值规范。〔1〕实际上，纯粹法学试图将“价值”从法律规范中排除出去的努力最终失败了，也证明了这一点。因此，这里的“规范”是一种广义的含义，既包括“价值”或“价值规范”，又包括“规则”或“行为规范”；而这里的“事实”则是一种狭义的含义，即“社会事实”。为了使理论研究与法律实践一致，笔者倾向于这种解释。总之，不论是哪种解释，由于还原思维向度不同，只存在分解式还原思维导致了法学研究出现了形而上与形而下、主观与客观的分立，最终使法学研究在本体论上形成了一种规范与事实分立的总体的研究格局。

其次，分解式还原思维造成整个法学知识的碎片化。由于只有分解式还原思维，没有化合式还原思维，因此在法学研究上形成了三种思维向度，也就进而形成了三类法学知识体系：自然法学的形而上还原思维向度，形成的法律本体论是“法即价值”，形成的法学知识是价值论；规范分析法学的形而下还原思维向度，形成的法律本体论是“法律即规范”，形成的法学知识是规则论；社会法学的形而下还原思维向度，形成的法律本体论是“法即事实”，形成的法学知识是事实论。不仅如此，实体思维的理论基础实体主义认为实体是第一性，因此，在自然法学眼中，法律价值是第一性的，至高无上；在规范分析法学眼中，法律规范是第一性的，至高无上；在社会法学眼中，事实是第一性的，至高无上。因此，从整个法学知识

〔1〕如在“体系解释”中，就共存着“价值体系”的解释和“行为规范体系”的解释。

来看,就形成了三个无法融通、相互隔阂的法学知识区块,最终造成了整个法学知识的碎片化。如在我国法学研究中,“规范分析法学研究者把本来属于一个整体的法学研究予以肢解,使宪法、刑法、民事、行政法和诉讼法的研究相互隔离,出现了‘老死不相对话’的局面”;[1]再如,在我国法学教育上,出现一种较为普遍的“隔离”现象。[2] 总之,由于只有分解式的法学还原思维,而没有化合式的法学还原思维,整个法学知识呈现一种碎片化状态。

最后,分解式还原思维造成整个法理学存在一种结构性缺陷。由于法学思维存在一种结构性缺陷,即只有分解式还原思维而没有化合式还原思维,因此整个法学知识不仅存在碎片化的状况,而且这种碎片化进一步体现为法学知识的结构性缺陷。即使是以整体法学知识研究为主要任务的法理学,也不能幸免:只有分解式法理学,没有化合式法理学;只有化约论的法理学,没有整合论的法理学;只有提供解决简单法律问题的简单性法理学,没有提供解决复杂性法律问题的复杂性法理学;前者如庞德所说的“特殊法理学”,后者如庞德所追求的“统合的法理学”和综合法学所追求的“一般法理学”。

第三,构成论思维的内在功能障碍。在现实社会中,主观与客观并不是像构成论思维那样理念化地分为两个截然分开的方面,主观与客观甚至是相互渗透、相互形塑的,构成一个密不可分的浑然一体的整体。但构成论思维却人为地理念化地将整体分割为几个组成部分,如犯罪构成理论就是将所有犯罪行为分为主体、主观方面、客体和客观方面四个要件,并假定这几个组成部分彼此之间互不影响,因此,构成论思维的主要的内在功能障碍就是难以把握法律现象如犯罪行为的动态状态,尤其是犯罪行为的主体与客体、主观方面与客观方面之间的相互形塑、相互影响,以

---

〔1〕 陈瑞华:《论法学研究方法》,法律出版社2017年版,第268~269页。

〔2〕 参见刘红:《我国法学教育中的“隔离”现象透视》,载周佑勇主编:《东南法学》第4辑,东南大学出版社2012年版。

及它们之间的这种相互形塑和相互影响最终是如何影响其犯罪行为的。

第四，简单性思维的内在功能障碍。追求科学性是所有社会科学的终极目标，西方社会科学甚至提出了要像自然科学那样研究社会科学的倡议。法学研究——尤其是科学主义的法学研究——也不例外，曾经也有人提出要像研究自然科学那样研究法律的倡议。但法学与其他社会科学最大的区别在于：必须在法律规定的时间范围内作出判定，即使在对法律事实和法律规范并未完全搞清楚的情形下，也必须借助于简单性思维来解决这种问题，以满足法律时效性的需要。可见，简单性思维在满足法律时效性的要求的同时，却是以牺牲法律的科学性为代价；换言之，简单性思维的内在功能障碍就是降低了法律对科学性的追求，使法学不可能是真正意义上的科学，不同程度地存在非科学的成分，甚至还有某种程度的武断性的价值判断的成分。这或许就是学术界存在一种"法学是科学还是艺术"的争论的认识论原因。

(二)外在的功能障碍

简单性构成论实体分解式还原法律思维的外在功能障碍，就是其满足社会需要、解决社会问题等方面的功能障碍，主要体现在以下几个方面。

第一，简单性构成论实体分解式还原法律思维难以满足日益复杂化的司法实践的需要。尽管在认识论——理论层面——上可以将整体的法律分解为三个不同思维向度——形而上的价值向度、形而下的规则向度和形而更下的事实向度，但在本体论和实践意义上，构成法律的价值、规范和事实是混而不可分的，也是法律人必须一并面对的问题。因此，在实践操作的司法实践层面，法律人不仅需要一种由整体到部分的分解式还原法律思维，更需要一种由部分向整体还原的化合式还原法律思维；不仅需要一种静止性的构成论思维，更需要一种动态的生成论思维；不仅需要一种线性的一元论的终极的化约论的简单性思维，更需要一种非化约式的、非终极性的、多元论的、非线性式(网络化)的复杂性思维；不仅需要一种实体主义的实体思维，更需要一种关系主义的关系思维。而后者正是目前简单性构成论实体分解式还原法律思维所缺乏的。

第二,简单性构成论实体分解式还原法律思维难以满足日益复杂化社会尤其是网络社会的法律实践需要。随着智能互联网的迅猛发展,现代网络社会形成了双层空间—虚实同构、人机共处—智慧互动、算法主导—数字生态的时代特征,给法律的发展带来了许多革命性后果:在法律制度层面,既有法律规范难以对其进行有效涵盖和调整,又有规则逻辑的解释力日显困难,还有司法解纷机制也遭遇了明显障碍;在法律思维层面上,传统的基于工业社会而形成的简单性构成论实体分解式还原法律思维面临一系列难题:难以在法律价值上满足新型的数据正义观、代码正义观和算法正义观的需要,难以在法律关系上满足日益复杂化的权利与义务关系面临的根本性的重塑、权力与权利的关系发生结构性转向的需要,难以在法律行为上满足立足于双重空间、人机混合、行为协同的复杂行为模式、因果关系和社会后果的需要。[1]

第三,简单性构成论实体分解式还原法律思维与中国传统强调“合”的关系思维存在观念上的冲突。可能是由于特殊的自然地理和人文社会环境,中国很早就形成了以人与人之间关系为主导的伦理本位的关系主义思维模式。这种关系主义思维与西方实体主义思维存在明显的差异:在思维内容和对象上,如果说关系思维主要以人与人之间的关系为主要思维对象和内容,是一种关系至上主义哲学,那么,实体思维则主要以人与自然之间的关系为主要思维对象和内容,是一种实体至上主义哲学;在思维方式和路径上,如果说实体思维强调通过不断分解来追寻第一实体,是一种分解式还原思维,强调的是“分”,那么,关系思维则强调的是站在“综合”的整体角度来看待人与人之间的关系,强调的是“合”。可见,由实体主义发展而来的简单性构成论实体分解式还原法律思维与由关系主义发展而来的中国传统的关系思维,在观念上存在非常明显的冲突。

第四,简单性构成论实体分解式还原法律思维难以满足研究中国“化

〔1〕 参见马长山:《智能互联网时代的法律变革》,载《法学研究》2018年第4期。

合型"法律制度的需要。受传统文化的影响,中国当代社会至今存在许多"化合型"法律制度,如宏观层面的礼法合一等"化合型"制度,中观层面的调审合一等"化合型"制度,微观层面的调解员与审判员合一等"化合型"制度。而简单性构成论实体分解式还原法律思维在研究这些"化合型"法律制度时,往往通过实体分解式还原法律思维的方式,将其进行简单化的构成论的分解式的研究,难以满足研究中国"化合型"法律制度的需要。

七、实体分解式还原法律思维功能障碍之克服

总之,"社会科学研究'供应者'提供的产品与社会科学研究成果潜在'使用者'的需求之间,长期以来一直存在一条鸿沟。之所以出现这种现象,原因之一就是社会科学知识过度的独立分割"[1]。换言之,就法学思维而言,就是只有分解式法学还原思维,而没有化合式法学还原思维。受这种分解式法学还原思维路径的影响,"当事情无法进行时,我们会沿着旧有的简约主义(实体主义——引者注)路径寻求解决办法。但是,在那里找不到复杂问题的解决办法,只能发现简单问题的解决方案"[2]。因此,"20世纪60年代以来,随着科学转向复杂多变量系统的深入研究,各种关于非线性复杂系统的研究才取得了实质性进展。耗散结构理论探索了远离平衡态系统的非线性相互作用的自组织特性;协同学研究了系统从一种组态向另一种组态转化过程中各组成部分协同行为的规律性;超循环理论研究了类似生物催化循环的自催化系统的非线性模型;分形论从非线性的角度探讨了多样化与统一性的关系问题;突变论研究了各种系统出现突变的众多非线性模型;混沌学则将决定性与非决定性在非线性关系中统一起来。最近的研究表明,在自然、社会、思维中更为普遍

---

〔1〕［美］鲁德拉·希尔、［美］彼得·卡赞斯坦:《超越范式:世界政治研究中的分析折中主义》,秦亚青等译,上海人民出版社2013年版,第1页。

〔2〕［奥］弗雷德蒙德·马利克:《转变:应对复杂新世界的思维方式》,黄延峰译,机械工业出版社2017年版,第74~75页。

存在的是非线性"[1]。特别是随着数字化信息技术的发展而形成的各种复杂网络,如互联网、移动互联网、万维网、分布网、社会网络、组织网络、食物网络、神经网络、交通网、电力网、生态网络等,将人类以前彼此分离的人、客体、组织和系统互联互通,导致了一个"呈几何级数增长的复杂性、全球互联系统的出现"[2]。以前那种简约化的线性化的分解式的实体主义还原思维,不能满足我们应对复杂性社会的需要;换言之,"即将走到尽头的布罗克豪斯时代留给我们的思维模式(实体思维——引者注)和与之相关联的行为将不再适用于这个错综复杂的世界。复杂性使我们摆脱了原理和实践上的线性思维模式"[3],"复杂的时代需要根本不同的解决方案,它要基于另一种思维方式、新方法和新工具"[4]。这种新方法和新工具就是注重化合式研究的关系/网络论、实践论、系统论、辩证论、场域论、整体论、弱嵌入性和社会网络分析等复杂性研究方法,以及在这些新方法技术的长期作用下而形成的新思维:复杂思维、网络思维、互联网思维、体系思维、整体思维、实践思维。[5] 当然,上述各种各样的"社会网结构正是由人们的关系连接而成,所以,要了解复杂社会、复杂组织运作

---

[1] 赵光武:《用还原论与整体论相结合的方法探索复杂性》,载《系统辩证学学报》2003 年第 1 期。

[2] [奥]弗雷德蒙德·马利克:《转变:应对复杂新世界的思维方式》,黄延峰译,机械工业出版社 2017 年版,第 15 页。

[3] [德]乌尔里希·温伯格:《网络思维:引领网络社会时代的工作与思维方式》,雷蕾译,机械工业出版社 2017 年版,第 11 页。

[4] [奥]弗雷德蒙德·马利克:《转变:应对复杂新世界的思维方式》,黄延峰译,机械工业出版社 2017 年版,第 73 页。

[5] 参见张晓平、张云秀:《系统观思维的兴起及其对传统思维方式的变革》,载《重庆交通学院学报(社会科学版)》2004 年第 3 期;孙美堂:《从实体思维到实践思维——兼谈对存在的诠释》,载《哲学动态》2003 年第 9 期;易小明:《还原思维·矛盾思维·系统思维——主体把握对象思维方法的大致演进路径》,载《社会科学家》2015 年第 9 期;[德]乌尔里希·温伯格:《网络思维:引领网络社会时代的工作与思维方式》,雷蕾译,机械工业出版社 2017 年版;[奥]弗雷德蒙德·马利克:《转变:应对复杂新世界的思维方式》,黄延峰译,机械工业出版社 2017 年版;余来文、封智勇、林晓伟编著:《互联网思维:云计算、物联网、大数据》,经济管理出版社 2014 年版。

的道理,首先要分析社会网;要分析社会网,首先要分析人与人之间的关系……‘关系’是信息时代网络社会的最底层结构”[1]。因此,上述各种新思维在最根本意义上又可以称为“关系思维”。[2]

“所谓关系思维,是指把存在预设为动态关系、存在者预设为潜在因素在关系中的现象,并以此为前提诠释一切的思维,或曰‘以关系的眼光看待一切’的思维。”[3]关系思维的理论基础是关系主义。“与传统实体观把世界看成由实体组成的僵化画面不同,呈现在现代关系论者面前的是,由种种联系和相互作用无穷无尽地交织起来的图景。因此,在他们看来,关系才是初始性的存在,实体不过是关系之网上的一个个‘纽结’,任何事物只存在一定的过程并处于一定的关系之中,相互关系不仅能呈现事物的性质,而且关系的异动能改变事物的整个变化发展过程。”[4]换言之,关系主义认为关系是第一性的,实体是第二性的。

可见,实体思维与关系思维的区别在于:其一,从思维的内容来看,如果说实体思维关注“是什么”,那么,“关系思维关注的重心是存在本身,而不是存有者,是‘是’而不是‘什么’”[5]。其二,从思维的方式来看,如果说实体思维是一种分解式还原思维,那么,关系思维则是一种化合式还原思维,“实体不过是关系之网上的一个个‘纽结’”,实体的意义只有在关系中才能被确定和解释。因此,通过关系网络能够在理论上有效实现各个实体的化合和融通。如果说实体思维是一种单一维度的点到点的平

---

〔1〕 罗家德:《复杂:信息时代的连接、机会与布局》,中信出版集团2017年版,第9页。

〔2〕 参见黄秋生:《从实体追问到关系思维——马克思思维方式的革命性变革》,载《电子科技大学学报(社会科学版)》2011年第4期。

〔3〕 孙美堂:《从实体思维到实践思维——兼谈对存在的诠释》,载《哲学动态》2003年第9期。

〔4〕 黄秋生:《从实体追问到关系思维——马克思思维方式的革命性变革》,载《电子科技大学学报(社会科学版)》2011年第4期。

〔5〕 孙美堂:《从实体思维到实践思维——兼谈对存在的诠释》,载《哲学动态》2003年第9期。

面的线性思维,那么,关系思维则是一种多维度的立体的非线性的网络思维,它将"事物作为系统,其结构可以抽象为网络,各类作用体抽象为网络节点,各种相互作用抽象为节点之间的连接线或边"[1]。其三,从本体论来看,如果说实体思维是一种静态的构成论,那么,关系思维则是一种动态的生成论。"在这种以生成的复杂网络为基础的世界图景中,不存在静止不变的、孤立的事物,不存在既成的、先定的部分。我们看到的是系统整体的诞生(涌现)、生长与完成的过程,以及各层次复杂网络的生长,整体结构与模式。无标度性的发现使我们在任意层次、任意尺度上,看到的都是曲线、都是系统、都是网络;这里只有大整体与小整体、大世界与小世界的区别,从微观、宏观至宇观、胀观,它们都是息息相通、处处关联、层层嵌套的。"[2]其四,如果说实体思维是一种应对简单社会的简单思维,那么,关系思维则是一种有效应对复杂社会的复杂思维。"复杂思维最主要的一个观点就是新事物的突然涌现,它往往不是由行动决定,而是由结构与行动共同演化决定的,其中社会网结构尤其重要。"[3]总之,关系思维"意味着人们对世界的认识不仅仅超越了以'散点性'为特点的原始思维方式,以及'直线性'的科学思维方式(机械思维),也超越了以'平面'为特征的辩证法思维方式,达到了对事物整体理解的'立体性'思维,是人类'思维的世界'向'存在世界'无限逼近的求知旅途中又一次质的飞跃"[4]。

---

[1] 参见李曙华:《当代科学的规范转换——从还原论到生成整体论》,载《哲学研究》2006 年第 11 期。

[2] 李曙华:《当代科学的规范转换——从还原论到生成整体论》,载《哲学研究》2006 年第 11 期。

[3] 罗家德:《复杂:信息时代的连接、机会与布局》,中信出版集团 2017 年版,第 77 ~ 78 页。

[4] 张晓平、张云秀:《系统观思维的兴起及其对传统思维方式的变革》,载《重庆交通学院学报(社会科学版)》2004 年第 3 期。

下　编

分解式法学范例研究：形而下的求证

第五章　分解式法学教科书范例研究

——以我国法学本科教科书为主的结构—功能分析

从库恩的范式构成理论来看,一个完整的成功且有用的范式,不仅以“学科基质”的形式存在于形而上的理论层面,而且也以常规科学“范例”形式存在于形而下的经验实证层面,首先“体现在(科学——引者注)革命以后的教科书中”[1],“是一个新的常规科学传统的基石”[2]。鉴于此,本章将着重探讨实体基础主义分解式法学范例(以下简称分解式法学范例)[3]作为一种常规的成功的法学范式,体现在法学教科

---

〔1〕［美］托马斯·库恩:《科学革命的结构》(第4版),金吾伦、胡新和译,北京大学出版社2012年版,第131页。

〔2〕［美］托马斯·库恩:《科学革命的结构》(第4版),金吾伦、胡新和译,北京大学出版社2012年版,第121页。

〔3〕分解式法学范式,就是通过对研究对象的不断分解来追寻其本体的一种法学范式。如传统三大法学流派都采取这种方式:先将法律分解为价值、规范和事实;然后根据研究需要,对价值、规范和事实进行细分;最后,如果还有必要,还可以再分解,直到不能分解、找寻到法律本体为止。存在于形而下的经验层面的范式,库恩称为范例,如存在于法学教科书的分解式法学范式,本章称为分解式法学范例。

书——尤其是我国法学本科教科书——中的情形，并研究分解式法学教科书范例的主要功能及其对我国目前法学新文科建设的影响。

如果说实体基础主义体现在法学教科书的“总论”上，分解式体现在法学教科书的“分论”上，那么，分解式法学范例则体现在法学教科书的“总论+分论”的结构体例上，即总—分式分解上。为了使研究问题进一步可操作，还需对“总论”、“分论”和“分解”作进一步的界定和说明。首先，这里的“总论”，除字面的形式意义上的“总论（或者绪论、概述、总说、导论、引言、引论、导言、序言、前言、基本理论等）”外，还包括实质意义上的“总论”，即字面上没有“总论”，但在实质意义上有总论的实际内容，如马怀德主编的《行政诉讼法学》（第4版）（北京大学出版社 2015 年版）中的开头部分。其次，这里的“分论”，与“总论”一样，除字面的形式意义上的“分论”外，还包括实质意义上的“分论”，即字面上没有“分论”，但在实质意义上有分论的实际内容，如张国华主编的《中国法律思想史》（法律出版社 1982 年版）中的开头部分。最后，由于本章考察的是分解式法学范例，因此，这里的“分解”是指总—分式分解。同样，这里的“分解”，除字面的形式意义上的“分解”外，还包括实质意义上的“分解”。字面的形式意义上的“分解”，又包括两种情形：一是字面上有“总论”和“分论”，如《刑法学》教科书中往往分为“总论”和“分论”，这种情形较少；二是字面上有“总论”，但没有“分论”，这种情形较为普遍。实质意义上的“分解”，是指字面上没有“总论”，也没有“分论”，但实质内容上有“总论”，也有“分论”，如张树义主编的《行政诉讼法学》（第2版）（中国政法大学出版社 2015 年版）。

本章研究的实证材料是我国法学教科书，尤其是改革开放以来我国法学本科教科书。随着我国法学教育尤其是法学本科教育的不断发展，我国针对各种法学本科教育课程编写了各种各样较为规范的系统的法学本科教科书，形成了一个较为完整而成熟的法学本科教科书体系。而对于研究生阶段的法学教育，尽管一些学校编写了一些法学研究生教科书，但目前还未形成一个较为完整而固定的教科书体系，因此，这里的法学教科书主要是指本科阶段的法学教科书。由于法学本科教科书多种多样，全国至今没有一套统一的、规范的、全面的、权威的法学教科书，致使本章无法选择一个统计样本进行严格的实证统计分析；相反，如果选择某套法学教科书做实证统计分析，可能会出现以偏概全的情形。另外，法学教科书采取总论—分论的结构体例是一种非常普遍的惯例，自觉或不自觉地为大家所接受和认可，无须通过严格的实证的统计分析以论证之。因此，在研究方法上，本章虽然选择了一种不太严格的实证考察方法，即类型化整理和随机列举相结合的方法，但足以满足本章研究的需要。这就说明我国各类法学本科教科书中广泛存在分解式法学范例。

下文从结构—功能角度分析，首先，从外部和内部两个方面来考察我国法学教科书中广泛存在的分解式法学范例；其次，从应然层面探讨这种分解式法学教科书范例的主要功能；再次，从实然层面探讨这种分解式法学教科书范例的功能及其对我国目前法学新文科建设的影响；最后，在上述研究基础上，提出克服分解式法学教科书范例弊端的努力方向。

一、外部分解式法学教科书范例

外部分解式法学教科书范例，实际上就是考察法学教科书之间存在的外部的“总论”与“分论”之间的关系即外部分解。从我国目前整个法学教科书体系来看，法学教科书体系的第一层次外部分解，就是法理学教科书和各部门法学教科书之间的分解；如果有必要，法学教科书体系还会进行第二层次外部分解，即部门法学教科书与部门法学分论教科书之间的分解；如果再有必要，法学教科书体系还会进行第三层次外部分解，即部门法学分论教科书与部门法学分论之分论教科书之间的分解（见图4）；当然，在理论上如果还有必要，法学教科书体系还可以一直这样分解下去，直到不能分解为止。[1] 从目前法学教科书的实际情形来看，一般只分解到第三层次，因此，下面本章将着重考察我国法学教科书

〔1〕 例如在经济法分论《竞争法》的分论《反不正当竞争法》教科书中，出现了第四层次分解——反不正当竞争法总论与反不正当竞争法分论——的情形。参见孔祥俊：《反不正当竞争法新原理：总论》，法律出版社2019年版，“目录”；孔祥俊：《反不正当竞争法新原理：分论》，法律出版社2019年版，“目录”。

体系三个层次的外部分解及其体现的分解式法学教科书范例。

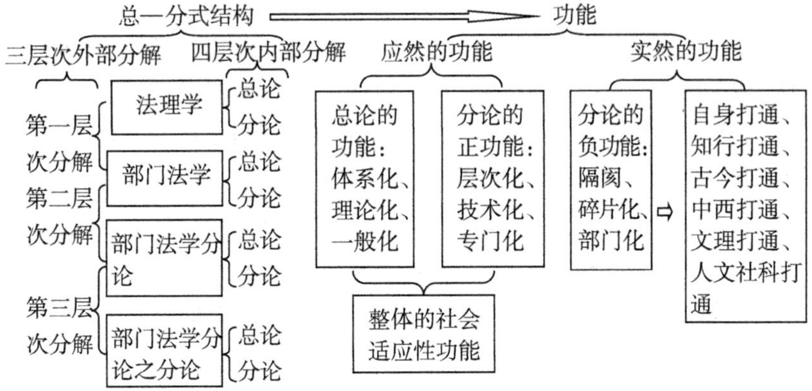

图 4　分解式法学教科书范例之结构—功能分析

第一，第一层次外部分解式法学教科书范例。法学教科书对法理学都有这样的学科定位："法理学是关于法律这种社会现象的最基本的、最一般的和最理论化的分析"[1]；"法理学是以揭示法与法律体系的基本原理为目标的，关于法的抽象的、一般的理论研究；法理学是关于法及其原理的一般的、理论的探讨，与具体法律规则的研究相对应"[2]；"法理学是对法律的一般性研究，着重于考察法律中最普遍、最抽象、最基本的理论和问题"[3]；"法理学，即法学基础理论的简称……是……法律教育的基础课程……它所研究的是法的一般理论，特别是我国社会主义法的基本理论"[4]；"法理学是法学的基础理论，是法学教育的基础课程之一"[5]；

---

〔1〕［美］理查德·A. 波斯纳：《法理学问题》，苏力译，中国政法大学出版社 2002 年版，"序言"第 1 页。

〔2〕 See L. B. Curzon, *Jurisprudence*, 2nd edition, Cavendish Publishing Limited, 1995, p. 4.

〔3〕［英］戴维·M. 沃克：《牛津法律大辞典》，李双元等译，法律出版社 2003 年版，第 618 页。

〔4〕 沈宗灵主编：《法理学》，高等教育出版社 1994 年版，第 20 页。

〔5〕《法理学》编写组：《法理学》，人民出版社、高等教育出版社 2010 年版，第 2 页。

"法理学是以理论形态存在的,以法的普遍适用的原理、范畴、原则、规律、价值等为研究对象的法学分支学科"[1];"法理学是一门研究所有法律制度中的一般问题、原理、原则和制度的学问"[2]。由此可见,法理学是对部门法学的归纳和抽象,是研究部门法学的基础,部门法学则是在法理学基础上的分解和具体展开;如果说法理学教科书是"总",那么,部门法学教科书则是"分",两者形成的是一种分解式法学教科书范例。法理学相对于部门法学的基础性,体现在以下三个方面。

一是法理学探讨的是全局性的整体性的一般理论问题,而部门法学探讨的是局限于某个法律领域的特殊法律问题。"法理学是法学的一般理论……不同于其他法学学科之处在于,它是从宏观的、整体的角度来研究法律现象,而不是从微观的、局域的角度研究法律现象。或者说,法理学思考和研究法律现象的一般性、普遍性问题,而不是法律现象某一领域或方面的具体问题。所谓一般性问题,就是指包括宪法、行政法、民法、经济法、刑法、诉讼法、国际法等在内的整个法律体系,包括立法、行政执法、司法、法律监督等在内的法律运行全过程,以及古今中外各种类型的法律制度及其各个发展阶段中普遍存在的问题。"[3]比较而言,部门法学则是从局部的而非整体的角度,探讨的是局部性的具体问题,是对法理学一般问题的分解和具体展开,是对法理学研究一般问题的具体化和操作化。如在制度层面,所有法学课程都会研究法律关系问题,但法理学研究的是一般的法律关系,是民事法律关系、刑事法律关系、行政法律关系、经济法律关系、商事法律关系、诉讼法律关系等具体法律关系背后存在的共同特征、共同构成要素、共同产生发展规律等"高级法",是研究各种具体法律关系的理论前提;而部门法学研究的法律关系则是民事法律关系、刑事法律关系、行政法律关系、经济法律关系、商事法律关系、诉讼法律关系等具

---

[1] 徐显明主编:《法理学》,中国政法大学出版社1994年版,第4页。

[2] 葛洪义主编:《法理学》,中国政法大学出版社2002年版,第7页。

[3] 张文显主编:《法理学》,高等教育出版社、北京大学出版社1999年版,第15~16页。

体法律关系，是对法理学一般法律关系研究的分解和具体展开，是对法理学研究的一般法律关系的具体化和操作化。

二是法理学探讨的是法学的抽象的基础的问题，而部门法学探讨的是具体的、实用的问题，是在法理学基础上的分解和具体展开，是对法理学研究的具体化和操作化。"法理学是法学的基础理论……法理学不同于其他法学学科之处在于，法理学提供的不是法的具体的、实用的知识，而是法的抽象的、基础的理论。"[1]如所有法学教科书都会涉及法律规范，但部门法学涉及的法律规范都是某个特定法律领域的具体的法律规范，如民法涉及的是民事法律规范，刑法探讨的是刑事法律规范，行政法研究的是行政法律规范，诉讼法讨论的是诉讼法律规范，而法理学探讨的法律规范则是涵盖所有法律领域的抽象的法律规范；前者是对后者的分解和具体展开，后者则是前者的基础，是对前者的概括和抽象。

三是法理学相对于部门法学的基础性，还体现在方法论上。法学作为一个独立的学科，除有属于自己的研究对象外，还必须有属于自己的独特研究方法。因此，法学特别重视法学研究方法的探索和研究，并形成了针对不同研究内容（价值、规范和事实）的三大研究方法，即价值分析方法、规范分析方法和社会分析方法。但在整个法学教科书体系中，并不是每个法学教科书都会探讨法学研究方法这样非常重要的问题，如部门法学教科书一般不会探讨法学研究方法的问题，而只是在作为法学基础理论的法理学教科书中探讨法学研究方法问题。为什么部门法学教科书一般不会探讨所有法学教科书都会必然涉及的法学研究方法问题呢？这是因为在方法论上，法理学教科书也是部门法学教科书的基础，部门法学在研究具体法律问题时，所采用的研究方法无外乎法理学教科书中采用的三种方法：价值分析方法、规范分析方法和社会分析方法。例如，部门法学在研究民事法律行为、刑事法律行为、行政法律行为、商事法律行为、经

---

〔1〕 张文显主编：《法理学》，高等教育出版社、北京大学出版社1999年版，第16～17页。

济法律行为等具体法律行为时,与法理学在研究一般法律行为所采用的研究方法一样,即上述三种研究方法。由此可见,在方法论上,法理学也是部门法学的基础,部门法学所采用的研究方法只是法理学研究方法在部门法学研究中的运用。

第二,第二层次外部分解式法学教科书范例。部门法学相对于其分论的基础性,主要体现在以下两个方面。

一是总论是从部门法的整体的宏观的角度来探讨部门法学的一般问题,而分论则是从微观的局部的角度来探讨部门法中某类或某种特殊的问题,或者是将总论的一般问题分解和展开为分论的若干特殊问题。如刑法学总论教科书一般包括"刑法基础论"、"犯罪总论"和"刑罚总论或法律后果论"等内容,在探讨这些问题如犯罪构成理论时,都是从刑法的整体的宏观的角度来探讨犯罪构成等一般性问题,而不是某类或某种具体犯罪的犯罪构成问题。比较而言,刑法学分论教科书一般包括危害国家安全罪,危害公共安全罪,破坏社会主义市场经济秩序罪,侵犯公民人身权利、民主权利罪,侵犯财产罪,妨害社会管理秩序罪,危害国防利益罪,贪污贿赂罪,渎职罪和军人违反职责罪等十大类罪及其具体的犯罪,当探讨如犯罪构成等特殊问题时,都是从微观的局部的角度来探讨如故意杀人罪等特殊犯罪构成问题。由此可见,刑法学分论教科书中探讨的特殊问题如某类或某种具体犯罪的犯罪构成,是对刑法学总论教科书中探讨的一般问题如一般犯罪构成理论的分解和具体展开,而后者则是对前者的归纳和总结,两者形成的是一种分解式法学教科书范例。上述情形还存在于民法、商法、经济法、行政法等部门法总论教科书中,受篇幅限制,在此就不一一列举。

二是总论是从部门法的整体的宏观的角度来探讨部门法学抽象的基础问题,而分论则是在总论基础上,从微观的局部的角度来探讨部门法中具体的问题,或者是将总论的基础理论运用于分论具体问题的探讨中。如民法教科书,不论是总论教科书还是分论教科书,都会探讨民事权利问题,但总论教科书则是从民法整体的宏观的角度,来探讨适用于各种具体民事权利的较为抽象的民事权利问题,而分论教科书则是从局部的微观的角度,来探讨只适用于某类或某种具体民事权利的具体民事权利问题;前者是后者的理论基础,后者是前者的分解和具体展开,是将前者的基础理论运用于后者的具体研究之中,两者形成的也是一种分解式法学教科书范例。上述情形还存在于刑法、商法、经济法、行政法等部门法总论教科书中,受篇幅限制,在此就不一一列举。

第三,第三层次外部分解式法学教科书范例。部门法学分论相对于其分论之分论的基础性,主要体现在以下两个方面。

一是部门法分论的总论是从部门法分论的整体的宏观的角度,来探讨部门法学分论的一般问题,而分论的分论则是从微观的局部的角度,来探讨部门法分论的分论中某类或某种特殊的问题,或者是将分论的总论的一般问题分解和展开为分论之分论的若干特殊问题。如民法中,将民法的分论债法教科书再分解为债法总论与债法各(分)论。[1] 前者一般是从债法的整体的宏观的角度,来探讨一般债的一般理论,包括债的发生、债的效力、债的变动、债的救济、债的保全、债的消灭等问题,而不是某种特殊债的问题;而后者一般是从某种特殊债的局部的微观的角度,来探讨某种特殊的债——如买卖、互易、交互计算、赠与、租赁、借贷、雇佣、承揽、旅游、出版、委任、居间、行纪、寄托、仓库、运送等——的发生、效力、变动、救济、保全、消灭等问题,而不是债的一般问题。再如,经济法中,将经济法的分论社会法教科书再分解为社会法总论与社会法分论即劳动与社会保障法。[2] 前者是从社会法的整体的宏观的角度,来探讨社会法的一般原则,社会法法律关系的主体、客体和内容等一般问题,而不是某种社

---

〔1〕 参见以下教科书的"目录"部分:史尚宽:《债法总论》,中国政法大学出版社2000年版;黄茂荣:《债法总论》,中国政法大学出版社2003年版;黄茂荣:《债法各论》,中国政法大学出版社2004年版;[德]迪特尔·梅迪库斯:《德国债法总论》,杜景林、卢谌译,法律出版社2004年版;[德]迪特尔·梅迪库斯:《德国债法分论》,杜景林、卢谌译,法律出版社2007年版;陈华彬:《债法总论》,中国法制出版社2012年版;陈华彬:《债法各论》,中国法制出版社2014年版。

〔2〕 参见余少祥:《社会法总论》,社会科学文献出版社2019年版,"目录"。

会法的特殊问题；后者则是从社会法的局部的微观的角度，来探讨某种特殊社会法——如劳动法、社会保障法、社会保险法等——所遵循的法律原则、劳动和社会保障法与社会保险法的法律关系主体、客体和内容等问题，而不是一般社会法的一般问题。

二是部门法分论的总论是从部门法分论的整体的宏观的角度，来探讨部门法学分论抽象的基础问题，而部门法分论的分论则是在其总论基础上，从微观的局部的角度来探讨部门法分论中具体的问题，或者是将分论的总论的基础理论运用于分论的分论具体问题的探讨中。如民法分论债法中，债法总论教科书和债法各论教科书，都会探讨债的成立、变更、担保、效力和消灭等问题，但前者是从债法的整体的宏观的角度，来探讨适用于各种具体债的较为抽象的债的成立、变更、担保、效力和消灭等问题，而后者则是从局部的微观的角度，来探讨只适用于某类或某种具体债的成立、变更、担保、效力和消灭等问题。再如，在经济法分论社会法中，社会法总论教科书与社会法分论如劳动与社会保障法和社会保险法等教科书，都会探讨社会法律关系的主体、客体和内容等问题，但前者是从社会法的整体的宏观的角度，来探讨适用于各种具体社会法律关系——劳动法律关系、社会保障法律关系和社会保险法律关系等——的较为抽象的社会法律关系的主体、客体和内容等问题，而后者则是从局部的微观的角度，来探讨只适用于某类或某种具体社会法律关系的主体、客体和内容等问题。

二、内部分解式法学教科书范例

如果说外部分解着重考察的是教科书之间的外部分解与展开，那么，内部分解则着重考察的是教科书内部的分解与展开；同时，为了尽量覆盖所有的法学本科教科书，本部分还尽量照顾到上节没有提到的法学教科书。同样，按照上节的分类，此处将法学教科书分为以下四个层次并考察其中的内部分解式法学教科书范例。

第一，法理学教科书中第一层次内部分解式法学教科书范例。这里的法理学教科书，除我国法理学教科书外，还包括上文没有提及的法史教科书,具体包括中国法制史、中国法律思想史、外国法制史和西方法律思想史等。

一是法理学教科书中的内部分解式法学教科书范例。尽管我国目前的法理学教科书有几十种,但它们在结构和内容上大同小异:在马克思主义理论指引下,提出一个关于法的本体或本质的,既包含规则和价值因素又包含事实因素的法的定义或概念:"法是国家制定或认可并依靠国家强制力保证实施的,反映由特定社会物质生活条件所决定的统治阶级意志,规定权利和义务,以确认、保护和发展对统治阶级有利的社会关系和社会秩序为目的的行为规范体系。"[1]它们往往将这种既有规范分析法学的规则因素,又有自然法学的价值因素,还有社会法学派的事实因素的理论,称为"法的一般原理"[2],也就是本章所称的"总论",作为整个法理学教科书的理论基础。正是由于这个"总论"和理论基础,决定了我国法理学教科书的"分论"包括三个方面:规则论、价值论与事实论。这就是法理学教科书进行的第一次"总—分"式的内部分解和展开。它进而决定了我国法理学教科书的第二次"总—分"式的内部分解和展开包括以下三个方面。其一,法理学分论规则论的再分解和展开,一般包括:规则的静态考察,即"法的要素""法律体系"等方面的内容;规则的动态考察,即"法的运行",一般包括"法的制定""法的实施"等方面的内容;规则的纵向考察,法的历史形态的考察,即"法的起源和发展";规则的横向考察,法的共时性形态考察,即当前共时性存在于世界各国的法的横向考察。其二,法理学分论价值论的再分解与展开,一般包括"法与秩序""法与安全""法与正义""法与自由""法与平等""法与效率""法与人权"等方面的内容。其三,法理学分论事实论的再分解和展开,一般包括"法与经济""法与道德""法与政治""法与文化""法与宗教"等方面的内容。

二是法史教科书中的内部分解式法学教科书范例。如中国法制史教

[1] 《法理学》编写组:《法理学》,人民出版社、高等教育出版社2010年版,第38页。
[2] 沈宗灵主编:《法理学》,高等教育出版社1994年版,第24页。

科书除按照历史发展顺序介绍各个朝代的法制外，在前面都有个“导论”“前言”“绪论”“引言”等作为全书的“总论”部分；现在，随着研究的深入，法史教科书加强了对中国法制史的“总论”的归纳和总结，增加了“总论”的篇幅和内容。[1] 在上述“总论”基础上，有的教科书将中国法制史的“分论”划分为“起源时期”“争鸣时期”“整合时期”“定型时期”“变革时期”五个时期；有的将“分论”划分为“形成期”“发展期”“发达期”“走向法律近代化”四个阶段。[2] 这种分解式法学教科书范例，也不同程度地存在于中国法律思想史[3]、外国法制史[4]、西方法律思想史[5]等国内教科书中，受篇幅限制，在此不一一列举。

第二，部门法学教科书中第二层次内部分解式法学教科书范例。这里主要探讨外部不能再分解的上节没有提到的宪法学、国际法学和诉讼法学等三大部门法学的内部存在的分解式法学教科书范例。

一是我国宪法学教科书的情形。在我国宪法学教科书中，“总论”的内容和形式存在较大差异，有的“总论”较为简略，只有“绪论”“导言”“前

〔1〕 参见邓建鹏：《中国法制史》（第2版），北京大学出版社2015年版，“目录”。

〔2〕 参见以下教科书的“目录”部分：张晋藩主编：《中国法制史》，中国政法大学出版社1999年版；曾宪义、赵晓耕主编：《中国法制史》（第4版），北京大学出版社2018年版；朱勇主编：《中国法制史》（第3版），法律出版社2016年版；范忠信、陈景良主编：《中国法制史》（第2版），北京大学出版社2010年版。

〔3〕 参见以下教科书的“目录”部分：武树臣：《中国法律思想史》（第2版），法律出版社2017年版；刘新、王振东主编：《中国法律思想史》（第6版），中国人民大学出版社2019年版；杨鸿烈：《中国法律思想史》，中国政法大学出版社2004年版。

〔4〕 参见以下教科书的“目录”部分：李秀清主编：《外国法制史》，北京大学出版社2012年版；郑祝君主编：《外国法制史》（第2版），北京大学出版社2014年版；高鸿钧、李红海主编：《新编外国法制史》，清华大学出版社2015年版；林榕年、叶秋华主编：《外国法制史》（第6版），中国人民大学出版社2017年版；何勤华主编：《外国法制史》（第6版），法律出版社2016年版；由嵘主编：《外国法制史》，北京大学出版社1992年版。

〔5〕 参见以下教科书的“目录”部分：法学教材编辑部《西方法律思想史》编写组：《西方法律思想史》，北京大学出版社1983年版；严存生主编：《西方法律思想史》（第3版），法律出版社2015年版；徐爱国、李桂林：《西方法律思想史》（第3版），北京大学出版社2014年版；刘全德主编：《西方法律思想史》，中国政法大学出版社1996年版。

言”“导论”;[1] 有的甚至没有名义上的“总论”,只有实际上的“总论”;[2] 有的“总论”则较为丰富,除“导论”等外,还有专门的“总论”部分;[3] 有的则将其他教科书中的“分论”,如“宪法监督和实施”作为“总论”。[4] 在宪法学“分论”的内容和形式上,尽管教科书大多采取三编制,但也存在差异性:有的包括“基本制度”、“公民基本权利与义务”和“国家机关”;有的包括“国家组织”、“基本权利”和“宪法实施”;有的包括“基本人权”、“国家组织形式”和“宪法保障”;有的包括“宪法基本理论”、“宪法基本制度”和“宪法实施”;[5] 有的尽管没有名义上的“分论”,但实际上都是“分论”内容,并直接独立成“章”。[6] 尽管宪法学教科书在“总论”和“分论”的内容和形式上存在这些差异,但在结构体例上,大多采取了分解式法学教科书范例。

二是我国三大国际法学教科书的情形。在国际私法教科书中,尽管总论和分论的具体内容有些差异,但体例结构一般分为“总论”和“分论”两大部分。[7] 这种分解式法学教科书范例,也较为普遍地存在

---

[1] 参见以下教科书的“目录”部分:许崇德主编:《宪法学》(外国部分),高等教育出版社 1996 年版;许崇德主编:《中国宪法》,中国人民大学出版社 1989 年版。

[2] 参见以下教科书的“目录”部分:余军主编:《宪法学》,法律出版社 2016 年版;胡锦光、任端平编著:《宪法学》(第 4 版),中国人民大学出版社 2018 年版。

[3] 参见以下教科书的“目录”部分:许崇德、胡锦光主编:《宪法》(第 6 版),中国人民大学出版社 2018 年版;董和平:《宪法学》(第 4 版),法律出版社 2018 年版;林来梵:《宪法学讲义》,清华大学出版社 2018 年版;余军主编:《宪法学》,法律出版社 2016 年版。

[4] 参见董和平:《宪法学》(第 4 版),法律出版社 2018 年版,“目录”。

[5] 参见以下教科书的“目录”部分:胡锦光主编:《宪法学原理与案例教程》,中国人民大学出版社 2013 年版;林来梵:《宪法学讲义》,清华大学出版社 2018 年版;余军主编:《宪法学》,法律出版社 2016 年版;周叶中主编:《宪法》,高等教育出版社、北京大学出版社 2000 年版。

[6] 参见许崇德、胡锦光主编:《宪法》(第 6 版),中国人民大学出版社 2018 年版,“目录”。

[7] 参见以下教科书的“目录”部分:李双元、欧福永主编:《国际私法》(第 5 版),北京大学出版社 2018 年版;章尚锦、杜焕芳主编:《国际私法》(第 5 版),中国人民大学出版社 2014 年版;杜新丽主编:《国际私法》(第 2 版),中国人民大学出版社 2015 年版。

于国际法[1]、国际经济法[2]等教科书中，受篇幅限制，在此不一一展开。

三是我国三大诉讼法学教科书的情形。我国民事诉讼法教科书，尽管在"总论"和"分论"的具体内容上存在差异：有的是第一编"绪论"即"总论"，有的将"绪论"与"总则"合称为"总论"，有的将"绪论"与"总论"分开成为两编，有的将"基本理论""基本制度""诉讼主体""诉讼客体""证据与证明"等放在"总论"内，有的则将它们独立成"编"作为"分论"的内容；但在体例结构上，大多采取分解式法学教科书范例。[3] 这种分解式法学教科书范例，也较为普遍地存在于刑事诉讼法[4]、行政诉讼法[5]等教科书中，受篇幅限制，在此不一一展开。

---

〔1〕 参见以下教科书的"目录"部分：王铁崖主编：《国际法》，法律出版社 1995 年版；马呈元主编：《国际法》（第 5 版），中国人民大学出版社 2019 年版；周鲠生：《国际法大纲》，商务印书馆 2013 年版；邵津：《国际法》（第 5 版），北京大学出版社 2014 年版。

〔2〕 参见以下教科书的"目录"部分：余劲松、吴志攀主编：《国际经济法》（第 4 版），北京大学出版社 2014 年版；陈安主编：《国际经济法学》（第 7 版），北京大学出版社 2017 年版；杨帆：《国际经济法》，中国政法大学出版社 2017 年版；王传丽主编：《国际经济法》（第 4 版），中国人民大学出版社 2015 年版；吴志忠主编：《国际经济法》，北京大学出版社 2008 年版。

〔3〕 参见以下教科书的"目录"部分：李浩：《民事诉讼法学》（第 3 版），法律出版社 2016 年版；江伟主编：《民事诉讼法学》（第 3 版），北京大学出版社 2015 年版；董少谋主编：《民事诉讼法学》（第 3 版），法律出版社 2017 年版；蔡虹：《民事诉讼法学》（第 4 版），北京大学出版社 2016 年版；刘家兴、潘剑锋主编：《民事诉讼法学教程》（第 5 版），北京大学出版社 2018 年版；田平安主编：《民事诉讼法学》（第 3 版），法律出版社 2013 年版；邵明：《民事诉讼法学》，中国人民大学出版社 2007 年版。

〔4〕 参见以下教科书的"目录"部分：王国枢主编：《刑事诉讼法学》，北京大学出版社 1989 年版；曾友祥等主编：《刑事诉讼法学》，北京大学出版社 2016 年版；叶青主编：《刑事诉讼法学》（第 2 版），中国人民大学出版社 2014 年版；卞建林主编：《刑事诉讼法学》，科学出版社 2010 年版；宋英辉主编：《刑事诉讼法学》，中国人民大学出版社 2007 年版；程荣斌、王新清主编：《刑事诉讼法》（第 7 版），中国人民大学出版社 2019 年版；樊崇义主编：《刑事诉讼法学》（第 4 版），法律出版社 2016 年版。

〔5〕 参见以下教科书的"目录"部分：姜明安主编：《行政法与行政诉讼法》（第 7 版），北京大学出版社 2019 年版；方世荣、石佑启主编：《行政法与行政诉讼法》（第 3 版），北京大学出版社 2015 年版；胡建淼主编：《行政诉讼法学》，复旦大学出版社 2003 年版；张树义主编：《行政诉讼法学》（第 2 版），中国政法大学出版社 2015 年版；林莉红：《行政诉讼法学》（第 4 版），武汉大学出版社 2015 年版；马怀德主编：《行政诉讼法学》（第 4 版），北京大学出版社 2015 年版。

第三，部门法学分论教科书中第三层次内部分解式法学教科书范例。这里探讨的主要是外部不能再分解的上节没有提到的部门法学分论教科书内部存在的分解式法学教科书范例。

一是刑法分（各）论教科书。目前，我国刑法分（各）论教科书几乎千篇一律地采取“总—分”式法学范例，区别只在于分解的次数不同。大部分采取二次分解的“总—分”式法学范例；[1]还有的采取三次分解的“总—分”式法学范例。[2] 总之，不论是二次分解还是三次分解，都是一种分解式法学教科书范例。

二是民法分论教科书。如物权法教科书，“总论”一般包括：“物权概述”“物权法概述”“物权的请求权”“物权的客体”“物权的效力”“物权的变动”等内容；“分论”一般包括“所有权”“用益物权”“担保物权”“占有”等内容，并在“分论”基础上作进一步的再分解，又细分为“总论（概述）”和“分论”；[3]有的将分论部分的“占有”放在“总论”部分；[4]还有的将

---

〔1〕 参见以下教科书的“目录”部分：李希慧主编：《刑法各论》（第2版），中国人民大学出版社2012年版；魏东主编：《刑法各论》，法律出版社2015年版；赵秉志、李希慧主编：《刑法各论》（第3版），中国人民大学出版社2016年版；陈忠林主编：《刑法（分论）》（第3版），中国人民大学出版社2011年版；黎宏：《刑法学各论》（第2版），法律出版社2016年版；彭文华主编：《刑法分论》，厦门大学出版社2012年版；谢望原、赫兴旺主编：《刑法分论》（第3版），中国人民大学出版社2016年版；叶良芳：《刑法分论》，法律出版社2017年版；朱建华主编：《刑法分论》（第3版），法律出版社2018年版。

〔2〕 参见以下教科书的“目录”部分：周光权：《刑法各论》（第3版），中国人民大学出版社2016年版；黄明儒主编：《刑法分论》，北京大学出版社2014年版。

〔3〕 参见以下教科书的“目录”部分：江平主编：《物权法》，法律出版社2009年版；梁慧星、陈华彬：《物权法》（第6版），法律出版社2016年版；崔建远：《物权法》（第4版），中国人民大学出版社2017年版；尹田：《物权法》（第2版），北京大学出版社2017年版；张礼洪：《物权法教程》（第2版），北京大学出版社2007年版；杨立新：《物权法》（第6版），中国人民大学出版社2019年版；韩松等编著：《物权法》（第2版），法律出版社2015年版；马俊驹、陈本寒主编：《物权法》，复旦大学出版社2007年版；孙宪忠编著：《物权法》（第2版），社会科学文献出版社2011年版。

〔4〕 参见以下教科书的“目录”部分：尹田：《物权法》（第2版），北京大学出版社2017年版；崔建远：《物权法》（第4版），中国人民大学出版社2017年版；高富平：《物权法讲义》，法律出版社2011年版。

总论部分的“物权的保护”独立成编之后，采取“总—分—总”的结构体例。[1] 总之，尽管它们有这样或者那样的差异，但大多是一种分解式法学教科书范例。

上述分解式法学教科书范例，也较为普遍地存在于商法分论教科书如公司法[2]和经济法分论教科书如金融法[3]中，受篇幅限制，在此不一一展开。

第四，部门法学分论之分论教科书中第四层次内部分解式法学教科书范例。由于只有少部分的部门法学分论之分论有编写自己独立的教科书的必要，因此，这里探讨的主要是上节部门法学分论之分论教科书内部存在的分解式法学教科书范例。

一是民法分论之债权法的分论债法分(各)论教科书。在体例结构上，它们尽管存在一次分解、[4]二次分解[5]与三次分解[6]的差异，如有必要，还可以继续进行分解和展开，直到不能分解为止，[7]但都是一种分解式法学教科书范例。

---

〔1〕 参见高富平：《物权法讲义》，法律出版社2011年版，“目录”。

〔2〕 参见以下教科书的“目录”部分：刘俊海：《公司法学》(第2版)，北京大学出版社2013年版；雷兴虎主编：《公司法学》(第2版)，北京大学出版社2012年版；郑云瑞：《公司法学》，北京大学出版社2016年版；吴景明等编著：《公司法学》，中国政法大学出版社2018年版；赵海怡主编：《公司法学》，武汉大学出版社2017年版；李东方：《公司法学》(第2版)，中国政法大学出版社2016年版；李晓春主编：《公司法学》，厦门大学出版社2012年版。

〔3〕 参见以下教科书的“目录”部分：刘少军：《金融法学》(第2版)，中国政法大学出版社2016年版；唐波主编：《新编金融法学》(第3版)，北京大学出版社2012年版；岳彩申、盛学军主编：《金融法学》，中国人民大学出版社2015年版；朱大旗：《金融法》(第3版)，中国人民大学出版社2015年版；郑冬渝主编：《金融法学》，中国社会科学出版社2014年版；王煜宇等编著：《金融法学》，武汉大学出版社2010年版；范玲：《金融法学》，黑龙江大学出版社2012年版；汪鑫主编：《金融法学》(第4版)，中国政法大学出版社2011年版。

〔4〕 参见以下教科书的“目录”部分：韦维清：《民法债编各论》(影印本)，暨南大学出版社2017年版；史尚宽：《债法各论》，中国政法大学出版社2000年版。

〔5〕 参见陈华彬：《债法各论》，中国法制出版社2014年版，“目录”。

〔6〕 参见邱聪智：《新订债法各论》，中国人民大学出版社2006年版，“目录”。

〔7〕 参见[德]迪特尔·梅迪库斯：《德国债法分论》，杜景林、卢谌译，法律出版社2007年版，“目录”。

二是经济法分论之财税法学的分论税法教科书。在体例结构上,它们尽管存在一次分解、[1]二次分解[2]与三次分解[3]的差异,但都是一种分解式法学教科书范例。

三、分解式法学教科书范例应然的结构—功能分析

分解式法学范例之所以能被我国法学教科书普遍采用,是因为它在理论上具有如下几个方面的主要功能。

(一)基础主义及其载体总论之结构—功能分析

第一,法学教科书对基础主义及其载体总论的不断提炼和追寻,有助于法学教科书整个法学知识的体系化。以下将从三个方面分而论之。

一是外部体系化。在第三层次外部分解上,把各部门法学分论之分论的基础追寻到各部门法学分论上,有助于法学教科书实现各部门法学分论之分论知识的外部体系化;在进一步的较大范围的第二层次外部分解上,把各部门法学分论的基础追寻到各部门法学上有助于更进一步地在较大范围内实现各部门法学分论知识的外部体系化;在更大范围的第一层次外部分解上,把各部门法学的基础追寻到法理学上,可以在最高层次和整个范围内实现各部门法学知识的外部体系化。总之,对外部各层次基础主义及其载体总论由第三层次到第二层次最后到第一层次的不断提炼和追寻,实现了外部各层次法学教科书的外部体系化,从而在整体上实现了整个法学教科书的外部体系化,使之形成一个有机统一的法学知识体系。

二是内部体系化。在第四层次内部分解上,把各部门法学分论之分论教科书分论的基础追寻到其总论上,有助于实现各部门法学分论之分

---

[1] 参见以下教科书的"目录"部分:梁俊娇主编:《税法》(第6版),中国人民大学出版社2019年版;王红云主编:《税法》(第9版),中国人民大学出版社2019年版;梁文涛主编:《税法》(第4版),中国人民大学出版社2019年版;陈立等主编:《税法》(第3版),清华大学出版社2019年版;安仲文编著:《税法》(第6版),东北财经大学出版社2018年版;徐丽主编:《税法》(第2版),清华大学出版社2018年版;陈莎主编:《税法》(第2版),立信会计出版社2017年版;应小陆编著:《税法》(第2版),上海财经大学出版社2018年版。

[2] 参见徐孟洲、徐阳光:《税法》(第7版),中国人民大学出版社2019年版,"目录"。

[3] 参见刘剑文主编:《税法学》(第5版),北京大学出版社2017年版,"目录"。

论教科书分论法学知识的内部体系化；在进一步的第三层次内部分解上，进一步地把各部门法学分论教科书分论的基础追寻到其总论上，有助于进一步地实现各部门法学分论教科书分论法学知识的内部体系化；在更进一步的第二层次内部分解上，进一步地把各部门法学教科书分论的基础追寻到其总论上，有助于进一步地实现各部门法学教科书分论法学知识的内部体系化；在最高的第一层次内部分解上，进一步地把法理学教科书分论的基础追寻到其总论上，有助于进一步地实现法理学教科书分论法学知识的内部体系化。总之，对内部各层次基础主义及其载体总论由第四层次到第三层次再到第二层次最后到第一层次的不断提炼和追寻，实现了各层次法学教科书的内部体系化，从而实现了每部法学教科书的内部体系化，使之形成一个有机统一的法学知识体系。

三是整体体系化。上述对内部和外部的各个层次基础主义及其载体总论的不断提炼和追寻，不仅实现了每部法学教科书法学知识的内部体系化，还实现了整个法学教科书体系法学知识的外部体系化；正是在内部体系化和外部体系化的共同作用下，整个法学教科书体系才构成了一个内部协调统一而完整的体系化的法学知识网。

第二，法学教科书对基础主义及其载体总论的不断提炼和追寻，有助于实现法学教科书法学知识的理论化。以下将从三个方面分而论之。

一是外部理论化。在第三层次外部分解上，把各部门法学分论之分论的基础追寻到各部门法学分论上，有助于法学教科书实现各部门法学分论之分论知识的外部理论化；在进一步的第二层次外部分解上，进一步地把各部门法学分论的基础追寻到各部门法学上有助于法学教科书进一步地实现各部门法学分论知识的外部理论化；在最高的第一层次外部分解上，进一步地把各部门法学的基础追寻到法理学上，有助于法学教科书进一步地实现各部门法学知识的外部理论化。总之，对外部各层次基础主义及其载体总论由第三层次到第二层次最后到第一层次的不断提炼和追寻，实现了外部各层次法学教科书的外部理论化，从而实现了整个法学教科书的外部理论化。

二是内部理论化。在第四层次内部分解上，把各部门法学分论之分论教科书分论的基础追寻到其总论上，有助于法学教科书实现各部门法学分论的分论教科书分论法学知识的内部理论化；在进一步的第三层次内部分解上，进一步地把各部门法学分论教科书分论的基础追寻到其总论上，有助于法学教科书进一步地实现各部门法学分论教科书分论法学知识的内部理论化；在更进一步的第二层次内部分解上，进一步地把各部门法学教科书分论的基础追寻到其总论上，有助于法学教科书进一步地实现各部门法学教科书分论法学知识的内部理论化；在最高的第一层次内部分解上，进一步地把法理学教科书分论的基础追寻到其总论上，有助于法理学教科书进一步地实现法理学教科书分论法学知识的内部理论化。总之，对内部各层次基础主义及其载体总论由第四层次到第三层次再到第二层次最后到第一层次的不断提炼和追寻，实现了各层次法学教科书的内部理论化，从而实现了每部法学教科书的内部理论化。

三是整体理论化。通过上述对内部和外部的各个层次的基础主义及其载体总论的不断提炼和追寻，不仅实现了每部法学教科书法学知识的内部理论化，还实现了整个法学教科书体系的法学知识的外部理论化；正是在内部理论化和外部理论化的共同作用下，整个法学教科书所形成的法学知识网才得以理论化。

第三，法学教科书对基础主义及其载体总论的不断提炼和追寻，有助于法学教科书整个法学知识的一般化。以下将从三个方面分而论之。

一是外部一般化。在第三层次外部分解上，把各部门法学分论之分论的基础追寻到各部门法学分论上，有助于法学教科书实现各部门法学分论之分论知识的外部一般化；在进一步的第二层次外部分解上，进一步地把各部门法学分论的基础追寻到各部门法学上，有助于法学教科书实现各部门法学分论知识的外部一般化；在最高的第一层次外部分解上，进一步地把各部门法学的基础追寻到法理学上，有助于法学教科书最后实现各部门法学知识的外部一般化。总之，对外部各层次基础主义及其载体总论由第三层次到第二层次再到第一层次的不断提炼和追寻，实现了外部各层次法学教科书的外部一般化,从而实现了整个法学教科书的外部一般化。

二是内部一般化。在第四层次内部分解上,把各部门法学分论之分论教科书分论的基础追寻到其总论上,有助于法学教科书实现各部门法学分论之分论教科书分论法学知识的内部一般化;在进一步的第三层次内部分解上,进一步地把各部门法学分论教科书分论的基础追寻到其总论上,有助于法学教科书进一步地实现各部门法学分论教科书分论法学知识的内部一般化;在更进一步的第二层次内部分解上,进一步地把各部门法学教科书分论的基础追寻到其总论上,有助于法学教科书进一步地实现各部门法学教科书分论法学知识的内部一般化;在最高的第一层次内部分解上,进一步地把法理学教科书分论的基础追寻到其总论上,有助于法理学教科书进一步地实现法理学教科书分论法学知识的内部一般化。总之,对内部各层次基础主义及其载体总论由第四层次到第三层次再到第二层次最后到第一层次的不断提炼和追寻,实现了各层次法学教科书的内部一般化,从而实现了每部法学教科书的内部一般化。

三是整体一般化。正是通过上述对内部和外部的各个层次的基础主义及其载体总论的不断提炼和追寻,不仅实现了每部法学教科书法学知识的内部一般化,还实现了整个法学教科书体系的法学知识的外部一般化;正是在内部一般化和外部一般化的共同作用下,整个法学教科书所形成的法学知识网才得以一般化。

(二)分解式及其载体分论之结构—功能分析

第一,分解式及其载体分论有助于法学教科书法学知识的层次化。以下将从三个方面分而论之。

一是外部层次化。第一层次的外部分解,有助于法学教科书在法理学教科书与部门法学教科书之间的法学知识的外部层次化;进一步的第二层次的外部分解,有助于进一步实现法学教科书在部门法学教科书与部门法学分论教科书之间的法学知识的外部层次化;更进一步的第三层次的外部分解,有助于进一步地实现法学教科书在部门法学分论教科书与部门法学分论之分论教科书之间的法学知识的外部层次化。总之,正是通过各层次不断的外部分解,法学教科书各科法学知识才在外部各层次上得以不断地层次化,最终使法学教科书整个法学知识体系得以外部层次化。

二是内部层次化。法学第一层次的内部分解,有助于法理学教科书法学知识的内部层次化;进一步的第二层次的内部分解,有助于部门法学教科书法学知识进一步的内部层次化;更进一步的第三层次的内部分解,有助于部门法学分论教科书法学知识进一步的内部层次化;最高一步的第四层次的内部分解,有助于部门法学分论之分论教科书法学知识进一步的内部层次化。总之,正是通过各层次不断的内部分解,法学教科书各科法学知识才在内部各层次上得以不断地层次化,最终使法学教科书每科法学知识得以内部层次化。

三是整体层次化。上述内部和外部的各个层次的不断分解,不仅实现了每部法学教科书法学知识的内部层次化,还实现了整个法学教科书体系的法学知识的外部层次化;正是在内部层次化和外部层次化的共同作用下,整个法学教科书的法学知识才得以层次化。

第二,分解式及其载体分论有助于法学教科书的法学知识的具体化和技术化。以下将从三个方面分而论之。

一是外部技术化。第一层次的法理学教科书与部门法学教科书之间的外部分解,有助于部门法学教科书法学知识的外部技术化;进一步的第二层次的部门法学教科书与部门法学分论教科书之间的外部分解,有助于进一步实现部门法学分论教科书法学知识的外部技术化;更进一步的第三层次的部门法学分论教科书与部门法学分论之分论教科书之间的外部分解,有助于进一步实现部门法学分论之分论教科书法学知识的外部技术化。总之,正是通过各层次不断外部分解,法学教科书各科法学知识才在外部各层次上得以技术化,最终使法学教科书整个法学知识体系得以外部技术化。

二是内部技术化。第一层次的内部分解,有助于法理学教科书法学知识的内部技术化;进一步的第二层次的内部分解,有助于部门法学教科书法学知识的内部技术化;更进一步的第三层次的内部分解,有助于部门法学分论教科书法学知识的内部技术化;最高一步的第四层次的内部分解,有助于部门法学分论之分论教科书法学知识的内部技术化。总之,正是通过各层次不断内部分解,法学教科书各科法学知识才在内部各层次上得以技术化,最终使法学教科书每科法学知识得以内部技术化。

三是整体技术化。上述内部和外部的各个层次的分解,不仅实现了每部法学教科书法学知识的内部技术化,还实现了整个法学教科书体系的法学知识的外部技术化;正是在内部技术化与外部技术化的共同作用下,整个法学教科书法学知识网才得以技术化。

第三,分解式及其载体分论有利于法学教科书法学知识的专门化。以下将从三个方面分而论之。

一是外部专门化。第一层次的法理学教科书与部门法学教科书之间的外部分解,有助于部门法学教科书法学知识的外部专门化;第二层次的部门法学教科书与部门法学分论教科书之间的外部分解,有助于部门法学分论教科书法学知识的外部专门化;第三层次的部门法学分论教科书与部门法学分论之分论教科书之间的外部分解,有助于部门法学分论之分论教科书法学知识的外部专门化。总之,正是通过各层次外部分解,法学教科书各科法学知识才在外部各层次上得以专门化,最终使法学教科书整个法学知识体系得以外部专门化。

二是内部专门化。第一层次的内部分解,有助于法理学教科书法学知识的内部专门化;第二层次的进一步的内部分解,有助于部门法学教科书法学知识的内部专门化;第三层次的更进一步的内部分解,有助于部门法学分论教科书法学知识的内部专门化;第四层次的最高一步的内部分解,有助于部门法学分论之分论教科书法学知识的内部专门化。总之,正是通过各层次内部分解,法学教科书各科法学知识才在内部各层次上得以专门化,最终使法学教科书每科法学知识得以内部专门化。

三是整体专门化。上述内部和外部的各个层次的分解,不仅实现了每部法学教科书法学知识的内部专门化,还实现了整个法学教科书体系的法学知识的外部专门化;正是在内部专门化和外部专门化的共同作用下,整个法学教科书法学知识网才得以专门化。

(三)分解式法学教科书范例总—分式之结构—功能分析

综上,如果说法学教科书总论的形成路径是从低层次分解到高层次分解(从第三层次分解到第二层次分解再到第一层次分解)的形而上过程,那么,其分论的形成路径是从高层次分解到低层次分解(从第一层次分解到第二层次分解再到第三层次分解最后到第四层次分解)的形而下过程;如果说法学教科书总论形而上的体系化、理论化和一般化会使其变得抽象化和原则化,那么,其分论形而下的层次化、技术化和专门化会使其变得操作化和规则化;如果说法学教科书总论具有灵活性和变动性,那么,其分论具有确定性和稳定性。因此,分解式法学教科书范例的整体的结构—功能,就是总论的灵活性和变动性与分论的确定性和稳定性相结合——具体包括体系化与层次化、理论化与技术化、一般化与专门化、抽象化与操作化、原则化和规则化相结合——而带来的法学教科书法学知识的社会适应性功能,[1]就是使之具有可以调和学生法学知识有限性与社会需要无限性之间紧张关系的社会适应性功能。这种法学教科书的总—分式结构所具有的社会适应性功能,主要体现在如下三个方面。

第一,通过内部各层次的分解而形成的内部各层次总—分式结构,使每部法学教科书的法学知识具有了社会适应性功能。通过内部的第一层次的分解而形成的内部第一层次总—分式结构,使之在第一层次上既具有灵活性与确定性、变动性与稳定性相结合而形成的内部社会适应性功能,又具有调和学生法学知识有限性与社会需要无限性之间紧张关系的内部社会适应性功能;通过内部的第二层次分解而形成的内部第二层次

〔1〕 关于这个问题的详细论述,参见周少华:《刑法之适应性:刑事法治的实践逻辑》,法律出版社2012年版,第1~214页;[美]罗斯科·庞德:《法律史解释》,邓正来译,中国法制出版社2002年版,第1~31页。

总—分式结构，使之在第二层次上既具有灵活性与确定性、变动性与稳定性相结合而形成的内部社会适应性功能，又具有调和学生法学知识有限性与社会需要无限性之间紧张关系的内部社会适应性功能；通过内部的第三层次分解而形成的内部第三层次总—分式结构，使之在第三层次上既具有灵活性与确定性、变动性与稳定性相结合而形成的内部社会适应性功能，又具有调和学生法学知识有限性与社会需要无限性之间紧张关系的内部社会适应性功能；通过内部的第四层次分解而形成的内部第四层次总—分式结构，使之在第四层次上既具有灵活性与确定性、变动性与稳定性相结合而形成的内部社会适应性功能，又具有调和学生法学知识有限性与社会需要无限性之间紧张关系的内部社会适应性功能。

第二，通过外部各层次的分解而形成的外部各层次总—分式结构，使整个法学教科书法学知识具有社会适应性功能。通过外部的第一层次的分解而形成的外部第一层次总—分式结构，使之在第一层次上既具有灵活性与确定性、变动性与稳定性相结合而形成的外部社会适应性功能，又具有调和学生法学知识有限性与社会需要无限性之间紧张关系的外部社会适应性功能；通过外部的第二层次的分解而形成的外部第二层次总—分式结构，使之在第二层次上既具有灵活性与确定性、变动性与稳定性相结合而形成的外部社会适应性功能，又具有调和学生法学知识有限性与社会需要无限性之间紧张关系的外部社会适应性功能；通过外部的第三层次的分解而形成的外部第三层次总—分式结构，使之在第三层次上既具有灵活性与确定性、变动性与稳定性相结合而形成的外部社会适应性功能，又具有调和学生法学知识有限性与社会需要无限性之间紧张关系的外部社会适应性功能。

第三，通过整体总—分式结构而形成的整体社会适应性功能。通过上述内部和外部的各个层次的分解而形成的整体总—分式结构，不仅实现了每部法学教科书法学知识的内部社会适应性功能，而且实现了整个法学教科书体系的法学知识的外部社会适应性功能；正是在内部社会适应性功能和外部社会适应性功能的共同作用下，整个法学教科书所形成的法学知识网才得以具有社会适应性功能。

四、分解式法学教科书范例实然的结构—功能分析

从实然层面来看,由于受实用主义的影响,[1]法学研究日益呈现出形而下的趋势,[2]法学教科书在总体上呈现出一种形而下的职业化趋势,形而上的内容则呈现不断下降的趋势,因此,法学教科书就呈现一种总论不足而分论有余的格局。就我国法学本科教科书而言,这种总论不足而分论有余的格局体现在四个方面:一是作为法学本科教科书总论重要内容的法理学,尤其是其中法史部分的法制史、法律思想史的内容及其重要性,呈不断下降的趋势,而作为法学本科教科书分论部分的部门法学的教学内容及其重要性,呈不断上升的趋势。二是大部分法学教科书的总论只具有形式意义。如在第一层次基础主义的法史学教科书中,也许是由于法史学分论内容庞杂、时间跨度较长,其总论内容又非常单薄,对分论只具有形式意义,实质意义不大,很难为分论内容提供一个共同的理论基础。再如,在第三层次基础主义部门法国际法中,也许是由于分论国际公法、国际经济法和国际私法等内容庞杂,也很难提炼出一个共同的理论基础,其总论的形式意义大于其实质意义;即使是在第四层次基础主义部门法分论国际公法、国际经济法和国际私法中,也许同样是由于其分论内容庞杂,很难提炼出一个共同的理论基础,其总论的形式意义大于其实质意义。三是既有形式意义的总论又具有实质意义的总论的法学教科书较少。如刑法总论的犯罪构成,在刑法分论得到了全面而深入的体现,构成了分论的理论基础,基础主义得到了较好的实现;再如,民法总论的内容在民法各个分论中,也得到了全面而深入的贯彻,构成了民法分论的理论基础,基础主义也得到了较好的实现。四是只有少部分法学教科书总

〔1〕 美国实用主义社会科学范式从一个地方性知识演变成一个目前主宰全球性的话语知识体系,法学也不例外,受到其广泛而深刻的影响。参见赵鼎新:《从美国实用主义社会科学到中国特色社会科学——哲学和方法论基础探究》,载《社会学研究》2018 年第 1 期。

〔2〕 参见陈金钊、焦宝乾等:《中国法律方法论研究报告》,北京大学出版社 2012 年版,第 163 页。

论层次较高，而大部分法学教科书总论的层次较低。在行政法、经济法、社会法等部门法中，也许是由于其分论发展较快、内容不断增多，加之其总论研究的局限，其总论难以跟上分论快速发展的步伐，总论及其基础主义也只是在第三层次分解中得以实现。

这种总论与分论的结构性失衡，使分解式法学教科书在理论的应然层面的主要功能难以全部实现，尤其不利于我国"六通"法学新文科建设。所谓"六通"，是指法学知识系统的内部打通和外部打通，前者主要包括法学知识之间的打通、知行打通、古今打通和中西打通，后者主要包括文理打通和人文社科打通。[1] 因此，分解式法学教科书范例对"六通"法学新文科的影响主要体现在以下两个方面。

（一）分解式法学教科书范例对法学新文科内部打通的影响

第一，在总论不足而分论有余的现有状况下，分解式法学教科书范例在带来法学本科教科书法学知识层次化的同时，也使其产生隔阂，不利于法学新文科内部打通。

法学本科教科书的外部分解，带来了法学本科教科书法学知识之间的外部隔阂。法学教科书第一层次的外部分解，带来了法理学教科书与部门法学教科书之间法学知识的外部隔阂；法学教科书第二层次的外部分解，带来了部门法学总论教科书与部门法学分论教科书之间法学知识的外部隔阂；法学教科书第三层次的外部分解，带来了部门法学分论的总论教科书与部门法学分论之分论教科书之间法学知识的外部隔阂。总之，正是各层次的外部分解，带来了各科法学教科书法学知识在外部各层次上的外部隔阂，最终造成法学教科书法学知识在整个法学知识体系上的外部隔阂。

法学教科书的内部分解，带来了法学本科教科书法学知识的内部隔阂。法学教科书第一层次的内部分解，带来了法理学教科书法学知识的

---

〔1〕 参见徐显明：《新文科建设与卓越法治人才培养》，载《中国高等教育》2021年第1期。

内部隔阂；法学教科书第二层次的内部分解，带来了部门法学教科书法学知识的内部隔阂；法学教科书第三层次的内部分解，带来了部门法学分论教科书法学知识的内部隔阂；法学教科书第四层次的内部分解，带来了部门法学分论之分论教科书法学知识的内部隔阂。总之，正是各层次的内部分解，带来了法学教科书法学知识在内部各层次上的内部隔阂，最终造成了每部法学本科教科书法学知识的内部隔阂。

如在经济法教科书中，随着环境保护法从经济法中逐渐分解出来，出现了自成体系的独立的环境保护法教科书；而随着自然资源法进一步从环境保护法中逐渐分解出来，也就出现了自成体系的独立的自然资源法教科书；随着水法、电力法、煤炭法等再进一步从自然资源法中逐渐分解出来，也就出现了自成体系的相对独立的水法、电力法、煤炭法等教科书。这个分解——不论是内部分解还是外部分解——的过程，不仅是法学知识层次化的过程，也是一个法学知识相互隔阂的过程。

内部和外部各个层次的分解，不仅带来了每部法学本科教科书法学知识的内部隔阂，而且造成了整个法学教科书体系法学知识的外部隔阂；正是在内部隔阂和外部隔阂的共同作用下，整个法学本科教科书法学知识之间产生相互隔阂。这种相互隔阂还进一步体现在法学的理论知识与实践知识、古代法学知识与现代法学知识、中国法学知识与西方法学知识之间的隔阂上，从而不利于法学新文科建设倡导的“知行打通”“古今打通”“中西打通”等内部打通。

第二，在总论不足而分论有余的现有状况下，分解式法学教科书范例在带来法学本科教科书法学知识技术化的同时，也使其碎片化，不利于法学新文科内部打通。

法学教科书的外部分解，带来了法学本科教科书法学知识之间的外部碎片化。法学教科书第一层次的外部分解，带来了法理学教科书与部门法学教科书之间法学知识的外部碎片化；法学教科书第二层次的外部分解，带来了部门法学教科书与部门法学分论教科书之间法学知识的外部碎片化；法学教科书第三层次的外部分解，带来了部门法学分论教科书与部门法学分论之分论教科书之间法学知识的外部碎片化。总之,正是各层次的外部分解,带来了法学本科教科书法学知识在外部各层次上的外部碎片化,最终造成法学本科教科书法学知识在整个法学知识体系上的外部碎片化。

法学教科书的内部分解,带来了法学本科教科书法学知识的内部碎片化。法学教科书第一层次的内部分解,带来了法理学教科书法学知识的内部碎片化;法学教科书第二层次的内部分解,带来了部门法学教科书法学知识的内部碎片化;法学教科书第三层次的内部分解,带来了部门法学分论教科书法学知识的内部碎片化;法学教科书第四层次的内部分解,带来了部门法学分论之分论教科书法学知识的内部碎片化。总之,正是各层次的内部分解,带来了法学本科教科书法学知识在内部各层次上的内部碎片化,最终造成了每部法学本科教科书法学知识上的内部碎片化。

如随着社会法学逐渐地从经济法学中分解出来,形成了一个可以与经济法学平起平坐的社会法学部门,也出现了一个可以与经济法学教科书平起平坐的社会法学教科书;而随着劳动法学和社会保障法学进一步从社会法学中分解出来,也就出现了一个自成体系的相对独立的劳动法学教科书和社会保障法学教科书;而随着社会保险法学再进一步从社会保障法学中分解出来,也就出现了一个自成体系的相对独立的社会保险法学教科书;再随着养老保险法、医疗保险法、工伤保险法等从社会保险法学中逐渐分解出来,也就出现了一个自成体系的相对独立的养老保险法、医疗保险法、工伤保险法等教科书。由此可见,这个分解——不论是内部分解还是外部分解——的过程,不仅是法学知识不断技术化的过程,也是一个法学知识不断碎片化的过程。

内部和外部各个层次的分解,不仅带来了每部法学本科教科书法学知识的内部碎片化,而且造成了整个法学教科书体系法学知识的外部碎片化;正是在内部碎片化和外部碎片化的共同作用下,整个法学教科书法学知识才碎片化。这种法学知识的碎片化还进一步体现在理论法学知识与实践法学知识、古代法学知识与现代法学知识、中国法学知识与西方法学知识之间的碎片化上，从而不利于法学新文科建设倡导的"知行打通""古今打通""中西打通"等内部打通。

第三，在总论不足而分论有余的现有状况下，分解式法学教科书范例在带来法学本科教科书法学知识专门化的同时，也使其部门化，不利于法学新文科内部打通。

法学教科书的外部分解，带来了法学本科教科书法学知识的外部部门化。法学教科书第一层次的外部分解，带来了法理学教科书与部门法学教科书之间法学知识的外部部门化；法学教科书第二层次的外部分解，带来了部门法学教科书与部门法学分论教科书之间法学知识的外部部门化；法学教科书第三层次的外部分解，带来了部门法学分论教科书与部门法学分论之分论教科书之间法学知识的外部部门化。总之，正是各层次的外部分解，带来了法学本科教科书法学知识在外部各层次上的外部部门化，最终造成法学本科教科书法学知识在整个法学知识体系上的外部部门化。

法学教科书内部的分解，带来了法学本科教科书法学知识的内部部门化。法学教科书第一层次的内部分解，带来了法理学教科书法学知识的内部部门化；法学教科书第二层次的内部分解，带来了部门法学教科书法学知识的内部部门化；法学教科书第三层次的内部分解，带来了部门法学分论教科书法学知识的内部部门化；法学教科书第四层次的内部分解，带来了部门法学分论之分论教科书法学知识的内部部门化。总之，正是各层次的内部分解，带来了法学本科教科书法学知识在内部各层次上的内部部门化，最终造成了每部法学本科教科书法学知识的内部部门化。

如在行政法教科书中，随着各种各样的部门行政法学从行政法学分论中分解出来，出现了一个自成体系的相对独立的部门行政法学教科书；而随着警察行政法、海关行政法、卫生行政法、教育行政法等从部门行政法中分解出来，也就出现了一个自成体系的相对独立的警察行政法、海关行政法、卫生行政法、教育行政法等教科书；而随着教育法、义务教育法、高等教育法、职业教育法、民办教育法等进一步从教育行政法中分解出来，也就出现了一个自成体系的相对独立的教育法、义务教育法、高等教育法、职业教育法、民办教育法等教科书。由此可见，这个分解——不论是内部分解还是外部分解——的过程，不仅是法学知识不断专门化的过程，也是一个法学知识不断部门化的过程。

内部和外部各个层次的分解，不仅带来了每部法学教科书法学知识的内部部门化，还造成了整个法学教科书体系法学知识的外部部门化；正是在内部部门化和外部部门化的共同作用下，整个法学本科教科书法学知识才部门化。这种法学知识的部门化还进一步体现在理论法学知识与实践法学知识、古代法学知识与现代法学知识、中国法学知识与西方法学知识之间的部门化上，从而也不利于法学新文科建设倡导的"知行打通""古今打通""中西打通"等内部打通。

(二)分解式法学教科书范例对法学新文科外部打通的影响

第一，从更大范围的外部分解来看，分解式法学教科书范例不仅包括法学本科教科书之间的外部分解，还包括法学与自然科学、其他人文社会科学之间的学科分解。如在我国大学教育阶段甚至有时候还可以追溯到高中教育阶段，法学因被归于文科而实现了与理科（或者自然科学）的外部分解；而在我国大学教育阶段，法学因归于法科而实现了与其他人文社会科学的外部分解。从世界范围来看，这两种外部分解具有一定的普遍性和必然性，不同的只是时间早晚的问题：如在美国，法学教育在研究生阶段才开设，因此导致这两种外部分解延迟发生在研究生阶段；而在我国甚至世界上绝大多数国家，法学教育在大学本科教育阶段即开设，因此导致这两种外部分解也提前发生在大学教育阶段甚至高中阶段。

正是由于上述两种分解式法学教科书范例的外部学科分解，法学在大学教育阶段就已经从自然科学和人文社会科学中独立、分解出来，形成了与自然科学、其他人文社会科学分立的格局，因此，在分解式法学教科书中，既没有专门的系统研究社会的事实性知识的教科书，更没有专门的系统研究自然界的事实性知识的教科书，绝大部分都是研究法学规范性知识的教科书，形成了一种法学规范性知识与事实性知识的分立与结构性失衡局面。

第二,从分解式法学教科书范例的内部分解来看,只在法理学(含“西方法理学”“西方法律思想史”)教科书的“法律与社会(含科技)”部分,可以看到法学教科书中关于事实性知识的教学内容,而在部门法学、部门法学分论和部门法学分论之分论等教科书中,几乎看不到关于事实性知识的教学内容,绝大部分是关于法学规范性知识的教学内容,这就形成了一种法学规范性知识与事实性知识的分立与结构性失衡局面。

第三,从法学与科技、社会学、经济学、人类学、伦理学等相交叉而形成的“科技法学”“法律社会学”“法律经济学”“法人类学”“法伦理学”等教科书来看,尽管它们都会涉及研究社会的事实性知识,但它们也不是专门而系统地关于事实性知识的教科书,最多只是事实性知识在法学中的运用而已。

总之,在法学本科教科书的知识结构上,分解式法学教科书范例带来了规范性知识与事实性知识的分立,存在事实性知识较少而法学规范性知识较多的结构性失衡。这种结构性失衡不利于法学新文科建设中倡导的“文理打通”“人文社科打通”等外部打通。

五、分解式法学教科书范例之超越

由上可见,为了弥补分解式法学教科书范例的不足以及克服分解式法学教科书范例给“六通”法学新文科造成的不利影响,实现法学新文科建设的“六通”,必须解决分解式及其载体分论有余而基础主义及其载体总论不足带来的内部打通障碍,必须解决目前分解式法学教科书范例因事实性知识较少而法学规范性知识较多的结构性缺陷而带来的外部打通障碍。如采取像美国那样的法学教育模式,将法学教育推迟到研究生教育阶段;或者在现有法学教育体制基本保持不变的前提下,在本科阶段增加一些事实性知识方面的教学内容,如至少较系统地开设一门社会学或者经济学或者政治学等有关社会事实研究方面的课程,尤其是要教学生熟练掌握并运用其中的社会实证研究方法,以其作为教学的重中之重,以解燃眉之急。但这只是“授人以鱼只救一时之急”的方法,不如“授人以渔则可解一生之需”的方法；为此，必须提供一种从根本上解决问题的范式工具，引入一种与分解式法学教科书范例存在功能互补的有利于“六通”法学新文科建设的化合式法学教科书范例。

第六章　分解式法学研究范例研究

从事法学研究的科学共同体,之所以能形成一个科学共同体,是因为他们除了分享着法学范式的形而上部分,如本体论、方法论和认识论等,也分享着法学范式的形而下部分,即共有的法学范例。从库恩的范式构成理论来看,分解式法学范例作为一种常规的成功且有用的法学范式,作为形而下的经验实证层面的"范例",必然也会较为广泛地直接体现在学者们的法学研究中。这些就是本章要着重探讨的问题。

如果说基础主义体现在法学研究的"总论"上,分解式体现在法学研究的"分论"上,那么分解式法学范例则体现在法学研究的"总论+分论"的结构体例上,即"总—分"式分解上。为了使问题进一步可操作化,以满足本章研究需要,还需对"总论"、"分论"和"分解"作进一步的界定和说明。首先,由于法学研究更是一种个人产品,更追求"个性",尤其是研究内容的多样化,因此,这里的"总论",除字面的形式意义上的"总论(或者绪论、概述、总说、导论、引言、引论、导言、序言、前言、基本理论等)"外,在更多的情况下,是指实质意义上的"总论",即字面上没有"总论"二字,但在实质意义上有总论研究的实际内容。其次,同样的原因，这里的“分论”与“总论”一样，除字面的形式意义上的“分论”外，在更多情况下，是指实质意义上的“分论”，即字面上没有“分论”二字，但在实质意义上有分论研究的实际内容。最后，由于本章考察的是分解式法学范例，因此，这里的“分解”是指“总—分”式分解。同样的原因，这里的“分解”，除字面的形式意义上的“分解”外，在更多情形下，是指实质意义上的“分解”。字面形式意义上的“分解”，又包括两种情形：一是字面上有“总论”和“分论”，这种情形较少；二是字面上有“总论”，但没有“分论”，这种情形较多些。实质意义上的“分解”，是指字面上没有“总论”，也没有“分论”，但实质内容上既有“总论”，也有“分论”。

本章考察的实证材料是我国学者的法学研究，尤其是我国当代学者的法学研究。基于同样的理由，本章无法选择一个非常形式化的、标准的、有代表性的、关于我国当代法学研究的统计样本来对我国当代法学研究中存在的实体基础主义分解式法学研究范例进行严格的实证统计分析。另外，法学研究（甚至包括其他论文）采取总分结构体例是一种非常普遍的惯例，自觉或不自觉地为大家所接受和认可，无须通过严格的实证的统计分析以论证之。因此，在研究方法上，本章虽然选择了一种不太严格的实证考察方法，即类型化整理和随机列举相结合的方法，但足以满足本章研究的需要——说明我国法学研究中广泛存在的分解式法学范例。下面将从法学学术著作和法学期刊论文两个层面来考察我国法学研究中广泛存在的分解式法学范例。

一、法学学术著作中的分解式法学研究范例

这种分解式法学范例，首先普遍地体现在学者的学术著作中。如刑法学学者陈兴良在《刑法的人性基础》（中国人民大学出版社 2006 年版）一书中，首先，在第一章“总论”（有时称为导论、引论、导言、引言、概述、概论等）中，探讨了人性的一般问题，包括“人性的分析框架”和“人性的分析方法”；其次，在第二至十章对刑法的人性基础进行了横向分解和展开，探讨了“刑事古典学派的人性基础”“刑事实证学派的人性基础”“意志自由：学说史”“意志自由：存在论”“意志自由：价值论”“犯罪的人性基

础”“刑罚的人性基础”“立法的人性基础”“司法的人性基础”等分论的问题，形成了一种基础主义分解式的“总—分”式法学范例。再如，行政法学学者周佑勇教授在《行政法基本原则研究》(武汉大学出版社2005年版)一书中，首先，在第一章“导论”部分，探讨了行政法基本原则研究的缘起、价值、研究方法、构思和框架等一般问题；其次，在第二至五章对其进行了横向分解和展开，分别探讨了“西方两大法系行政法基本原则之比较”“我国行政法基本原则的确立”“行政法基本原则的展开”“行政法基本原则的适用”等分论问题，也形成了一种基础主义分解式的“总—分”式法学范例。还如，刑事诉讼法学学者左卫民教授在《实证研究：中国法学的范式转型》(法律出版社2019年版)一书中，首先，在第一编“理论研究”部分，分六章探讨了“实证研究”的一般理论问题和中国刑事诉讼研究的范式转型问题，以便为第二编的研究提供一个理论基础；其次，以具体刑事诉讼制度为例，从第七至十九章，对其进行了横向分解和展开，探讨了刑事案卷制度、庭前会议、庭审实质化、刑事证人出庭作证、量刑程序、刑事法律援助，以及省级统管法官任用改革、法院财政制度、审判委员会制度、法院院长角色、法官工作时间问题等具体刑事诉讼制度研究中的范式转型问题，从而形成了一种基础主义分解式“总—分”式法学范例。

国外学者如孟德斯鸠在《论法的精神》(上、下册，商务印书馆1961年版)一书中，首先，在第一章探讨了“一般的法”即“法和一切存在物的关系”，为后面具体研究法的精神提供理论基础，是本书的总论部分；其次，从第二章开始，对“一切存在物”进行了横向分解和具体展开，探讨了法律与政体、法律与防御力量、法律与攻击力量、法律与政制、法律与公民、法律与气候、法律与土壤、法律与民族精神风俗习惯、法律与人口、法律与贸易等关系的分论问题，最终形成了一种基础主义分解式的“总—分”式法学范例。再如，韦伯在《经济与社会》(上、下卷，商务印书馆1997年版)一书中，首先，在第一部分“社会学范畴理论”中，从微观的社会行为(包括经济行为和政治行为)角度，探讨了人类行为从非理性到理性行为的现代化过程，从而为探讨人类的各种社会现象提供一种微观的理论基础，构成了本书的总论部分;其次,在第二部分"经济与社会制度及权力"中,将人类社会横向分解为经济领域、政治领域、法律领域等方面,并运用上述微观行为理论工具,探讨了这些社会领域从非理性到理性的现代化过程,构成了本书的分论部分,也形成了一种基础主义分解式的"总—分"式法学范例。

这里的"分",除了上述的横向分解,也可以是纵向分解。如在诺内特和塞尔兹尼克合著的《转变中的法律与社会:迈向回应型法》(中国政法大学出版社 2004 年版)一书中,首先,其在第一章"法理学与社会科学"的总论部分,通过梳理风险小的和风险大的法治改革方案,提出了"一种社会科学策略",并在其指导下提出了历史上三种法的类型——压制型法、自治型法和回应型法——及其"发展模型":"压制型法、自治型法和回应型法不仅是独特的法律类型,而且在某种意义上也是法律与政治秩序和社会秩序的关系的进化阶段。"〔1〕其次,在第二至四章按照其历史发展进程,对其进行了纵向分解和逐步展开,层层推进地探讨了"压制型法"、"自治型法"和"回应型法"等分论问题,也形成了一种基础主义分解式"总—分"式法学范例。

分解式法学范例,除了上述"总—分"式,还有"总—分—总"式。如刑法学者周少华教授在《刑法之适应性:刑事法治的实践逻辑》(法律出版社 2012 年版)一书中,首先,在第一章的总论部分,从法理学的高度探讨了"法律之适应性"的一般理论问题,包括"法律之适应性:一个理论概念的提出"、"法律之适应性问题发生的原因"和"刑法之适应性问题的研究价值";其次,在第二至七章对"刑法之适应性"进行横向分解和展开,探讨了"刑法之确定性及其意义""刑法之灵活性及其意义""刑法之适应性及其意义""刑法之适应性的立法机制""刑法之适应性的司法机制"等分论问题;最后,对上述分论研究内容进行了总结,得出了"刑法之适应

---

〔1〕［美］P. 诺内特、［美］P. 塞尔兹尼克:《转变中的法律与社会:迈向回应型法》,张志铭译,中国政法大学出版社 2004 年版,第 21 页。

性:一种相对的满足”的结论,形成了一种基础主义分解式的“总—分—总”式法学范例。再如,民法学者徐国栋教授,在《民法基本原则解释——诚信原则的历史、实务、法理研究》(北京大学出版社 2013 年版)一书中,首先,对民法基本原则作了概述,是本书的总论部分;其次,对民法基本原则的研究内容进行了横向分解和具体展开,包括“诚信原则的理论研究”“诚信原则的罗马起源”“诚信原则在大陆法系中的发展历史研究”“英美法系中的诚信原则研究”“诚信原则的中国实务研究”“民法基本原则克服法律局限性的功能研究(上)”“民法基本原则克服法律局限性的功能研究(下)”“民法基本原则在法的结构—功能模式中的作用”等分论内容;最后,对分论内容进行了总结,并提出了自己的立法和司法建议,形成了一种基础主义分解式的“总—分—总”式的法学范例。又如,法理学学者苏力教授在《法律与文学:以中国传统戏剧为材料》(生活·读书·新知三联书店 2006 年版)一书中,首先,探讨了“在中国思考法律与文学”的“导论”问题,包括研究现状、意义、难题、材料、进路、方法和整本书的结构等;其次,将中国的法律与文学的问题从“历史变迁”、“‘司法’制度”和“法律‘文化’”三个方面进行了横向分解和展开,构成了本书的分论部分;最后,从方法论的角度,对分论部分的研究进行了反思和总结,最终也形成了一种基础主义分解式的“总—分—总”式法学范例。

国外学者如伯尔曼在《法律与革命——西方法律传统的形成》(中国大百科全书出版社 1993 年版)一书中,首先,在“导论”部分,从西方法律发展历史和解决现实法律传统危机的角度,提出了一种理论综合法学的“走向一种法的社会理论”,为本书分论研究提供一种理论基础,构成了本书的总论部分;其次,从“教皇革命与教会法”和“世俗法律体系的形成”两个方面,对“法律与革命”进行了横向分解和展开,构成了本书的分论部分;最后,在本书的“尾论”部分,对分论部分进行了总结,并得出全书的结论:“法律实质上既是物质的又是意识形态的”;最后,形成一种基础主义分解式的“总—分—总”式法学范例。再如,庞德在《法律史解释》(中国法制出版社 2002 年版)一书中,首先,从“法律与历史”角度,总结了历史上解决“法律史解释”核心问题——法律确定性与变动性之间矛盾——的三种进路:权威的、哲学的和历史的,以便为本书分论研究提供一种理论基础;其次,对法律史解释进行了横向分解和展开,包括伦理解释和宗教解释、政治解释、人种学解释和生物学解释、经济学解释、著名法律人解释等分论内容;最后,对分论部分内容进行总结,并提出了自己的法律史解释理论——“社会工程解释”,也形成了一种基础主义分解式的“总—分—总”式法学范例。

当然,这里的分解也包括纵向分解,甚至可以是横向分解和纵向分解交错进行。如苏力教授在《送法下乡——中国基层司法制度研究》(中国政法大学出版社 2000 年版)一书中,首先,在“导论”部分,探讨了“中国基层司法制度研究”的缘起、意义、思路和全书的结构安排,特别强调:“本书在结构上似乎是比较松散的……但若仔细阅读,就可以发现我的理论主线是明确的。它力求将中国当代基层司法制度放在中国 20 世纪背景下予以考察,放在当代中国社会条件下予以考察。它的基本理论框架是马克思的历史唯物主义,即认为不能从法律和司法本身来理解法律,不是从人类的一般发展来理解司法制度,而是强调其根源于社会的物质生活条件。”〔1〕其中透露着作者强烈的基础主义追求。其次,在分论部分,从制度、知识和法律人三个方面对中国基层司法制度研究进行横向分解和展开;与此同时,在“司法制度”部分,又从宏观、中观与微观三个层面,对其进行了纵向分解和逐层推进的展开,将横向分解与纵向分解交错并融为一体。最后,从方法论角度,对分论部分的研究方法进行了总结和反思,从而使本书整体上形成了一种基础主义分解式的“总—分(包括横向分解与纵向分解)—总”式法学范例。

即使是一些事先没有进行整体思考和设计,事后以一篇篇独立发表甚至不同时期发表的学术论文集合而成的学术著作即论文集,也追求这

---

〔1〕 苏力:《送法下乡——中国基层司法制度研究》,中国政法大学出版社 2000 年版,第 19 页。

种分解式法学范例。如苏力教授的《道路通向城市:转型中国的法治》(法律出版社2004年版)一书,就是一篇篇独立的论文集合而成的论文集,但在整合成为一本书时,作者特地将"先前出版的如今在市场上很少见到的文集"中的一篇论文(《现代化视野中的中国法治》)纳入其中,并作为本书的"引论"或"导论"部分,"为后来各章讨论的问题提供一个广阔的社会背景";[1]也许正是由于这些论文有这个共同的研究背景,作者将本书副标题写作"转型中国的法治"。从这些可以看出作者一种强烈的基础主义追求。而在分论部分,作者从"宪制与立法"和"司法制度"两个方面,对转型中国的法治进行了横向分解和展开。最后,从理论尤其是方法论角度,对这些分论研究的方法进行了总结和反思,对中国法学在面对中国社会时提出了建议和必要的提醒,最终也形成了一种基础主义分解式的"总—分—总"式法学范例。

二、法学期刊论文中的分解式法学研究范例

这种分解式法学范例,不只广泛地体现在学术著作上,还普遍地存在于学术论文中。不过前者的基础主义与后者的基础主义存在程度上的差异:如果说前者涉及几篇文章的整合和体系化,作者对基础主义的追寻较为强烈和必要,是一种强版的基础主义,那么后者只是涉及将几个分解项或子问题贯穿成为一个围绕某个主题或中心展开的文章,文章侧重关注的是分解,对基础主义的追寻较弱,是一种弱版的基础主义。同时,由于期刊论文受篇幅和文字的限制大大地强于著作,因此,著作中的基础主义不仅体现在结构形式上而且体现在内容上,一般有独立的章节"专论",并贯穿于整部著作中,而期刊论文中的基础主义则主要体现在文章结构形式上,而且体现基础主义的"总"往往是"略写",甚至"不写",[2]主要是

---

[1] 参见苏力:《道路通向城市:转型中国的法治》,法律出版社2004年版,"致谢"。

[2] 只有"分"没有"总"的,如欧卫安:《刑事被告人答辩制度之构建》,载《法学研究》2017年第6期;对"总"的"内容"也有"详写"的,如宋亚辉:《网络干扰行为的竞争法规制——"非公益必要不干扰原则"的检讨与修正》,载《法商研究》2017年第4期。但这两种情形相对较少,在此从略。

对“分”的展开。因此,法学期刊论文中的基础主义分解式,不是或者主要不是体现在研究内容上,而是体现在文章的结构形式上,大致有顺向的“总—分”式、逆向的“分—总”式与顺向和逆向交错的“总—分—总”式三种结构形式。为了操作的便利,本节主要通过随机列举的方式,来考察这种结构形式上的分解式法学范例的普遍性。〔1〕同时,笔者根据日常理论学习,将法学期刊论文分为法学有影响力期刊论文、法学核心期刊论文和其他法学期刊论文三种,着重考察这三类法学期刊论文中的分解式法学范例。

(一)法学有影响力期刊论文中分解式法学范例

法学有影响力期刊论文,主要是指发表在《中国社会科学》、《中国法学》和《法学研究》三大刊上的论文。其结构形式上的分解式法学范例,主要包括以下三种形式。

第一,顺向的“总—分”式法学范例。如法理学者李林教授在《新时代中国法治理论创新发展的六个向度》(《法学研究》2019 年第 4 期)一文中,首先,简要地说明了中国法治理论创新发展向度的时代背景;其次,对中国法治理论创新发展向度进行了横向分解和展开,包括“法治中国的法理向度”、“政治中国的政理向度”、“法治体系的时代向度”、“法治效能的实证向度”、“法治世界的国际向度”和“系统法治的综合向度”六个方面,从而形成一种基础主义分解式的“总—分”式法学范例。再如,法理学者张文显教授在《论法学的范畴意识、范畴体系与基石范畴》(《法学研究》1991 年第 3 期)一文中,首先,从总体上简要地阐述了法学范畴研究的现状、理论意义;其次,对法学范畴进行了分解,从三个方面论述了法学的范畴意识、范畴体系和其中的基石范畴,形成了一种基础主义分解式的

〔1〕 实际上,本章完全可以做一些面上的不完全统计,如选择某个期刊的某个时段论文,以说明其普遍性。但由于这种文章结构形式是大家自觉或不自觉接受的,非常普遍地被大家所熟知和认可,甚至可以说无须论证,做面上的统计可能还会显得有点多余。当然,本章的意义在于:只是将这个问题明确提了出来并加以类型化和系统化。正是基于这些考虑,本章采用这种类型化的列举方式,就可以满足研究需要。

“总—分”式法学范例。

这里的“分”,可以根据需要作进一步的再分解。如法理学者张恒山教授在《论权利本体》(《中国法学》2018 年第 6 期)一文中,首先,从“权利本体与权利作用之区别”的角度,阐述了对“权利本体”概念的解释必须是内在构成性的,而不是外在功能性的,以便为后文具体论述“权利本体”概念提供理论指导和理论基础。其次,对权利本体概念的研究进行了横向的分解和展开,具体包括“权利与行为的区别”、“权利与利益的区别”和“权利与个人意志的区别”三个方面;同时,根据需要,又将“权利与行为的区别”细分为“一般权利与行为的区别”和“特殊权利与行为的区别”。最后,在整体上形成一种基础主义分解式的“总—分”式法学范例。再如,法理学者陈柏峰教授在《党政体制如何塑造基层执法》(《法学研究》2017 年第 4 期)一文中,首先,从中西比较中提出了研究中国执法问题的独特视角——党政体制的角度,以便为文章的具体研究提供理论基础;其次,将中国基层执法问题分解为理论和实践两个方面,研究了中国特色基层执法模式和实践特征,同时,根据研究的需要,将理论层面的中国特色基层执法模式,进行了进一步的横向分解和展开,具体研究了“条条的执法推进机制”、“块块的治理协同机制”和“政治伦理的嵌入机制”三种机制;最后,在整体上形成一种基础主义分解式的“总—分”式法学范例。

这里的“分”,还可以是纵向分解。如民商法学者宋亚辉博士在《追求裁判的社会效果:1983 - 2012》(《法学研究》2017 年第 5 期)一文中,首先,简要地提出了文章研究的问题:“追求裁判的社会效果”;其次,对研究的问题进行了纵向分解和逐层展开,即从“何为最高法院眼中的社会效果”到“各级法院如何追求社会效果”,到“三十年得失与自我修正”,再到“司法政策的未来走向”;最后,形成了本章的基础主义分解式“总—分”式法学范例。

第二,逆向的“分—总”式法学范例。如民法学者徐国栋教授在《共和晚期古希腊哲学对罗马法之技术和内容的影响》(《中国社会科学》

2003年第5期）一文中，首先，围绕“共和晚期古希腊哲学对罗马法之技术和内容的影响”这个主题，从“古希腊与罗马的学术接触”、“古希腊逻辑学对罗马法之技术的影响”和“古希腊哲学对罗马法之内容的影响”三个方面进行了横向分解和展开；其次，在“结论”部分，对上述研究进行了归纳和总结，并得出文章的研究结论：大陆法系民法也受到了古希腊哲学的研究；最后，形成了一种基础主义分解式的“分—总”式法学范例。再如，刑法学者张明楷教授，在《共同犯罪的认定方法》（《法学研究》2014年第3期）一文中，首先，围绕“共同犯罪的认定方法”这个主题，针对“传统认定方法的缺陷”，提出了“以不法为重心”、“以正犯为中心”和“以因果性为核心”三种认定方法；其次，对上述研究进行总结和归纳，并得出关于共同犯罪的认定方法的“简短的结论”；最后，形成一种基础主义分解式的“分—总”式法学范例。

这里的“分”，也可以根据研究需要作进一步的细分。如刑法学者张明楷教授在《法条竞合与想象竞合的区分》（《法学研究》2016年第1期）一文中，首先，围绕“法条竞合与想象竞合的区分”这个主题，从“区分的必要性”和“区分的标准”两个方面进行了分解和展开；其次，根据研究的需要，将区分标准细分为“形式标准”和“实质标准”，同时，又根据研究的需要，将实质标准进一步地再细分为“法益的同一性”标准和“不法的包容性”标准；最后，对上述研究进行总结和归纳，得出文章的研究结论，形成一种基础主义分解式的“分—总”式法学范例。

第三，顺向和逆向交错的“总—分—总”式法学范例。与上述两种范例比较，这是一种结构形式较为完整的法学范例，因此也是目前使用得较为广泛的一种分解式法学范例。如法理学者张文显教授在《新时代全面依法治国的思想、方略和实践》（《中国法学》2017年第6期）一文中，首先，探讨了文章研究的时代背景、思路和内容；其次，分八个方面对本章研究主题进行了分解和展开，具体包括：“保持法治定力”、“发展法治理论”、“提升法治方略”、“拓展法治道路”、“深化法治实践”、“统筹法治改革”、“建设法治强国”和“加强法治领导”；最后，对上述研究进行了总结和归纳,并得出文章的研究结论,形成一种基础主义分解式的"总—分—总"式法学范例。再如,法理学者凌斌教授在《当代中国法治实践中的"法民关系"》(《中国社会科学》2013 年第 1 期)一文中,首先,提出了研究的问题即"法民关系"并进行了界定;其次,从"法民关系的理论意义"、"法民关系的基本概念"、"法民关系的理想类型"、"法民关系的微观分化"和"法民关系的宏观连带"五个方面对"法民关系"进行了横向分解和展开;最后,对上述分论进行了总结和归纳,并得出文章研究的结论,形成了一种基础主义分解式的"总—分—总"式法学范例。

宪法学者林来梵教授在《国体概念史:跨国移植与演变》(《中国社会科学》2013 年第 3 期)一文中,首先,从总体上概述了"国体"概念移植的过程及其研究的意义和目的;其次,按照历史进程,将国体概念移植的过程进行分解和展开,具体包括:"宪法学前史上的'国体'""'国体'概念在日本宪法学上的建构""国体概念在中国的移植及早期演变""国体概念在现代的演变:中日之间的反差";最后,对上述分论进行了归纳与总结,得出了文章研究的结论——国体概念移植背后的实质及其功能,形成一种基础主义分解式的"总—分—总"式法学范例。行政法学者杨登峰教授在《行政改革试验授权制度的法理分析》(《中国社会科学》2018 年第 9 期)一文中,首先,从总体上阐述了行政改革试验授权制度研究的缘起、三个基本理论问题和限定范围;其次,对三个基本理论问题进行了逐一探讨,具体包括:"行政改革试验授权在授权体系中的地位"、"行政改革试验授权行为的法律属性"和"行政改革试验授权应恪守的法律界限";最后,对分论部分的研究进行了归纳和总结,得出了文章研究的结论,形成了一种基础主义分解式的"总—分—总"式法学范例。民法学者易军教授在《民法基本原则的意义脉络》(《法学研究》2018 年第 6 期)一文中,首先,从民法基本原则研究现状,提出了研究问题——"民法基本原则的意义脉络";其次,将研究问题进行了横向分解和展开,具体包括:"梳理民法基本原则意义脉络之困难""民法基本原则意义脉络梳理之现状""梳理民法基本原则意义脉络之思路""梳理民法基本原则意义脉络之方案";

最后,对分论部分进行了归纳和总结,得出了研究的结论,也形成了一种基础主义分解式的"总—分—总"式的法学范例。刑法学者徐成博士在《防卫限度判断中的利益衡量》(《法学研究》2019 年第 3 期)一文中,首先,从目前研究现状中提出文章研究的问题:"如何看待利益衡量在防卫限度判断中的理论定位与规范功能";其次,将此问题的研究进行分解和展开,具体包括:"正当防卫的法理根据与利益衡量"、"利益衡量原理的规范证成"和"防卫限度判断与防卫过当的法律效果";最后,对分论部分进行了归纳和总结,得出研究结论,形成了一种基础主义分解式的"总—分—总"式法学范例。

(二)法学核心期刊论文中分解式法学范例

笔者所说的法学核心期刊是指除上述有影响力期刊以外,"中国法学创新网"作为统计依据的 13 种法学刊物,包括:《中外法学》、《法学家》、《环球法律评论》、《政法论坛》、《比较法研究》、《法制与社会发展》、《现代法学》、《法律科学》、《法商研究》、《法学评论》、《法学》、《政治与法律》和《清华法学》。法学核心期刊论文在结构形式上的分解式法学范例,也主要包括以下三种形式。

第一,顺向的"总—分"式法学范例。如刘忠博士在《论中国法院的分庭管理制度》(《法制与社会发展》2009 年第 5 期)一文中,首先,从中美法院内部管理制度比较的角度,提出了文章研究的问题——中国法院的分庭管理制度,并对文章研究内容做了一个总体说明;其次,对中国法院内部出现的分庭式管理与司法自主性之间出现的二律背反进行了纵向分解和逐步展开,具体包括:"复杂性应对与功能分化""追求自我的强化复制""科层制渐强下的司法自主与自立""或可消解的二律背反";最后,在文章结构形式上,形成了一个基础主义分解式的"总—分"式法学范例。再如,法史学者崔永东教授在《对中国传统司法观的理性分析》(《现代法学》2011 年第 2 期)一文中,首先,提出了文章研究的问题——"中国传统司法观念中的合理性因素";其次,将中国传统司法观念做了类型化的横向分解和展开,具体包括:"仁道司法观"、"中道司法观"和"和谐司法观”;最后,在结构上形成了一个基础主义分解式的“总—分”式法学范例。又如,民法学者缪宇博士在《获利返还论——以〈侵权责任法〉第20条为中心》(《法商研究》2017年第4期)一文中,首先,提出了文章研究的问题——“从解释论和立法论两个角度对获利返还的请求权基础进行分析”;其次,对研究问题进行了横向分解和展开,包括:“解释论角度的观察:获利返还与不当得利、损害赔偿的关系”和“立法论角度的观察:获利返还在民法体系中的应然地位”;最后,在文章结构上形成了一个基础主义分解式的“总—分”式法学范例。宪法学者程华教授在《略论宪法观念的历史演变与发展》(《法学评论》2001年第1期)一文中,首先,对文章研究问题和角度进行了说明;其次,按照历史发展进程,对研究问题——宪法观念——进行了横向分解与展开,包括:“宪法观念的哲学化时期”、“宪法观念的理性化时期”和“宪法观念的多元化时期”;最后,在文章结构上形成了一种基础主义分解式的“总—分”式法学范例。田飞龙博士在《英国议会主权的思想史演变》(《环球法律评论》2014年第3期)一文中,首先,提出了从“议会主权”考察英国宪制的角度,并概述了文章研究的思路;其次,按照历史发展进程,对英国“议会主权”思想进行横向分解和展开,包括“从柯克到布莱克斯通:普通法学者的‘政治成熟’”、“从白芝浩到戴雪:英国‘议会主权’的学术法典化”和“二十世纪以来的发展:詹宁斯与汤姆金斯的接力”;最后,在文章结构上,也形成了一种基础主义分解式的“总—分”式法学范例。周汉华教授在《国家安全法律义务的性质辨析》(《中外法学》2019年第4期)一文中,首先,提出了文章研究问题及其主要内容;其次,对研究问题进行了横向分解和展开,包括“国家安全法律义务的宪法基础”、“国家安全法律义务的法律定位”和“违反国家安全法律义务法律责任的比较”;最后,在文章结构上形成一种基础主义分解式的“总—分”式法学范例。

第二,逆向的“分—总”式法学范例。如国际法学者陈卫佐教授在《国际性仲裁协议的准据法确定——以仲裁协议的有效性为中心》(《比较法研究》2016年第2期)一文中,首先,将文章研究的主题“国际性仲裁协议的准据法确定”分解和展开并逐一加以论述，包括“确定国际性仲裁协议准据法的意义”、“确定国际性仲裁协议准据法的方法”和“国际性仲裁协议准据法确定的发展趋势”；其次，对这些分论研究进行归纳和总结，得出研究结论；最后，在文章结构上形成一种基础主义分解式的“分—总”式法学范例。再如，李天生博士生在《国际海运业反垄断豁免的法经济学分析——从“THC 风波”谈起》（《现代法学》2010 年第 1 期）一文中，首先，将文章研究问题“国际海运业反垄断豁免”进行横向分解和展开，包括“‘THC 风波’及其法律本质”、“国际海运业反垄断豁免的宏观经济学分析：货方利益还是船方利益”和“国际海运业具体垄断形式反垄断豁免问题的法经济学分析”；其次，对分论部分研究内容进行归纳和总结，得出研究结论；最后，形成一种基础主义分解式的“分—总”式法学范例。又如郭宗杰博士在《反垄断视角中转售价格限制的比较法研究》（《法学评论》2014 年第 5 期）一文中，首先，将文章研究问题分解为理论和实践两个层面，分别论述了“反垄断法规制转售价格限制的理论争议”和“反垄断法规制转售价格限制的法律实践”的问题；其次，在这些分论研究基础上，从比较法视角，对我国规制转售价格限制行为进行了反思并提出了立法和执法建议；最后，在文章结构上形成了一种基础主义分解式的“分—总”式法学范例。徐国栋教授在《民商合一的多重内涵与理论反思——以 1942 年〈意大利民法典〉民商合一模式的解读为中心》（《中外法学》2019 年第 4 期）一文中，首先，将研究问题进行横向分解和展开，包括“‘民’‘商’‘合一’析”、“1942 年前意大利的民商合一”、“1942 年《意大利民法典》的民商分立初衷”和“1942 年《意大利民法典》的‘民商合一’过程”；其次，对分论部分研究内容进行了总结和归纳，得出文章研究结论；最后，在文章结构上形成了一种基础主义分解式的“分—总”式法学范例。

第三，顺向和逆向交错的“总—分—总”式法学范例。如法理学者罗昶和高其才教授在《当代中国捐会习惯法与关系》（《现代法学》2010 年第 1 期）一文中，首先，介绍了文章研究的材料和问题——捐会习惯法与关系的内在联系；其次，将研究问题进行横向分解和展开，包括“捐会成立规范与关系”、“捐会内容规范与关系”、“捐会形式规范与关系”、“捐会履行规范与关系”和“捐会变更规范与关系”；最后，对分论部分进行了归纳和总结，得出研究结论，在文章结构上形成一种基础主义分解式的“总—分—总”式法学范例。再如，法史学者郭忠教授在《论中国传统性善论和法治的兼容性》（《比较法研究》2016 年第 2 期）一文中，首先，提出了文章研究的问题——“传统性善论阻碍了中国法治吗？”；其次，将研究问题分解为三个子问题——“性恶论（唯恶论）无法筑起法治的人性基础”、“性善论和人治没有必然的勾连”和“性善论和法治可以兼容并有益法治”——展开论述；最后，对分论进行了归纳和总结，并得出研究结论，从而在结构上形成一种基础主义分解式的“总—分—总”式法学范例。又如，刑法学者邱兴隆教授在《追诉期限终点再认识——基于法解释学的梳理》（《法商研究》2017 年第 4 期）一文中，首先，提出了研究问题和角度——“立足于法解释学的原理与方法，对诸种关于追诉期限终结的学说做一系统的梳理”；其次，对研究问题进行横向分解和展开，包括“‘强制时说’与‘立案时说’之审视”、“‘审判时说’之否定”和“‘结果时说’之提倡”；最后，对分论的研究进行归纳和总结，得出研究结论，在结构上形成了一种基础主义分解式的“总—分—总”式法学范例。郝振江博士在《论人民调解协议司法确认裁判的效力》（《法律科学》2013 年第 2 期）一文中，首先，在梳理现有研究基础上，提出了文章研究问题——“司法确认裁判的效力”；其次，将研究问题进行横向分解和展开，包括“司法确认裁判的效力根据”、“司法确认裁判的效力内容”和“司法确认裁判的救济”；最后，对分论研究进行归纳和总结，得出了研究结论，因此在文章结构上形成了一种基础主义分解式的“总—分—总”式法学范例。法制史学者范依畴在《中国古代的“和离”不是完全自由的两愿离婚》（《政法论坛》2011 年第 1 期）一文中，首先，从现有研究状况出发提出文章研究问题——“中国古代的‘和离’”；其次，对文章研究问题进行横向分解和展开，包括“学者多认为无条件两愿离婚为古代中国常例”、“无条件的两愿离婚与礼法纲常是否相悖”、“律中‘和离’条款应该如何理解”和“从历代案例看‘和离’的社会实践特征”；最后，对分论部分内容进行归纳和总结，得出研究结论，因此在文章结构上也形成了一种基础主义分解式的“总—分—总”式法学范例。王立民教授在《中国传统律学研究方法论纲》(《法学》2016年第4期)一文中，首先，提出了文章研究问题——“以唐律律文的研究方法为例来探究中国传统的律学研究方法”——及其意义；其次，对所研究问题进行了横向分解和展开，包括“中国传统律学的研究方法借鉴于传统经学的研究方法”、“中国传统律学的两种主要研究方法”、“中国传统律学研究方法中解释的主要依据有多种”和“中国传统律学的研究方法中的其他相关问题”；最后，对分论研究内容进行了归纳和总结，得出研究结论，因此在文章结构上也形成了一种基础主义分解式的“总—分—总”式法学范例。

（三）其他法学期刊论文中分解式法学范例

这里的其他法学期刊论文，是指除了上述法学期刊论文以外的，在其他法学期刊和非法学期刊上刊载的法学论文。这些期刊的法学论文在结构形式上的分解式法学范例，也主要包括以下三种形式。

第一，顺向的“总—分”式。如叶向阳法官在《试论审判长联席会议制度的运行机制及功能实现》(《法律适用》2008年第7期)一文中，首先，提出了文章研究问题及其主要内容；其次，对研究问题进行了横向分解和展开，包括“审判长联席会议制度的产生”、“审判长联席会议制度的定位与运行机制”和“审判长联席会议制度的三个主要功能”；最后，在文章结构上形成了一种基础主义分解式的“总—分”式法学范例。再如，厉尽国博士在《民间规范司法适用制度化相关问题研究》(《山东大学学报(哲学社会科学版)》2009年第5期)一文中，首先，提出了文章研究的问题——“民间规范司法适用制度化”；其次，对研究问题进行了横向分解和展开，包括“关于我国民间规范司法适用现状的分析”、“关于构建民间规范司法适用制度的思考”和“民间规范司法适用的司法论证问题”；最后，在文章结构上形成了一种基础主义分解式的“总—分”式法学范例。又如，张小虎教授在《有组织犯罪的犯罪学类型性考究》(《江苏社会科学》2016 年第 6 期)一文中,首先,简要提出了文章研究问题——“有组织犯罪的犯罪学类型性考究”;其次,对所研究问题进行横向分解和展开,包括“有组织犯罪的犯罪学类型性界说”、“有组织犯罪的犯罪学类型性比较”和“有组织犯罪的类型性罪因机制”;最后,在文章结构上,形成了一种基础主义分解式的“总—分”式法学范例。喻中教授在《民间法视野中的市场自发规则》(《民间法》第 2 卷,山东人民出版社 2003 年版)一文中,首先,从目前研究现状提出了文章研究问题——“民间法视野中的市场自发规则与秩序”——及其研究思路和主要内容;其次,对所研究问题进行了横向分解和展开,包括“市场自发规则的基本形式”、“市场自发规则的产生和变迁:一个法律社会学的分析”和“市场自发规则在形成市场秩序中的地位和作用”,最终在文章结构上,也形成了一种基础主义分解式的“总—分”式法学范例。杨建军教授在《现行法律解释机制的完善》(《政法论丛》2016 年第 2 期)一文中,首先,从制度与法律实践的差距角度提出了文章研究问题——“现行法律解释机制的完善”;其次,对所研究问题进行了横向分解和展开,包括“法律解释权行使之实践特点”、“我国现行法律解释机制运行中存在的主要问题及原因”和“完善法律解释机制的构想”;最后,在文章结构上,也形成了一种基础主义分解式的“总—分”式法学范例。

第二,逆向的“分—总”式。如朱东伟在《尼日利亚习惯法仲裁初探》(《民间法》第 2 卷,山东人民出版社 2003 年版)一文中,首先,对文章研究问题进行了横向分解和展开,包括“尼日利亚习惯法与习惯法仲裁概述”、“习惯法仲裁的合宪性”、“习惯法仲裁的仲裁协议、仲裁范围、仲裁员及仲裁程序”和“尼日利亚法院对习惯法仲裁裁决的承认与执行”;其次,对“尼日利亚习惯法仲裁”进行了总结、归纳和评价;最后,在文章结构上,形成了一种基础主义分解式的“分—总”式法学范例。再如,毛国权硕士在《英国法中先例原则的发展》(《北大法律评论》1998 年第 1 卷第 1 辑,法律出版社 1998 年版)一文中,首先,围绕文章研究问题“英国法中先例原则的发展”进行了横向分解和展开,包括“概念”、“19 世纪前的发展”、

"19世纪至20世纪60年代遵循先例原则的最终确立"、"先例原则的修正"和"影响先例原则发展的因素";其次,对分论进行了归纳和总结,得出了文章研究结论;最后,在文章结构上,形成了一种基础主义分解式的"分—总"式法学范例。又如,劳伦斯·M.弗里德曼在《法治、现代化和司法》(傅郁林翻译、整理,《北大法律评论》1998年第1卷第1辑,法律出版社1998年版)一文中,首先,围绕文章研究主题——"法治、现代化和司法"进行了横向分解和展开,包括:"究竟什么是法律?"、"法律无处不在及其原因"、"我们所说的'法治'是什么?"、"法治与国家政策"、"法治与经济增长"、"美国的司法制度"和"现代的法律文化";其次,对分论进行了总结和归纳,得出了文章研究结论;最后,在文章结构上,形成了一种基础主义分解式的"分—总"式法学范例。周赟教授在《非典型案例的典型意义》(《厦门大学学报(哲学社会科学版)》2010年第6期)一文中,首先,围绕文章研究主题——"非典型案例的典型意义"进行了横向分解和展开,包括"'非典型案例'的概念:从'疑难案件'谈起"、"非典型案例对于法制实践的典型意义"和"非典型案例对于法学研究的典型意义";其次,从"镜与像的比喻"角度对分论部分进行了归纳和总结,得出文章研究结论;最后,在文章结构上,形成了一种基础主义分解式的"分—总"式法学范例。李锦辉博士在《法律的微循环与法治——麦考密克论规则向个体习惯(Habit)的转化及其意义》(《苏州大学学报(哲学社会科学版)》2011年第4期)一文中,首先,围绕本章研究主题,进行了横向分解和展开,包括"法律规则向个体习惯的转化"和"法律必须被遗忘?——法律规则的理想标准";其次,对分论部分进行了归纳和总结,得出文章研究结论在文章结构上,形成了一种基础主义分解式的"分—总"式法学范例。

第三,顺向和逆向交错的"总—分—总"式。如宪法学者龚向和、刘耀辉在《农民宪法权利平等保护的正当性》(《东南大学学报(哲学社会科学版)》2011年第1期)一文中,首先,对文章研究问题及其主要内容做了一个简要概述;其次,对所研究问题进行横向分解和展开,包括"观念正当性"、"制度正当性"和"实践正当性";最后,对分论研究内容做了一个简要的归纳和总结,得出了文章研究结论,从而在文章结构上形成了一种基础主义分解式的"总—分—总"式法学范例。再如,彭中礼博士在《政策概念的法规范分析》(《安徽大学学报(哲学社会科学版)》2016 年第 3 期)一文中,首先,提出了文章研究问题及其进路——"政策概念的法规范分析";其次,对所研究问题进行了横向分解和展开,包括"法律中政策概念的分布"、"法律中政策概念的变迁"、"法律中政策概念的功能"和"法律中政策概念的类型";最后,对分论部分研究内容进行了归纳和总结,得出文章研究结论,从而在文章结构上,形成了一种基础主义分解式的"总—分—总"式法学范例。又如,赵晓耕教授在《从司法统计看民国法制》(《武汉大学学报(哲学社会科学版)》2016 年第 3 期)一文中,首先,简要地从目前研究状况中提出了文章研究问题——"从民国司法统计看民国法制";其次,将文章研究问题进行横向分解和展开,包括"民国时期司法统计概述"、"司法统计反映的民国法制状况——以刑事部分为例"和"从个案所反映的民国法制状况——以刑事部分为例";最后,对文章分论部分进行了总结和归纳,并指出了未来研究的方向,从而在文章结构上,形成了一种基础主义分解式的"总—分—总"式法学范例。博士生姜迪在《司法权威的神话——以美国最高法院中的"异议"为切入点》(《天府新论》2016 年第 3 期)一文中,首先,借鉴美国的实践提出了文章研究问题——"异议与司法神话的关系";其次,对所研究问题进行横向分解和展开,包括"关于异议的异议"、"司法权威的两个神话"和"异议的力量及其限度";最后,对分论部分进行了总结和归纳,得出文章研究结论,从而在文章结构上,形成了一种基础主义分解式的"总—分—总"式法学范例。胡兴东博士在《中西判例法形成语境比较》(《东方法学》2010 年第 6 期)一文中,首先,对文章研究问题和主要内容做了简要的说明;其次,对研究问题进行了横向分解和展开,包括"两者相同之处"和"两者的差异";最后,对分论研究内容进行了归纳和总结,得出文章研究结论,从而在文章结构上,也形成了一种基础主义分解式的"总—分—总"式法学范例。

三、分解式法学研究范例的主要功能

实体基础主义分解式法学研究范例之所以广泛存在于法学学术著作和法学期刊论文中,成为目前法学研究中处于垄断地位的法学范例,是因为它具有以下几个方面的主要功能。

(一)基础主义及其载体总论研究的主要功能

首先,从整个法学研究来看,基础主义及其载体总论研究具有使法学研究系统化的功能。从横向来看,通过对法学研究体系中宏观的基础主义及其载体总论的追寻和提炼,可以为整个法学研究体系提供一个共同的基础,并将其所有的法学研究建立在这个基础上,从而使整个法学研究体系走向系统化;通过对法学学术著作中中观的基础主义及其载体总论的追寻和提炼,可以为整部法学著作提供一个共同的基础,并将该著作中其他法学研究建立在这个基础上,从而使整部法学著作研究走向系统化;通过对法学期刊论文中微观的基础主义及其载体总论的追寻和提炼,可以为整篇法学论文研究提供一个共同的基础,并将该篇论文中其他法学研究建立在这个基础上,从而使该篇法学期刊论文研究走向系统化。总之,正是通过对基础主义及其载体总论的追寻和提炼,整个法学研究才走向了系统化。

其次,从法学研究的向度来看,基础主义及其载体总论研究具有使法学研究哲理化的功能。如果说分论研究具有特殊化、具体化的特征,那么总论研究就具有一般化、抽象化的特征,因此,对基础主义及其载体总论的提炼和研究过程,就是由分论到总论的提炼和研究的过程,也是由特殊化、具体化到一般化、抽象化的研究过程,质言之,就是一个不断地由形而下向形而上演进的哲理化研究过程。通过对法学学术著作中的基础主义及其载体总论的追寻和提炼,使每部法学著作的研究走向哲理化,从而使法学研究走向哲理化;通过对法学期刊论文中基础主义及其载体总论的追寻和提炼,使每篇法学期刊论文的研究走向哲理化,从而使法学研究走向哲理化。总之,正是法学著作研究的哲理化和法学期刊论文研究的哲理化,才保障了各个层面的法学研究走向了哲理化,从而使整个法学研究走向了哲理化。

最后,从法学研究的深度来看,基础主义及其载体总论研究具有使法学研究深刻化的功能。从研究内容来看,分论研究是对现象的研究,具有特殊化、具体化的特征,总论研究是对现象背后深藏的本质和根本特征的研究,具有一般化、抽象化的特征,因此,对基础主义及其载体总论的追寻和提炼过程,就是使法学研究不断向纵深方向推进的深刻化过程,就是使法学研究不断走向成熟的过程。对法学学术著作中基础主义及其载体总论的追寻和提炼,可以促使某部法学著作的研究不断地走向深刻化和成熟;对法学期刊论文中基础主义及其载体总论的追寻和提炼,可以促使某篇法学期刊论文的研究不断地走向深刻化和成熟。

基础主义及其总论研究水平,不仅是一部法学学术著作和一篇法学期刊论文是否深刻和成熟的标志,还是一个法学学派甚至一个法学学科是否成熟的标志。当一个法学流派将其基础追寻到法律规范时,规范法学流派就产生了,也标志着这个法学流派成熟了;当一个法学流派将其基础追寻到社会根基时,社会法学流派就产生了,也标志着这个法学流派发展成熟了。一个法学学科也是如此,如当刑法学、民法学的基础及其载体总论研究成熟时,人们就承认刑法学学科和民法学学科是一个独立的法学学科,也是一个成熟的学科;相反,当经济法、社会法的基础及其载体总论研究不是很成熟时,人们就怀疑它们是不是一个独立的法学学科,也意味着它们还不是一个很成熟的法学学科。

(二)分解式及其载体分论研究的主要功能

首先,分解式及其载体分论研究具有使法学研究层次化的功能。从横向分解来看,对法学著作研究的宏观的横向分解和展开,可以使处于宏观层次的法学分论研究实现宏观的横向的层次化;对法学期刊论文法学研究的微观的横向的分解和展开,可以使处于微观层次的法学分论研究实现微观的横向的层次化。总之,正是通过各层次的横向分解和对横向的各层次的法学分论研究,法学研究才在各个层次上实现了横向层次化。

从纵向分解来看,对法学著作法学研究的宏观的纵向分解和展开,可以使处于宏观层次的法学分论研究实现宏观的纵向的层次化；对法学期刊论文研究的微观的纵向的分解和展开，可以使处于微观层次的法学分论研究实现微观的纵向的层次化。总之，正是通过各层次的纵向分解和对纵向的各层次的法学分论研究，法学研究才在各个层次上实现了纵向层次化。

综上所述，各层次的纵—横向分解和对纵—横向的各层次的法学分论研究，不仅实现了法学著作和法学期刊论文的法学研究的横向层次化，还实现了法学著作和法学期刊论文研究的纵向层次化，从而实现法学研究在各个层次上的纵—横向层次化，使法学研究最终呈现层次分明和结构清晰的特征。

其次，分解式及其载体分论研究具有使法学研究精细化的功能。比较而言，总论研究是对现象背后深藏的本质和根本特征的研究，具有一般化、抽象化的特征，分论研究是对现象的研究，具有特殊化、具体化的特征，因此，分解式及其载体分论研究对基础主义及其载体总论研究，具有具体化、技术化和精细化的功能。

从横向分解来看，对法学著作研究的宏观的横向分解和展开，可以使处于宏观层次的法学分论研究实现宏观的横向的精细化；对法学期刊论文研究的微观的横向的分解和展开，可以使处于微观层次的法学分论研究实现微观的横向的精细化。总之，正是通过各层次的横向分解和对横向的各层次的法学分论研究，法学研究才在各个层次上实现了横向精细化。

从纵向分解来看，对法学著作研究的宏观的纵向分解和展开，可以使处于宏观层次的法学分论研究实现宏观的纵向的精细化；对法学期刊论文研究的微观的纵向的分解和展开，可以使处于微观层次的法学分论研究实现微观的纵向的精细化。总之，正是通过各层次的纵向分解和对纵向的各层次的法学分论研究，法学研究才在各个层次上实现了纵向精细化。

综上所述，各层次的纵—横向分解和对纵—横向的各层次的法学分论研究,不仅实现了法学著作和法学期刊论文研究的横向精细化,而且实现了法学著作和法学期刊论文研究的纵向精细化,从而实现法学研究在各个层次上的纵—横向精细化,使法学研究最终呈现具体化、技术化和精细化的特征。

最后,分解式及其载体分论研究具有使法学研究专门化的功能。比较而言,总论研究是对现象背后深藏的本质和根本特征的研究,具有一般化、抽象化的特征,分论研究是对现象的研究,具有特殊化、具体化的特征,因此,分解式及其载体分论研究对基础主义及其载体总论研究,具有专门化的功能。

从横向分解来看,对法学著作研究的宏观的横向分解和展开,可以使处于宏观层次的法学分论研究实现宏观的横向的专门化;对法学期刊论文研究的微观的横向的分解和展开,可以使处于微观层次的法学分论研究实现微观的横向的专门化。总之,正是通过各层次的横向分解和对横向的各层次的法学分论研究,法学研究才在各个层次上实现了横向专门化。

从纵向分解来看,对法学著作法学研究的宏观的纵向分解和展开,可以使处于宏观层次的法学分论研究实现宏观的纵向的专门化;对法学期刊论文研究的微观的纵向的分解和展开,可以使处于微观层次的法学分论研究实现微观的纵向的专门化。总之,正是通过各层次的纵向分解和对纵向的各层次的法学分论研究,法学研究才在各个层次上实现了纵向专门化。

综上所述,各层次的纵—横向分解和对纵—横向的各层次的法学分论研究,不仅实现了法学著作和法学期刊论文研究的横向专门化,而且实现了法学著作和法学期刊论文研究的纵向专门化,从而实现法学研究在各个层次上的纵—横向专门化,使法学研究最终呈现专门化的特征。

可以说,在一定意义上,中国古代法学与西方法学的区别就在于是否对分解式及其分论有研究上。正是由于西方法学强调对分解式及其载体分论的研究,法学才在近代从伦理道德中分离出来,形成了一种独立的学科，并形成了不同的法学流派，并日益呈现技术化、精细化和专门化的特征；相反，正是由于中国古代法学缺乏西方法学那样的分解和展开，中国古代法学既没有从道德伦理中分离出来形成一个独立的学科，也没有在法学内部形成像西方法学那样的法学流派，更没有出现技术化、精细化和专门化的特征。

（三）分解式法学研究范例的整体结构功能

实体基础主义分解式法学研究范例，在理论上就是基础主义与分解式的结合，在法学研究中则体现为总论研究与分论研究的结合，因此，实体基础主义分解式法学研究范例的整体结构功能，就是总论与分论结合而形成的总分结构研究体例所带来的法学研究的社会适应性功能，换言之，就是上述法学研究的系统化与层次化、哲理化与精细化、深刻化与专门化相结合而带来的法学研究的社会适应性功能，也是调和法学研究有限性与社会需要和变化的无限性之间关系的法学研究社会适应性功能。这种法学研究的总分结构，给实体基础主义分解式法学研究范例所带来的调和法学研究有限性与社会需要和变化无限性之间关系的法学研究社会适应性功能，主要体现在如下两个方面。

首先，从宏观的法学著作研究层面来看，分解而形成的总分结构，使法学研究在宏观的法学著作研究上具有了社会适应性功能。将整部法学著作的法学研究横向分解为总论研究和分论研究，可以使整部法学著作的法学研究既具有总论研究与分论研究相结合的横向结构特征，也具有系统化与层次化、哲理化与精细化、深刻化与专门化相结合的横向结构特征，同时这些横向结构特征进而使之具有调和法学研究有限性与社会需要和变化的无限性之间关系的横向的社会适应性功能。将整部法学著作研究纵向分解为总论研究和分论研究，可以使整部法学著作的法学研究既具有总论研究与分论研究相结合的纵向结构特征，也具有系统化与层次化、哲理化与精细化、深刻化与专门化相结合的纵向结构特征，同时这些纵向结构特征进而使之具有了调和法学研究有限性与社会需要和变化的无限性之间关系的纵向的社会适应性功能。总之，对整部法学著作的法学研究的纵—横向分解和展开，使实体基础主义分解式法学研究范例在宏观的法学著作上具有了纵—横向的社会适应性功能。

其次，从微观的法学期刊论文研究层面来看，分解而形成的总分结构使法学研究在微观的法学期刊论文研究上具有了社会适应性功能。将某篇法学期刊论文的法学研究横向分解为总论研究和分论研究，可以使某篇法学期刊论文研究既具有总论研究与分论研究相结合的横向结构特征，也具有系统化与层次化、哲理化与精细化、深刻化与专门化相结合的横向结构特征，同时这些横向结构特征进而使之具有调和法学研究有限性与社会需要和变化的无限性之间关系的横向的社会适应性功能。将某篇法学期刊论文研究纵向分解为总论研究和分论研究，可以使某篇法学期刊论文的法学研究既具有总论研究与分论研究相结合的纵向结构特征，也具有系统化与层次化、哲理化与精细化、深刻化与专门化相结合的纵向结构特征，同时这些纵向结构特征进而使之具有调和法学研究有限性与社会需要和变化的无限性之间关系的纵向的社会适应性功能。总之，对某篇法学期刊论文的法学研究的纵—横向分解和展开，使实体基础主义分解式法学研究范例在微观的法学期刊论文上具有了纵—横向的社会适应性功能。

综上所述，对法学研究的宏观和微观的纵—横向分解和展开，不仅在微观上使每篇法学期刊论文研究获得了纵—横向的社会适应性功能，而且在宏观上也使整个法学研究体系获得了纵—横向的社会适应性功能，从而使实体基础主义分解式法学研究范例在宏观和微观上都具有了纵—横向的社会适应性功能。当然，实体基础主义分解式法学研究范例的社会适应性功能，在宏观和微观两个层面上还是有所差异的：宏观较强，微观较弱。

四、分解式法学研究范例的功能障碍及其克服

尽管在理论上，分解式法学研究范例具有上述主要功能，但从我国法学研究来看，其存在如下两个方面的功能障碍。

(一)内在的功能障碍及其克服

所谓内在的功能障碍,就是实体基础主义分解式法学范式本身固有的功能缺陷,也是由基础主义与分解式内在的紧张或者失衡而导致的功能障碍,主要体现在以下几个方面。

第一,基础主义的不足。首先,从国内具体某位学者的法学研究来看,真正能够形成整个法学体系的“基础主义”的学者毕竟不多,绝大部分并没有形成自己法学研究的“基础主义”;在某部著作中形成一种“基础主义”虽然较为容易些,但也不可能绝对地说所有著作都形成了自己的“基础主义”;在某篇文章中形成一种“基础主义”,则是形式意义大于实质意义。其次,从整个部门法学的研究来看,尽管各部门法学的研究都注重“总论”部分的研究,认识到“总论”研究在建立相对独立的部门法学中的基础地位和意义,但有些部门法学研究的“基础主义”并未有效地建立起来。如行政法学的研究,行政法涉及范围非常广泛,也使行政法学分论内容越来越庞杂,迄今为止,其“总论”研究难以跟上“分论”快速发展和膨胀的步伐,基础主义并未真正建立起来。再如,经济法学的研究,也许是由于现代社会国家对经济生活干预的不断加大,作为规制国家干预经济手段的经济法学也得到了迅速的发展,迄今为止,其“总论”研究也难以跟上“分论”快速发展和膨胀的步伐,基础主义也并未真正建立起来,内部的分歧较大。又如,社会法学作为一个新形成的部门法学,其总论的研究也没有跟上“分论”快速发展和膨胀的步伐,基础主义也并未真正建立起来。最后,更为关键的是,作为整个部门法学基础的“法学基础理论”即法理学,自身也没有形成一个统一的基础,也没有有效地建立起自己的“基础主义”。目前,法理学在“基础主义”的研究上,最多只是追溯到了科学主义和人文主义那儿,至今存在“科学主义”与“人文主义”、“科学性”与“人文性”的长期争论和分歧,至今存在“自然法学”、“规范法学”与“社会法学”,以及国内的“法教义学”与“社科法学”的争论和分歧,以致有学者认为目前的法理学是一种“没有根基的法理学”。[1] 基础主义，也是法学——尤其是自庞德以来的“综合法学”（包括理论综合法学和实践综合法学）——试图解决而至今尚未解决的基本问题。

总之，在这个意义上，我们也可以说，目前的整个法学是一种“没有根基的法学”，其基础主义的研究任务并未真正完成。这种基础主义的缺失，不仅造成实体基础主义分解式法学范式缺乏一个统一的基础，而且会使整个法学知识大厦的确定性、稳定性缺失，甚至会动摇实体基础主义分解式法学范式的根基，造成其“范式危机”。也许正是这个原因，基础主义一直是西方法学追问和争论的问题——“什么是法”，同时也是目前国内法学一直追问和争论的问题。

第二，分解式的不足。首先，分解式法学研究范式带来法学研究各流派的隔阂。横向的内部分解带来法学研究内部的相互隔阂。法理学内部的横向分解，带来法理学研究内部各个流派之间的隔阂，如西方自然法学研究、规范法学研究与社会法学研究之间的隔阂，国内目前法理学存在的科学性与人文性、法教义学与社科法学之间的分歧与隔阂；部门法学内部的横向分解，带来部门法学研究内部的隔阂，如民法学中存在物权法研究、债权法研究与侵权责任法研究之间的隔阂。部门法学分论的横向分解，带来部门法学分论研究之间的隔阂，如物权法研究中，所有权研究、担保物权研究与用益物权研究之间的隔阂。纵向的外部分解带来法学研究外部之间的隔阂。法理学与部门法学、部门法学分论之间纵向的外部分解，带来法理学研究与部门法学研究、部门法学分论研究之间的外部隔阂；部门法学与部门法学分论之间纵向的外部分解，带来部门法学研究与部门法学分论研究之间的外部隔阂。总之，横向的内部分解与纵向的外部分解，不仅带来了整个法学研究（包括法理学研究、部门法学研究与部门法学分论研究）各自的内部隔阂，而且也带来整个法学研究（包括法理

---

〔1〕 参见[美]波斯纳：《法理学问题》，苏力译，中国政法大学出版社1994年版，第529～588页。

学研究、部门法学研究与部门法学分论研究)之间的外部隔阂,最终形成了整个法学研究之间的相互隔阂。

其次,分解式法学研究范式带来法学研究的不断技术化和精细化,同时会带来整个法学研究知识的不断碎片化。法学研究的横向内部分解,带来法学研究知识横向的内部碎片化。法理学研究的横向内部分解,必然带来法理学研究知识横向的内部碎片化,如法律本体初次横向分解为价值、规范和事实,以及在价值论、规范论和事实论内部进一步地横向分解,在使法理学研究不断技术化和精细化,同时也必然带来法理学研究知识的不断碎片化。部门法学研究的横向内部分解,必然带来部门法学研究知识横向的内部碎片化,如民法学横向分解为物权法研究、债权法研究和侵权法研究,使民法学研究不断技术化和精细化,同时也必然带来民法学研究知识的不断碎片化。部门法学分论研究的横向内部分解,必然带来部门法学分论研究知识横向的内部碎片化,如民法学分论物权法横向分解为所有权法研究、担保物权法研究和用益物权法研究,使民法学分论物权法研究不断技术化和精细化,同时必然带来民法学分论物权法研究知识的不断碎片化。

法学研究的纵向外部分解,带来法学研究知识纵向的外部碎片化。法学研究初次纵向分解为各部门法学研究,使法学研究纵向不断技术化和精细化,同时也必然带来法学研究知识纵向的外部碎片化。部门法学研究进一步地再次纵向分解为各部门法学分论研究,使法学研究进一步纵向不断技术化和精细化,同时也必然带来法学研究知识进一步的再次纵向的外部碎片化。法学研究进一步地复次纵向分解为各部门法学分论的分论研究,使法学研究进一步复次纵向技术化和精细化,同时也必然带来法学研究知识进一步复次纵向的外部碎片化。

总之,横向的内部分解与纵向的外部分解不仅带来了整个法学研究(包括法理学研究、部门法学研究与部门法学分论研究)知识各自横向的内部碎片化,而且也带来整个法学研究(包括法理学研究、部门法学研究与部门法学分论研究)知识之间纵向的外部碎片化,最终形成了整个法学研究知识的碎片化。

最后，分解式法学研究范式带来法学研究不断专门化，同时也会带来整个法学研究不断部门化。法学研究的横向内部分解，带来法学研究横向的内部部门化。法理学研究的横向内部分解，必然带来法理学研究横向的内部部门化，如法律本体初次横向分解为价值、规范和事实，以及在价值论、规范论和事实论内部进一步地横向分解，使法理学研究不断专门化，同时也必然带来法理学研究不断部门化。部门法学研究的横向内部分解，必然带来部门法学研究横向的内部部门化，如民法学横向分解为物权法研究、债权法研究和侵权法研究，使民法学研究不断专门化，同时也必然带来民法学研究不断部门化。部门法学分论研究的横向内部分解，必然带来部门法学分论研究横向的内部部门化，如民法学分论物权法横向分解为所有权法研究、担保物权法研究和用益物权法研究，使民法学分论物权法研究不断专门化，同时也必然带来民法学分论物权法研究不断部门化。

法学研究的纵向外部分解，带来法学研究纵向的外部部门化。法学研究初次纵向分解为各部门法学研究，使法学研究纵向不断专门化，同时也必然带来法学研究纵向的外部部门化。部门法学研究进一步地再次纵向分解为各部门法学分论研究，使法学研究进一步纵向不断专门化，同时也必然带来法学研究知识进一步的再次纵向的外部部门化。法学研究进一步地复次纵向分解为各部门法学分论的分论研究，使法学研究进一步复次纵向专门化，同时也必然带来法学研究知识进一步复次纵向的外部部门化。

总之，横向的内部分解与纵向的外部分解不仅带来了整个法学研究（包括法理学研究、部门法学研究与部门法学分论研究）各自横向的内部部门化，而且也带来整个法学研究（包括法理学研究、部门法学研究与部门法学分论研究）之间纵向的外部部门化，最终形成了整个法学研究部门化，使法学研究最终沦落为“饭碗法学”。[1]

---

〔1〕 参见王利明：《“饭碗法学”应当休矣》，载《法学家茶座》2003 年第 4 期。

第三,基础主义与分解式失衡导致的法学研究社会适应性功能障碍。实践的需要推动认识的发展。客观法律实践的影响,使直接受法律实践推动的法学分论研究总是快于或多于间接受法律实践影响的法学总论研究。换言之,作为基础主义载体的法学总论研究与作为分解式载体的法学分论研究,并不是在每次分解时都能够同步实现,两者有可能存在错位、滞后甚至缺位的情形,最后使因总论研究和分论研究而形成的"总—分"式结构提供的调和法学研究有限性与社会需要和变化的无限性之间关系的法学研究社会适应性功能存在不同程度的障碍。这种由于法学研究总分结构的缺失,给实体基础主义分解式法学研究范例所带来的调和法学研究有限性与社会需要和变化无限性之间关系的法学研究社会适应性功能障碍,主要体现在如下三个方面。

首先,从宏观的法学研究体系来看,由总论研究与分论研究而形成的法学研究的总分结构存在不同程度的缺失,使法学研究在宏观的法学研究体系上具有的社会适应性功能也存在不同程度的障碍。如在法理学研究中,目前的基础主义只是追溯到了人文主义和科学主义,存在一定程度的基础主义缺位的情形,因此使实体基础主义分解式法学研究范例所具有社会适应性功能并未完全实现,存在一定程度的社会适应性功能障碍。再如,在行政法学、经济法学、社会法学等部门法学研究中,也不同程度地存在总论研究难以跟上分论研究快速发展和膨胀的情形,因此,实体基础主义分解式法学研究范例所具有的社会适应性功能并未完全实现,存在一定程度的社会适应性功能障碍。

其次,从中观的法学研究著作来看,一般而言,分论研究内容较为厚实而充分,相对而言,总论研究内容较为单薄,有时形式意义大于其实质意义,存在不同程度由总论研究与分论研究而形成的法学研究的总分结构缺失的情形,从而使法学研究在中观的法学研究著作上具有的社会适应性功能也存在不同程度的功能障碍。

最后,从微观的法学研究论文来看,总论研究内容与分论研究内容比法学研究著作更为单薄,两者失衡的情形更为普遍和严重,也更加普遍地存在不同程度由总论研究与分论研究而形成的法学研究的总分结构缺失的情形，从而使法学研究在微观的法学研究论文上具有的社会适应性功能更加普遍地存在不同程度的功能障碍。

由此可见，实体基础主义分解式法学研究范例内在功能障碍，首先是由分解式本身的不足所带来的，因此，为了克服实体基础主义分解式法学研究范例的功能障碍，必须先建立一种能够克服分解式法学研究范例弊端的、能够弥补其不足的、与之相反的法学研究范例，即化合式法学研究范例；还要建立一种与化合式法学研究范例相匹配的、侧重于“合”的、新的基础主义，而不是与分解式法学研究范例相匹配的、侧重于“分”的基础主义。一句话，就是要建立一种能够超越现有实体基础主义分解式法学研究范例的世界一流的基础主义化合式法学研究范例。

(二)外在的功能障碍及其克服

所谓外在的功能障碍，就是实体基础主义分解式法学研究范式在解决社会问题上存在的功能障碍，主要体现在以下几个方面。

第一，实体基础主义分解式法学研究范例与中国传统(法律)文化不符。如果说西方文化强调的是“分”，那么中国传统文化强调的是“合”。因此，在哲学上，西方自古至今追问的是“是什么”的分析性问题，包括世界是什么、物质是什么、社会是什么、法律是什么等问题，而中国关注的则是“怎么样”的综合性问题，“民可使由之，不可使知之”。因此，在医学上，西医强调的是对某个独立系统或器官的精细研究与专门治疗，中医强调的则是从整体入手的“望问切听”与综合治疗。因此，在自然科学和社会科学上，西方建立了技术化、精细化的现代科学，而中国传统社会无法建立自己技术化、精细化的现代科学，到近现代以后，只得从西方引进、借鉴现代意义上的自然科学和社会科学。也正因如此，在法学上，西方较早就实现了法学的技术化和独立化，形成了现代意义上的法律科学，建立起了许多现代意义上的“分解型”法律制度(如民刑分立、实体法与程序法分立等)，而中国社会至今难以实现法律与道德分立，至今仍在为法学或法律的技术化、独立化而不懈努力，社会中大量存在运转有效而且重要的

"化合型"法律制度。比较而言,实体基础主义分解式法学研究范例与西方传统文化强调"分"的传统相契合,而与中国传统文化强调"合"的精神存在一定程度的紧张和冲突。

第二,实体基础主义分解式法学研究范例与中国社会的日益复杂化不符。受人口、地域面积、历史文化传统等基本国情的影响,中国社会的复杂性远远超过了西方任何一个国家,而实体基础主义分解式法学研究范例是通过将复杂化的研究对象进行理念化、简单化、专门化、技术化、格式化地分解,是一种理念化、简单化、专门化、技术化、格式化的法学研究范例,因此是一种与西方"简单化"社会更加相适应的法学研究范例。相对而言,这种"简单化"的实体基础主义分解式法学研究范例,与中国社会的日益复杂化存在一定程度的紧张与冲突,如这种法学研究范例的"格式化",与中国社会的"非格式化"存在一定程度的紧张与冲突;〔1〕再如,这种法学研究范例的"技术化",与中国社会存在的非技术化(包括道德化、意识形态化等)存在一定程度的紧张与冲突;〔2〕又如,这种法学研究范例的"专门化、精细化"等清晰性,与中国社会存在的"模糊性"存在一定程度的紧张与冲突。〔3〕总之,这种"简单化"的法学研究范例,难以完全满足研究中国社会日益复杂化的法律问题的需要,与中国社会的日益复杂化不符。

第三,实体基础主义分解式法学研究范例难以满足中国现存"化合型"法律制度研究的需要。受中国传统文化的影响,中国当代社会至今存在许多传统的"化合型"法律制度,如宏观层面的礼法合一等"化合型"制度,中观组织层面的调审合一等"化合型"制度,微观层面的中国历史上的

---

〔1〕参见苏力:《纠缠于事实与法律之中》,载《法律科学(西北政法学院学报)》2000年第3期。

〔2〕参见张洪涛:《近代中国的"以礼入法"及其补正——清末民初民事习惯法典化为例的实证研究》,载《比较法研究》2016年第2期。

〔3〕参见杨柳:《模糊的法律产品——对两起基层法院调解案件的考察》,载《北大法律评论》第2卷第1辑,法律出版社1999年版。

现代中国法院的调解员和审判员合一等“化合型”制度。实体基础主义分解式法学研究范例在研究这些“化合型”制度时，试图通过分解中国传统“化合型”法律制度来研究它，如为了研究 H_2O，将 H_2O 分解为 H_2 和 O_2，然后希望通过研究 H_2 与 O_2 来达到对 H_2O 的研究；但实质上，我们研究的问题（H_2 与 O_2）与我们要研究的问题（H_2O）并非同一问题。因此，实体基础主义分解式法学研究范例，不能有效完成甚至可能遮蔽、扭曲对我国传统“化合型”法律制度的研究，无力研究、处理在中国社会内部形成的有效运转的“化合型”制度，无法满足我们研究这些“化合型”制度的需要。

第四，实体基础主义分解式法学研究范例难以满足司法实践的需要。司法者在面对具体的法律案件时，不仅涉及法律规范问题，还要面对事实问题；不仅涉及法律实体的问题，还要面对法律程序的问题；不仅涉及合法律性的问题，还要面对合法性问题；不仅要考虑案件审判的问题，还要考虑案件执行的问题。总之，司法者在司法实践中需要一种各种因素同时在场的、复杂化的、“化合型”的法学研究范例。但实体基础主义分解式法学研究范例则是一种各种因素非同时在场的、必须将某种因素过滤掉的、简单化的、理念化的法学研究范例，否则就难以达到其技术化、精细化、深刻化的程度。由此可见，实体基础主义分解式法学研究范例难以满足司法实践的需要，与司法实践的需要存在一定程度的距离；这也许是即使在司法实践中以实用主义为主流司法哲学的美国，也存在法学与司法各行其是情形的根本原因。[1]

第五，实体基础主义分解式法学研究范例难以适应现代复杂化网络社会发展的需要。互联网等现代技术广泛而深入地应用于人类社会生活的方方面面，必将带来人与人的社会关系网络化（互联网就是社会关系网）、物与物的关系网络化（物联网）以及人与物的社会关系网络化，形成

〔1〕 参见［美］理查德·波斯纳：《各行其是：法学与司法》，苏力、邱遥堃译，中国政法大学出版社 2017 年版，第 1 页以下。

一个日益高度分工化的社会，以及日益连带、日益有机团结、日益链接的网络社会，网络社会的复杂性远远超出历史上的任何社会。形成于传统的简单化社会的实体基础主义分解式法学研究范例的那种通过简单化、理念化的途径来研究社会法律问题的方式，在研究网络化、复杂化社会的法律问题时，必将显得捉襟见肘、漏洞百出，难以适应未来复杂化网络化社会发展的研究需要。

由此可见，实体基础主义分解式法学研究范例的外在功能障碍也是由分解式本身只具有"分解"的功能，而缺乏"化合"的功能所造成，因此，为了克服实体基础主义分解式法学研究范例在"合"的外在功能方面的不足，首先，必须建立一种能够克服分解式法学研究范例弊端的、能够弥补其不足的、与之相反的法学研究范例，即化合式法学研究范例，以满足现有分解式法学研究范例研究中国社会"复杂性"法律问题和"化合型"法律制度，以及现代社会司法实践和未来网络社会中对"化合型""复杂性"法学研究范例的需要。其次，还要建立一种与化合式法学研究范例相匹配的、侧重于"合"的、新的基础主义，而不是与分解式法学研究范例相匹配的、侧重于"分"的基础主义。一句话，就是要建立一种能够超越现有实体基础主义分解式法学研究范例的面向中国社会和未来网络社会的基础主义化合式法学研究范例。

第七章　分解式立法范例研究

“范式之所以获得了它们的地位，是因为它们比它们的竞争对手能更成功地解决一些问题，而这些问题又为实践者团体认识到是最为重要的。”[1]法学是一种面向法律实践、侧重于解决实践问题的经验学科，是一种将解决实践经验问题的技术发展得非常精细的学科，在法学学科中形成的分解式法学范式，作为法学的一种成功而有效的范式，作为一种存在于形而下经验层面的范例，同样也会普遍地存在于广泛的法律实践中。这就是本章要着重探讨的问题。

由于“刑法总论以刑法总则为(研究——引者注)对象……罪刑各论是以刑法分则为(研究——引者注)对象”，[2]因此，在这个意义上，如果说在学者目前的法学研究和法学教科书中，基础主义体现在“总论”上，分解式体现在“分论”上，分解式法学范例则体现在“总—分”式分解上，那么在立法实践中，基

---

〔1〕［美］托马斯·库恩：《科学革命的结构》(第4版)，金吾伦、胡新和译，北京大学出版社2012年版，第19页。

〔2〕高铭暄主编：《中国刑法学》，中国人民大学出版社1989年版，第327页。

础主义体现在“总则”上，分解式体现在“分则”上，分解式法学范例则体现为“总—分”式分解上。为了使研究问题进一步可操作化和满足本章研究需要，还必须对“总则”、“分则”和“分解”做进一步的界定和说明。

首先，这里的“总则”，除字面的形式意义上的“总则（或者总纲、一般规定、基本规定、基本原则等）”外，[1]还包括实质意义上的“总则”，即字面上没有“总则”二字，但在实质意义上有总则的实际内容。如《土地管理法实施条例》的“总则”只有一条，规定了该法规的立法依据：“根据《中华人民共和国土地管理法》（以下简称《土地管理法》），制定本条例”，但有些法规，如《耕地占用税法》《土地增值税暂行条例》《互联网信息服务管理办法》《非法用工单位伤亡人员一次性赔偿办法》《禁止使用童工规定》《中国公民收养子女登记办法》《人民陪审员法》《国旗法》等法规，尽管没有字面的形式意义上的“总则”，却有上面类似的关于立法依据、立法目的等总则内容的规定，甚至规定的“总则”的条文更多，内容也更丰富，若将此种实质意义上的“总则”排除在“总则”之外，显然是不合理的。

其次，这里的“分则”与“总则”一样，除了字面的形式意义上的“分则”，还包括实质意义上的“分则”。后者又包括两种情形：一是字面上有“总则”没有“分则”，但实质内容是“分则”，这种情形较为普遍，如《宪法》《法官法》《行政许可法》《中小企业促进法》等；二是字面上没有“总则”，也没有“分则”，但实质内容上是“分则”，如《耕地占用税法》《土地增值税暂行条例》《互联网信息服务管理办法》《非法用工单位伤亡人员一次性赔偿办法》《禁止使用童工规定》《中国公民收养子女登记办法》《人民陪审员法》《国旗法》等。

最后，需要说明的是，由于本章考察的是分解式法学范例，因此，这里的“分解”是指“总—分”式分解；换言之，如果只有“分”，但没有“总”，就不是我们这里所指的“分解”，如 1982 年制定通过的《全国人民代表大会

---

〔1〕 立法实践中的体现有：“总则”如《村民委员会组织法》；“总纲”如《宪法》；“一般规定”如原《合同法》；“基本规定”如原《民法总则》。

组织法》,就是如此。根据后面的统计,这种只有“分则”而没有“总则”的情形较少,目前只出现过一次。还有一种需要说明的特殊情形:总—分—再分,对此我们只统计为一次分解。如《宪法》有“总纲”,也有“分则”,包括“公民的基本权利和义务”“国家机构”“国旗、国歌、国徽、首都”,同时,“国家机构”又进一步细分为:“全国人民代表大会”“中华人民共和国主席”“国务院”“中央军事委员会”等八节,但由于第二次分解只有“分”而没有“总”,因此,我们统计为一次分解。如《合伙企业法》《行政许可法》等都属于此种情形。

同样,这里的“分解”,除字面的形式意义上的“分解”外,还包括实质意义上的“分解”。字面的形式意义上的“分解”,又包括两种情形:一是字面上有“总则”和“分则”,如《刑法》这种情形较少;二是字面上有“总则”,但没有“分则”,这种情形较为普遍,如《民法典》《人民检察院组织法》《民族区域自治法》《涉外民事关系法律适用法》《不动产登记暂行条例》《海商法》《证券法》《反恐怖主义法》《环境保护法》《农药管理条例》《食品安全法》等。实质意义上的“分解”,是指字面上没有“总则”,也没有“分则”,但实质内容上有“总则”,也有“分则”,如《耕地占用税法》《土地增值税暂行条例》《互联网信息服务管理办法》《非法用工单位伤亡人员一次性赔偿办法》《禁止使用童工规定》《中国公民收养子女登记办法》《人民陪审员法》《国旗法》等规定。

由于法律实践的广泛性,本章不可能涵盖所有的法律实践活动,故选择我国现行立法实践作为考察的重点;具体而言,就是以基本涵盖我国现行各种法律文件的《新编中华人民共和国法律法规全书》(法律出版社 2019 年版;以下简称《法律法规全书》)为基本实证材料,同时以 2020 年 5 月 28 日通过的《民法典》为补充,以便代替、弥补其中因《民法典》出台而过时的相关法律来考察我国目前立法实践中存在的分解式法学范例。以下将从宏观和微观两个层面来考察《法律法规全书》和《民法典》中存在的分解式立法范例。

一、宏观的整个法律法规体系中分解式立法范例

考察宏观的整个法律法规体系中的分解式法学范例，就是考察各个法律法规之间外部存在的“总则”与“分则”之间的关系问题，质言之，就是各个法律法规之间的外部分解。这种外部分解，在《法律法规全书》和《民法典》中，主要存在以下三个层次。

（一）第一层次的外部分解：母法与子法

由于宪法是各个部门法制定的依据，是母法，而其他部门法是以宪法为依据和基础，是对宪法的分解和具体展开，是子法，因此，在这个意义上，我国整个法规体系的第一层次的外部分解，就是宪法与部门法或者宪法相关法之间存在的母—子或者总—分关系，体现在《法律法规全书》和《民法典》中，就是宪法相关法和部门法在第1条的立法依据上，一般都有“依据宪法制定本法”的规定。因此，考察宏观的整个法规体系的第一层次的外部分解，就是考察宪法相关法和部门法在立法依据上是否有“依据宪法制定本法”的规定。当然，从《法律法规全书》和《民法典》来看，并不是所有宪法相关法和部门法在立法依据上，都有明确的“依据宪法制定本法”的规定，尽管实质上是依据宪法而制定的。因此，我们对宪法相关法和部门法的“依据宪法制定本法”的考察，除字面的形式意义的考察外，还需要进行实质考察作为补充；否则，我们的考察就不全面，也不科学准确。为此，我们将《法律法规全书》和《民法典》中“依据宪法制定本法”，分为以下四种情形：

第一，直接依据宪法，也就是字面上直接明确规定以宪法作为制定本法的依据，如《全国人民代表大会和地方各级人民代表大会代表法》《民法典》《刑法》《刑事诉讼法》等在第1条的立法依据上，都明确有依据宪法，制定本法的规定。

第二，间接依据宪法，就是即使宪法相关法和部门法在字面上没有明确直接规定“依据宪法制定本法”，但从理论上也可以推断出该法律是以宪法作为制定法律的依据。如上位法——《兵役法》《公务员法》——明确规定依据宪法，制定本法，因此，我们可以根据“上位法”与“下位法”之间的关系，推断出“下位法”——《征兵工作条例》《行政机关公务员处分

条例》——也是以宪法作为制定的依据,尽管这些“下位法”没有明确规定依据宪法制定本法。再如,法域基本法——《国防法》《教育法》《社会保险法》《劳动法》——明确规定“依据宪法,制定本法”,因此,我们可以根据“法域基本法”与“法域非基本法”之间的关系,推断出“法域非基本法”——《国防教育法》《职业教育法》《义务教育法》《高等教育法》《社会保险费征缴暂行条例》《失业保险条例》《工伤保险条例》《就业促进法》《劳动合同法》《劳动合同法实施条例》——也是以宪法作为制定的依据,尽管这些“法域非基本法”没有明确规定“依据宪法制定本法”。

第三,实质依据宪法,就是某些法律法规既没有直接规定依据宪法制定本法,也无法从理论上推断出间接依据宪法,但从法律法规规定的实质内容——尤其是第1条规定的立法根据和立法目的上,可以看出是以宪法规定和保护的“公民基本权利”“社会主义市场经济秩序”“社会基本制度”等作为立法依据或者立法目的,将这种“实质依据宪法”的情形排除在“依据宪法”之外,显然是不合理的,也是不科学的。如《网络安全法》,虽然没有明确规定“依据宪法,制定本法”,但在第1条“立法目的”规定,“为了保障网络安全,维护网络空间主权和国家安全、社会公共利益,保护公民、法人和其他组织的合法权益……制定本法”,实质上是以宪法保护的公民基本权利为立法依据和立法目的。再如,《会计法》虽然也没有明确规定“依据宪法,制定本法”,但在第1条“立法目的”规定,“为了……维护社会主义市场经济秩序,制定本法”,实质上是以宪法保护的社会主义市场经济秩序作为立法依据和立法目的。

第四,无法判断,也就是既无法从形式(包括“直接依据宪法”和“间接依据宪法”)上判断某法律法规制定是否依据宪法,也无法从实质内容上判断该法律法规制定是否依据宪法的情形。

另外,还需要特别说明的是,就同一法律法规,可能同时存在“实质依据宪法”与“间接依据宪法”的双重情形。为了避免统计的混乱,不影响最后的统计数据,我们在二者中选择其一,并且遵循“实质优先于间接”的统计规则来处理此种情形,如《公司法》等法律。

根据以上分类和统计规则,笔者对《法律法规全书》和《民法典》中“依据宪法制定本法”的情形,进行了尽量严格的准确的统计,统计数据汇总如表2。

从表2的统计数据来看,宪法相关法、民商法、刑法和程序法,尤其是其中的基本法,在“依据宪法”上做得较好,有明确规定的分别占95.6%、100%、100%、100%;这或许与有些法律法规如宪法相关法本身的实质内容与宪法联系紧密,有些部门法如民法和刑法内部提炼出了自己的“总则”,有些部门法如诉讼法的法律条文规模较少,外部分解规模较小有关。而那些与宪法相隔相对较远的部门法如行政法、经济法和社会法,在“依据宪法”上,则相对较弱些,有明确规定的分别占89.8%、78.1%和83.8%。这或许与这些部门法法律条文规模较大,外部分解扩张比较厉害,内部至今还未形成自己的“总则”有关。总之,它们明确规定“依据宪法”的平均比率为92.5%,基本做到了“依据宪法”的理论要求和宪法规定,从中可以看出在《法律法规全书》和《民法典》中,宪法与部门法形成了一种分解式法学范例。

表2　《法律法规全书》和《民法典》第一层次外部分解统计数据汇总

法律内容	法规总数/部	直接依据宪法/部	间接依据宪法/部	实质依据宪法/部	无法判断/部	依据宪法制定的法律法规占比/%
宪法相关法	23	21	0	1	1	95.6
民商法	31	4	10	17	0	100
行政法	108	29	12	56	11	89.8
经济法	96	5	12	58	21	78.1
社会法	31	9	7	10	5	83.8
刑法	1	1	0	0	0	100
程序法	7	4	0	3	0	100
合计	297	73	41	145	38	—

从表2统计的数据来看,“直接依据宪法”的法律法规73部,约占24.6%,“间接依据宪法”的法律法规41部,约占13.8%,“实质依据宪法”的法律法规145部,约占48.8%,“无法判断”的法律法规38部,约占12.8%。其中,前三者合计即“依据宪法”的总共259部,约占87.2%;这与宪法是国家根本大法、治国的总章程,部门法以宪法为依据,是对宪法的分解和具体展开,不得与宪法相冲突的立法原则基本符合。由此可见,在《法律法规全书》和《民法典》中,宪法与部门法形成的也是一种分解式法学范例。

(二)第二层次的外部分解:子法总则(基本法)与分则(非基本法)

第二层次的外部分解,就是在子法体系内部又形成“总则”(基本法)与“分则”(非基本法)之间的关系,目前主要有以下两种情形。

第一,在子法宪法相关法体系中形成的第二层次的外部分解,即基本法与非基本法之间的外部分解,具体包括以下两种情形。

一是《香港特别行政区基本法》与香港特别行政区非基本法(包括香港特别行政区原有法律和以后香港特别行政区立法机关制定和修改的法律)之间的外部分解。《香港特别行政区基本法》“序言”规定:“为了维护国家的统一和领土完整,保持香港的繁荣和稳定,并考虑到香港的历史和现实情况,国家决定,在对香港恢复行使主权时,根据中华人民共和国宪法第三十一条的规定,设立香港特别行政区,并按照‘一个国家,两种制度’的方针,不在香港实行社会主义的制度和政策。”按照这个“一国两制”的基本方针,《香港特别行政区基本法》确定了基本法与非基本法即香港原有法律之间的关系,并在第8条规定:“香港原有法律,即普通法、衡平法、条例、附属立法和习惯法,除同本法相抵触或经香港特别行政区的立法机关作出修改者外,予以保留。”同时,《香港特别行政区基本法》还确定了基本法与非基本法即香港特别行政区原有制度和未来立法机关制定或修改的法律之间的关系,并在第11条规定:“根据中华人民共和国宪法第三十一条,香港特别行政区的制度和政策,包括社会、经济制度,有关保障居民的基本权利和自由的制度,行政管理、立法和司法方面的制度,以及有关政策,均以本法的规定为依据。香港特别行政区立法机关制定的任何法律,均不得同本法相抵触。”由此可见,在香港特别行政区基本法与非基本法(包括香港特别行政区原有法律和以后香港特别行政区立法机关制定的法律)之间,形成了一种第二层次的类似于宪法与部门法之间的母法与子法的关系:香港特别行政区基本法是香港特别行政区非基本法制定的依据和基础,而香港特别行政区非基本法是对香港特别行政区基本法的分解和具体展开,两者形成的是一种外部的分解式法学范例。

二是《澳门特别行政区基本法》与澳门特别行政区非基本法(包括澳门特别行政区原有法律和以后澳门特别行政区制定和修改的法律)之间的外部分解。《澳门特别行政区基本法》“序言”规定:“为了维护国家的统一和领土完整,有利于澳门的社会稳定和经济发展,考虑到澳门的历史和现实情况,国家决定,在对澳门恢复行使主权时,根据中华人民共和国宪法第三十一条的规定,设立澳门特别行政区,并按照‘一个国家,两种制度’的方针,不在澳门实行社会主义的制度和政策。”按照这个“一国两制”的基本方针,《澳门特别行政区基本法》确定了基本法与非基本法即澳门特别行政区原有法律之间的关系,并在第8条规定:“澳门原有的法律、法令、行政法规和其他规范性文件,除同本法相抵触或经澳门特别行政区的立法机关或其他有关机关依照法定程序作出修改者外,予以保留。”同时,《澳门特别行政区基本法》还确定了基本法与非基本法即澳门特别行政区原有制度和未来立法机关制定或修改的法律之间的关系,并在第11条规定:“根据中华人民共和国宪法第三十一条,澳门特别行政区的制度和政策,包括社会、经济制度,有关保障居民的基本权利和自由的制度,行政管理、立法和司法方面的制度,以及有关政策,均以本法的规定为依据。澳门特别行政区的任何法律、法令、行政法规和其他规范性文件均不得同本法相抵触。”由此可见,在澳门特别行政区基本法与非基本法(包括澳门特别行政区原有法律和以后澳门特别行政区制定或修改的法律)之间,也形成了一种第二层次的类似于宪法与部门法之间的母法与子法的关系:澳门特别行政区基本法是澳门特别行政区非基本法制定和修改的依据和基础,而澳门特别行政区非基本法是对澳门特别行政区基本法的分解和具体展开,两者形成的也是一种外部的分解式法学范例。

第二,在子法民商法体系中形成的第二层次的外部分解,即民法典总则与没有法典化的民法各分则(主要包括知识产权和商法)之间的外部分解。尽管我国目前制定并实施了《民法典》,但只是将民法的部分内容纳入法典,还有一些内容(如知识产权法、商法、消费者权益保护法等)仍然没有实现内部的法典化,这些没有实现内部法典化的民法分则与民法典总则形成了一种第二层次外部分解。由于我国民事法律制定采取的是一种先分则后总则的经验主义立法路径,从字面意义上,《法律法规全书》中收集的没有实现内部法典化的有关民法分则的法律法规的制定至今没有出现依据《民法典》总则的情形,因此,民法典总则与没有实现内部法典化的民法分则之间的第二层次外部分解,主要体现在实质内容上,具体包括以下几个方面。

首先,从民法基本原则来看,《民法典》总则第一章"基本规定"第2至12条,对民法的平等原则、自愿原则、公平原则、诚信原则、公序良俗原则、绿色原则等基本原则进行了一般性的基本规定,而民法分则的相关条文——《消费者权益保护法》第4条、《招标投标法》第5条、《拍卖法》第4条、《合伙企业法》第5条、《证券法》第2~3条、《证券投资基金法》第4条、《信托法》第5条——结合各种法律法规的不同情况,对一般性的民事法律原则进行了具体化、操作化、技术化的展开和规定,从而在法律原则上形成了《民法典》总则与没有实现内部法典化的民法分则之间的外部分解。

其次,从民事法律主体来看,《民法典》总则第二至四章即第13~108条,对一般的民事法律主体——包括自然人、法人和非法人组织——的相关法律问题进行了一般的、抽象性的规定,而没有实现内部法典化的民法分则的各种具体民事法律主体——如《消费者权益保护法》中的消费者和经营者、《著作权法》中的著作权人、《专利法》中的专利权人、《商标法》中的商标权人等各种具体的自然人、法人和非法人组织——都必须满足《民法典》总则对一般性民事法律主体的基本规定,否则,该具体民事法律行为可能因民事法律主体不适格而失效。由此可见，在民事法律主体上，《民法典》总则是基本法，而没有实现内部法典化的民法分则是非基本法，必须满足《民法典》总则在民事法律主体上的一般规定，从而在民事法律主体上形成了《民法典》总则与没有实现内部法典化的民法分则之间的外部分解。

再次，从民事法律权利来看，《民法典》总则第五章的第 109 ~ 132 条，对一般性的民事法律权利——包括知识产权、投资性权利和其他权利的取得、保护、行使原则等基本问题进行了一般性的、抽象性的基本规定，而没有实现内部法典化的民法分则对各种具体民事权利——如《著作权法》中的著作权、《专利法》中的专利权、《商标法》中的商标权等——进行了分解和具体展开，详细而具体地规定了各种具体民事法律权利的取得、效力、保护、行使等问题，从而在民事法律权利上也形成了《民法典》总则与没有实现内部法典化的民法分则之间的外部分解。

又次，从民事法律行为来看，《民法典》总则第六至七章即第 133 ~ 175 条，对一般民事法律行为的成立及其形式要件、意思表示、效力、附条件和附期限、代理等问题进行了一般性的、抽象性的基本规定，而没有实现内部法典化的民法分则对各种具体民事法律行为——如《消费者权益保护法》中的消费行为、《著作权法》中的著作权法行为、《专利法》中的专利法行为、《商标法》中的商标法行为等——进行了分解和具体展开，并进行了特殊的、具体的法律规定，从而在民事法律行为上也形成了《民法典》总则与没有实现内部法典化的民法分则之间的外部分解。

最后，从民事法律责任和民事诉讼时效来看，《民法典》总则第八至十章即第 176 ~ 204 条，对民事责任的种类、方式、免责事由、补偿、竞合、重合，以及诉讼时效的起算、时间、中止、中断、例外情况、期间的计算等问题进行了一般性的规定，而没有实现内部法典化的民法分则对《民法典》总则中一般性的抽象性的民事责任和诉讼时效，进行了具体化的、操作化的、技术性的分解和展开，详细具体地规定了各种民事法律责任和民事诉讼时效的特殊问题，从而在民事法律责任和民事诉讼时效上也形成了《民法典》总则与没有实现内部法典化的民法分则之间的外部分解。

综上,从实质内容来看,《民法典》总则与没有实现内部法典化的民法分则是一种一般法与特殊法、基本法与非基本法之间的关系,两者形成的是一种第二层次的外部分解,也是一种分解式法学范例的体现。

(三)第三层次的外部分解:法域基本法与非基本法

也许是由于理论上总论研究不够深入,也许是由于法律实践上法律法规规模不断扩张,某些部门法在短时间内,既难以形成像我国民法那样暂时外部化的"总则",更难以形成像我国刑法那样内部化的"总则",只能在部门法下的某个次级法域内形成自己的"总则(基本法)",以及与之相应的"分则(非基本法)",即第三层次的法域基本法与非基本法之间的外部分解,这主要有以下三种情形。

第一,行政法某个法域形成的法域基本法与非基本法的外部分解。如在《法律法规全书》中行政法下的教育法法域,形成了教育(基本)法与各种非基本教育法(包括《教师法》《职业教育法》《义务教育法》《高等教育法》《民办教育促进法》《学位条例》)之间的外部分解。首先,从字面的形式意义上看,除了《教师法》和《学位条例》也许是因为在《教育法》实施之前制定的,没有"依据教育法"的规定外,其他的《职业教育法》《义务教育法》《高等教育法》《民办教育促进法》等非基本法,在第 1 条的立法依据上,都有"依据教育法"的类似规定。其次,从实质内容上看,教育基本法——《教育法》——对教育基本制度(包括学前教育、义务教育、职业教育和继续教育、考试制度、学业证书、学位制度、扫盲教育、教育督导和评估等)、学校及其他教育机构、教师和其他教育工作者、受教育者、教育与社会、教育投入与保障等基本问题进行了总体的原则性的规定,是"总则",而非基本法《教师法》《学位条例》《职业教育法》《义务教育法》《高等教育法》《民办教育促进法》等,只是对基本法《教育法》中的某个方面进行了具体展开和具体规定,是"分则"。总之,《教育法》是"一般法",是"基本法",是"总则",是基础,而《教师法》《学位条例》《职业教育法》《义务教育法》《高等教育法》《民办教育促进法》则是"特殊法",是"非基本法”,是“分则”,是在基础上的分解和具体展开,两者形成的是一种行政法下第三层次的外部分解,是分解式法学范例的体现。

再如,在《法律法规全书》中行政法下的环境法法域,也形成了一种法域基本法《环境保护法》与法域非基本法《环境噪声污染防治法》《固体废物污染环境防治法》《水污染防治法》《海洋环境保护法》《大气污染防治法》《土壤污染防治法》《环境影响评价法》等之间的外部分解。尽管从字面意义上,环境法法域的非基本法在立法依据上都没有依据“《环境保护法》制定本法”的类似规定,但从实质内容上,《环境保护法》第 2 条规定:“本法所称环境,是指影响人类生存和发展的各种天然的和经过人工改造的自然因素的总体,包括大气、水、海洋、土地、矿藏、森林、草原、湿地、野生生物、自然遗迹、人文遗迹、自然保护区、风景名胜区、城市和乡村等。”因此,《环境保护法》规定的“监督管理”“保护和改善环境”“防治污染和其他公害”“信息公开和公众参与”“法律责任”等制度,都是涉及各种环境的基本制度,是“一般法”,是“总则”,而非基本法《环境噪声污染防治法》《固体废物污染环境防治法》《水污染防治法》《海洋环境保护法》《大气污染防治法》《土壤污染防治法》《环境影响评价法》等都是对其基本法的分解和具体展开,都是关于某种具体环境的法律制度,是“特殊法”,是“分则”,两者形成的是一种行政法下第三层次的外部分解,体现的是分解式法学范例。

另外,还需要说明的是,随着理论研究尤其是总论研究的不断深入,以及立法实践的不断完善,在不久的将来,在军事法、卫生法、紧急应对法等法域,也有可能会形成行政法下的法域基本法与非基本法之间的第三层次的外部分解。

第二,经济法某个法域形成的法域基本法与非基本法的外部分解。如在《法律法规全书》中经济法下的农业法法域,形成了法域基本法《农业法》与法域非基本法《种子法》《农产品质量安全法》《乡镇企业法》《农村土地承包法》《农民专业合作社法》《基本农田保护条例》《农药管理条例》《渔业法》《畜牧法》等之间的外部分解。尽管从字面意义上,农业法法域非基本法在立法依据上都没有“依据《农业法》制定本法”的类似规定，但从实质内容上，《农业法》第2条规定：“本法所称农业，是指种植业、林业、畜牧业和渔业等产业，包括与其直接相关的产前、产中、产后服务。”因此，《农业法》规定的“农业生产经营体制（包括土地承包经营制度、专业合作经济组织、兴办企业、产业化经营和行业协会）”“农业生产”“农产品流通与加工”“粮食安全”“农业投入与支持保护”“农业科技与农业教育”“农业资源与农业环境保护”“农民权益保护”“农村经济发展”“执法监督”“法律责任”等制度，都是涉及农业的基本制度，是“一般法”，是“总则”，而非基本法《种子法》《农产品质量安全法》《乡镇企业法》《农村土地承包法》《农民专业合作社法》《基本农田保护条例》《农药管理条例》《渔业法》《畜牧法》等都是对基本法的分解和具体展开，都是关于某种具体农业或者农业的某个具体环节的法律制度，是“特殊法”，是“分则”，两者形成的是一种经济法下第三层次的外部分解，体现的是分解式法学范例。

再如，在《法律法规全书》中经济法下的能源法法域，也形成了法域基本法《节约能源法》与法域非基本法《可再生能源法》《电力法》《石油天然气管道保护法》《煤炭法》等之间的外部分解。尽管从字面意义上，能源法法域非基本法在立法依据上都没有“依据《节约能源法》制定本法”的类似规定，但从实质内容上，《节约能源法》第2条规定：“本法所称能源，是指煤炭、石油、天然气、生物质能和电力、热力以及其他直接或者通过加工、转换而取得有用能的各种资源。”因此，《节约能源法》规定的“节能管理”“合理使用与节约能源”“节能技术进步”“激励措施”“法律责任”等制度，都是涉及能源的基本制度，是“一般法”，是“总则”，而非基本法《可再生能源法》《电力法》《石油天然气管道保护法》《煤炭法》等都是对基本法的分解和具体展开，都是关于某种具体能源的法律制度，是“特殊法”，是“分则”，两者形成的也是一种经济法下第三层次的外部分解，体现的也是分解式法学范例。

另外，还需要说明的是，随着理论研究尤其是总论研究的不断深入，以及立法实践的不断完善，在不久的将来，在税法、银行法、自然资源法、交通法等法域,也有可能会形成经济法下的法域基本法与非基本法之间的第三层次的外部分解。

第三,社会法某个法域形成的法域基本法与非基本法的外部分解。如在《法律法规全书》中社会法下的劳动法法域,形成了法域基本法《劳动法》与法域非基本法《就业促进法》《劳动合同法》《劳动合同法实施条例》《劳动争议调解仲裁法》《劳动保障监察条例》《全国年节及纪念日放假办法》《职工带薪年休假条例》《禁止使用童工规定》《未成年工特殊保护规定》《女职工劳动保护特别规定》等之间的外部分解。首先,从字面意义来看,目前在《法律法规全书》中,只有劳动法法域非基本法《劳动保障监察条例》《职工带薪年休假条例》《禁止使用童工规定》《未成年工特殊保护规定》等,在第 1 条的立法依据上,明确作出"依据劳动法制定本法"的类似规定,其他法域非基本法都没有这样明确的规定。其次,从实质内容来看,法域基本法《劳动法》对"促进就业""劳动合同和集体合同""工作时间和休息休假""工资""劳动安全卫生""女职工和未成年工特殊保护""职业培训""社会保险和福利""劳动争议""监督检查""法律责任"等劳动问题,进行了总体的全局性的一般规定,是"总则",是"基本法",而法域非基本法《就业促进法》《劳动合同法》《劳动合同法实施条例》《劳动争议调解仲裁法》《劳动保障监察条例》《全国年节及纪念日放假办法》《职工带薪年休假条例》《禁止使用童工规定》《未成年工特殊保护规定》《女职工劳动保护特别规定》等是对基本法的分解和具体展开,只是对劳动中的某个具体方面问题进行详细的具体规定,是"分则",是"非基本法"。总之,不论是从形式来看,还是从实质来看,两者形成了一种社会法下法域基本法与法域非基本法之间的第三层次的外部分解,体现的是一种分解式法学范例。

再如,在《法律法规全书》中社会法下的社会保险法法域,也形成了法域基本法《社会保险法》与法域非基本法《社会保险费征缴暂行条例》《失业保险条例》《失业保险金申领发放办法》《工伤保险条例》《工伤认定办法》《非法用工单位伤亡人员一次性赔偿办法》《企业职工生育保险试行办法》等之间的外部分解。也许是由于社会保险法域采取的是一种先非基本法后基本法的经验主义立法进路,法域非基本法《社会保险费征缴暂行条例》《失业保险条例》《失业保险金申领发放办法》《工伤保险条例》《工伤认定办法》《非法用工单位伤亡人员一次性赔偿办法》《企业职工生育保险试行办法》等,在第1条立法依据上,都没有"依据社会保险法制定本法"的规定。但是,从实质内容来看,《社会保险法》对"基本养老保险""基本医疗保险""工伤保险""失业保险""生育保险""社会保险费征缴""社会保险基金""社会保险经办""社会保险监督""法律责任"等基本社会保险制度,进行了总体性的全局性的基本规定,是"一般法",是"总则",是"基本法",而法域非基本法《社会保险费征缴暂行条例》《失业保险条例》《失业保险金申领发放办法》《工伤保险条例》《工伤认定办法》《非法用工单位伤亡人员一次性赔偿办法》《企业职工生育保险试行办法》等都是对基本法《社会保险法》的分解和具体展开,都是对社会保险的某个具体方面的操作性的技术性的详细规定,是"特殊法",是"分则",是"非基本法",两者形成的是一种社会法下法域基本法与法域非基本法之间的第三层次的外部分解,体现的是一种分解式法学范例。

最后,需要说明的是,尽管我们在此只是将外部分解分为三个层次,但并不意味着外部分解只有三个层次;实际上,在必要的情况下,这种外部分解可以继续分解下去,直至不能分解为止。

二、微观的各种法律法规中分解式立法范例

如果说上一部分考察的是整个法律法规体系中的分解式法学范例,属于宏观层面的考察,那么本部分考察的是每部法律法规中的分解式法学范例,属于微观层面的考察;如果说上一部分考察的是各种法律法规之间存在的外部的总—分关系即外部分解,以及这种外部分解所体现出的分解式法学范例,那么本部分考察的则是每部法律法规自身内部存在的总—分关系即内部分解,以及这种内部分解所体现出的分解式法学范例。与外部分解一样,也可以将《法律法规全书》和《民法典》中的内部分解划分为以下三个方面。

(一)第一层次内部分解的操作化

所谓第一层次的内部分解,就是在一部存在内部分解的法律法规中,处于最高层次的内部分解。具言之,如果某部法律法规的最高层次是“编”,第一层次的内部分解就是“编”层次的内部分解,如《民法典》;如果某部法律法规的最高层次是“章”,第一层次的内部分解就是“章”层次的内部分解,如《人民法院组织法》;如果某部法律法规的最高层次既不是“编”,也不是“章”,而是“条”,第一层次的内部分解就是“条”层次的内部分解,如《耕地占用税法》。由于第一层次的内部分解主要考察法律法规内部分解的广度和范围,因此,第一层次的内部分解应该涉及各种各样的法律法规,应该涵盖所有的内部分解情形:既要统计形式分解的情形,又要统计实质分解的情形,同时还要统计没有分解的情形。第一层次的内部分解,可以分为以下三种情形。

一是第一层次的形式分解。形式分解,就是在第一层次内部分解中,从法律法规的字面形式来看,标注有“总则”或“分则”的内部分解。第一层次的形式分解又包括两种情形:既标注有“总则”,又标注有“分则”的内部分解,如《刑法》;只标注有“总则”,没有标注“分则”的内部分解,如《不动产登记暂行条例》。

二是第一层次的实质分解。实质分解,就是在第一层次内部分解中,尽管在字面形式上没有标注“总则”和“分则”的字样,但从实质内容来看,既有“总则”的内容,又有“分则”的内容的内部分解。如《国籍法》尽管在字面形式上没有标注“总则”和“分则”的字样,但从实质内容来看,既有关于“适用范围”“国籍的一致性”“对双重国籍的否定”等“总则”内容的规定,又有关于“国籍取得方式”“国籍申请”“国籍的丧失”“国籍的恢复”“国籍的审批”等“分则”内容的规定,因此是一种实质意义上的“总—分”式分解。

三是没有分解的情形。没有分解,就是既没有第一层次的形式分解,又没有第一层次的实质分解的情形。如1982年《全国人民代表大会组织法》,既没有字面的形式意义上的“总则”字样,也没有实质意义上的关于“总则”内容的规定,只是分四章列举性地规定了有关“全国人民代表大会会议”“全国人民代表大会常务委员会”“全国人民代表大会各委员会”“全国人民代表大会代表”的内容，因此，只有“分则”而没有“总则”，不属于本章所指的“总—分”式分解范围，属于没有分解的情形。

(二)第二、三、四层次内部分解的操作化

如果说第一层次的内部分解主要考察法律法规内部分解的范围和广度，那么，第二、三、四层次的内部分解主要考察法律法规内部分解的程度和深度。从理论上来说，第二层次、第三层次和第四层次的内部分解，也可能存在实质分解甚至没有分解的情形，但从《法律法规全书》和《民法典》来看，这种情形较少出现在第二层次、第三层次和第四层次的内部分解中。这可能是因为：当法律法规的条文较多而导致内部分解的层次在两个层次以上时，立法者为了立法的清晰尤其是逻辑层次的清晰，一般会进行形式上的内部分解；换言之，第二、三层次的内部分解，大多以形式分解的形式出现，而较少以实质分解的形式出现，更不可能出现在没有分解的情形中。因此，在统计第二、三、四层次内部分解时，只统计第二层次、第三层次和第四层次的形式分解情形。当然，第二层次的内部形式分解，只可能出现在第一层次的内部形式分解之中，而不可能在第一层次的实质分解之后，再出现第二层次的内部形式分解。同理，第三、四层次的内部形式分解，也只可能出现在第二、三层次的内部形式分解之中，而不可能在第二、三层次的实质分解之后，再出现第三、四层次的内部形式分解。

可见，在统计第一、二、三、四层次的形式分解时，可能存在重合和重复统计的情形，为此，我们采取“就高不就低”的原则来解决这个问题。具言之，当内部形式分解有第四层次时，就统计为第四层次的内部形式分解，不统计为第一、二、三层次的内部形式分解；当内部形式分解有第三层次时，就统计为第三层次的内部形式分解，不统计为第一、二层次的内部形式分解；当内部形式分解只有第二层次时，就统计为第二层次的内部形式分解，不统计为第一层次的内部形式分解；当内部形式分解只有第一层次时，就统计为第一层次的内部形式分解。

第二层次的内部形式分解是相对于第一层次的内部形式分解而言的，

在《法律法规全书》和《民法典》中主要有两种情形：如果说第一层次的内部形式分解是在“编”的层次上，那么第二层次的内部形式分解就是在“章”或者“分编”的层次，如《民法典》；如果说第一层次的内部形式分解是在“章”的层次上，那么第二层次的内部形式分解就是在“节”的层次，如《海商法》。

同样，第三、四层次的内部形式分解也是相对于第二、三层次的内部形式分解而言的，在《法律法规全书》和《民法典》中只有一种情形：如果说第一层次的内部形式分解是在“编”的层次上，第二层次的内部形式分解就是在“章”或者“分编”的层次，那么第三层次的内部形式分解就只能在“节”或者“章”的层次，第四层次的形式分解就只能在“节”的层次，如《民法典》。目前存在第三层次的内部形式分解的法律法规较少，只出现在《民法典》和《民事诉讼法》两部法律中；目前存在第四层次的内部形式分解的只有《民法典》。

最后，必须强调说明的是，内部分解的层次与内部分解的次数是两个不同概念。就某部法律法规而言，在第一层次的内部分解中，无论是形式意义上的“总则”，还是实质意义上的“总则”，都只能存在一个“总则”，而不可能存在两个以上“总则”的情形，而与该“总则”相对应的“分则”也是唯一的，也不可能同时存在两个以上“分则”的情形，因此，这里的“总—分”式分解，既是某部法律法规的第一层次的内部分解，也是该法律法规的第一次内部分解，尽管两者的叫法不同——前者指内部分解的层次，后者指内部分解的次数。

但在第二层次的内部形式分解中，则出现了内部形式分解的层次与内部形式分解次数分离的情形：在第二层次的内部形式分解中，出现了多次内部形式分解的情形。如在《海商法》的第二层次“节”中，出现了四次内部形式分解——分别存在于第三章、第四章、第六章和第十二章。当然，在第二层次的内部形式分解中，也有出现一次内部形式分解的情形；这时的第二层次内部形式分解，就是第二次内部形式分解。如在《证券法》第二层次“节”中，只在第三章出现了 1 次内部形式分解；这时的第二层次内部形式分解就是第二次内部形式分解。

在第三层次的内部形式分解中，内部形式分解的层次与内部形式分解次数也不一致。如《民事诉讼法》在第一层次“编”中，出现了第一次内部形式分解，在第二层次“章”中，出现了三次内部形式分解——见于第一编、第三编和第四编，在第三层次“节”中，在第十五章出现了1次内部形式分解。可见，在《民事诉讼法》中，虽内部形式的分解是三个层次，但内部形式分解次数共有5次。

在第四层次的内部形式分解中，内部形式分解的层次与内部形式分解次数也不一致。如在《民法典》中，在第一层次“编”中，出现了第一次内部形式分解；在第二层次“分编”中，出现了共两次的内部形式分解——见于第二、三编；在第三层次“章”中，内部形式分解在第一、三、四、五、六、七编各出现了1次，在第二编中出现了4次，共出现了10次；在第四层次“节”中，内部形式分解在第一、三编中各出现了3次，在第二编中出现了一次，共7次。可见，在《民法典》中，内部形式的分解是四个层次，而内部形式分解次数共有20次。

（三）各层次内部分解的统计分析

根据以上关于第一层次、第二层次、第三层次和第四层次内部分解的概念、分类和统计规则，笔者对《法律法规全书》中各种法律法规和《民法典》的各层次的内部分解情形，进行了较为全面而严格的统计汇总，统计数据汇总见表3。

表3 《法律法规全书》和《民法典》各层次内部分解统计数据汇总

法律内容	各类法律总数/部	第一层次			第二层次之形式分解/部	第三层次之形式分解/部	第四层次之形式分解/部	各层次分解法律总数/部	分解法律占比/%
		形式分解/部	实质分解/部	没有分解/部					
宪法国家法	24	16	7	1	0	0	0	23	96
民商法	31	21	6	0	3	0	1	31	100
行政法	108	95	5	0	8	0	0	108	100

续表

法律内容	各类法律总数/部	第一层次			第二层次之形式分解/部	第三层次之形式分解/部	第四层次之形式分解/部	各层次分解法律总数/部	分解法律占比/%
		形式分解/部	实质分解/部	没有分解/部					
经济法	96	72	16	0	8	0	0	96	100
社会法	31	22	8	0	1	0	0	31	100
刑法	1	1	0	0	0	0	0	1	100
程序法	7	3	0	0	3	1	0	7	100
合计	298	230	42	1	23	1	1	297	—

从表3统计的横向数据来看,在24部"宪法国家法"中,形式分解的有16部,实质分解的有7部,没有分解的有1部,第二层次的形式分解0部,第三层次的形式分解0部,一共有23部法律法规进行了内部分解,占全部法律法规的96%;在31部"民商法"中,形式分解的有21部,实质分解的有6部,没有分解的0部,进行第二层次形式分解的有3部,进行第三层次形式分解的0部,进行第四层次形式分解的有1部,所有的31部法律法规都进行了内部分解,占全部法律法规的100%;在108部"行政法"中,形式分解的有95部,实质分解的有5部,没有分解的0部,进行第二层次形式分解的有8部,进行第三层次形式分解的0部,所有的108部法律法规都进行了内部分解,占全部法律法规的100%;在96部"经济法"中,形式分解的有72部,实质分解的有16部,没有分解的0部,进行第二层次形式分解的有8部,进行第三层次形式分解的0部,所有的96部法律法规都进行了内部分解,占全部法律法规的100%;在31部"社会法"中,形式分解的有22部,实质分解的有8部,没有分解的0部,进行第二层次形式分解的有1部,进行第三层次形式分解的0部,所有的31部法律法规都进行了内部分解,占全部法律法规的100%;在1部"刑法"中,形式分解的有1部,实质分解的0部,没有分解的0部,进行第二层次

形式分解的0部,进行第三层次形式分解的0部,所有的1部法律法规进行了内部分解,占全部法律法规的100%;在7部"程序法"中,形式分解的有3部,实质分解的0部,没有分解的0部,进行第二层次形式分解的有3部,进行第三层次形式分解的有1部,所有的7部法律法规都进行了内部分解,占全部法律法规的100%。可见,从《法律法规全书》涉及的法律法规和《民法典》内部分解的范围和广度来看,在总共298部法律法规中,共有297部法律法规进行了内部分解,占比高达99.7%,只有1部法律法规没有进行内部分解,占比仅为0.3%,可以说几乎所有的法律法规都进行了内部分解,分解式法学范例几乎成为我国立法实践中的唯一选择。

从表3统计的纵向数据来看,在《法律法规全书》涉及的法律法规和《民法典》总共298部法律法规中,形式分解(包括第一、二、三、四层次)的有共255部,占比85.6%;实质分解的有42部,占比14.1%;没有分解的有1部,占比0.3%。可见,在《法律法规全书》和《民法典》中,绝大多数法律法规选择了明确的内部形式分解,只有少部分法律法规选择了不是很明确的内部实质分解,而既没有形式分解又没有实质分解的法律法规可以说是微乎其微;一句话,进行内部形式分解是我国立法不断走向科学化、明确化的必然选择和集中体现。我们甚至可以大胆地预测:今后,随着我国立法实践的不断科学化和规范化,内部形式分解会越来越多,占比会越来越高,而内部实质分解和没有分解的情形会越来越少,占比会越来越低,甚至会走向消亡。

另外,从表3的纵向统计数据与《法律法规全书》中的法律法规和《民法典》内部分解的程度和深度来看,在进行了内部分解的总共297部法律法规中,第一层次内部分解的法律法规共272(230+42)部,占比约91.6%;第二层次内部分解的法律法规共23部,占比约为7.8%;第三、四层次内部分解法律法规各1部,占比约为0.3%。可见,尽管我国立法实践绝大多数法律法规都进行了内部分解,但我国法律法规内部分解的程度和深度并不高,绝大部分处于第一层次的内部分解,而处于内部分解程度和深度较高的第二、三、四层次的法律法规较少。

三、分解式立法范例的主要功能

实体基础主义分解式立法范例之所以能在立法实践中处于绝对的垄断地位，是因为它在立法实践中具有如下几个方面的功能。

（一）基础主义及其载体总则的功能

首先，基础主义及其载体总则赋予了法律法规一定程度的安定性。人类对法律基础的追寻，就是对法律安定性、合法性的追寻。这种法律安定性或者合法性，或者源于法律内部，如凯尔森的基本规范、哈特的承认规则等；或者源于法律外部的社会根基，如埃利希的“活法论”、涂尔干的“社会分工论”、埃里克森的“社会规范论”、狄骥的“社会连带论”、霍姆斯的“经验论”、卢埃林的“官员行为论”、弗兰克的“法官行为论”等；或者源于法律的哲学根源，如罗尔斯的“正义论”、密尔的“自由论”、富勒的“道德论”、德沃金的“权利论”、卢梭的“社会契约论”、霍布斯的“人性恶论”、洛克的“人性善论”等；或者是上述各种因素的综合，如卡多佐的“化合物论”、伯尔曼的“法律的社会理论”、波斯纳的“实用主义”、哈贝马斯的“在事实与规范之间”、诺内特和塞尔兹尼克的“回应型法”、哈耶克的“法律与立法的二元论”等。这种对法律安定性或者合法性的追寻，在立法实践技术上，则体现为对法律法规的立法基础、立法根据、立法目的、基本原则等总则性法律的规定与追寻，即对基础主义及其载体总则的规定和追寻。

外部基础主义及其载体总则赋予整个法律法规体系以外部安定性：第一层次外部基础主义或者总则，如宪法，赋予各个部门法以外部安定性；第二层次外部基础主义或者总则，如《民法典》总则、香港特别行政区基本法和澳门特别行政区基本法，赋予《民法典》分则、香港特别行政区非基本法和澳门特别行政区非基本法以外部安定性；第三层次外部基础主义或者总则，如劳动法、环境保护法等法域基本法，赋予劳动合同法、环境影响评价法等法域非基本法以外部安定性。总之，各个层次外部基础主义或者总则，赋予各个层次法律法规体系外部安定性，从而获得整个法律法规体系的外部安定性。

而内部基础主义或者总则,通过赋予每部法律法规内各个法律条文以内部安定性,从而获得每部法律法规的内部安定性。第一层次内部基础主义或者总则,如刑法总则和民法典总则,赋予第一层次法律分则所有法律条文——如刑法分则和民法典分则所有法律条文——以内部安定性;第二层次内部基础主义或者总则,如《民法典》第二、三编总则,即"通则",赋予第二层次法律分则所有法律条文——如《民法典》第二、三编所有分则法律条文——以内部安定性;第三层次内部基础主义或者总则,如《民法典》第一编第一章的"基本规定",第二编第一、二、三、四分编中第一、四、十、十六章的"一般规定",赋予第三层次法律分则所有法律条文——如《民法典》第一编第二至七章,第二编第二至三、五至九、十一至十五、十七至十九章所有分则法律条文——以内部安定性;第四层次内部基础主义或者总则,如《民法典》第一编第三、六、七章第一节的"一般规定",赋予第四层次法律分则所有法律条文——如《民法典》第一编第三、六、七章所有分则法律条文——以内部安定性。总之,各个层次内部基础主义或者总则赋予各个层次法律法规体系内部安定性,从而获得每部法律法规的内部安定性。

综上,对内部和外部、微观和宏观的各个层次的基础主义或者总则的提炼和追寻过程不仅在微观上赋予了每部法律法规内各个法律条文的内部安定性,而且在宏观上也实现了整个法律体系法律法规的外部安定性;而正是在这种内部安定性和外部安定性的共同作用下,整个法律体系才获得了安定性。

其次,立法者对基础主义及其载体总则的不断提炼和追寻,促进了立法的体系化。立法者对宏观的外部基础主义或者总则的提炼和追寻,减少甚至消除了各部法律法规之间可能存在的不一致、抵触、矛盾甚至冲突,促进了法律法规之间的外部体系化。对第一层次外部基础主义或者总则的提炼和追寻,减少甚至消除了各部法律法规之间在第一层次上可能存在的不一致、抵触、矛盾甚至冲突,促进了我国宪法与各部门法之间的外部体系化,使我国整个法律体系得以形成;而对第二层次外部基础主义或者总则的提炼和追寻,减少甚至消除了各部法律法规之间在第二层次上可能存在的不一致、抵触、矛盾甚至冲突,促进了我国各部门法内部的法律法规之间的外部体系化,使我国各部门法的法律体系得以形成;而对第三层次外部基础主义或者总则的提炼和追寻,减少甚至消除了各部法律法规之间在第三层次上可能存在的不一致、抵触、矛盾甚至冲突,促进了我国各部门法下各个法域的法律法规之间的外部体系化,使我国各部门法下各个法域的法律体系也得以形成。总之,正是在对外部各层次基础主义或者总则的提炼和追寻过程中,我国立法实践实现了外部各层次法律法规的外部体系化,从而也就在宏观上实现了整个国家法律法规的体系化,使之形成一个有机联系的法律体系。

而立法者对微观的内部的基础主义或者总则的提炼和追寻,减少甚至消除了各部法律法规内各个法律条文之间可能存在的不一致、抵触、矛盾甚至冲突,促进了各个法律法规内所有法律条文的内部体系化。对第一层次内部基础主义或者总则的提炼和追寻,减少甚至消除了各部法律法规内各个法律条文之间在第一层次上可能存在的不一致、抵触、矛盾甚至冲突,促进了各个法律条文在第一层次上的内部体系化;对第二层次内部基础主义或者总则的提炼和追寻,减少甚至消除了各部法律法规内各个法律条文之间在第二层次上可能存在的不一致、抵触、矛盾甚至冲突,促进了各个法律条文在第二层次上的内部体系化;对第三层次内部基础主义或者总则的提炼和追寻,减少甚至消除了各部法律法规内各个法律条文之间在第三层次上可能存在的不一致、抵触、矛盾甚至冲突,促进了各个法律条文在第三层次上的内部体系化;对第四层次内部基础主义或者总则的提炼和追寻,减少甚至消除了各部法律法规内各个法律条文之间在第四层次上可能存在的不一致、抵触、矛盾甚至冲突,促进了各个法律条文在第四层次上的内部体系化。总之,正是在对内部各层次基础主义或者总则的提炼和追寻过程中,我国立法实践实现了法律法规内各层次法律条文的内部体系化,从而也就在微观上实现了每部法律法规的内部体系化,为在宏观上实现整个法律体系的体系化提供了微观基础保障。

综上,正是在对内部和外部、微观和宏观的各个层次的基础主义或者总则的提炼和追寻过程中,我国立法实践不仅在微观上实现了每部法律法规内各个法律条文的内部体系化,而且在宏观上也实现了整个法律体系法律法规的外部体系化;而正是在这种内部体系化和外部体系化的共同作用下,整个法律体系才构成了一个内部协调统一而又密而不漏的法网。

最后,基础主义及其载体总则具有克服分则成文法之局限的功能。尽管立法者可以通过宏观的外部分解来增加新的法律法规和新的法律部门,通过微观的内部分解来不断增加新的法律条文,以适应社会的不断发展和变化,但立法者不可能无限地扩展新的法律法规、新的法律部门和新的法律条文,不可能完全同步地满足因社会不断发展变化而产生的对法律的需求;即使立法者可以通过不断的分解来无限地扩展新的法律法规、新的法律部门和新的法律条文,这些分则成文法也会因"特殊""具体"而存在一定程度的滞后性,从而使分则的法律条文存在一定程度的局限性。而基础主义或者总则通过规定立法目的、立法指导思想、法律基本原则等一般性的、抽象性的法律条文,使之具有克服分则成文法的局限性的功能。立法者通过规定宏观的第一层次的作为外部基础主义载体的总则,如宪法,克服了成文法——如部门法——在第一层次上存在的一定程度的成文法外部局限性;立法者通过规定宏观的第二层次的外部基础主义或者总则,如《民法典》总则、香港特别行政区基本法和澳门特别行政区基本法,克服了成文法——如民法分则、香港特别行政区非基本法和澳门特别行政区非基本法——在第二层次上存在的一定程度的成文法外部局限性;立法者通过规定宏观的第三层次的作为外部基础主义载体的总则,如《劳动法》《社会保险法》《环境保护法》《教育法》等法域基本法,克服了成文法——如《劳动合同法》《工伤条例》《噪声污染防治法》《义务教育法》等法域非基本法——在第三层次上存在的一定程度的成文法外部局限性。总之,立法者正是通过对各层次作为外部基础主义载体的总则的规定,克服了成文法在各层次上存在的一定程度的成文法外部局限性。

而立法者通过规定微观的第一层次的作为内部基础主义载体的总

则，如刑法总则和民法典总则，克服了成文法法律条文——如刑法分则和民法典分则所有法律条文——在第一层次上存在的一定程度的成文法内部局限性；立法者通过规定微观的第二层次的作为内部基础主义载体的总则，如《民法典》第二、三编的总则，即“通则”，克服了成文法法律分则条文——如《民法典》第二、三编的所有分则法律条文——在第二层次上存在的一定程度的成文法内部局限性；立法者通过规定微观的第三层次的作为内部基础主义载体的总则，如《民法典》第一编第一章的“基本规定”，第二编第一、二、三、四分编中第一、四、十、十六章的“一般规定”，克服了成文法法律分则条文——如《民法典》第一编第二至七章，第二编第二至三、五至九、十一至十五、十七至十九章的所有分则法律条文——在第三层次上存在的一定程度的成文法内部局限性；立法者通过规定微观的第四层次的作为内部基础主义载体的总则，如《民法典》第一编第三、六、七章的第一节的“一般规定”，克服了成文法法律分则条文——如《民法典》第一编第三、六、七章的所有分则法律条文——在第四层次上存在的一定程度的成文法内部局限性。总之，立法者正是通过对各层次作为内部基础主义载体的总则的规定，克服了成文法在各层次上存在的一定程度的成文法内部局限性。

综上，对内部和外部、微观和宏观的各个层次作为基础主义载体的总则的规定，不仅在微观上克服了每部法律法规内各个法律条文存在的一定程度的成文法内部局限性，而且在宏观上也克服了整个法律体系法律法规的一定程度存在的成文法外部局限性；而正是在克服这种成文法内部局限性和成文法外部局限性的共同作用下，整个法律体系一定程度存在的成文法局限性才得以一定程度的克服。

（二）分解式及其载体分则的功能

首先，分解式及其载体分则具有使法网层次化的功能。外部分解及其载体分则具有使法网外部层次化的功能。外部第一层次分解及其载体分则，使法律法规之间在第一层次上形成上位法与下位法之间的层次化，如宪法与部门法之间的上位法与下位法之间的层次化；外部第二层次分解及其载体分则，使法律法规之间在第二层次上形成上位法与下位法之间的层次化，如民法典总则与没有实现内部法典化的民法分则之间、香港特别行政区基本法与非基本法之间、澳门特别行政区基本法与非基本法之间的上位法与下位法之间的层次化；外部第三层次分解及其载体分则，使法律法规之间在第三层次上形成上位法与下位法之间的层次化，如《教育法》《劳动法》《社会保险法》等法域基本法与《义务教育法》《劳动合同法》《工伤保险条例》等法域非基本法之间的上位法与下位法之间的层次化。总之，通过外部各层次的分解及其载体分则，使所有法律法规之间逐层地外部层次化，最终使整个法律体系得以外部层次化。

内部分解及其载体分则具有使法网内部层次化的功能。内部第一层次分解及其载体分则，使法律法规内法律条文之间在第一层次上形成上位法律条文与下位法律条文之间的层次化，如刑法总则与刑法分则、民法典总则与民法典分则之间的上位法律条文与下位法律条文之间的层次化；内部第二层次分解及其载体分则，使法律法规内法律条文之间在第二层次上形成上位法律条文与下位法律条文之间的层次化，如《民法典》第二、三编的总则即“通则”与《民法典》第二、三编的所有分则法律条文之间的上位法律条文与下位法律条文之间的层次化；内部第三层次分解及其载体分则，使法律法规内法律条文之间在第三层次上形成上位法律条文与下位法律条文之间的层次化，如《民法典》第一编第一章的“基本规定”，第二编第一、二、三、四分编中第一、四、十、十六章的“一般规定”与《民法典》第一编第二至七章，第二编第二至三、五至九、十一至十五、十七至十九章的所有分则法律条文之间的上位法律条文与下位法律条文之间的层次化；内部第四层次分解及其载体分则，使法律法规内法律条文之间在第四层次上形成上位法律条文与下位法律条文之间的层次化，如《民法典》第一编第三、六、七章第一节的“一般规定”与《民法典》第一编第三、六、七章的所有分则法律条文之间的上位法律条文与下位法律条文之间的层次化。总之，内部各层次的分解及其载体分则，使所有法律法规内所有法律条文之间逐层地内部层次化，最终使每部法律法规得以内部层次化。

综上，内部和外部、微观和宏观的各个层次的分解及其载体分则的规定，不仅在微观上使每部法律法规内各个法律条文之间形成上位法律条文与下位法律条文之间的内部层次化，而且在宏观上也使整个法律体系的所有法律法规之间形成上位法与下位法之间的外部层次化；而正是在内部层次化与外部层次化的共同作用下，整个法律体系才得以形成一张层次非常分明、层层相扣的法网。

其次，分解式及其载体分则具有使法网精细化的功能。宏观的外部分解及其载体分则具有使所有法律法规逐步操作化、技术化，从而使法网逐步精细化的功能。宏观的第一层次外部分解及其载体分则，使法律法规在第一层次上实现其操作化、技术化，从而使法网在第一层次上实现其精细化，如部门法就是在第一层次外部分解和展开过程中，实现其对宪法的操作化、技术化，从而实现其精细化；宏观的第二层次外部分解及其载体分则，使法律法规在第二层次上实现其操作化、技术化，从而使法网在第二层次上实现其精细化，如没有实现内部法典化的民法分则就是在第二层次外部分解和展开过程中，实现其对民法典总则的操作化、技术化，从而实现其精细化；宏观的第三层次外部分解及其载体分则，使法律法规在第三层次上实现其操作化、技术化，从而使法网在第三层次上实现其精细化，如《义务教育法》《劳动合同法》《工伤保险条例》等法域非基本法，就是在第三层次外部分解和展开过程中，实现其对教育法、劳动法、社会保险法等法域基本法的操作化、技术化，从而实现其精细化。总之，通过外部各层次的分解及其载体分则，使所有法律法规逐层地外部操作化和技术化，最终使整个法律体系得以外部操作化和技术化。

微观的内部分解及其载体分则具有使每部法律法规的法律条文逐步操作化、技术化，从而使法网逐步精细化的功能。微观的第一层次内部分解及其载体分则，使每部法律法规的法律条文在第一层次上实现其操作化、技术化，从而使法网在第一层次上实现其精细化，如刑法分则就是在第一层次内部分解和展开过程中，实现其对刑法总则的操作化、技术化，从而实现其精细化；微观的第二层次内部分解及其载体分则，使每部法律法规的法律条文在第二层次上实现其操作化、技术化，从而使法网在第二层次上实现其精细化，如《民法典》第二、三编的所有分则法律条文，就是在第二层次内部分解和展开过程中，实现其对《民法典》第二、三编的总则即“通则”的操作化、技术化，从而实现其精细化；微观的第三层次内部分解及其载体分则，使每部法律法规的法律条文在第三层次上实现其操作化、技术化，从而使法网在第三层次上实现其精细化，如《民法典》第一编第二至七章，第二编第二至三、五至九、十一至十五、十七至十九章的所有分则法律条文，就是在第三层次内部分解和展开过程中，实现其对《民法典》第一编第一章的“基本规定”，第二编第一、二、三、四分编第一、四、十、十六章的“一般规定”的操作化、技术化，从而实现其精细化；微观的第四层次内部分解及其载体分则，使每部法律法规的法律条文在第四层次上实现其操作化、技术化，从而使法网在第四层次上实现其精细化，如《民法典》第一编第三、六、七章的所有分则法律条文，就是在第四层次内部分解和展开过程中，实现其对《民法典》第一编第三、六、七章第一节的“一般规定”的操作化、技术化，从而实现其精细化。总之，内部各层次的分解及其载体分则，使所有法律法规内所有法律条文之间逐层地内部操作化、技术化，最终使微观的每部法律法规得以内部操作化和技术化。

综上，内部和外部、微观和宏观的各个层次的分解及其载体分则的规定，不仅在微观上使每部法律法规内各个法律条文逐步操作化、技术化，而且在宏观上也使整个法律体系的所有法律法规逐步操作化、技术化；而正是在内部操作化、技术化与外部操作化、技术化的共同作用下，整个法律体系才得以形成一张非常精细化的法网。

最后，分解式及其载体分则具有使法网专门化的功能。外部分解及其载体分则具有使法网外部专门化的功能。外部第一层次分解及其载体分则，使法律法规在第一层次上得以专门化，如部门法就是通过外部第一层次的分解及其载体分则，实现其对宪法的专门化；外部第二层次分解及其载体分则，使法律法规在第二层次上得以专门化，如没有实现内部法典化的民法分则、香港特别行政区非基本法和澳门特别行政区非基本法，就是通过外部第二层次分解及其载体分则，实现对其民法典总则、香港特别行政区基本法和澳门特别行政区基本法的专门化；外部第三层次分解及其载体分则，使法律法规在第三层次上得以专门化，如《义务教育法》《劳动合同法》《工伤保险条例》等法域非基本法，就是通过外部第三层次的分解及其载体分则，实现其对教育法、劳动法、社会保险法等法域基本法的专门化。总之，外部各层次的分解及其载体分则，使所有法律法规逐层地外部专门化。

内部分解及其载体分则具有使法网内部专门化的功能。内部第一层次分解及其载体分则，使每部法律法规的法律条文在第一层次上得以专门化，如刑法分则就是通过内部第一层次的分解及其载体分则，实现其对刑法总则的专门化；内部第二层次分解及其载体分则，使每部法律法规的法律条文在第二层次上得以专门化，如《民法典》第二、三编的所有分则法律条文，就是通过内部第二层次分解及其载体分则，实现其对《民法典》第二、三编的总则即“通则”的专门化；内部第三层次分解及其载体分则，使每部法律法规的法律条文在第三层次上得以专门化，如《民法典》第一编第二至七章，第二编第二至三、五至九、十一至十五、十七至十九章的所有分则法律条文，就是通过内部第三层次的分解及其载体分则，实现其对《民法典》第一编第一章的“基本规定”，第二编第一、二、三、四分编第一、四、十、十六章的“一般规定”的专门化；内部第四层次分解及其载体分则，使每部法律法规的法律条文在第四层次上得以专门化，如《民法典》第一编第三、六、七章的所有分则法律条文，就是通过内部第四层次的分解及其载体分则，实现其对《民法典》第一编第三、六、七章第一节的“一般规定”的专门化。总之，内部各层次的分解及其载体分则，使所有法律法规的法律条文逐层地内部专门化。

综上，内部和外部、微观和宏观的各个层次的分解及其载体分则的规定，不仅在微观上使每部法律法规内各个法律条文逐步专门化，而且在宏观上也使整个法律体系的所有法律法规逐步专门化；而正是在内部专门化与外部专门化的共同作用下，整个法律体系才得以形成一张非常具有针对性的法网。

（三）分解式立法范例的整体结构功能

分解式法学范例，理论上就是基础主义与分解式的结合，立法实践技术上则体现为总则与分则的结合，因此，分解式法学范例的整体功能，在立法实践上就是总分结构体例带来的功能。关于总分结构带来的价值和规则的统合性和融惯性，概念和规则的统一性和科层性，规则设计的简洁性，规则和制度的排列的逻辑性、开放性和社会回应性、法律适用性等功能，学界已有论述；〔1〕在此，本章特别强调其调和确定性与灵活性之间关系的适应性功能。这是因为：从法律理论发展史来看，"所有的法律思想都力图协调稳定必要性与变化必要性这两种彼此冲突的要求"〔2〕。另外，从法律实践发展史来看，"在稳定中求变化、在确定性的前提下寻求灵活性，就构成了人类法律实践的基本图式。无论是大陆法系法律发展的历史，还是英美法系法律发展的历史，都反映了人们试图调和法律确定性与灵活性之间关系的种种努力。针对人类法律的这种现象，笔者将其概括为法律的适应性问题，并认为人类法律实践的种种智慧，都可以置于适应性的概念下进行解读"〔3〕。总之，套用库恩的话说就是：调和确定性与灵活性之间关系的法律的适应性问题，不仅是法律实践者团体关注的最为重要的问题，也是法律理论者团体探讨的核心问题，换言之，就是整个法学学科共同体关注的重要问题。

这种总分结构给分解式法学范例带来的调和确定性与灵活性之间关系的社会适应性功能，主要体现在如下几个方面。

---

〔1〕 参见王利明：《总分结构理论与我国民法典的编纂》，载《交大法学》2019年第3期。

〔2〕 [美]罗斯科·庞德：《法律史解释》，邓正来译，中国法制出版社2002年版，第2页。

〔3〕 周少华：《法律之道：在确定性与灵活性之间》，载《法律科学（西北政法大学学报）》2011年第4期。

首先,从构成法律法规的微观构成细胞——法律规范——来看,总则性法律规范是通过提取公因式方法而形成的共通性规则,具有一般性和抽象性的特征,而分则性法律规范则是特殊规则,具有特殊性和具体性的特征,[1]因此,总则与分则结合而形成的总分结构具有一般性法律规范与特殊性法律规范、抽象法律规范与具体法律规范相结合的结构特征;换言之,就是弹性法律规范与刚性法律规范、灵活性法律规范与确定性法律规范相结合的结构特征,最终使法律规范具有社会适应性功能,即能在保持稳定性的同时,随着社会的发展变化而发生变化,在微观的法律规范层面解决了变动社会中的法律的社会适应性命题。[2]

通过外部各层次的分解而形成的外部各层次的总分结构,给法律规范带来外部的社会适应性功能。通过外部的第一层次的分解而形成的外部第一层次总分结构,如宪法与部门法的第一层次外部分解而形成的宪法性规范与部门法规范的结合而成的总分结构特征,使法律规范在第一层次上具有灵活性法律规范与确定性法律规范的结构特征,最终使法律规范在第一层次上具有外部社会适应性功能;通过外部的第二层次分解而形成的外部第二层次总分结构,如民法典总则与没有实现内部法典化的民法分则的第二层次外部分解而形成的民法总则性法律规范与民法分则性法律规范的结合而成的总分结构特征,使法律规范在第二层次上具有灵活性法律规范与确定性法律规范的结构特征,最终使法律规范在第二层次上具有外部社会适应性功能;通过外部的第三层次的分解而形成的外部第三层次总分结构,如《教育法》《劳动法》《社会保险法》等法域基本法与《义务教育法》《劳动合同法》《工伤保险条例》等法域非基本法的第三层次外部分解而形成的法域基本法的法律规范与法域的基本法的法

---

〔1〕 参见王利明:《总分结构理论与我国民法典的编纂》,载《交大法学》2019 年第 3 期。

〔2〕 参见周少华:《法律之道:在确定性与灵活性之间》,载《法律科学(西北政法大学学报)》2011 年第 4 期;周少华:《适应性:变动社会中的法律命题》,载《法制与社会发展》2010 年第 6 期。

律规范的结合而成的总分结构特征，使法律规范在第三层次上具有灵活性法律规范与确定性法律规范的结构特征，最终使法律规范在第三层次上具有外部社会适应性功能。总之，通过外部的各层次分解而形成的外部各层次总分结构，使法律规范在各层次上具有灵活性法律规范与确定性法律规范的结构特征，最终使法律规范在各层次上具有外部社会适应性功能。

内部各层次的分解而形成的内部各层次的总分结构，给法律规范带来内部的社会适应性功能。通过内部的第一层次的分解而形成的内部第一层次总分结构，如刑法总则与刑法分则、民法典总则与民法典分则的第一层次内部分解而形成的总则性规范与分则性规范的结合而成的总分结构特征，使法律规范在第一层次上具有灵活性法律规范与确定性法律规范的结构特征，最终使法律规范在第一层次上具有内部社会适应性功能；通过内部的第二层次分解而形成的内部第二层次总分结构，如《民法典》第二、三编的总则即“通则”，与《民法典》第二、三编的特殊性法律规范的第二层次内部分解，形成的一般性法律规范与特殊性法律规范的结合而成的总分结构特征，使法律规范在第二层次上具有灵活性法律规范与确定性法律规范的结构特征，最终使法律规范在第二层次上具有内部社会适应性功能；通过内部的第三层次的分解而形成的内部第三层次的总分结构，如《民法典》第一编第一章的“基本规定”，第二编的第一、二、三、四分编中第一、四、十、十六章的“一般规定”与《民法典》第一编第二至七章，第二编第二至三、五至九、十一至十五、十七至十九章的特殊性法律规范的第三层次内部分解而形成的一般性法律规范与特殊性法律规范的结合而成的总分结构特征，使法律规范在第三层次上具有灵活性法律规范与确定性法律规范的结构特征，最终使法律规范在第三层次上具有内部社会适应性功能；通过内部的第四层次的分解而形成的内部第四层次的总分结构，如《民法典》第一编第三、六、七章第一节的“一般规定”与《民法典》第一编第三、六、七章的特殊性法律规范的第四层次内部分解而形成的一般性法律规范与特殊性法律规范的结合而成的总分结构特征，使法律规范在第四层次上具有灵活性法律规范与确定性法律规范的结构特征,最终使法律规范在第四层次上具有内部社会适应性功能。通过内部的各层次分解而形成的内部各层次总分结构,使法律规范在各层次上具有灵活性法律规范与确定性法律规范的结构特征,最终使法律规范在各层次上具有内部社会适应性功能。

总之,通过外部和内部各层次的外部和内部的分解而形成的外部和内部各层次的总分结构,使法律规范具有了外部和内部的社会适应性功能,从而为每部法律法规和整个法律体系具有社会适应性功能提供了微观基础。

其次,从中观的法律法规层面来看,通过内部各层次的分解而形成的内部各层次总分结构,使每部法律法规具有了社会适应性功能。通过内部的第一层次的分解而形成的内部第一层次总分结构,如刑法总则与刑法分则的第一层次内部分解而形成的总则与分则的结合而成的内部第一层次总分结构,使法律法规在第一层次上具有灵活性法律法规与确定性法律法规相结合的结构特征,最终使整部法律法规在第一层次上具有内部社会适应性功能;通过内部的第二层次分解而形成的内部第二层次总分结构,如《民法典》第二、三编的总则即"通则",与《民法典》第二、三编的特殊性规定的第二层次内部分解,形成的一般性法律规范与特殊性法律规范的结合而成的总分结构特征,使法律法规在第二层次上具有灵活性法律规范与确定性法律规范相结合的结构特征,最终使整部法律法规在第二层次上具有内部社会适应性功能;通过内部的第三层次的分解而形成的内部第三层次的总分结构,如《民法典》第一编第一章的"基本规定",第二编第一、二、三、四分编中第一、四、十、十六章的"一般规定"与《民法典》第一编第二至七章,第二编第二至三、五至九、十一至十五、十七至十九章的特殊性法律规范的第三层次内部分解而形成的一般性法律规范与特殊性法律规范的结合而成的总分结构特征,使法律法规在第三层次上具有灵活性法律规范与确定性法律规范的结构特征,最终使法律规范在第三层次上具有内部社会适应性功能;通过内部的第四层次的分解而形成的内部第四层次的总分结构，如《民法典》第一编第三、六、七章第一节的“一般规定”与《民法典》第一编第三、六、七章的特殊性法律规范的第四层次内部分解而形成的一般性法律规范与特殊性法律规范的结合而成的总分结构特征，使法律法规在第四层次上具有灵活性法律规范与确定性法律规范的结构特征，最终使法律规范在第四层次上具有内部社会适应性功能。总之，通过内部的各层次分解而形成的内部各层次总分结构，使法律法规在各层次上具有灵活性法律规范与确定性法律规范的结构特征，最终使整部法律法规在各层次上具有内部社会适应性功能。

最后，从宏观的法律体系层面来看，通过外部各层次的分解而形成的外部各层次总分结构，使由法律法规构成的整个法律体系具有了社会适应性功能。通过外部的第一层次的分解而形成的外部第一层次总分结构，如宪法与部门法的第一层次外部分解而形成的总则与分则的结合而成的外部第一层次总分结构，使法律体系在第一层次上具有灵活性法律法规与确定性法律法规相结合的结构特征，最终使整个法律体系在第一层次上具有外部社会适应性功能；通过外部的第二层次分解而形成的外部第二层次总分结构，如民法典总则与没有实现内部法典化的民法分则、香港特别行政区基本法与非基本法、澳门特别行政区基本法与非基本法的第二层次外部分解而形成的民法总则与民法分则、基本法与非基本法的结合而成的总分结构特征，使整个法律体系在第二层次上具有灵活性与确定性相结合的结构特征，最终使整个法律体系在第二层次上具有外部社会适应性功能；通过外部的第三层次的分解而形成的外部第三层次总分结构，如《教育法》《劳动法》《社会保险法》等法域基本法与《义务教育法》《劳动合同法》《工伤保险条例》等法域非基本法的第三层次外部分解而形成的法域基本法与法域非基本法相结合而成的总分结构特征，使整个法律体系在第三层次上具有灵活性与确定性相结合的结构特征，最终使整个法律体系在第三层次上具有外部社会适应性功能。

总而言之，正是由于分解式法学范例在立法实践上具有上述重要功能，尤其是在调和确定性与灵活性之间关系上的适应性功能，才使之迄今为止是在立法实践中占有绝对垄断地位的立法范例。

四、分解式立法范例的功能障碍及其克服

从理论上看，实体基础主义分解式立法范例尽管存在上述主要功能，但从我国立法实践来看，还是存在如下两个方面的功能障碍。

（一）内在的功能障碍

所谓内在的功能障碍，就是实体基础主义分解式立法范例本身固有的功能缺陷，是由基础主义与分解式的内在紧张或者失衡而导致的功能障碍，主要体现在以下几个方面。

第一，分解式之不足。首先，在内部分解上，虽然我国立法实践绝大部分都采用了分解式立法范例，但在分解的质上，存在内部分解程度和深度不够的缺陷，大部分处于内部分解程度不高的第一层次内部分解，而处于内部分解程度较高的第二及以上层次内部分解较少，只占8.4%。其次，在外部分解上，我国立法实践中存在外部分解过多的情形，除了第一层次的外部分解与世界各国一样，属于正常的立法常态外，还存在三种非正常的分解状态：一是由于特殊的历史原因而采取的“一国两制”政策，我国目前存在香港特别行政区和澳门特别行政区的基本法和非基本法的第二层次外部分解；二是由于立法战略的考量，采取一种由外部分解到内部分解的经验主义的渐进立法路径，我国目前民法中存在《民法典》总则与没有实现内部法典化的民法分则之间的第二层次外部分解；三是由于立法实践需要而导致的法律法规的急剧扩张和分解，而相应的理论研究尤其是第二层次总则研究相对滞后且不够深入和成熟，在行政法、经济法和社会法等领域暂时无法形成第二层次外部分解的情形下，存在法域基本法与法域非基本法的第三层次外部分解。这种内部分解不足而外部分解过多的立法状况，可能会给我国立法带来如下弊端。

一是过多的外部分解，在带来法规体系外部层次化的同时，也可能带来更多法规之间的外部冲突、不一致。法规体系的第一层次外部分解，可能带来母法与子法之间第一层次的外部冲突、不一致；法规体系的第二层次外部分解，可能带来子法总则（基本法）与分则（非基本法）之间第二层

次的外部冲突、不一致;法规体系的第三层次外部分解,可能带来法域基本法与非基本法之间第三层次的外部冲突、不一致。总之,各层次的外部分解在带来各层次法规体系层次化的同时,也可能带来法规体系在外部各层次上的冲突、不一致,最终可能造成整个宏观的法规体系上的外部冲突、不一致。

二是过多的外部分解,在带来法规体系外部操作化和技术化的同时,也可能带来更多的法规之间外部碎片化。法规体系的第一层次外部分解,可能带来母法与子法之间第一层次的外部碎片化;法规体系的第二层次外部分解,可能带来子法总则(基本法)与分则(非基本法)之间第二层次的外部碎片化;法规体系的第三层次外部分解,可能带来法域基本法与非基本法之间第三层次的外部碎片化。总之,各层次的外部分解在带来各层次法规体系操作化和技术化的同时,也可能带来法规体系在外部各层次上的碎片化,最终可能造成整个宏观的法规体系上的外部碎片化。

三是过多的外部分解,在带来法规体系外部专门化的同时,也可能带来更多法规之间的外部部门化。法规体系的第一层次外部分解,可能带来母法与子法之间第一层次的外部专门化;法规体系的第二层次外部分解,可能带来子法总则(基本法)与分则(非基本法)之间第二层次的外部专门化;法规体系的第三层次外部分解,可能带来法域基本法与非基本法之间第三层次的外部专门化。总之,各层次的外部分解在带来各层次法规体系专门化的同时,也可能带来法规体系在外部各层次上的部门化,最终可能造成整个宏观的法规体系上的外部部门化。

最后,还需要说明的是,从理论上看,内部分解也会带来上述弊端,但与外部分解相比性质不同:前者是某部法规内部问题,后者是法规之间的问题,甚至是法域之间的问题;前者是分解式立法范例不可以避免的,也是一种世界性普遍现象,后者是立法暂时不完善的结果,可以通过完善立法技术加以克服;两者相比,前者带来的弊端更小些,后者则大些;前者尽管不是完美无缺,但是一种次优方案,而后者则不是。因此,在这里无须对内部分解带来的此类弊端加以展开和考量。

第二,基础主义之不足。首先,从内部分解数据(见表3)来看,绝大部分法规都实现了内部基础主义。在总共298部法规中,只有1部法规没有分解,没有实现基础主义,占比约为0.3%;其余297部法规都实现了基础主义,占比高达99.7%。其中,272部法规,也许是由于法规条文规模较小,实现了第一层次的基础主义,占比91.3%;25部法规,也许是由于法规条文规范较大和理论研究尤其是总论研究较为成熟,实现了第二、三、四层次的基础主义,占比为8.4%。

其次,从外部分解来看,外部基础主义在各层次上都存在不足:在第一层次外部分解中,总共297部法规中(见表2),"依据宪法"的259部法规,都实现了外部基础主义,占比为87.2%;"无法判断"的38部法规,都没有实现外部基础主义,占比为12.8%。在第二层次外部分解中,外部基础主义的实现状况不是很理想:目前只有刑法和部分民法(实现内部法典化的民法部分)实现了内部基础主义,不存在外部基础主义的情形;部分民法(没有实现内部法典化的民法部分)、香港特别行政区法律和澳门特别行政区法律,都实现了外部的基础主义;而行政法、经济法和社会法等法律部门,由于法律条文的不断扩张和法规的不断增多而导致分解的不断增多,加上理论研究尤其是总论研究的滞后,使之既难以像民法那样在第二层次形成外部的基础主义,更难以像刑法那样在第二层次形成内部的基础主义。在第三层次外部分解中,由于同样的原因,在行政法、经济法和社会法等部门法中,只有少部分法域形成了外部基础主义。

可见,我国立法中基础主义的不足,主要表现为外部基础主义的不足。这种外部基础主义的缺乏,会给我国法规带来如下几个方面的影响。

一是给法规外部安定性功能带来影响。第一层次外部基础主义的缺失,会使法规失去建立在宪法基础上的外部安定性功能;第二层次外部基础主义的缺失,会使法规失去建立在部门法总则(或者基本法)基础上的外部安定性功能;第三层次外部基础主义的缺失,会使法规失去建立在法域基本法基础上的外部安定性功能。

二是给法规外部体系化功能带来影响。第一层次外部基础主义的缺失,会使法规失去建立在宪法基础上的外部体系化功能;第二层次外部基础主义的缺失,会使法规失去建立在部门法总则(或者基本法)基础上的外部体系化功能;第三层次外部基础主义的缺失,会使法规失去建立在法域基本法基础上的外部体系化功能。

三是给法规克服成文法外部局限性带来影响。第一层次外部基础主义的缺失,会使法规失去建立在宪法基础上的克服成文法外部局限性功能;第二层次外部基础主义的缺失,会使法规失去建立在部门法总则(或者基本法)基础上的克服成文法外部局限性功能;第三层次外部基础主义的缺失,会使法规失去建立在法域基本法基础上的克服成文法外部局限性功能。

四是最终还会给法规内部基础主义带来影响。从世界范围来看,第一层次的外部基础主义是一种正常的普遍现象,而第二、三层次外部基础主义的存在,是一种因立法技术不成熟而出现的暂时现象,以后会随着立法技术的进步和成熟,逐步转化为内部基础主义而消失。其转化的理论进程为:低层次的第三层次外部基础主义是向高层次的第二层次外部基础主义转化的基础,而后者又是向内部基础主义转化的基础。如我国民法典的制定,采取一种经验主义的渐进立法方式,先行制定单独的民法总则,采取一种外部基础主义路径,直到条件成熟后将其转化为民法典的总则部分,并形成内部的基础主义。未来我国行政法典、经济法典和社会法典,也可能采取这种类似的内部基础主义形成的立法进路:首先,在第三层次法域基本法基础上,提炼、总结形成第二层次的外部基础主义及其单行的总则;其次,在立法技术条件成熟后,将第二层次的外部基础主义及其单行的总则转化为内部基础主义及其法典总则部分。可见,目前,我国立法中存在的第二、三层次基础主义的缺失,不仅会影响低层次的第三层次外部基础主义是向高层次的第二层次外部基础主义的转化,而且还会进一步影响高层次的第二层次外部基础主义向内部基础主义的转化。

第三,外部的基础主义与分解式的失衡而带来的法规外部社会适应性功能障碍。由上可知,在内部分解上,我国立法基本实现了基础主义及其载体总则与分解式及其载体分则的平衡，形成了内部的总分结构，具有调和法律的确定性和法律的灵活性之间关系的内部社会适应性功能；而在外部分解上，存在较为严重的基础主义及其载体总则与分解式及其载体分则的失衡状况，难以形成外部的总分结构，最终使实体基础主义分解式立法范例在外部分解的各个层次上，不同程度地存在调和法律的确定性和法律的灵活性之间关系的外部社会适应性功能障碍。

在第一层次外部分解中，总共297部法规中（见表2），有38部法规由于没有实现外部基础主义，存在基础主义及其载体总则与分解式及其载体分则的失衡状况，难以形成外部的总分结构，最终使之不具有调和法律的确定性和法律的灵活性之间关系的外部社会适应性功能。在第二层次外部分解中，行政法、经济法和社会法等法律部门，由于没有实现外部基础主义，也存在基础主义及其载体总则与分解式及其载体分则的失衡状况，也难以形成外部的总分结构，最终也不具有调和法律的确定性和法律的灵活性之间关系的外部社会适应性功能。在第三层次外部分解中，行政法、经济法和社会法等部门法，由于只有少部分法域形成了外部基础主义，绝大部分没有实现外部基础主义，也存在基础主义及其载体总则与分解式及其载体分则的失衡状况，也难以形成外部的总分结构，最终也不具有调和法律的确定性和法律的灵活性之间关系的外部社会适应性功能。

（二）外在的功能障碍

所谓外在的功能障碍，就是实体基础主义分解式立法范例在解决社会问题、满足社会需要等方面存在的功能障碍，主要体现在以下几个方面。

第一，在观念上，实体基础主义分解式立法范例强调的“分”与我国传统法律文化强调的“合”存在观念上的冲突。如果说西方（法律）文化追问的是“物质是由什么构成的”“社会是由什么构成的”“法律是由什么构成的”等“是什么”的分析性问题，那么，中国（法律）文化追问的则是“如何修身”“如何齐家”“如何治国”“如何平天下”等“怎么办”的综合性问题,“不曰‘如之何如之何’者,吾未知如之何也已矣”。[1] 正是由于强调“分”,西方形成了较为精细化的现代法律制度,最终也形成了分解式法学范例和立法范例;中国古代强调“合”,近代以后开始移植西方现代法律制度和与之相应的分解式法学范例和立法范例。尽管如此,中国传统强调“合”的(法律)文化观念,并没有因为移植了西方现代法律制度和相应的分解式立法范例而退出中国社会,相反以各种不同形式自觉或不自觉地体现在人们的观念和行为上,并与实体基础主义分解式立法范例发生各种各样的融合。

第二,在立法上,实体基础主义分解式立法范例强调的“分”与我国社会实际存在的“化合型”制度存在制度上的冲突,不能完成对我国“化合型”制度的立法规范。在中国传统文化强调“合”的传统的长期作用下,至今还存在仍然对中国社会产生重要影响的“化合型”法律制度,如礼法合一、调审合一等。实体基础主义分解式立法范例在为这些制度提供立法规范时,主要是通过将这些“化合型”制度进行分解来加以规范,分别由不同的立法来加以规范。如在对实行“调审合一”的中国法院进行立法规范时,通过将其中“调”的部分与其中“审”的部分进行分解,分别由不同的立法加以规范,前一部分由“调解法”加以规范,后一部分由法院组织法和诉讼程序法加以规范。但这时我们想要加以规范的对象是“法院”,我们实际立法规范的对象是法院中“调”的部分与“审”的部分,两者是不同的。打一个形象的比方说,我们想要通过立法调整的对象是 H_2O,但我们通过将 H_2O 分解为 H_2 和 O_2,希望通过对 H_2 和 O_2 的立法调整,来达到对 H_2O 的立法调整,可见,我们想要立法调整的对象 H_2O 与我们实际立法调整的对象 H_2 和 O_2 是不同的。这就会给我国立法带来两个方面的巨大影响:一是使我们的立法因与立法调整的对象错位甚至脱离实际而得不到实施,或者实施非常困难;二是使我们想要立法规范的对象得不到立法的规范而处于立法空白状态。总之,实体基础主义分解式立法范例强调

[1] 《论语·卫灵公》。

的“分”与我国社会实际存在的“化合型”制度存在制度上的冲突，不能完成对我国“化合型”制度的立法规范。

第三，在司法（执法）上，实体基础主义分解式立法范例强调的“分”与司法（执法）实践需要一定程度的“合”存在一定程度的冲突。司法实践需要建立一个包括法律因素和事实因素等各种因素同时在场的“合”的法学范例，但实体基础主义分解式立法范例是通过对法律法规的外部分解和内部分解而建立一个“体系化”“层次化”“精细化”“专门化”的法律世界，而且是将司法实践面临的复杂化法律问题简单化、理念化的法律世界，强调的是“分”，因此，实体基础主义分解式立法范例，既与司法实践所需要的法律因素和事实因素同时在场的法学范例存在冲突，也与司法实践面临的复杂化的法律问题存在一定程度的差距。

第四，在守法上，实体基础主义分解式立法范例强调的“分”与社会大众面对客观社会现实时需要一种“合”的法律方案存在一定程度的冲突。基础主义分解式立法范式强调的“分”及其带来的“层次化”“精细化”“专门化”“格式化”，实际上是建立在将复杂化社会理念化、简单化的基础上的。社会大众在面对客观社会现实时，客观实际社会呈现的是一种“模糊的”“参差不齐的”“非格式化的”“综合化的”“复杂化的”混沌状况，因此，需要一种与客观实际相符的存在一定程度“合”的法律方案，以相对直接地确定自己的行为是否符合法律。可见，实体基础主义分解式立法范例强调的“分”，与社会大众面对客观社会现实时需要一种“合”的法律方案，存在一定程度的冲突和差距。

第五，实体基础主义分解式立法范例与未来网络社会的日益复杂化存在一定程度的冲突和距离。基础主义分解式立法范例强调的“分”及其带来的“层次化”“精细化”“专门化”“格式化”，形成于西方较为小型的简单社会，是一种将立法调整的对象社会简单化、理念化的立法范例。未来网络社会会因人与人之间的网络化、物与物之间的物联网络化以及人与物之间的网络化，形成一个日益高度社会分工，且日益连带、日益有机团结、日益链接的网络社会，其复杂性远远超出历史上的任何社会。可见,实体基础主义分解式立法范例与未来网络社会的日益复杂化存在一定程度的冲突和距离。

(三)功能障碍的克服

由此可见,实体基础主义分解式立法范例,既存在分解式与基础主义之间的内在紧张及其功能障碍,也存在因分解而带来的与外部社会现实之间的外在紧张及其功能障碍,因此,要想从根本上克服实体基础主义分解式立法范例的弊端,必须引入一种与分解式存在互补功能的化合式立法范例,以及与这种化合式立法范例相匹配的新的基础主义,即基础主义化合式法学范例。

当然,这种新立法范例的形成和运用可能是一个较长时期的缓慢发展过程,不能解决目前立法实践中的燃眉之急,短期内应采取一种临时性的措施。

第一,分解式弊端的克服。这包括以下两个方面:一是外部分解的优化,将外部分解尽量转化为内部分解。从上述对我国立法实践中外部分解式立法范例的考察来看,存在以下几个方面的立法优化空间:首先,第一层次外部分解的优化。具体包括:消除“无法判断”的情形,提高“依据宪法”的法律法规的占比,尽量做到宪法对整个法律法规体系的全覆盖;缩小“实质依据宪法”的比例;通过制定行政法总则、经济法总则和社会法总则等总则性法律的方式,提高“依据宪法”尤其是“间接依据宪法”的比例,实现宪法对整个法律法规体系的全覆盖。其次,第二层次外部分解的优化并向内部分解转化。加快民法典的进一步优化,将目前没有实现内部法典化的部分民法的外部分解内部化,发展成为整个民法的内部分解,从而达到消除没有实现内部法典化的部分民法的外部分解,最终实现整个民法的内部法典化的优化状态。我国香港特别行政区和澳门特别行政区目前存在的基本法和非基本法的第二层次外部分解,也可能在将来随着历史的不断发展而发展变化。最后,第三层次的外部分解的优化并向内部分解转化。对这种第三层次外部分解的优化,应像民法典那样采取一种渐进的优化路径:先要集中力量,加快加深对行政法总则、经济法总则和社会法总则等总则性法律的理论研究,并在这些总论研究基础上加快对这些总则性法律的制定,将第三层次的外部分解发展成为第二层次的外部分解;然后,在条件成熟之后,通过制定经济法法典、行政法法典和社会法法典等形式,将第二层次外部分解内部化,从而达到消除其外部分解的目的。总之,除了第一层次的外部分解是一种世界性的普遍现象,属于正常的立法常态外,第二层次、第三层次的外部分解则是一种过渡性立法安排,是一种立法的非理想状态,也是我国立法外部分解的优化空间,最终都需要发展到像刑法典、诉讼法典和民法典那样,内部化地被整合成为一部法典,被内部分解所取代。

二是内部分解的优化,提高内部分解的质量和层次。从上述对我国立法实践中内部分解式立法范例的考察来看,存在以下几个方面的立法优化空间:首先,在内部分解的广度上,彻底消除我国法律法规中“没有分解”的情形,使内部分解覆盖我国所有的法律法规;其次,在内部分解质量上,继续提高明确而清晰的“形式分解”在整个内部分解中的比重,逐步继续减少不明确而模糊的“实质分解”在整个内部分解中的比重,提高我国法律法规中内部分解的质量;最后,在外部分解转化为内部分解的同时,必须在内部分解的深度和结构优化上,提升第二层次、第三层次和第四层次内部分解在整个内部分解中的比重,减少第一层次内部分解在整个内部分解中的比重,从而达到提高内部分解的深度和优化内部分解结构的目的。

第二,基础主义弊端的克服。针对我国立法中主要存在的外部基础主义的弊端,我国立法应该加强对外部基础主义及其载体总则的研究,尤其要加强对行政法总则、经济法总则和社会法总则的研究,并借鉴民法典制定的渐进主义立法经验,在条件成熟后,将外部基础主义及其载体总则转化为内部基础主义及其载体总则。

第三,基础主义与分解式失衡的克服。针对我国立法中主要存在的外部基础主义与分解式失衡严重的状况,我国立法应着力解决外部基础主义及其载体总则缺失与外部分解式及其分则过多之间的紧张关系,并实现两者之间的基本平衡，尤其要着力解决行政法、经济法和社会法的基础主义及其载体总则缺乏与行政法、经济法和社会法外部分解过多之间的紧张关系，实现两者之间的基本平衡。

结语　法学的中国时代?

——分解式法学范式的评价与转型

一、分解式法学范式的主要功能

分解式法学范式之所以能自古至今长存于西方并扩展至世界绝大多数国家,是因为其具有如下几方面的功能。

(一)分解式的主要功能

分解式法学范式是通过不断地分解来追寻法的本体即第一实体,这个分解的过程有如下两个方面的功能。

第一,在理论上,分解式促进了法学自身的不断分化、精细化、层次化、专门化和技术化。首先,分解式促进了法学内部第一层次分解,即作为法学基础理论的法理学与法学非基础理论的部门法学的分化;其次,如果有需要,分解式还可以在第一层次分解基础上,进行法理学与部门法学内部各自的再分化,即法理学分解为自然法学、规范分析法学和社会法学等法学流派,部门法学分解为宪法学、行政法学、民法学、刑法学、经济法学、国际法学、诉讼法学等法学二级学科;再次,如果再有需要,分解式还可以在第二层次分解基础上，在法理学的自然法学、规范分析法学和社会法学等各流派内部，以及部门法学的宪法学、行政法学、民法学、刑法学、经济法学、国际法学、诉讼法学等法学二级学科内部进行第三层次分解，如规范分析法学分为纯粹分析法学和新规范法学，将民法学在内部分解为物权法学、债权法学等法学三级学科等；最后，如果还有需要，分解式还可以在第三层次分解基础上，进行第四、第五层次分解……直至不能分解为止。上述从第一层次分解到第二层次分解到第三层次分解到第四、第五层次分解……直至不能分解为止的过程，既是法学不断分解/分化的过程，也是法学不断层次化、精细化、专门化的过程，同时，从抽象理论法理学到部门法学再到部门法学内部各二级学科再到部门法学内部各三级、四级、五级学科的精细化、专门化过程，也是一个从观念到技术的技术化过程。

第二，在实践上，法学是一个实践性很强的学科，上述法学话语自身的不断分解、分化、精细化、专门化和技术化，也会带动法律实践的不断分解、分化、精细化、专门化和技术化，促进法律自身的不断分解、分化、精细化、层次化、专门化和技术化，具体体现在以下三个层面。

首先，在宏观层面，分解式带来法律部门和法律制度的不断分化、精细化、层次化、专门化和技术化。随着部门法学分解为宪法学、行政法学、民法学、刑法学、经济法学、国际法学、诉讼法学等学科，法律也相应地分解为宪法、行政法、民法、刑法、经济法、国际法、诉讼法等相应的法律部门和法律制度；如果说这是法学的分解和分化带给法律自身的第一层次分解，那么，法学的分解带给法律自身的第二层次分解，就是宪法学、行政法学、民法学、刑法学、经济法学、国际法学、诉讼法学等法学学科内部的继续分解，并形成相应的法律部门和法律制度，如民法内部分解为物权法、债权法、民事责任法等法律，并形成与之相应的法律部门和法律制度；如果还有需要，法律还会在第二层次分解基础上，进行进一步的第三、第四、第五层次分解……直至不能分解为止，并形成与之相应的法律部门和法律制度。法律自身和法律部门以及法律制度的不断分解的过程，也是一个不断从抽象的基本的法律、法律部门和法律制度到具体的法律、法律部门和法律制度的精细化、层次化、专门化和技术化的过程。

其次，在中观层面，宏观层面的法律部门和法律制度的不断分解、分化、精细化、层次化、专门化和技术化，也带来法律部门和法律制度的运行载体——法律机构——的不断分化、分解、精细化、层次化、专门化和技术化。法律机构的分解，具体包括横向分解和纵向分解两个方面。

法律机构横向分解，就是法律机构在同等结构——法律机构之间的关系为平等关系——上的分解，具体又包括两种：一是法律机构之间外在的横向分解，即立法机构、司法机构、行政执法机构、监察机构、律师事务所等法律机构；如果需要，法律机构可以进一步分解，如司法机构可以分解为检察院和法院，行政执法机构可以分解为综合性的行政执法机构和专门性的行政执法机构；如果有需要，可以再进行分解，如法院可以分解为一般法院和专门法院；如果还有需要，还可以进行第四、第五层次分解，直至不能分解为止。实际上，上述法律机构之间外在的每一次横向分解的过程，就是法律机构之间外在的横向的分化、精细化、层次化、专门化和技术化的过程。

二是法律机构内部内在的横向分解，如在法院内部，第一层次分解就是将法院横向分解为业务机构和非业务机构（如法院内部的行政管理部门）；如果有需要，再将业务机构根据业务性质和范围不同，横向分解为民庭、刑庭、行政庭、立案庭、再审庭、执行庭或执行局等；如果有需要，业务机构还可以横向再分解，如将民庭分为民一庭、民二庭、民三庭、民四庭，刑庭分为刑一庭、刑二庭；如果还有需要，业务机构还可以进行第四、第五层次的横向分解，直至不能分解为止。实际上，上述法律机构之间内在的每一次横向分解的过程，就是法律机构内部内在的横向分化、精细化、层次化、专门化和技术化的过程。

法律机构纵向分解，就是法律机构在等级结构——法律机构之间的关系是服从与被服从的关系——上的分解。如法院在第一层次纵向分解时，可以分为中央法院与地方法院；如果有需要，在第二层次纵向分解时，可以将地方法院分为初审法院、中级法院、高级法院；如果再有需要，可以进行类似的第三、第四层次的纵向分解,直至不能纵向分解为止。实际上,上述法律机构之间每一次纵向分解的过程,就是法律机构每一次纵向的分化、精细化、层次化、专门化和技术化的过程。

最后,在微观层面上,中观的法律机构的不断分解、分化、精细化、层次化、专门化和技术化,也会相应带来作为法律机构微观基础的法律人的不断分解、分化、精细化、层次化、专门化和技术化。与法律机构同步,法律人的分解,具体也包括横向分解和纵向分解两个方面。

法律人的横向分解,就是法律人在同等结构——法律人之间的关系为平等关系——上的分解,具体又包括两种:一是法律人之间外在的横向分解,即立法人员、司法人员、行政执法人员、监察机构工作人员、律师、公证员等法律人;如果需要,法律人可以进一步分解,如司法人员可以分化为检察官和法官,行政执法人员可以分化为综合性行政执法人员和专门性行政执法人员;如果有需要,可以再进行分解,如法官可以分解为一般法院的法官和专门法院的法官;如果还有需要,还可以进行第四、第五层次分解,直至不能分解为止。实际上,上述法律人之间外在的每一次横向分解的过程,就是法律人之间外在的横向的分化、精细化、层次化、专门化和技术化的过程。

二是法律人内在的横向分解,如在法院内部,第一层次分解就是将法院工作人员横向分解为从事业务的法官和从事行政管理的行政管理人员;如果有需要,再将从事业务工作的法官根据业务性质和范围的不同,横向分解为民庭的法官、刑庭的法官、行政庭的法官、立案庭的法官、再审庭的法官、执行庭或执行局的工作人员等;如果有需要,法官还可以横向再分解,如将民庭的法官分为民一庭的法官、民二庭的法官、民三庭的法官、民四庭的法官,刑庭的法官分为刑一庭的法官、刑二庭的法官;如果还有需要,法官还可以进行第四、第五层次的横向分解,直至不能分解为止。实际上,上述法律人之间内在的每一次横向分解的过程,就是法律人内在的横向分化、精细化、层次化、专门化和技术化的过程。

法律人的纵向分解,就是法律人在等级结构——法律人之间的关系是服从与被服从的关系——上的分解。如法院法官在第一层次纵向分解时，可以分为中央法院法官与地方法院法官；如果有需要，在第二层次纵向分解时，可以将地方法院法官分为初审法院法官、中级法院法官、高级法院法官；如果再有需要，可以进行类似的第三、第四层次的纵向分解，直至不能纵向分解为止。实际上，上述法律人之间每一次纵向分解的过程，就是法律人每一次纵向的分化、精细化、层次化、专门化和技术化的过程。

（二）实体基础主义的主要功能

分解不是目的，而是手段；分解的最终目的，就是希望通过分解，找到其中的第一实体（本质、本因或者本原），以作为其基础。因此，分解的过程，既是一个追寻第一实体的过程，也是一个追寻实体基础主义的过程。在向度上，实体基础主义与分解式刚好是相反的：如果分解的过程是一个不断分化、精细化、层次化、专门化的过程，那么，追寻实体基础主义的过程，就是一个不断一体化的过程；如果说分解的过程是一个不断形而下的技术化过程，那么，追寻实体基础主义的过程，就是一个不断形而上的哲理化过程。因此，追寻实体基础主义会产生如下两个方面的功能。

第一，在理论上，追寻实体基础主义会促进法学的不断哲理化和一体化。每一次分解的过程，都会伴随一次追寻实体基础主义的过程，促进法学的每一次哲理化和一体化：如当部门法学分支的民法学分解为物权法学、债权法学、人格权法学、民事责任法学等三级学科时，相应地也会伴随追寻其实体基础主义的过程，促进民法学的一次哲理化和一体化，形成民法哲学和建基于民法哲学上的一体化民法学；当部门法学分解为宪法学、刑法学、民法学、经济法学等二级学科时，相应地也会伴随追寻其实体基础主义的过程，促成部门法学的一次哲理化和一体化，形成部门法哲学和建基于部门法哲学上的一体化部门法学；当法学分解为部门法学与法理学时，也会相应地伴随追寻其实体基础主义的过程，促成法学的一次哲理化和一体化，形成人文主义或科学主义法哲学和建基于人文主义或科学主义法哲学上的一体化法学；当法理学内部分解为人文主义法学和科学主义法学时，也会相应地伴随追寻其实体基础主义的过程，促成法学的一次哲理化和一体化，形成实体主义法哲学和建基于实体主义法哲学上的一体化法学。[1]

第二，在实践上，法学是一个实践性很强的学科，上述法学话语自身的不断哲理化和一体化，也会带动法律实践的不断一体化，促进法律自身的不断一体化，具体体现在以下三个层面：首先，法律在宏观层面的一体化。目前，各个分解层次的法律之间的一体化，主要是通过下位法不得与上位法相冲突，下位法以上位法为依据，部门法不得与宪法相冲突，部门法必须以宪法为依据，最后将整个法律的一体化建立在宪法基础上，从而实现法律在宏观层面的一体化。其次，在中观层面，宏观层面的法律部门和法律制度的不断一体化，也带来法律部门和法律制度的运行载体——法律机构——的不断一体化；否则，宏观层面的法律部门和法律制度的一体化就缺乏组织技术保障。目前，各个分解层次的法律机构的一体化，主要是以各个法律机构组织法为依据，最后将整个法律机构的一体化建立在宪法中有关法律机构的法律规定上，如法律组织的基本组织结构、组织功能及其遵循的基本原则，从而实现法律机构在中观层面的一体化。最后，在微观层面上，中观的法律机构的不断一体化，也会相应带来作为法律机构微观基础的法律人的不断一体化，最后形成一个共同遵守学科共同体集体承诺的法律人共同体。

(三)分解式法学范式的整体功能

分解式法学范式的整体功能，就是由实体基础主义的功能与分解式的功能相结合而形成的功能。首先，从静止的角度来看，实体基础主义与分解式在功能上是相互对立的。分解的过程，在理论层面，是一个法学由法哲学到部门法学的分解过程，是一个法学不断部门法学化的过程，是一个法学不断精细化、专门化、层次化的过程，也是一个法学不断形而下的技术化过程；在法律实践层面，分解是一个法律由宪法到部门法的分解过程，是一个法律不断部门法化的过程，是一个法律不断精细化、专门化、层

---

〔1〕 关于这个问题的详细论述，参见本书第一章。

次化的过程，是一个法律不断形而下的技术化过程，也是一个不断排除外来政治、经济、道德、文化等社会因素的影响以获得法律技术自治的过程，具体包括：宏观层面的法律规则自治（包括法律实体规则自治和法律程序规则自治）、中观层面的法律机构自治和微观层面的法律人自治。

相反，追寻实体基础主义的过程，在理论层面，是一个法学由部门法学到法哲学的一体化过程，是一个法学不断法哲学化的过程，是一个法学不断抽象化、体系化、一体化的过程，也是一个法学不断形而上的观念化过程；在法律实践层面，是一个法律由部门法到宪法的一体化过程，是一个法律不断宪法化的过程，是一个法律不断抽象化、体系化、一体化的过程，是一个法律不断形而上的观念化过程，也是一个不断排除外来各种观念因素以建立观念自治的过程。

其次，从辩证的动态的角度来看，实体基础主义与分解式在功能上又是统一的。从理论上来看，实体基础主义是通过不断分解来追寻第一实体，分解是手段，而追寻第一实体以实现基础主义是分解的目的，因此，没有分解，就不可能实现基础主义；没有不断的分解，也无须不断追寻第一实体以实现基础主义。正是由于西方分解式与实体基础主义的相互作用和相互支撑，才形成了西方第一个法学范式——实体基础主义分解式法学范式，也才形成了现代意义上的西方法学。相反，在中国古代社会，由于观念上的“早熟”，只有较为粗糙的“合”的观念，因此中国古代法律没有出现像西方社会那样的分解式法学范式，相应地不可能也没有必要产生对法律基础主义的追寻，故而不可能出现像西方那样的实体基础主义分解式法学范式，也不可能形成现代意义上的中国法学。

另外，实体基础主义与分解式在功能上的统一还体现在法律实践上。法律通过不断分解、分化、精细化、层次化、专门化和技术化，以排除外来政治、经济、道德、文化等社会因素影响以获得法律技术自治，无论是宏观层面的法律规则自治（包括法律实体规则自治和法律程序规则自治）和中观层面的法律机构自治，还是微观层面的法律人自治，都只是一种技术手段，其最终目的是实现法律的体系化和一体化，以便不断排除外来各种观念因素的影响以建立与技术自治相适应的观念自治。可见,技术自治为观念自治提供技术保障,而观念自治又为技术自治提供理论支撑,形成技术自治与观念自治的良性循环,最终使西方走向法治。相反,在中国古代社会,只有“合”没有“分”,没有法律的分解、分化、精细化、层次化、专门化和技术化。因此,既没有形成宏观层面的法律规则自治(包括法律实体规则自治和法律程序规则自治)和中观层面的法律机构自治,也没有形成微观层面的法律人自治,更没有形成一种排除外来政治、经济、道德、文化等社会因素影响以获得法律技术自治的机制,也就不可能为某种观念自治提供技术保障。可见,“观念制度虽然是整个制度的核心,但必须通过有形之组织、规范等技术制度才能得以承载和实现。在整个制度中,技术制度不可或缺。技术制度与观念制度之间的关系好比‘身’与‘心’的关系”。[1]

二、分解式法学范式的内在功能障碍

所谓分解式法学范式的内在功能障碍,就是其本身所固有的功能障碍,主要体现在以下三个方面。

(一)分解式的内在功能障碍

首先,分解式的不断分解在带来法学和法律不断精细化、技术化的同时,也会带来法学的流派分立与法律的规范和事实分立。对法学而言,不断分解的过程在带来法学的精细化、技术化的同时,也会带来法学流派的不断分立。如法理学的第一层次分解,形成了人文主义法学与科学主义法学的流派分立;法理学的第二层次分解,形成了自然法学、规范分析法学与社会法学的流派分立;法理学的第三层次分解,形成了自然法学、规范分析法学和社会法学各自内部的再流派分立;如果还有需要,法理学还可以进行第四、第五层次分立,直至不能继续分立为止。这种在法理学内部的流派分立,同样也存在于各个部门法学内部。如民法学的第一层次

---

〔1〕 张洪涛:《从“以礼入法”看中国古代习惯法的制度命运》,载《法商研究》2010年第6期。

分解，会带来人文主义民法学与科学主义民法学的流派分立；民法学的第二层次分解，会带来自然法学的价值民法学、规范民法学与社会民法学的流派分立；民法学的第三层次分解，形成了自然法学的价值民法学、规范民法学和社会民法学各自内部的再流派分立；如果还有需要，民法学还可以进行第四、第五层次分立，直至不能继续分立为止。

就法律而言，不断分解的过程在带来法律的不断精细化、技术化的同时，也会带来法律规范与事实的分立。法律的第一层次分解，就是将法律本体分解为价值、规范和事实；法律的第二层次分解，就是在价值、规范和事实的各自内部进一步细分，如价值可以分解为正义、秩序、自由、平等、权利、利益、效率等法律价值论，规范可以分解为主权者命令、基础规范、承认规则等法律规范论，事实可以分解为社会行为、法院行为、官员行为、法官行为、社会分工、社会利益、社会内部规则或活法、社会连带关系等事实论；如果再有需要，法律还可以在第二层次分解基础上，进行第三、第四层次分解，直至不能分解为止。可见，上述法律的不断分解过程，就是规范（包括价值规范与行为规范）与事实不断分解与精细化的过程，也是一个规范与事实不断分立的过程。

其次，分解式的不断分解在带来法学和法律不断精细化、技术化的同时，也会带来法学和法律的碎片化。就法学而言，不断分解的过程在带来法学的精细化、技术化的同时，也会带来法学知识的不断碎片化。如法理学的第一层次分解，形成了人文主义法学与科学主义法学的碎片化；法理学的第二层次分解，形成了自然法学、规范分析法学与社会法学的碎片化；法理学的第三层次分解，形成了自然法学、规范分析法学和社会法学各自内部的再碎片化；如果还有需要，法理学还可以进行第四、第五层次分解，形成法理学内部第四、第五层次的碎片化，直至不能继续分解为止。这种在法理学内部的碎片化，同样也存在于各个部门法学内部。如民法学的第一层次分解，会带来物权法学、债权法学、人格权法学、民事责任法学等之间的碎片化；民法学的第二层次分解，会带来物权法学、债权法学、人格权法学、民事责任法学等各自内部的再碎片化；如果还有需要，民法学还可以进行第三、第四层次分解，直至不能分解为止，形成民法学内部第三、第四层次的碎片化。

就法律而言，不断分解的过程，在带来法律的精细化、技术化的同时，也会带来法律的不断碎片化，具体体现在以下三个层面。

一是宏观层面的法律部门和法律制度的不断碎片化。随着法律第一层次分解为各种部门法，宪法、行政法、民法、刑法、经济法、国际法、诉讼法等法律部门和法律制度开始碎片化；随着法律的第二层次分解在各个部门法内部展开，宪法、行政法、民法、刑法、经济法、国际法、诉讼法等各部门法内部法律规则和法律制度开始碎片化，如随着民法内部分为物权法、债权法、人格权法、民事责任法、婚姻家庭法等法律规则和法律制度，民法内部的法律规则和法律制度开始碎片化；如果还有需要，在第二层次分解基础上，还可以形成在第二层次法律规则和法律制度的碎片化基础上的进一步再碎片化。

二是中观层面法律机构的不断碎片化。法律机构在横向的外部分解的不断展开在带来法律机构在横向的外部的不断精细化和技术化的同时，也会带来法律机构在横向的外部的不断碎片化；法律机构在横向的内部分解的不断展开在带来法律机构在横向的内部的不断精细化和技术化的同时，也会带来法律机构在横向的内部的不断碎片化；法律机构的纵向分解的不断展开在带来法律机构在纵向的不断精细化和技术化的同时，也会带来法律机构纵向的不断碎片化。

三是微观层面的法律人的不断碎片化。法律人在横向的外部分解的不断展开在带来法律人在横向的外部的不断精细化和技术化的同时，也会带来法律人在横向的外部的不断碎片化；法律人在横向的内部分解的不断展开在带来法律人在横向的内部的不断精细化和技术化的同时，也会带来法律人在横向的内部的不断碎片化；法律人的纵向分解的不断展开在带来法律人在纵向的不断精细化和技术化的同时，也会带来法律人纵向的不断碎片化。

最后，分解式的不断分解在带来法学和法律的不断层次化、专门化的同时,还会带来法学与法律的不断部门化。对法学而言,不断分解的过程在带来法学的层次化、专门化的同时,也会带来法学知识的不断部门化。如法理学的第一层次分解,形成了人文主义法学与科学主义法学的部门化;法理学的第二层次分解,形成了自然法学、规范分析法学与社会法学之间的部门化;法理学的第三层次分解,形成了自然法学、规范分析法学和社会法学各自内部的再部门化;如果还有需要,法理学还可以进行第四、第五层次分解,形成法理学内部第四、第五层次的部门化。这种在法理学内部的部门化,同样也存在于各个部门法学内部。如民法学的第一层次分解,会带来物权法学、债权法学、人格权法学、民事责任法学等之间的部门化;民法学的第二层次分解,会带来物权法学、债权法学、人格权法学、民事责任法学等各自内部的再部门化;如果还有需要,民法学还可以进行第三、第四层次分解,形成民法学内部第三、第四层次的部门化。

就法律而言,不断分解的过程在带来法律的层次化、专门化的同时,也会带来法律的不断部门化,具体体现在以下三个层面。

一是宏观层面的法律部门和法律制度的不断部门化。随着法律第一层次分解为各种部门法,形成了宪法、行政法、民法、刑法、经济法、国际法、诉讼法等法律部门和法律制度的部门化;随着法律的第二层次分解在各个部门法内部展开,形成了宪法、行政法、民法、刑法、经济法、国际法、诉讼法等各部门法内部法律规则和法律制度的部门化,如随着民法内部分为物权法、债权法、人格权法、民事责任法、婚姻家庭法等法律规则和法律制度,形成了民法内部的法律规则和法律制度的部门化;如果还有需要,在第二层次分解基础上,还可以形成在第二层次法律规则和法律制度的部门化基础上的进一步再部门化。

二是中观层面法律机构的不断部门化。法律机构在横向的外部分解的不断展开在带来法律机构在横向的外部的不断层次化和专门化的同时,也会带来法律机构在横向的外部的不断部门化;法律机构在横向的内部分解的不断展开在带来法律机构在横向的内部的不断层次化和专门化的同时,也会带来法律机构在横向的内部的不断部门化;法律机构的纵向分解的不断展开,在带来法律机构在纵向的不断层次化和专门化的同时,也会带来法律机构纵向的不断部门化。

三是微观层面的法律人的不断部门化。法律人在横向的外部分解的不断展开在带来法律人在横向的外部的不断层次化和专门化的同时,也会带来法律人在横向的外部的不断部门化;法律人在横向的内部分解的不断展开在带来法律人在横向的内部的不断层次化和专门化的同时,也会带来法律人在横向的内部的不断部门化;法律人的纵向分解的不断展开在带来法律人在纵向的不断层次化和专门化的同时,也会带来法律人纵向的不断部门化。

(二)实体基础主义的内在功能障碍

在实体基础主义分解式法学范式看来,分解只是手段而不是目的,分解的目的是通过分解找到第一实体以建立其基础,追寻实体基础主义。因此,每次分解的过程,也是追寻实体基础主义的过程。但在向度上,实体基础主义与分解式刚好是相反的:如果分解的过程是一个不断分化、精细化、层次化、专门化,形成多元化的过程,那么,追寻实体基础主义的过程,就是一个不断一体化,形成建基于第一实体上的单一化的过程;如果说分解的过程是一个不断形而下的技术化、实质化的过程,那么,追寻实体基础主义的过程,就是一个不断形而上的哲理化、形式化的过程。因此,追寻实体基础主义可能会造成如下两个方面的功能障碍。

一是在理论上,实体基础主义不仅是实体主义,即实体至上主义,而且还是第一实体至上主义,因此,法学每次通过分解追寻实体基础主义的过程,还会相应地带来法学的单一化和自我封闭。如当部门法学分支的民法学分解为物权法学、债权法学、人格权法学、民事责任法学等三级学科时,相应地也会伴随追寻其实体基础主义的过程,促成民法学的一次单一化和自我封闭,形成民法哲学和建基于民法哲学上的单一化的自我封闭的民法学;当部门法学分解为宪法学、刑法学、民法学、经济法学等二级学科时,相应地也会伴随追寻其实体基础主义的过程,促成部门法学的一次单一化和自我封闭,形成部门法哲学和建基于部门法哲学上的单一化的自我封闭的部门法学；当法学分解为部门法学与法理学时，相应地也会伴随追寻其实体基础主义的过程，促成法学的一次单一化和自我封闭，形成人文主义或科学主义法哲学和建基于人文主义或科学主义法哲学上的单一化的自我封闭的法学；当法理学内部分解为人文主义法学和科学主义法学时，相应地也会伴随追寻其实体基础主义的过程，促成法学的一次单一化和自我封闭，形成实体主义法哲学和建基于实体主义法哲学上的单一化的自我封闭的法学。也许正是由于这个原因，法学自形成了由亚里士多德奠定的实体主义法哲学范式以来，没有进行过法学范式的革命，长期被锁定在亚里士多德奠定的实体主义之内，最后带来了法学范式的单一化和自我封闭；后来的法学"总像是处于困境之中，或者仅仅是伟人们留下的遗产的看管人，或者虽希望独立，但由于对成功缺乏信心，只能将抱负大大压缩，并开始以技术上的熟练性在狭小的领域内进行耕耘"〔1〕。

二是在实践上，追寻实体基础主义的过程还会带来法律的不断形式化。如果说法律的不断分解会导致法律的不断精细化、技术化，不断的形而下化、具体化、多样化，使法律不断地接近社会客观现实，因此也是一个不断实质化的过程。那么，追寻实体基础主义的过程，则是一个与分解相反的过程，就是一个以牺牲法律的形而下的技术化为代价使法律走向形而上的哲理化，以牺牲法律的具体化为代价走向法律的抽象化，以牺牲法律的特殊性为代价走向法律的一般化，以牺牲法律的实质化为代价使法律走向形式化的过程，"一般化就是通过碾平特殊性得以前进的"。〔2〕因此，法律每次分解的过程，既是追寻实体基础主义的过程，也是法律走向形式化的过程。以民法追寻实体基础主义的过程为例，当民法分论物权法的分论担保物权法分解为抵押权法、质权法、留置权法时，相应地也会

〔1〕［美］昂格尔：《现代社会中的法律》，吴玉章等译，中国政法大学出版社1994年版，第1页。

〔2〕［美］昂格尔：《现代社会中的法律》，吴玉章等译，中国政法大学出版社1994年版，第19页。

伴随追寻其实体基础主义的过程,促成民法的一次哲理化、抽象化、一般化和形式化,形成担保物权法的“一般规定”;当民法分论物权法分解为所有权法、用益物权法、担保物权法和占有法时,相应地也会伴随追寻其实体基础主义的过程,促成民法的一次哲理化、抽象化、一般化和形式化,形成物权法的“总则”;当民法分解为物权法、债权法/合同法、人格权法、知识产权法、婚姻家庭法、侵权责任法时,相应地也会伴随追寻其实体基础主义的过程,促成民法的一次哲理化、抽象化、一般化和形式化,形成整个民法的“民法总则”;当法律分解为民法、刑法、行政法、商法、经济法、诉讼法等部门法时,相应地也会伴随追寻其实体基础主义的过程,促成整个法律的一次哲理化、抽象化、一般化和形式化,形成整个法律的“母法”——宪法。

(三)分解式法学范式的内在整体性功能障碍

所谓分解式法学范式的内在整体性功能障碍,就是将实体基础主义与分解式结合在一起而形成的功能障碍,主要包括以下两个方面。

第一,在认识和研究的向度上,由于实体基础主义与分解式刚好是相反的,因此,实体基础主义分解式法学范式的内在整体性功能障碍,体现在法律认识论上为两者——实体基础主义与分解式——存在许多内在的紧张与冲突。

一是一体化与分化的紧张与冲突。如果说分解过程是一个不断分化、精细化、层次化、专门化的过程,那么,实体基础主义则是希望通过分解追寻到第一实体,并以第一实体作为其基础,实现一体化、体系化。因此,两者存在一体化与分化的紧张与冲突。如法学不断分解的过程,就是法学不断分化、精细化、层次化、专门化的过程,最后形成了林林总总的部门法学;而对实体基础主义的不断追寻过程,就是法学不断一体化、体系化的过程,先后形成了建基于人文主义或科学主义之上的一体化的人文主义或科学主义法学,现在又形成建基于实体主义之上的一体化的实体主义法学。法学分化越多,法学的一体化就越困难,两者存在内在的紧张与冲突。再如,法律不断分解的过程,就是法律不断分化、精细化、层次化、专门化的过程，最后形成了林林总总的部门法；而对实体基础主义的不断追寻过程，就是法律不断一体化、体系化的过程，最后形成了建基于宪法之上的体系化的、一体化的法律体系。法律分化越多，法律的一体化（宪法化）就越困难，两者存在内在的紧张与冲突。

二是形而上的哲理化与形而下的技术化的紧张与冲突。如果说分解的过程是一个不断分化、精细化、层次化、专门化的过程，也是一个不断形而下的技术化的过程，那么，实体基础主义追寻第一实体的过程，既是一个体系化、一体化过程，也是一个不断形而上的哲理化的过程。如法学不断分解的过程，就是法学不断分化、精细化、层次化、专门化的过程，是一个不断具体化的过程，同时也是一个不断形而下的、操作化的、技术化的过程，最后根据研究具体对象不同，形成了具有针对性的、操作化的、技术化的、具体的、各种各样的部门法学；而对实体基础主义的不断追寻过程，就是法学不断一体化、体系化的过程，也是一个不断抽象化的过程，同时也是一个不断形而上的、哲理化的过程，最后根据认识研究深度的不同，先后形成了建基于人文主义或科学主义之上的形而上的哲理化的人文主义或科学主义法学，现在又形成建基于实体主义之上的更加形而上的哲理化的实体主义法学。法学形而下的技术化越成熟，法学形而上的哲理化就越困难，两者存在内在的紧张与冲突。再如，法律不断分解的过程，就是法律不断分化、精细化、层次化、专门化的过程，就是法律不断具体化的过程，同时也是法律不断形而下的技术化、操作化的过程，最后根据法律调整社会具体对象不同，形成了各种各样形而下的、操作化的、技术化的部门法；而对实体基础主义的不断追寻过程，就是法律不断一体化、体系化的过程，也是法律不断抽象化的过程，同时也是法律不断形而上的哲理化过程，最后形成了形而上的哲理化的有关法律规范的理论，如哈特的承认规则理论、凯尔森的基本规范理论等。法律形而下的技术化越彻底，法律的形而上的哲理化就越困难，两者存在内在的紧张与冲突。

三是形式化（形式理性）与实质化（实质理性）的紧张与冲突。如果说分解过程是一个不断分化、精细化、层次化、专门化的过程，也是一个不断形而下的具体化、操作化、技术化的过程，因此也是一个不断接近客观社会现实的实质化过程，那么，实体基础主义追寻的过程就是一个不断一体化、体系化的过程，也是一个不断形而上的抽象化、哲理化的过程，因此也是一个不断远离客观社会现实的形式化过程，两者存在形式化（形式理性）与实质化（实质理性）的紧张与冲突。如法学中，法学不断分解的过程，就是法学不断分化、精细化、层次化、专门化的过程，也是一个不断形而下的具体化、操作化、技术化的过程，因此也是一个不断接近客观社会现实的实质化过程，最后形成了各种各样比较“接地气”的、有“实际内容”的、面向社会实践的部门法学；而对实体基础主义的不断追寻过程，就是法学不断一体化、体系化的过程，也是一个不断形而上的抽象化、哲理化的过程，因此也是一个不断远离客观社会现实的形式化过程，最后形成了各种各样“没有什么油水”（波斯纳语）的、“缺乏实际内容”的、“脱离社会实践”的、抽象化的、形式化的法哲学。法学实质化越厉害，法学的形式化就越困难，两者存在内在的紧张与冲突。再如，法律不断分解的过程，就是法律不断分化、精细化、层次化、专门化的过程，也是一个不断形而下的具体化、操作化、技术化的过程，因此也是一个不断接近客观社会现实的实质化过程，最后形成了各种各样比较“接地气”的、有“实际内容”的、面向社会实践的部门法；而对实体基础主义的不断追寻过程，就是法律不断一体化、体系化的过程，也是一个不断形而上的抽象化、哲理化的过程，因此也是一个不断远离客观社会现实的形式化过程，最后形成了各种各样远离法律实践的法律，如宪法。法律实质化越厉害，法律的形式化就越困难，两者存在内在的紧张与冲突。法律的形式化（形式理性）与实质化（实质理性）的紧张与冲突，首先由韦伯明确提出，并被后来许多法学学者关注和研究，成为法理学研究基本问题之一。

第二，在法律本体上，由于实体基础主义与分解式在法律认识论上存在上述的紧张与冲突，因此，两者得出了不同的法律本体论，形成了法律的生命是逻辑还是经验的紧张与冲突。由于分解过程是一个不断分化、精细化、层次化、专门化的过程，是一个不断形而下的具体化、操作化、技术化的过程，也是一个不断接近客观社会现实的实质化过程，因此其特别重视对法律实践经验的类型化整理和研究，特别重视对实践理性的提炼与总结，特别重视对法律历时性的纵向分解式的经验研究，认为："法律蕴含着一个国家数个世纪发展的故事，我们不能像对待仅仅包含定理和推论的数学教科书一样对待它。要理解法律是什么，我们必须了解它以前是什么，以及它未来会成为什么样子。"〔1〕也正因如此，这种研究特别重视对内生于社会的事实性规范（如习惯、惯例）的研究，特别重视对"自然界的自生自发秩序"的研究，特别重视"先于立法"的法律研究，特别强调"从经验中学习"〔2〕……总之是特别重视对来自社会的内部规则和内部秩序的分解式的研究、提炼与归纳，认为："它们（规则——引者注）也是世世代代的经验的产物。"〔3〕总之，这类研究认为："法律的生命不是逻辑，而是经验。"〔4〕其中，英美普通法系及其判例法研究就是这种研究的典型代表。

相反，追寻实体基础主义的过程，就是一个不断一体化、体系化的过程，是一个不断形而上的抽象化、哲理化的过程，也是一个不断远离客观社会现实的形式化过程。因此，其特别重视对法律推理和法律逻辑的运用和研究，希望以某种基础主义（如法律原则、法律原理、立法指导思想）为起点，通过逻辑推理的方式，推出整个法律规则，认为法律的生命不是经验，而是逻辑，最好的法律就是形式理性的法律，就是实现了法典化的法律。其中，大陆法系及其制定法研究就是其典型代表。

另外，最重要的是，在法律本体论上，实体基础主义分解式法学范式

---

〔1〕［美］小奥利弗·温德尔·霍姆斯：《普通法》，冉昊、姚中秋译，中国政法大学出版社2006年版，第1页。

〔2〕［英］弗里德利希·冯·哈耶克：《法律、立法与自由》（第二、三卷），邓正来等译，中国大百科全书出版社2000年版，第16页。

〔3〕［英］弗里德利希·冯·哈耶克：《法律、立法与自由》（第二、三卷），邓正来等译，中国大百科全书出版社2000年版，第7页。

〔4〕［美］小奥利弗·温德尔·霍姆斯：《普通法》，冉昊、姚中秋译，中国政法大学出版社2006年版，第1页。

不仅存在规范与事实的紧张与分立,还存在两者无法融合、相互隔阂的功能障碍。一方面,分解式法学范式就是将法律本体先分解为价值本体、规范本体和事实本体,然后在价值本体、规范本体和事实本体内部进一步细分,如将价值本体分解为正义、秩序、自由、平等、权利、利益、效率等法律价值,将规范本体分解为主权者命令、基础规范、承认规则等法律规范论,将事实本体分解为社会行为、法院行为、官员行为、法官行为、社会分工、社会利益、社会内部规则或活法、社会连带关系等事实论。另一方面,实体基础主义不仅认为实体至高无上,而且认为第一实体即本体至高无上。因此,在价值本体论看来,法律价值是至高无上的;在规范本体论看来,法律规范是至高无上的;而在事实本体论看来,法律事实是至高无上的。因此,当实体基础主义与分解式相结合而形成实体基础主义分解式法学范式时,法律本体分解的过程,实际上就是法律本体至上主义形成的过程,最后不仅造成法律本体论中规范(包括价值规范和行为规范)与事实的分立,而且还使两者之间无法沟通和融合,形成相互隔阂的格局。而规范与事实的相互隔阂,必然还会延伸出法律稳定性与灵活性、合法性与合法律性等之间的紧张和冲突。这些都成为后来法学尤其是综合法学主要研究并力图解决却没有最终解决的核心问题。

三、分解式法学范式的外在功能障碍

分解式法学范式的外在功能障碍,就是其在满足社会需要、解决社会问题等方面的制度功能障碍。

(一)分解式法学范式带来的技术制度功能障碍

第一,实体基础主义分解式法学范式与司法实践需要存在一定程度的差距。司法者在面对具体法律案件尤其是疑难法律案件时,既要面对法律规范问题,又要面对事实问题,甚至“纠缠于事实与法律之间”;既要面对合法律性问题,又要面对合法性问题,甚至“穿行于制定法与习惯之间”;既要面对法律实体问题,又要面对法律程序问题;既要面对民事性法律,又要面对刑事性法律、行政性法律,甚至处在一种民刑交叉、行刑交叉等法律交叉的十字路口……总之,“行进在一条‘没有[法律]航标的河流上'或海洋上"。[1] 因此，对司法者而言，他/她需要的是各种因素、各种法律知识同时在场的、复杂化的法律即"以不同的比例，所有这些成分被投入法院的锅炉中，酿造成这种奇怪的化合物"，[2] 以帮助他/她解决千变万化的法律实践问题。但实体基础主义分解式法学范式通过对社会现实的类型化整理，并进行某种程度的形而上的形式化上升，形成的是一种社会各种因素不是同时在场的、必将某种因素过滤掉的、简单化的、理念化的法学范式，甚至存在一定程度的规范与事实、合法律性与合法性、形式化与实质化、逻辑与经验等的分立与隔阂，还存在法学知识和法律知识的碎片化问题。可见，实体基础主义分解式法学范式与司法实践需要存在一定程度的差距；即使是在以实用主义著称的美国司法哲学也不例外，也存在"法学与司法：各行其是"的问题。[3]

第二，实体基础主义分解式法学范式无法满足未来复杂网络社会的需要，两者的差距可能会越来越大。实体基础主义分解式法学范式，虽然通过对法学和法律的不断分解、分化、精细化、层次化、技术化，来保持法学和法律的与时俱进，及时地实现与丰富多彩不断变化的社会现实的沟通和联系，但分解只是其手段，其目的是通过分解找到第一实体并建立实体基础主义，因此受实体基础主义的规限和制约，其分解、分化、精细化、层次化、技术化也是建立在某种程度的形式化、简单化、理念化的基础上，最后形成的是一种形式化、简单化、理念化的实体基础主义分解式法学范式。这种建立在亚里士多德实体主义基础上的、主要形成于近代以来西方社会的分解式法学范式，应该说基本满足了近代以来工业革命时期的社会需要。但随着现代社会——尤其是网络社会——的日益复杂化、网络化，整个社会将形成一个日益连带、日益有机团结、日益高度链接的网

〔1〕 苏力：《送法下乡：中国基层司法制度研究》，中国政法大学出版社2000年版，第245页。

〔2〕 [美]本杰明·卡多佐：《司法过程的性质》，苏力译，商务印书馆1998年版，第2页。

〔3〕 参见[美]理查德·波斯纳：《各行其是：法学与司法》，苏力、邱遥堃译，中国政法大学出版社2017年版，第1页以下。

络，这种主要形成于工业革命时期的形式化、简单化、理念化的实体基础主义分解式法学范式，越来越难以满足未来网络社会的法律实践需要。

第三，实体基础主义分解式法学范式所侧重的“分解式”与中国现存“化合型”法律制度研究的需要存在差距甚至冲突。受我国传统文化的影响，中国社会存在许多“化合型”法律制度，如宏观层面的礼法合一等“化合型”制度，中观组织层面的调审合一等“化合型”制度，微观层面的调解员和审判员合一等“化合型”制度。实体基础主义分解式法学范式在研究这些“化合型”制度时，试图通过对中国传统“化合型”法律制度进行分解，如为了研究中国法院审委会、“调审组织”，先将审委会分解理念化、简单化为“民主 + 集中”，将“调审组织”分解理念化、简单化为“调解 + 审判”的方式，然后希望通过研究“民主”与“集中”、“调解”与“审判”来达到对审委会、“调审组织”的研究。[1] 但实质上，我们研究的问题（“民主”与“集中”、“调解”与“审判”）是分解式法学范式眼中的问题，并非我们要研究的中国社会中的问题（审委会、“调审组织”）。这种用实体基础主义分解式法学范式来透视中国现存“化合型”法律制度的研究，不仅无助于我们对这些“化合型”法律制度的认识和研究，而且很可能遮蔽、扭曲我们对这些“化合型”法律制度的认识和研究。

（二）实体基础主义带来的观念制度功能障碍

实体基础主义带来的观念制度功能障碍，集中体现在实体主义及其所隐含的“分”的观念与中国传统关系主义及其“合”的文化观念之间的冲突。从观念制度层面来看，作为实体基础主义分解式法学范式哲学基础的实体主义，就是一种在西方自然科学基础上发展演变而来的分解式哲学，重在分析，其目标在知而不在行，体现的是西方文化“分”的观念。西方现代自然科学、医学和社会科学的形成和发展，以及宏观层面的市场经济、市民社会、政治体制、法治秩序、社会本位，中观层面的“团体格局”（费孝通语）、科层制，微观层面的个人本位、个人/自由主义等的建立与发

[1] 参见张洪涛：《法律的嵌入性》，东南大学出版社 2016 年版，第 163～242 页。

展，无不是这种实体主义及其“分”的文化观念发展的结果和体现。

比较而言，中国传统文化则是一种关系主义思想观念，体现的是一种“合”的文化观念。关系主义在中国传统文化中有非常悠久的历史。在中国，素有“群经之首”的《周易》就提出了先天之“道”（阴阳关系）的思想：“易之为书也，广大悉备，有天道焉”“是以立天之道，曰阴与阳”。[1] 后来《老子》又发展了这种先天之“道”的思想：“有物昆成，先天地生。萧呵！谬呵！独立而不改，可以为天地母。吾不知其名，字之曰道……人法地，地法天，天法道，道法自然。”[2]孔子则在天人合一思想的基础上，将先天之“道”运用于人类社会，发展了后天之“道”的思想，以图推动人类行为符合“道理”（道之理）。后来的儒家在孔子后天之“道”思想基础上，发展出了一系列处理各种各样人际社会关系的“仁”“伦”等方面的思想；其中，父子关系、君臣关系、夫妻关系、长幼关系和朋友关系五伦关系是最基本的。后来的学者将儒家的各种关系归纳为两类：“人与人之间，有种种天然的、或人为的交互关系。如父子，如兄弟，是天然的关系。如夫妻，如朋友，是人造的关系。”[3]

以儒家为正统的中国传统文化的关系主义思想，受到了后来许多学者的关注和研究。如梁漱溟从中西文化比较角度认为：“在社会与个人互相关系上，把重点放在个人者，是个人本位；同在此关系上，把重点放在社会者，是谓社会本位。诚然，中国之伦理只看见此一人与彼一个之相互关系……不把重点固定放在任何一方，而从乎其关系，彼此相交换；其重点放实在放在关系上了。伦理本位者，关系本位也。”[4]而费孝通侧重关注儒家的“伦”，认为西洋社会是一种“团体格局”：“西洋社会组织像捆柴就是想指明：他们常常由若干人组成一个个的团体。团体是有一定界限的，

〔1〕 余敦康：《周易现代解读》，华夏出版社2006年版，第366、370～371页。

〔2〕 李捷主编：《老子》，远方出版社2006年版，第43～44页。

〔3〕 金耀基：《金耀基自选集》，上海教育出版社2002年版，第96页。

〔4〕 梁漱溟：《中国文化要义》，学林出版社1987年版，第93页。

谁是团体里的人,谁是团体外的人,不能模糊,一定得分清楚。"[1]而中国社会是由许多"富于伸缩性的网络"组成的"差序格局":"伦是什么?我的解释就是从自己推出去的和自己发生社会关系的那一群人里所发生的一轮轮波纹的差序。"[2]而金耀基在考察了中国文化思想上的"个人主义"与"集体主义"的思想倾向之后,认为儒家的关系主义是儒家试图打通和超越"个人"与"社会"之间的隔阂,实现其由修身到齐家,再到治国、平天下,由"己"一直通到天下这个大"社会"的"第三条道路"。[3] 还有学者从本体论和方法论的角度,认为:"从结构化的观点整体地看问题,是中国关系主义的一个基本特点";"因为关系是一个结构,关系结构中的构成单元虽然是实体,这些实体虽然很重要,但这些实体是关系结构的一部分,它们只有在关系结构的整体中才能显现出真正意义,所以,我们必须在关系结构的整体中认识它们,解读它们,了解它们的真正含义。这就是关系主义的整体主义。"[4]

与西方实体主义及其"分"的文化观念对西方社会的政治、经济、法律等各个方面都产生了深远而广泛的影响一样,中国关系主义及其"合"的文化观念也对中国社会的政治、经济、法律等各个方面都产生了深远而广泛的影响,深深地嵌入中国社会肌体中,也深深地嵌入中国人的身体和灵魂中。在政治上,大概由于"天候和地理的力量支撑着","在公元前221年,也就是基督尚未诞生前的约两百年,即已完成政治上的统一;并且以后以统一为常情,分裂为变态(纵使长期分裂,人心仍趋向统一,即使是流亡的朝廷,仍以统一为职志),这是世界上独一无二的现象"。[5] 在经济上,大概在李悝的时代,"创造了一种计划经济的原始风格"。在法律上,

---

[1] 费孝通:《乡土中国　生育制度》,北京大学出版社1998年版,第25页。

[2] 费孝通:《乡土中国　生育制度》,北京大学出版社1998年版,第27~28页。

[3] 参见金耀基:《金耀基自选集》,上海教育出版社2002年版,第160~162页。

[4] 高尚涛:《关系主义与中国学派》,载《世界经济与政治》2010年第8期。

[5] 黄仁宇:《赫逊河畔谈中国历史》,生活·读书·新知三联书店1992年版,第6页。

大概也是在李悝的时代，就形成了"间架性的设计，这是立法的基点，不是实际考证的尺度"。[1]

即使近现代中国社会已经发生了翻天覆地的变化，但中国社会自古而形成的关系主义及其"合"观念，仍然对我国现代政治、经济、法治等各个方面产生着深远而广泛的影响。如在政治上，我们强调中央统一领导和全国一盘棋，正如毛泽东所言："为了建设一个强大的社会主义国家，必须有中央的强有力的统一领导，必须有全国的统一计划和统一纪律，破坏这种必要的统一，是不允许的。同时，又必须充分发挥地方的积极性，各地都要有适合当地情况的特殊。这种特殊不是高岗的那种特殊，而是为了整体利益，为了加强全国统一所必要的特殊……总之，可以和应当统一的，必须统一，不可以和不应当统一的，不能强求统一。"[2]在思想意识形态上，为了保证经济和政治上的全国统一，我们也往往强调思想观念上的统一，并将一种在思想观念上与中国传统儒家关系主义相融通的、现代关系主义开创者马克思及其中国化的马克思主义作为统一我们思想观念的基本指导思想。[3] 在此，笔者想着重谈谈关系主义及其"合"的文化观念，对我国现代法律制度的影响。

首先，在宏观的法律规则与法律制度层面。与单纯依靠法律规则来管理国家和社会的理念不同的是，我们走上了一种"法治"与"德治"（"礼治"是传统层面的礼义、礼俗治理，与"德治"互为补充）等结合的"化合型"国家治理体系的道路。

其次，在中观的法律组织层面。与专司司法职能的法院系统不同

---

〔1〕 参见黄仁宇：《赫逊河畔谈中国历史》，生活·读书·新知三联书店1992年版，第12~13页。

〔2〕 毛泽东：《论十大关系》，载《毛泽东选集》第5卷，人民出版社1977年版，第276~277页。

〔3〕 "真正实现由实体追问向关系思维的转变，从而搭起由传统实体观向现代关系论过渡桥梁的是卡尔·马克思。"参见黄秋生：《从实体追问到关系思维——马克思思维方式的革命性变革》，载《电子科技大学学报（社科版）》2011年第4期。关于这个问题的详细论文，笔者已另行撰文专论。

的是，我们是既具有司法职能又具有一定的行政管理职能的“化合型”法院组织系统。与强调调审分离、将调解剥离出法院、专司司法审判的“单一型”法院审判组织不同的是，我们是既具有审判职能又具有调解职能的“化合型”法院调审组织。在司法审判上，与辩论式的、对抗式的、以确认规则为主的竞技型司法审判实践不同的是，我们是一种以解决问题为主要目的的、非对抗型的、熔“情理法”于一炉的“化合型”司法审判。

最后，在微观的法律人上。与专职审判工作的“单一型”司法审判人员不同的是，我们是一种“化合型”司法审判人员：既要履行法官的司法审判职能，同时又要服从“上级”法官的业务指导；既要履行法官的司法审判职能，又要承担调解员的“说合”职能；既要注意司法审判的法律效果，又要注意司法审判的“社会效果”；在业务上既要符合我国司法行政管理要求，又要在行政管理上接受行政人员的管理规定；所有法官（包括二审法官）既要承担“法律审”的工作，又要承担“事实审”的工作……总之，他们既是“法官”，又是“调解员”。

另外，这种影响不只体现在法律实践上，还体现在法学理论上。如理论综合法学在中西表现出不同的影响：“从影响上来说，西方的一般法理学教科书都不会提到综合法学，而且综合法学对法律实务几乎没有产生影响。而综合法学论者的著作引用率也不高，与他们批判的其他法学派比起来有较大差距。”〔1〕但在中国，可能是因为综合法学的思维方法与中国传统的中庸等思维相一致，其更容易受到中国学者的认可和接受，相关著作迄今至少进行了五次翻译或修改再版。〔2〕

还必须说明的是，笔者在此强调中国传统关系主义及其“合”的文化观念对西方实体基础主义分解式法学范式的影响，并不意味着西方受实

---

〔1〕 金欣：《综合法学与中国：一场误会》，载《社会科学论坛》2017 年第 11 期。

〔2〕 参见苏力：《也许正在发生：转型中国的法学》，法律出版社 2004 年版，第 66、99 页；潘汉典：《敬畏学术——潘汉典译博登海默 1940 年版〈法理学〉访谈录（代译序）》，载［美］博登海默：《博登海默法理学》，潘汉典译，法律出版社 2015 年版。

体基础主义分解式法学范式影响而形成的法律制度完全不可移植。实际上，中国目前的法律实践和法学理论，已经全面地受到了来自西方实体基础主义分解式法学范式的几乎“支配性影响”；[1]尤其是那些技术性较强而观念性较弱的法律与法学，如民商法、刑法、行政法、诉讼法等技术性较强的部门法学及其部门法律制度，更是如此。即使是最具有传统“混合型”的“诸法合体”法律文化特征的中国法律史学科，也不得不受到这种来自西方实体基础主义分解式法学范式的几乎“支配性影响”，不得不按照分解式法学范式的结构体例和基本思路来编写其教材，最终不得不使中国法律史学科在“合”与“分”的激烈冲突中，面临“在当下中国的法学院中，几乎没有学科如中国法律史学一般遭到极为严重的存在的正当性质疑”[2]。

四、分解式法学范式的转型

由上可见，为了解决实体基础主义分解式法学范式的固有缺陷而带来的规范与事实、逻辑与经验、形式理性与实质理性、一体化与分化、形而上的哲理化与形而下的技术化、合法律性与合法性等之间的紧张、冲突甚至隔阂，为了克服实体基础主义分解式法学范式在满足司法实践需要、未来复杂网络社会需要和中国现存“化合型”法律制度研究需要上的功能之不足，为了解决实体基础主义分解式法学范式的实体主义及其“分”的观念与中国传统文化关系主义及其“合”的观念存在的冲突，必须进行法学范式变革，引入一种能够克服实体主义的实体至上的、具有一种与“分”的观念相反的“合”的观念的、能够将分解式法学范式的各种各样的分解要素整合起来的、面向司法实践的、与分解式相反的化合式新法学范式，以及与其相适应的基础主义——如关系基础主义，质言之，就是关系基础主义化合式法学范式。

---

〔1〕 参见邓正来：《中国法学向何处去——建构“中国法律理想图景”时代的论纲》，商务印书馆2006年版，第107～114页。

〔2〕 参见朱腾：《中国法律史学学科意义之再思》，载《光明日报》2018年10月15日，第14版。

如果说实体主义分解式法学范式研究的对象是实体，包括价值、规范与事实，那么，关系主义化合式法学范式研究的对象则是关系，如法律关系、复合的法律关系即法律关系网络、法律与社会的关系即法律的嵌入性等。而在构成关系——如法律关系——的实体要素中，既有主体又有客体，既有法律规范又有法律事实，换言之，这些实体都嵌入法律关系之中。总之，如果说实体主义是一种"分"的哲学，那么关系主义则是一种"合"的哲学；如果说实体主义法学是一种"知"的法哲学，那么，关系主义法学则是一种"行"的法哲学；如果说实体主义法学研究的是"应当是这样的法律"和"实际上是这样的法律"即"书本上的法律"和"行动中的法律"，那么，关系主义法学研究的则是"关系/网络中的法律"；如果说实体主义法学是一种实体基础主义分解式法学范式，那么，关系主义法学则是一种关系基础主义化合式法学范式。

作为一种成功而有效的法学范式，关系基础主义化合式法学范式与实体基础主义分解式法学范式一样，其研究也包括以下两个方面。

第一，化合式法学范式形而上的研究。这部分研究包括四个方面：一是关系主义即化合式法学世界观的研究，具体包括中国古代传统关系主义、中国近代马克思主义、现代西方马克思主义（包括欧陆关系主义和社会网络理论）等学术渊源的梳理与研究；二是化合式法学范式本体论研究，如从关系主义角度，通过将分解式法学范式各种本体论串联起来而形成的化合式法学范式的法律本体链的研究；三是化合式法学范式方法论研究，如从关系主义角度，通过将分解式法学范式各种方法论串联起来而形成的化合式法学范式的法方法（包括法学方法和法律方法）链的研究；四是化合式法学范式认识论研究，如从关系主义角度，通过将分解式法学范式各种法律思维串联起来而形成的化合式法学范式的法律认识链的研究。

第二，化合式法学范例形而下的研究。这部分研究包括三个层面：一是宏观层面化合式法学范例的研究，具体包括运用化合式法学范式对中国传统化合型法律制度——礼法合一等——的研究；二是中观层面化合式法学范例的研究，具体包括运用化合式法学范式对中国传统化合型法律制度——调审合一等——的研究；三是微观层面化合式法学范例的研究，具体包括运用化合式法学范式对中国传统化合型法律制度——法官与调解员合一等——的研究。

在此，必须说明的是，由于实体基础主义分解式法学范式深入而全面渗透到了现代法治和社会生活的方方面面，用关系基础主义化合式法学范式完全取而代之是不现实的。因此，关系基础主义化合式法学范式对实体基础主义分解式法学范式的超越，只是对其功能不足的弥补，而不是全部推倒重来，是在“分”的基础上的“合”。

同时，还必须说明的是，关系基础主义化合式法学范式的“合”不是中国古代传统文化“合”的观念的简单回归或者重复，两者是有区别的：前者是在充分的“分”——技术化较充分——基础上的“合”，“身”与“心”、技术与观念发展较为平衡，是一种技术与文化的共同体；后者则不是在充分的“分”基础上的“合”，“身”与“心”、技术与观念发展失衡，是一种“心”与观念的“早熟”，只是一种“文化共同体”。当然，我们也不能完全否定中国传统文化中“合”的观念在关系基础主义化合式法学范式中的意义：相对于技术而言，观念由于深度嵌入社会中，具有强嵌入性、超强的黏性和柔性，其作用更重要、更隐蔽、更深刻、更持久、更难以移植。在这个意义上，关系基础主义化合式法学范式，既是现代世界现行分解式法学范式内在发展逻辑的必然需要，也是对中国传统文化“合”观念的暗合与复兴，这是否也意味着法学的中国时代即将开启？

主要参考文献

一、中文著作

薄振峰:《法律的综合维度——朱利叶斯·斯通法律哲学研究》,清华大学出版社2013年版。

陈锐:《多面的法律实证主义》,中国政法大学出版社2016年版。

陈瑞华:《论法学研究方法》,法律出版社2017年版。

陈兴良:《刑法的人性基础》(第4版),中国人民大学出版社2017年版。

陈兴良:《走向哲学的刑法学》,北京大学出版社2018年版。

陈兴良:《走向规范的刑法学》,北京大学出版社2018年版。

陈兴良:《走向教义的刑法学》,北京大学出版社2018年版。

陈兴良主编:《刑法各论精释》,人民法院出版社2015年版。

陈兴良主编:《刑法各论的一般理论》(第2版),中国人民大学出版社2007年版。

陈兴良:《刑法学的编年史:我的法学研究之路》,

法律出版社 2019 年版。

邓正来:《中国法学向何处去——建构“中国法律理想图景”时代的论纲》,商务印书馆 2006 年版。

邓习议:《四肢结构论——关系主义何以可能》,中国社会科学出版社 2015 年版。

杜宴林:《法律的人文主义解释》,人民法院出版社 2005 年版。

费孝通:《乡土中国 生育制度》,北京大学出版社 1998 年版。

付子堂主编:《法理学初阶》(第 6 版),法律出版社 2021 年版。

高铭暄主编:《中国刑法学》,中国人民大学出版社 1989 年版。

高其才主编:《法理学》,中国民主法制出版社 2005 年版。

葛洪义:《法与实践理性》,中国政法大学出版社 2002 年版。

胡玉鸿:《法学方法论导论》,山东人民出版社 2002 年版。

[美]黄宗智:《长江三角洲小农家庭与乡村发展》,中华书局 2000 年版。

[美]黄宗智:《华北的小农经济与社会变迁》,中华书局 2000 年版。

[美]黄宗智:《国家与社会的二元合一:中国历史回顾与前瞻》,广西师范大学出版社 2022 年版。

黄仁宇:《赫逊河畔谈中国历史》,生活·读书·新知三联书店 1992 年版。

侯健、林燕梅:《人文主义法学思潮》,法律出版社 2007 年版。

金耀基:《金耀基自选集》,上海教育出版社 2002 年版。

李清伟主编:《法理学导论》,上海财经大学出版社 2006 年版。

李龙主编:《法理学》,武汉大学出版社 2011 年版。

梁漱溟:《中国文化要义》,学林出版社 1987 年版。

林端:《儒家伦理与法律文化:社会学观点的探索》,中国政法大学出版社 2002 年版。

刘国利:《人文主义法学研究》,法律出版社 2016 年版。

刘国平:《存在:西方哲学构成观体系解析》,科学出版社 2015 年版。

刘全德主编:《西方法律思想史》,中国政法大学出版社 1996 年版。

刘金国、蒋立山主编:《新编法理学》,中国政法大学出版社 2006 年版。

柳之茂主编:《法理学》,中国社会科学出版社 2012 年版。

罗家德:《复杂:信息时代的连接、机会与布局》,中信出版集团 2017 年版。

沈宗灵:《现代西方法理学》,北京大学出版社 1992 年版。

宋方青主编:《法理学》,厦门大学出版社 2007 年版。

苏力:《也许正在发生:转型中国的法学》,法律出版社 2004 年版。

苏力:《法治及其本土资源》,中国政法大学出版社 1996 年版。

苏力:《送法下乡:中国基层司法制度研究》,中国政法大学出版社 2000 年版。

苏力:《道路通向城市:转型中国的法治》,法律出版社 2004 年版。

苏力:《法律与文学:以中国传统戏剧为材料》,生活 · 读书 · 新知三联书店 2006 年版。

苏力:《大国宪制:历史中国的制度构成》,北京大学出版社 2018 年版。

孙国华、朱景文主编:《法理学》,中国人民大学出版社 1999 年版。

王利明:《法律解释学》(第 2 版),中国人民大学出版社 2016 年版。

王利明:《民法总则研究》(第 3 版),中国人民大学出版社 2018 年版。

王利明:《民法典体系研究》(第 2 版),中国人民大学出版社 2012 年版。

王利明:《物权法》,中国人民大学出版社 2015 年版。

王利明:《债法总则研究》(第 2 版),中国人民大学出版社 2018 年版。

王利明:《合同法研究(第一卷)》(第 3 版),中国人民大学出版社 2015 年版。

王利明:《人格权法研究》(第 3 版),中国人民大学出版社 2018 年版。

王利明:《侵权责任法研究》(第 2 版)(下卷),中国人民大学出版社

2016 年版。

韦森:《社会制序的经济分析导论》,生活 · 读书 · 新知三联书店 2001 年版。

闻立军编:《法理学导读》,中国政法大学出版社 2020 年版。

武建敏:《实践法哲学:理论与方法》,中国检察出版社 2015 年版。

吴经熊:《法律哲学研究》,清华大学出版社 2005 年版。

徐国栋:《民法哲学》(增订版),中国法制出版社 2015 年版。

徐国栋:《民法的人文精神》,法律出版社 2009 年版。

徐国栋:《民法基本原则解释:诚信原则的历史、实务、法理研究》,北京大学出版社 2013 年版。

徐国栋:《罗马法与现代意识形态》,北京大学出版社 2008 年版。

徐国栋:《认真地对待民法典》,中国人民大学出版社 2004 年版。

徐国栋主编:《绿色民法典草案》,社会科学文献出版社 2004 年版。

杨仁寿:《法学方法论》,中国政法大学出版社 1999 年版。

姚建宗编著:《法理学:一般法律科学》,中国政法大学出版社 2006 年版。

严存生主编:《法理学》,法律出版社 2007 年版。

严存生主编:《新编西方法律思想史》,陕西人民教育出版社 1996 年版。

严存生:《法律的人性基础》,中国法制出版社 2016 年版。

叶必丰:《行政法的人文精神》,北京大学出版社 2005 年版。

余敦康:《周易现代解读》,华夏出版社 2006 年版。

余来文、封智勇、林晓伟编著:《互联网思维:云计算、物联网、大数据》,经济管理出版社 2014 年版。

占茂华:《自然法观念的变迁》,法律出版社 2010 年版。

张德胜:《儒家伦理与秩序情结——中国思想的社会学诠释》,台北,巨流图书公司 1989 年版。

张洪涛:《法律的嵌入性》,东南大学出版社 2016 年版。

张明楷:《刑法的基本立场》(修订版),商务印书馆 2019 年版。

张明楷:《法益初论》(修订版),中国政法大学出版社 2003 年版。

张明楷:《犯罪论的基本问题》,法律出版社 2017 年版。

张明楷:《犯罪构成体系与构成要件要素》,北京大学出版社 2010 年版。

张明楷:《行为无价值论与结果无价值论》,北京大学出版社 2012 年版。

张明楷:《刑法分则的解释原理》(第 2 版),中国人民大学出版社 2011 年版。

张文显:《法学基本范畴研究》,中国政法大学出版社 1993 年版。

张文显主编:《马克思主义法理学——理论、方法和前沿》,高等教育出版社 2003 年版。

张文显主编:《法理学》,高等教育出版社、北京大学出版社 1999 年版。

张文显主编:《法理学》(第 5 版),高等教育出版社 2018 年版。

郑永流主编:《商谈的再思——哈贝马斯》,法律出版社 2010 年版。

支振锋:《哈特:法学元命题的追问》,黑龙江大学出版社 2013 年版。

支振锋:《驯化法律——哈特的法律规则理论》,清华大学出版社 2009 年版。

中国政法大学法理学研究所编:《法理学:主题与视域》,中国政法大学出版社 2017 年版。

中国社会科学院语言研究所词典编辑室编:《现代汉语词典》(第 6 版),商务印书馆 2012 年版。

周林主编:《法理学》,西南交通大学出版社 2012 年版。

周萍、蒙柳主编:《法理学》,武汉大学出版社 2016 年版。

周佑勇:《行政法基本原则研究》,武汉大学出版社 2005 年版。

周佑勇:《行政裁量治理研究:一种功能主义的立场》,法律出版社 2008 年版。

周佑勇:《行政裁量基准研究》,中国人民大学出版社 2015 年版。

周佑勇:《行政不作为判解》,武汉大学出版社 2000 年版。

周佑勇:《行政法原论》(第 3 版),北京大学出版社 2018 年版。

周佑勇等:《现代城市交通发展的制度平台与法律保障机制研究》,中国社会科学出版社 2017 年版。

周佑勇主编:《行政许可法理论与实务》,武汉大学出版社 2004 年版。

左卫民等:《中国基层纠纷解决研究》,人民出版社 2010 年版。

左卫民等:《中国刑事诉讼运行机制实证研究(二):以审前程序为重心》,法律出版社 2009 年版。

左卫民等:《中国基层司法财政变迁实证研究(1949—2008)》,北京大学出版社 2015 年版。

左卫民、陈明国主编:《中国特色案例指导制度研究》,北京大学出版社 2014 年版。

左卫民等:《中基层法院法官任用机制研究》,北京大学出版社 2014 年版。

左卫民:《实证研究:中国法学的范式转型》,法律出版社 2019 年版。

二、中文译著

[奥]弗雷德蒙德·马利克:《转变:应对复杂新世界的思维方式》,黄延峰译,机械工业出版社 2017 年版。

[奥]凯尔森:《法与国家的一般理论》,沈宗灵译,中国大百科全书出版社 1996 年版。

[奥]欧根·埃利希:《法社会学原理》,舒国滢译,中国大百科全书出版社 2009 年版。

[比]马克·范·胡克:《法律的沟通之维》,孙国东译,法律出版社 2008 年版。

[德]哈贝马斯:《在事实与规范之间》,童世骏译,生活·读书·新知三联书店 2003 年版。

[德]马克斯·韦伯:《经济与社会》(下卷),林荣远译,商务印书馆

1997 年版。

[德]海因里希·罗门:《自然法的观念史和哲学》,姚中秋译,生活·读书·新知三联书店 2007 年版。

[德]乌尔里希·温伯格:《网络思维:引领网络社会时代的工作与思维方式》,雷蕾译,机械工业出版社 2017 年版。

[法]布尔迪厄、[美]华康德:《反思社会学导引》,李猛、李康译,商务印书馆 2015 年版。

[法]埃米尔·涂尔干:《社会分工论》,渠东译,生活·读书·新知三联书店 2000 年版。

[法]E. 迪尔凯姆:《社会学方法的准则》,狄玉明译,商务印书馆 1995 年版。

[法]孟德斯鸠:《论法的精神》(上下册),张雁深译,商务印书馆 1961 年版。

[古罗马]西塞罗:《论法律》,王焕生译,上海人民出版社 2006 年版。

[古罗马]西塞罗:《论共和国　论法律》,王焕生译,中国政法大学出版社 1997 年版。

[美]昂格尔:《现代社会中的法律》,吴玉章等译,中国政法大学出版社 1994 年版。

[美]罗伯特·C. 埃里克森:《无需法律的秩序:邻人如何解决纠纷》,苏力译,中国政法大学出版社 2003 年版。

[美]伯尔曼:《法律与革命》,高鸿钧等译,中国大百科全书出版社 1993 年版。

[美]哈罗德·J. 伯尔曼:《法律与宗教》,梁治平译,中国政法大学出版社 2003 年版。

[美]E. 博登海默:《法理学——法哲学及其方法》,邓正来、姬敬武译,华夏出版社 1987 年版。

[美]理查德·A. 波斯纳:《道德和法律理论的疑问》,苏力译,中国政法大学出版社 2001 年版。

[美]理查德·波斯纳:《各行其是:法学与司法》,苏力、邱遥堃译,中国政法大学出版社2017年版。

[美]理查德·A.波斯纳:《法理学问题》,苏力译,中国政法大学出版社2002年版。

[美]理查德·A.波斯纳:《超越法律》,苏力译,中国政法大学出版社2001年版。

[美]戴维·斯沃茨:《文化与权力:布尔迪厄的社会学》,陶东风译,上海译文出版社2006年版。

[美]道格拉斯·C.诺思:《制度、制度变迁与经济绩效》,杭行译,格致出版社、生活·读书·新知三联书店、上海人民出版社2008年版。

[美]富勒:《法律的道德性》,郑戈译,商务印书馆2005年版。

[美]弗里乔夫·卡普拉:《转折点——科学、社会和正在兴起的文化》,卫飒英、李四南译,四川科学技术出版社1988年版。

[美]本杰明·卡多佐:《司法过程的性质》,苏力译,商务印书馆1998年版。

[美]尼尔·K.考默萨:《法律的限度——法治、权利的供给与需求》,申卫星等译,商务印书馆2007年版。

[美]鲁德拉·希尔、[美]彼得·卡赞斯坦:《超越范式:世界政治研究中的分析折中主义》,秦亚青等译,上海人民出版社2013年版。

[美]马汀·奇达夫、蔡文彬:《社会网络与组织》,王凤彬等译,中国人民大学出版社2007年版。

[美]马克·格兰诺维特:《镶嵌:社会网与经济行动》,罗家德译,社会科学文献出版社2007年版。

[美]P.诺内特、[美]P.塞尔兹尼克:《转变中的法律与社会:迈向回应型法》,张志铭译,中国政法大学出版社2004年版。

[美]罗斯科·庞德:《法律史解释》,邓正来译,中国法制出版社2002年版。

[美]罗斯科·庞德:《通过法律的社会控制》,沈宗灵译,商务印书馆

1984 年版。

[英]弗里德利希·冯·哈耶克:《法律、立法与自由》第 1 卷,邓正来等译,中国大百科全书出版社 2000 年版。

[英]哈耶克:《个人主义与经济秩序》,邓正来译,生活·读书·新知三联书店 2003 年版。

[美]小奥利弗·温德尔·霍姆斯:《普通法》,冉昊、姚中秋译,中国政法大学出版社 2006 年版。

[美]小奥利弗·温德尔·霍姆斯:《霍姆斯读本》,刘思达译,生活·读书·新知三联书店 2009 年版。

[美]撒穆尔·伊诺克·斯通普夫、[美]詹姆斯·菲泽:《西方哲学史:从苏格拉底到萨特及其后》(修订第 8 版),匡宏、邓晓芒等译,世界图书出版公司 2009 年版。

[美]托马斯·库恩:《科学革命的结构》(第 4 版),金吾伦、胡新和译,北京大学出版社 2012 年版。

[挪]G. 希尔贝克、[挪]N. 伊耶:《西方哲学史:从古希腊到二十世纪》,童世俊、郁振华、刘进译,上海译文出版社 2012 年版。

《阿奎那政治著作选》,马清槐译,商务印书馆 1963 年版。

[英]哈特:《法律的概念》,张文显等译,中国大百科全书出版社 1996 年版。

[英]吉登斯:《社会的构成》,李康、李猛译,中国人民大学出版社 2016 年版。

[英]约翰·奥斯丁:《法学讲演录》,支振锋译,中国社会科学出版社 2008 年版。

[英]约翰·奥斯丁:《法理学的范围》,刘星译,中国法制出版社 2002 年版。

[英]约瑟夫·拉兹:《实践理性与规范》,朱学平译,中国法制出版社 2011 年版。

三、中文典籍

(春秋)老聃:《老子》,梁海明译注,远方出版社2009年版。

《论语》。

四、中文论文

包万超:《面向社会科学的行政法学》,载《中国法学》2010年第6期。

[美]哈罗德·J.伯曼:《论实证法、自然法及历史法三个法理学派的一体化趋势》,刘慈忠译,载《环球法律评论》1989年第5期。

蔡守秋、杜万平:《论环境法对古代自然法学尊重自然精神的复兴——以"自然"含义的演变为视角》,载《当代法学》2005年第2期。

陈柏峰:《社科法学及其功用》,载《法商研究》2014年第5期。

陈光中、龙宗智:《关于深化司法改革若干问题的思考》,载《中国法学》2013年第4期。

陈景辉:《规则、道德衡量与法律推理》,载《中国法学》2008年第5期。

陈景辉:《部门法学的教义化及其限度——法理学在何种意义上有助于部门法学》,载《中国法律评论》2018年第3期。

陈金钊:《法理思维及其与逻辑的关联》,载《法制与社会发展》2019年第3期。

陈绿洲:《论亚里士多德"实体"学说的发展》,载《齐齐哈尔大学学报(哲学社会科学版)》2013年第4期。

崔宝玉、高钰玲、简鹏:《"四重"嵌入与农民专业合作社"去内卷化"》,载《农业经济问题》2017年第8期。

戴欢欢:《我国城市化进程中的农民工困境——基于内卷化机理的阐释》,载《江西农业大学学报(社会科学版)》2009年第3期。

范立波:《权威、法律与实践理性》,载郑永流主编:《法哲学与法社会学论丛》2007年第2期,北京大学出版社2007年版。

冯军:《刑法教义学的立场和方法》,载《中外法学》2014年第1期。

冯亚东、胡东飞:《犯罪构成模型论》,载《法学研究》2004年第1期。

甘满堂:《社会学的"内卷化"理论与城市农民工问题》,载《福州大学学报(哲学社会科学版)》2005 年第 1 期。

高尚涛:《关系主义与中国学派》,载《世界经济与政治》2010 年第 8 期。

郭继强:《“内卷化”概念新理解》,载《社会学研究》2007 年第 3 期。

何艳玲、蔡禾:《中国城市基层自治组织的“内卷化”及其成因》,载《中山大学学报(社会科学版)》2005 年第 5 期。

贺剑:《法教义学的巅峰——德国法律评注文化及其中国前景考察》,载《中外法学》2017 年第 2 期。

贺来:《“本体论”究竟是什么——评〈本体论研究〉》,载《长白学刊》2001 年第 5 期。

侯猛:《社科法学的传统与挑战》,载《法商研究》2014 年第 5 期。

黄坚亮:《亚里士多德“实体”的应有之义》,载《濮阳职业技术学院学报》2015 年第 6 期。

黄秋生:《从实体追问到关系思维——马克思思维方式的革命性变革》,载《电子科技大学学报(社科版)》2011 年第 4 期。

黄宗智:《发展还是内卷?十八世纪英国与中国——评彭慕兰〈大分岔:欧洲,中国及现代世界经济的发展〉》,载《历史研究》2002 年第 4 期。

胡玉鸿:《法学是一门科学吗?》,载《江苏社会科学》2003 年第 4 期。

黄颂杰:《实体、本质与神》,载《哲学研究》2008 年第 8 期。

江畅:《论本体论的性质及其重建》,载《哲学研究》2002 年第 1 期。

江畅:《论本体的实质》,载《江海学刊》2008 年第 1 期。

金欣:《综合法学与中国:一场误会》,载《社会科学论坛》2017 年第 11 期。

柯岚:《失其本性的“自然法”——读海因里希·罗门〈自然法的观念史和哲学〉》,载《社会科学论坛》2010 年第 4 期。

寇志新:《谈民法学的科学性阶级性及其现实意义》,载《西北政法学院学报》1986 年第 2 期。

李红海:《判例法中的区别技术与我国的司法实践》,载《清华法学》

2005 年第 6 辑。

李晟:《实践视角下的社科法学:以法教义学为对照》,载《法商研究》2014 年第 5 期。

李曙华:《当代科学的规范转换——从还原论到生成整体论》,载《哲学研究》2006 年第 11 期。

李忠夏:《宪法教义学反思:一个社会系统理论的视角》,载《法学研究》2015 年第 6 期。

梁枢:《实体思维与辩证思维》,载《学术月刊》1990 年第 9 期。

刘水林:《法学方法论的哲学基础》,载《西南民族大学学报(人文社科版)》2004 年第 4 期。

刘红:《我国法学教育中的"隔离"现象透视》,载周佑勇主编:《东南法学》第 4 辑,东南大学出版社 2012 年版。

刘劲杨:《还原论的两种形相及其思维实质》,载《自然辩证法通讯》2007 年第 6 期。

刘世定、邱泽奇:《"内卷化"概念辨析》,载《社会学研究》2004 年第 5 期。

刘星:《法学"科学主义"的困境——法学知识如何成为法律实践的组成部分》,载《法学研究》2004 年第 3 期。

刘艳红:《中国法学流派化志趣下刑法学的发展方向:教义学化》,载《政治与法律》2018 年第 7 期。

刘艳红:《中国刑法教义学化过程中的五大误区》,载《环球法律评论》2018 年第 3 期。

龙丹:《现代西方哲学中的人本主义思潮》,载《中外企业家》2013 年第 10 期。

卢晓雯:《多维视角下的内卷化:研究现状及概念梳理》,载《华中科技大学学报(社会科学版)》2021 年第 6 期。

鲁品越:《从构成论到生成论——系统思想的历史转变》,载《中国人民大学学报》2015 年第 5 期。

雷磊:《法教义学能为立法贡献什么?》,载《现代法学》2018 年第 2 期。

雷磊:《法教义学与法治:法教义学的治理意义》,载《法学研究》2018 年第 5 期。

雷磊:《什么是法教义学? ——基于 19 世纪以后德国学说史的简要考察》,载《法制与社会发展》2018 年第 4 期。

雷磊:《什么是我们所认同的法教义学》,载《光明日报》2014 年 8 月 13 日,第 16 版。

吕世伦:《按照美的规律建造法——审美的法思维范式初探》,载《北京行政学院学报》2003 年第 5 期。

吕中亚:《关于完善审判委员会工作制度的思考》,载《法学》1996 年第 5 期。

马若飞:《刑事审判中审判委员会制度的发展与完善》,载《山西经济管理干部学院学报》2018 年第 1 期。

马长山:《智能互联网时代的法律变革》,载《法学研究》2018 年第 4 期。

孟利艳:《"上不能上,下不能下"——一个街角青年向主流社会回归的"内卷化"之路》,载《青年研究》2009 年第 3 期。

毋国平:《法学的科学性与"法":以纯粹法理论为中心》,载《法律科学(西北政法大学学报)》2014 年第 1 期。

凌鹏:《围绕"内卷化"的讨论——一次新的范式转型》,载《开放时代》2006 年第 5 期。

凌斌:《什么是法教义学:一个法哲学追问》,载《中外法学》2015 年第 1 期。

牛天:《内卷化与去内卷化:斜杠青年的工作困境及出路》,载《当代青年研究》2022 年第 5 期。

欧卫安:《刑事被告人答辩制度之构建》,载《法学研究》2017 年第 6 期。

潘汉典:《敬畏学术——潘汉典译博登海默 1940 年版〈法理学〉访谈录(代译序)》,载[美]博登海默:《博登海默法理学》,潘汉典译,法律出版社 2015 年版。

[美]彭慕兰:《世界经济史中的近世江南:比较与综合观察——回应黄宗智先生》,史建云译,载《历史研究》2003 年第 4 期。

乔克裕:《"实践法学"导言——中国理论法学的思考》,载《法商研究(中南政法学院学报)》1995 年第 3 期。

沈湘平:《马克思对方法论个人主义与整体主义的超越》,载《浙江社会科学》2008 年第 1 期。

史建云:《真是硬伤吗?——黄宗智和彭慕兰之争中的一个小问题》,载《历史研究》2004 年第 4 期。

邵六益:《社科法学的知识反思——以研究方法为核心》,载《法商研究》2015 年第 2 期。

舒国滢:《欧洲人文主义法学的方法论与知识谱系》,载《清华法学》2014 年第 1 期。

宋亚辉:《网络干扰行为的竞争法规制——"非公益必要不干扰原则"的检讨与修正》,载《法商研究》2017 年第 4 期。

苏力:《也许正在发生——中国当代法学发展的一个概览》,载《比较法研究》2001 年第 3 期。

苏力:《纠缠于事实与法律之中》,载《法律科学(西北政法学院学报)》2000 年第 3 期。

苏力:《为什么"送法上门"?》,载《社会学研究》1998 年第 2 期。

苏力:《论法院的审判职能与行政管理》,载《中外法学》1999 年第 5 期。

苏力:《判决书的背后》,载《法学研究》2001 年第 3 期。

苏力:《中国当代法律中的习惯——从司法个案透视》,载《中国社会科学》2000 年第 3 期。

苏力:《法律人思维?》,载《北大法律评论》2013 年第 2 期。

苏力:《中国法学研究格局的流变》,载《法商研究》2014 年第 5 期。

苏彦新:《民法法典化的人文主义法学根源——兼评〈那些法学家们:一种批评史〉》,载《政法论坛》2017 年第 1 期。

孙美堂:《从实体思维到实践思维——兼谈对存在的诠释》,载《哲学动态》2003 年第 9 期。

孙海波:《法教义学与社科法学之争的方法论反省——以法学与司法的互动关系为重点》,载《东方法学》2015 年第 4 期。

孙光宁:《区别技术在参照指导性案例之司法实践中的应用及其改进——以指导性案例第 24 号为分析对象》,载《法学家》2019 年第 4 期。

孙光宁、吕玉赞:《规范法学与社科法学交融的法律方法研究——2017 年中国法律方法论研究报告》,载《山东大学学报(哲学社会科学版)》2018 年第 6 期。

孙光宁、吕玉赞:《法治话语体系构建中的法律方法研究——2018 年中国法律方法论研究报告》,载《山东大学学报(哲学社会科学版)》2020 年第 2 期。

孙光宁、侯晓燕:《法典化时代的法律方法研究——中国法律方法论研究报告(2019—2021)》,载《山东大学学报(哲学社会科学版)》2022 年第 6 期。

孙光宁:《法律思维模式及其选择》,载《长白学刊》2008 年第 2 期。

孙笑侠:《法律人思维的二元论兼与权力商榷》,载《中外法学》2013 年第 6 期。

孙迎联、杜贵阳:《实体主义还原论思维批判——经济与伦理关系研究的切入点》,载《江苏社会科学》2006 年第 5 期。

唐着光:《博登海默之综合法学:封闭与开放》,载《研究生法学》2012 年第 4 期。

汤文平:《民法教义学与法学方法的系统观》,载《法学》2015 年第 7 期。

王本存:《论行政法教义学——兼及行政法学教科书的编写》,载《现代法学》2013 年第 4 期。

王伯琦:《法学:科学乎? 艺术乎?》,载王伯琦:《近代法律思潮与中国固有文化》,清华大学出版社 2005 年版。

王辉:《自然法之“自然”观念的消失》,载《江西社会科学》2012 年第 11 期。

王珂、李侠:《内卷考:基于技术－经济革命周期演化的破卷思考》,载《长沙理工大学学报(社会科学版)》2021 年第 6 期。

王克金:《自然法思想的起源和它的形而上学本性》,载《法制与社会发展》2008 年第 3 期。

王利明:《总分结构理论与我国民法典的编纂》,载《交大法学》2019 年第 3 期。

王利明:《“饭碗法学”应当休矣》,载《法学家茶座》2003 年第 4 期。

王麟:《法学知识的属性与进步》,载《法律科学(西北政法学院学报)》2000 年第 2 期。

王琛:《“内卷化”及其文化心理机制分析》,载《深圳大学学报(人文社会科学版)》2013 年第 5 期。

王文奎等:《简单性、复杂性、复杂科学和世界观——一个哲学史的视角》,载《系统科学学报》2010 年第 3 期。

汪太贤:《从神谕到自然的启示:古希腊自然法的源起与生成》,载《现代法学》2004 年第 6 期。

韦森:《斯密动力与布罗代尔钟罩——研究西方世界近代兴起和晚清帝国相对停滞之历史原因的一个可能的新视角》,载《社会科学战线》2006 年第 1 期。

文海林:《犯罪生成原理》,载《国家检察官学院学报》2008 年第 1 期。

魏建国:《大陆法系方法论的科学主义误区与人文主义转向》,载《法学评论》2011 年第 1 期。

魏敦友:《存在问题的追问与实体思维和建构——论西方实体主义思维方式的形成理路》,载《青海社会科学》1999 年第 5 期。

魏屹东:《科学主义的实质及其表现形式》,载《自然辩证法通讯》2007 年第 1 期。

吴畏:《科学主义与社会科学》,载《科学技术与辩证法》2006 年第 4 期。

习近平:《加快构建中国特色哲学社会科学》,载《习近平谈治国理政》(第 2 卷),外文出版社 2017 年版。

肖倩:《超越整体主义和个体主义:试论布迪厄的关系主义方法论》,载《晋阳学刊》2005 年第 5 期。

郇建立:《个体主义 + 整体主义 = 结构化理论?——西方社会学研究的方法论述评》,载《北京科技大学学报(社会科学版)》2001 年第 1 期。

谢海定:《法学研究进路的分化与合作——基于社科法学与法教义学的考察》,载《法商研究》2014 年第 5 期。

谢贤聪、白杰:《试论亚里士多德形式与质料的思想》,载《洛阳师范学院学报》2009 年第 1 期。

谢维营:《关于本体论演化的历史考察》,载《烟台大学学报(哲学社会科学版)》2004 年第 2 期。

谢晖:《转型社会的法理面向——纯粹法理学导言》,载《广东社会科学》2003 年第 2 期。

熊秉元:《论社科法学与教义法学之争》,载《华东政法大学学报》2014 年第 6 期。

许德风:《法教义学的应用》,载《中外法学》2013 年第 5 期。

徐显明:《新文科建设与卓越法治人才培养》,载《中国高等教育》2021 年第 1 期。

徐旭初、李艳艳、金建东:《供销社"去内卷化"路径探析——浙江"三位一体"改革之路》,载《西北农林科技大学学报(社会科学版)》2020 年第 3 期。

杨寿堪:《现代人本主义哲学的几个问题》,载《社会科学辑刊》2001 年第 3 期。

杨柯、唐文玉:《路径依赖、目标替代与群团改革内卷化——以 A 市妇联改革为例》,载《华中师范大学学报(人文社会科学版)》2022 年第 3 期。

杨柳:《模糊的法律产品——对两起基层法院调解案件的考察》,载《北大法律评论》第 2 卷第 1 辑,法律出版社 1999 年版。

杨忠民、程华:《自然法,还是法律实证主义》,载《环球法律评论》2007 年第 1 期。

杨中楷、刘永振:《从简单性到复杂性》,载《系统辩证学学报》2002 年第 4 期。

姚建宗:《中国语境中的法律实践概念》,载《中国社会科学》2014 年第 6 期。

易小明:《还原思维·矛盾思维·系统思维——主体把握对象思维方法的大致演进路径》,载《社会科学家》2015 年第 9 期。

叶会成:《实践哲学视域下的法哲学研究:一个反思性述评》,载《浙江大学学报(人文社会科学版)》2017 年第 4 期。

袁振辉、杨文丽:《西方法理学中的人本主义与科学主义》,载《中共中央党校学报》2005 年第 2 期。

尤陈俊:《不在场的在场:社科法学与法教义学之争的背后》,载《光明日报》2014 年 8 月 13 日,第 16 版。

曾云:《亚里士多德关于本体不可定义的思想探析》,载《现代哲学》2016 年第 2 期。

张海源:《认识论与本体论·哲学基本问题》,载《人文杂志》1995 年第 2 期。

张洪涛:《从"以礼入法"看中国古代习惯法的制度命运》,载《法商研究》2010 年第 6 期。

张洪涛:《司法之所以为司法的组织结构依据——论中国法院改革的核心问题之所在》,载《现代法学》2010 年第 1 期。

张洪涛:《审判委员会法律组织学解读——兼与苏力教授商榷》,载

《法学评论》2014 年第 5 期。

张洪涛:《调解的技术合理性——一种中观的组织结构—功能论的解读》,载《法律科学》2013 年第 2 期。

张洪涛:《中国法院压力之消解——一种法律组织学解读》,载《法学家》2014 年第 1 期。

张洪涛:《习惯在行政中的制度命运——一种组织结构—功能分析的视角》,载《东南大学学报(哲学社会科学版)》2010 年第 4 期。

张洪涛:《法律洞的司法跨越——关系密切群体法律治理的社会网络分析》,载《社会学研究》2011 年第 6 期。

张洪涛:《民法典学者建议稿信息结构及其参与者的社会网络》,载《环球法律评论》2014 年第 3 期。

张洪涛:《近代中国的“以礼入法”及其补正——清末民初民事习惯法典化为例的实证研究》,载《比较法研究》2016 年第 2 期。

章莉:《从简单性到复杂性:声乐教学思维的转向》,载《艺术百家》2014 年第 4 期。

张明楷:《实质解释论的再提倡》,载《中国法学》2010 年第 4 期。

张明楷:《也论刑法教义学的立场　与冯军教授商榷》,载《中外法学》2014 年第 2 期。

张骐:《论类似案件的判断》,载《中外法学》2014 年第 2 期。

张骐:《再论类似案件的判断与指导性案例的使用——以当代中国法官对指导性案例的使用经验为契口》,载《法制与社会发展》2015 年第 5 期。

张文显:《迈向科学化现代化的中国法学》,载《法制与社会发展》2018 年第 6 期。

张小军:《理解中国乡村经济的内卷化机制》,载香港中文大学《二十一世纪》1998 年 2 月号(总第 45 期)。

张晓平、张云秀:《系统观思维的兴起及其对传统思维方式的变革》,载《重庆交通学院学报(社会科学版)》2004 年第 3 期。

张翔:《宪法教义学初阶》,载《中外法学》2013 年第 5 期。

张欣:《行政法学科学性证成探微》,载《黑龙江省政法管理干部学院学报》2014 年第 1 期。

张心向:《刑法教义学与刑法社会学的冲突与融合》,载《政治与法律》2022 年第 8 期。

张中:《论证据法学的科学性及其学科地位》,载《中国法学教育研究》2015 年第 3 期。

赵东海:《简单性与复杂性关系三辨》,载《系统科学学报》2010 年第 4 期。

赵鼎新:《从美国实用主义社会科学到中国特色社会科学——哲学和方法论基础探究》,载《社会学研究》2018 年第 1 期。

赵光武:《用还原论与整体论相结合的方法探索复杂性》,载《系统辩证学学报》2003 年第 1 期。

周大鸣、郭永平:《谱系追溯与方法反思——以"内卷化"为考察对象》,载《世界民族》2014 年第 2 期。

周光权:《类型思考与中国法学研究》,载《中国社会科学评价》2015 年第 4 期。

周少华:《法律之道:在确定性与灵活性之间》,载《法律科学(西北政法大学学报)》2011 年第 4 期。

周少华:《适应性:变动社会中的法律命题》,载《法制与社会发展》2010 年第 6 期。

周业勤:《从实体到关系:个体主义和整体主义的困境与超越》,载《上海大学学报(社会科学版)》2004 年第 4 期。

朱腾:《中国法律史学学科意义之再思》,载《光明日报》2018 年 10 月 15 日,第 14 版。

朱文辉:《学术治理的内卷化:内涵表征、生成机理与破解之道》,载《高等教育研究》2020 年第 6 期。

郑戈:《法学是一门社会科学吗?》,载《北大法律评论》第 1 卷第 1 辑,法律出版社 1998 年版。

郑永流:《实践法律观要义——以转型中的中国为出发点》,载《中国法学》2010 年第 3 期。

支振锋:《从社会事实到法律规范——作为社会实践的法律》,载《环球法律评论》2009 年第 3 期。